영원한 임시정부 소년

-김자동 회고록-

영원한
임시정부
소   년

김자동 회고록

푸른역사

머리말

2016년 가을 이 책의 초고를 완성했다.
그 후 이런저런 우여곡절이 있었다. 책
을 낸다는 것이 쉬운 일이 아니었다.

　그사이 세상에는 큰 변화가 있었다.
촛불혁명이 있었고, 문재인 제19대 대
통령이 당선되었다. 판문점 선언이 있었
고, 역사적인 조미정상회담이 열렸다.
그 변화를 몸소 느낄 수 있었다. 그중의
하나가 2017년 12월, 문재인 대통령과
함께 충칭 임시정부 청사 기념관을 찾
은 일이다.

현직 대통령이 충칭 청사에서 임시정부 인사 후손들과 함께 하는 자리는 전례가 없었다. 감회가 새로웠다.

그 자리에 돌아왔지만, 칠십여 년 전 그 자리에 있던 임정 인사들은 모두 이 세상에 없었다. 임시정부를 몸으로 겪은 이가 이제는 거의 없다. 누구라도 그때의 임시정부를 증언해야 한다고 생각했다.

나의 회고록이 이번이 처음은 아니다. 2014년 《임시정부의 품 안에서》를 푸른역사에서 출간했다. 필자는 《한겨레》 기획연재 〈길을 찾아서〉의 여섯 번째 집필자였다. 2010년 1월 4일부터 4월 30일까지 모두 83회에 걸쳐 〈임정의 품안에서〉라는 부제의 글을 연재했다.

그 후 이 연재에 살을 붙이고 다듬어서 낸 책이었다. 그러나 미진함이 있었다. 미처 책에 담지 못한 이야기들이 있었다. 한국 현대사를 살아오며 시대에 순응할 수 없었던 나와 내 주변 사람들의 그 이야기들을 전하고 싶었다. 이 책을 출간하는 이유다.

2019년 임시정부 수립 백주년을 맞아 국립대한민국임시정부기념관 건립 작업이 진행되고 있다. 임시정부가 이렇게 기념되고 있다. 마땅한 일이다. 한반도 종전선언과 평화협정 체결이 논의되고 있다.

역사의 물줄기가 제 길을 찾아가는 것이다.

역사가들은 지금의 시대를 '한반도 대전환기'라고 명명할 것이다.
선열들의 피와 땀으로 일군 대한민국 100년, 이제 봄기운이 도도하다.
민주공화정 100년을 결산하고 새로운 100년을 향해 나아가는 분기점.
이 책의 출간은 그 역사의 전환기에 바치는 나의 작은 헌사다.

나는 임시정부의 품 안에서 태어나고 자라났다. 평생을 임시정부에 대한 기억을 품고 살았다. 임시정부는 내 삶의 뿌리였고, 살아가는 길의 좌표였다. 이 책은 내 안에 남은 임시정부의 기록이다. 책을 하나 낸다는 것은 많은 분들의 도움을 받는 일이다.

2014년 《임시정부의 품 안에서》를 출간할 때는 《한겨레》 김경애 기자와 임시정부기념사업회 김학민 이사가 내용을 읽고 다듬는 도움을 주었다.

이 책의 탈고 작업은 언론인 정운현 님의 도움이 컸다. 우리 기념사업회 박덕진 연구실장의 도움도 기록한다.

모두에게 고맙다는 뜻을 전한다.

2018년 가을
김자동

大韓民國臨時政府還國紀念

大韓民國二十七年十一月三日

문재인 대통령 부부가 2017년 12월 16일 애국지사 후손 등과 함께 충칭임시정부 청사를 둘러
본 뒤 중앙계단에서 기념촬영을 했다. 대통령 부부 오른쪽으로 필자와 딸 선현이다. 광복직후
환국에 앞서 1945년 11월 3일 김구 주석, 김규식 부주석 등 임시정부 관계자들이 충칭임시정
부 청사에서 기념촬영했다. 문재인 대통령이 선 그 자리에서 꼭 72년 전에 촬영한 것이다.

[3부] 언론계 시절

01

충칭 시절

투차오를 출발한 일행은 치장에서 하룻밤을 묵었다.
상하이를 떠날 때와 역순으로 가고 있었다. 일행이 탄 버스는 쓰촨성을 거쳐 후난성으로 내달렸다.
중간에 타오위안이란 곳엘 들렀는데 '무릉도원' 할 때 그 도원과 같은 지명이었다.

1. 귀국 전야

**한커우의
자반고등어구이**

그날 아침 밥상의 자반고등어 맛을 잊을 수
없다. 날짜를 꼽아보니 1946년 2월 2일, 음
력 병술년 1월 1일이다. 광복을 맞은 지 근 반년이 지난 즈음이다.

그해 1월 16일 대한민국 임시정부가 있던 충칭重慶을 출발한 임시정
부 가족 일행은 보름여가 지난 이날 아침 한커우漢口에 도착했다. 한커
우는 후베이성湖北省에 있는 큰 도시로 한수이漢水와 창장長江이 합류하
는 북안에 있다. 한커우는 한양漢陽·우창武昌과 함께 '우한삼진武漢三鎭'
의 하나였는데 훗날 이 두 곳과 합쳐 지금은 우한武漢이 되었다.

한커우에 도착한 일행은 몇 명씩 교민들 집에 배정되어 민박을 하게
됐다. 어머니와 내가 들어간 교민 집은 일본 사람이 살던 집이라 다다
미방이었다. 다다미방을 본 건 그때가 처음이었다. 우리는 그 집에서 2

주일 정도 묵었다. 그런데 그 집은 여간 불편하지가 않았다. 남의 집에 신세를 지면서 다리를 쭉 뻗고 마음대로 앉을 수도 없어 무릎을 꿇거나 양반다리로 앉아야 했다. 충칭에선 평소 침대와 의자생활을 해온 터라 이렇게 앉아보기는 처음이었다. 그렇게 사나흘을 지내고 나니 발목이랑 무릎이 아파 걷기 힘들 지경이었다. 그렇다고 신세를 지는 주제에 대놓고 불평을 하기도 그래서 속으로만 끙끙댈 뿐이었다.

반면 뜻밖에 기분 좋은 일도 있었다. 세 끼 식사가 모두 한식이었다. 충칭에서는 평소 반은 한식, 반은 중식을 먹었다. 게다가 아침은 늘 죽이었다. 그런데 삼시 세끼를 한식으로 먹게 됐으니 입이 호강을 하게 된 것이다. 우리가 도착한 그날 아침 밥상에 올라온 자반고등어 구이는 마치 다른 세상 음식 같았다. 세상에 이렇게 맛있는 생선구이가 또 있을까 싶었다. 평소 생선구이를 좋아해 충칭 시절에도 어머니께서 어쩌다 해주시곤 했다. 물론 고등어 같은 바다 생선은 아니었고, 이렇게 맛있지도 않았다.

이날 먹은 자반고등어 구이는 얼마동안 소금에 절여 놓았는지 맛이 간간한 것이 내 입맛에 딱 맞았다. 아마 한국에서 들여온 자반고등어였을 것이다. 지금도 나는 자반고등어 구이를 즐겨 먹는다.

1월 중순, 임시정부 가족 백여 명은 충칭 근교 투차오土橋에서 버스 10여 대에 나눠 타고 충칭을 떠났다. 목적지는 상하이上海. 1932년 윤봉길 의사 의거 후 상하이를 떠난 지 14년 만이었다. 버스에는 나와 어머니 수당 정정화鄭靖和를 비롯해 우사 김규식金奎植(임정 초대 외무총장·부주석) 선생의 부인 김순애金淳愛 여사, 광복 후 반민특위 위원장을 지낸 김상덕金尙德(임정 문화부장) 선생 가족, 최동오崔東旿(임시의정원 부의

장) 선생 가족, 그리고 학병 출신 청년 여럿이 타고 있었다. 그들 가운데 신기언申基彦이란 청년은 특별히 기억이 난다. 영어와 중국어에 능통했고, 국내에 들어와 김규식 선생의 비서를 했다.

투차오를 출발한 일행은 치장綦江에서 하룻밤을 묵었다. 상하이를 떠날 때와 역순으로 가고 있었다. 일행이 탄 버스는 쓰촨성四川省을 거쳐 후난성湖南省으로 내달렸다. 중간에 타오위안桃園이란 곳엘 들렀는데 '무릉도원' 할 때 그 도원과 같은 지명이었다. 타오위안을 거쳐 1월 24일 창더常德에 도착했다. 창더는 후난성 서부의 큰 도시로 2차 세계대전 당시 미 공군 B29 폭격기 기지가 있어 중국 전역을 망라하는 군사 요충지였다. 창더부터는 기선이 끄는 목선을 타고 둥팅후洞庭湖를 지나 한커우에 도착했다. 중간에 웨양岳陽에 들러서 잠시 그곳 명승지인 웨양루岳陽樓 주변을 산책하는 여유를 갖기도 했다.

한커우에서 2주일간 민박한 일행은 다시 기선으로 갈아타고 상하이로 향했다. 그렇지만 우리 가족은 도중에 난징南京에서 내렸다. 우리 말고도 김순애 여사 등 수십 명이 함께 내렸다. 좀 편하게 가기 위해서였다. 배를 타고 오는 내내 매서운 강바람에 떨었기 때문이었다.

우리가 내린 곳은 난징 시내가 아니라 창장 가에 있는 샤관下關이었다. 이곳에 기차역이 있었는데 톈진天津까지 가는 철도를 진푸津浦 철도라고 불렀다. 베이징에서 한커우를 연결하는 핑한平漢 철도, 우창에서 광저우까지 연결하는 우광武廣 철도와 함께 주요 노선으로 꼽혔다. 샤관에서 상하이까지 기차를 이용했다. 나는 어머니와 그리고 김순애 여사와 함께 한 칸에 타고 상하이로 갔다.

상하이에 도착한 것은 2월 19일 밤 열한 시경이었다. 어머니와 나는

대한민국임시정부의
이동경로

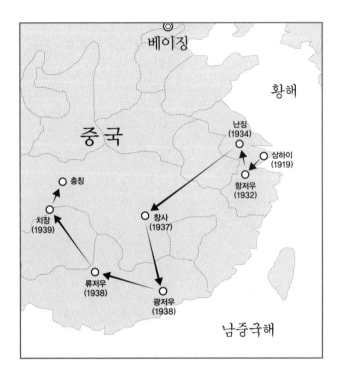

1919년	상하이에 자리잡았던 임시정부는 일본의 중국침략 확장에 따라 장정의 길을 걷는다.
1932년	윤봉길 의거 이후 임시정부는 상하이를 떠난다. 임시정부를 보호하던 프랑스를 일본이 압박했고, 프랑스 조계 당국이 '더 이상 보호해 줄 수 없다며' 임시정부의 이전을 요구했다. 중국인 후원자 추푸청의 도움으로 자싱과 항저우에 분산 이전했던 임시정부.
1934년	국민당 정부가 있던 난징과 그 주변 전장으로 다시 옮긴다.

1937년	하지만 일본군이 난징을 점령하자, 임시정부는 난징을 떠나야 했다. 국민당 정부가 충칭을 전시수도로 삼았지만, 임시정부는 국민당 정부를 따라가지 않는다. 창사를 거쳐 광저우로 내려간 것이다. 임시정부는 국민당 정부의 항일의지나 충칭이 과연 전시수도로 적절한가에 대한 의구심이 있었다. 한편 광저우는 전선에서 비교적 떨어진 곳이었다. 프랑스령 인도차이나로의 퇴로 확보도 용이했다.
1938년	임시정부가 충칭으로 가지 않고 광저우로 간 이유들이다. 그러나 1938년 10월 일본군이 전격적인 광저우 상륙작전을 감행한다. 임시정부는 다시 내륙으로 방향을 돌려야 했고, 류저우와 치장을 거쳐 전시수도 충칭에 안착한다
1945년	임시정부는 충칭에서 광복을 맞는다. 한편 임시정부 인사들은 항저우, 난징, 광저우, 충칭 시기에서 보듯 한 곳에 집중거주하기 보다는 분산해서 거주했다. 도시 지역보다 주변 지역의 거주비가 싸다는 현실적인 이유가 가장 컸다

임시정부의 이동경로는 시기별로 다음과 같이 정리할 수 있다.
– 상하이上海(상해): 1919년 4월 ~ 1932년 5월
– 항저우杭州(항주), 자싱嘉興(가흥): 1932년 5월~1934년 10월
– 난징南京(남경), 전장鎭江(진강): 1934년 11월~1937년 11월
– 창사長沙(장사): 1937년 12월~1938년 7월
– 광저우廣州(광주), 퍼산佛山(불산): 1938년 7월~1938년 10월
– 류저우柳州(유주): 1938년 11월~1939년 4월
– 치장綦江(기강), 충칭重慶(중경): 1939년 5월~1945년 11월

아버지(성엄 김의한金毅漢)가 역에 마중나와 계실 줄 알았는데 그렇지 않았다. 일제가 항복하자 임시정부는 9월 초순 아버지와 조시원趙時元(한독당 선전부장·건국훈장 독립장) 선생을 화둥華東지구 교민 선무단 책임자로 파견해 아버지는 그때 상하이에 머물고 있었다. 그런데 우리 일행을 맞은 사람은 아버지가 아니라 김규식 선생의 큰며느리였다. 그는 의사 출신의 임의탁(임정 서무국장·건국훈장 독립장) 선생의 딸로 치장과 충칭에서 우리 식구와 한 가족처럼 지낸 사이였다. 우리는 그날 밤 김규식 선생의 장남 김진동金鎭東의 집에서 하룻밤을 묵었다. 그때 그 집에 어린 여자아이가 있었는데, 지금 내가 회장을 맡고 있는 대한민국임시정부기념사업회 김수옥 이사이다.

이튿날 아침 일찍 아버지가 찾아오셨다. 아버지가 상하이로 먼저 떠나신 후 근 반년 만에 우리 세 식구가 다시 만난 거였다. 아버지는 그날로 숙소를 집안 일가인 창강 김인한金仁漢 아저씨 집으로 옮겼다. 일본식 3층 건물이었는데 2층은 아저씨 가족들이 쓰고 3층은 우리가 사용했다. 아저씨 집도 한커우 교민 집처럼 다다미방이었다. 그곳에서 난생처음 도시가스를 보았다.

고국으로 가는 길은 멀고도 멀었다. 충칭에서 출발해 한 달여에 걸쳐 3천여 킬로미터를 달려 꿈에 그리던 상하이에 도착했다. 그리고 상하이에서 다시 3개월가량을 머물러야만 했다. 이유는 간단했다. 귀국선 배편이 5월에야 있었기 때문이다. 나는 내가 태어난 아이런리愛仁里 1호에도 가보았다. 그 집을 보고 어머니는 옛 모습 그대로라고 말씀하셨다. 감회가 새로웠다. 오랜만에 상하이에 들른 어머니도 옛 친구들을 만나시느라 바쁜 나날을 보냈다. 아버지는 아버지대로 임정 가족의 주거문제 등

사진1-1_쉬자후이 만국공묘에 있던 필자의 조부 동농 김가진의 묘비. 바로 곁에 묻혔던 예관 신규식의 유해는 1993년 국내로 돌아왔지만 아직 조부의 유해는 돌아오지 못했다.

사진1-2_
윤봉길 의사.

을 해결하기 위해 중국 당국과 교섭하느라 바쁜 일정을 보냈다.

얼마 뒤 우리 가족은 할아버지(동농 김가진金嘉鎭)가 잠들어 계신 쉬자후이徐家匯 만국공묘萬國公墓(외국인 공동묘지, 현 송경령능원)를 찾았다. 당시만 해도 할아버지 묘소는 잘 보존되어 있었다. 그러던 것이 1960년대 문화혁명 때 홍위병들이 외국인 호화묘지라고 때려 부숴 지금은 흔적조차 찾을 수 없다. 고국으로 돌아와 할아버지의 유해를 모셔오는 문제를 놓고 집안에서 논의가 있었다. 남북협상에서 귀환한 백범 선생이 차남 김신金信(공군참모총장·국회의원 역임)을 중국에 보내 부인 최준례崔遵禮 여사, 어머니 곽낙원 여사, 장남 김인의 유해를 수습해올 때였다. 김신은 석오 이동녕李東寧(건국훈장 대통령장) 선생과 동암 차리석車利錫(건국훈장 독립장) 선생의 유해도 함께 수습해왔다. 백범은 이때 상하이 쉬자후이 만국공묘에 안장된 할아버지 동농 김가진과 예관 신규식申圭植 선생의 유해도 효창원에 모시려고 하였다. 백범은 아버지에게 이번에 모셔와야 한다고 여러 번 설득했다. 그러나 아버지는 분단의 먹구름이 걷힌 조국에 할아버지를 모시겠다고 고집했다. 어머니는 모셔오는 것이 맞다고 생각했으나 아버지의 결심을 뒤집지는 못했다. 그때 어머니와 함께 아버지를 강하게 설득하지 못한 것이 내 평생의 한으로 남아 있다(사진 1-1: 동농 묘비).

손창식과 정환범 | 상하이는 중국의 대표적인 국제도시다. 예나 지금이나 수도 베이징 못지않은 위세와 역사를 자랑한다. 중국의 여러 도시 가운데 상하이는 우리 민족에겐 특

별한 의미가 있다. 1919년 국내에서 3·1운동이 일어난 것을 계기로 상하이에 대한민국 임시정부가 수립되었다. 임시정부는 1945년 일제가 패망할 때까지 27년간 항일투쟁의 본산이요, 우리 민족의 구심체였다. 상하이 훙커우虹口 공원은 윤봉길 의사가 청사에 길이 남을 쾌거를 이룬 항일투쟁의 성지 같은 곳이다.

1932년 4월 29일 훙커우 공원에서 열린 천장절天長節(일왕 생일) 기념행사 때 윤 의사가 폭탄을 던져 상하이 주둔 일본군 사령관, 주중국공사 등 일본 요인 여러 명이 죽거나 크게 다쳤다. 이를 두고 장제스蔣介石는 "중국 백만 대군도 하지 못한 일을 일개 조선 청년이 해냈다"며 극찬을 아끼지 않았다. 이후 중국은 육군중앙군관학교에 한인특별반을 설치해 한국 청년들에게 군사교육 기회를 제공하는 등 본격적으로 임시정부를 지원하기 시작했다. (사진 1-2: 윤봉길 의사)

1920년대 상하이는 애국지사들에게 천혜의 망명지이자 항일투쟁의 근거지 역할을 톡톡히 했다. 당시 우리 임시정부는 상하이 프랑스 조계租界 내에 청사를 두고 항일투쟁을 벌였다. 상하이는 민족지사들에게 눈물과 애환의 현장이기도 하다. 백범 선생의 부인 최준례 여사가 둘째 아들 김신을 낳고 폐병으로 생을 마친 곳도 상하이요, 내 할아버지가 노구를 이끌고 망명하여 숨을 거둔 곳도 상하이다.

그런데 이들과 별개로 사업가나 모리배들에게 상하이는 '기회의 땅'이기도 했다. 1910년 경술국치庚戌國恥 후 수많은 한국인들이 상하이로 건너가 새 삶을 개척했다. 그들 가운데는 1932년 '상하이사변' 이후 상하이가 일제의 손에 들어가자 친일단체를 만들어 반민족 행위를 마다하지 않는 자들도 있었다. 일제 때 상하이에서 일제에 협력한 친일파는 그 정확한 숫자를 알기 어렵다. 다만 대표적 친일파로 이갑녕, 손창식, 옥관빈 등 셋을 꼽는다.

이갑녕李甲寧(창씨명 靖原甲寧)은 중국 상하이에 거주하는 조선인들을 상대로 황민화 정책과 내선일체 정책을 적극 선전한 자이다. 충북 음성 출신으로 일본 도쿄제국대학을 나온 뒤, 일찍이 상하이로 건너가 상하이 주재 일본영사관 촉탁 등을 지내면서 밀정 노릇을 하다가 결국 일본의 앞잡이가 되었다.

이갑녕이 첫째라면 둘째는 '동양의 에디슨'으로 불린 손창식孫昌植(창씨명 孫田昌植)이다. 그는 당시 자질구레한 전기부품 같은 걸 직접 만들 정도로 손재주가 좋았다. 일본군에 군납을 해서 큰돈을 벌었는데 당시 상하이 교민 가운데 제일 부자로 통했다. 손창식은 의사 출신으로 이승만 정권 때 보건사회부장관을 지낸 손창환孫昌煥(대한적십자사 총재 역임)의 형이다.

손창식에 대해서는 이 얘기를 빼놓을 수 없다. 조소앙趙素昂(건국훈장 대한민국장) 선생 밑에서 임시정부 외무차장을 지낸 정환범鄭桓範(건국훈장 애국장) 박사라는 사람이 있었다. 충북 청원 출신으로 3·1운동 때 고향에서 만세운동에 참여했다가 상하이로 망명하였다. 이후 영국으로 유학 가서 학위를 받고 홍콩을 거쳐 1940년경 충칭에 도착하였다. 당시 충칭에서는 영국 캠브리지대학 박사라고 하니 '인물'이 하나 왔다며 환영 열기가 대단했다. 캠브리지 박사라는 것이 믿기지 않았으나, 우리는 그를 '닥터 정환범'이라고 불렀다. 인물도 좋아 여성에게 인기가 많았다. 급기야 임정 외무부장을 맡고 있던 조소앙 선생의 눈에 띄었다. 어느 날 조소앙 선생이 그를 불러 말했다.

"임정에 영어를 제대로 하는 사람이 없는데 당신이 외무차장을 맡아주시오!"

졸지에 그는 대한민국 임시정부의 외무차장이 되었다.

이 정 박사가 런던에서 유학을 마치고 충칭으로 오는 도중, 상하이에들렀다. 그때 상하이에서 무슨 연유인지는 모르나 손창식을 만나게 됐다. 손창식은 정 박사가 충칭으로 간다는 얘기를 듣고 임시정부에 전해달라며 적지 않은 돈을 그에게 건넸다. 그 당시 상하이는 서울과 분위기가 달랐다. 손창식 같은 큰 부자는 국제정세에도 밝았다. 그는 일본이 조만간 망한다는 걸 알고 있었던 듯하다. 그가 정 박사에게 건넨 돈은 광복 이후를 대비한 일종의 '보험' 같은 것이었다.

그런데 문제는 손창식의 돈을 받은 후 정 박사의 처신이었다. 충칭으로 건너온 정 박사는 일류 멋쟁이로 꾸미고 다니면서 돈을 잘 썼다. 다들 '런던 신사'인데다 런던에서 가져온 돈이 좀 있으려니 여길 따름이었다. 그 누구도 임시정부 차장인 그의 행동을 의심의 눈초리로 보지않았다. 문제가 터진 것은 광복 이후였다. 하루는 정 박사가 백범 선생을 찾아와 상하이를 떠날 때 손 아무개가 돈을 주더라며 백범에게 돈을 내놓았다. 상당액은 이미 그가 쓴 뒤였다. 사실을 알게 된 백범은 조소앙 선생을 불러 당장 정환범을 자르라고 요구했다. 조소앙 선생은 정박사를 외무차장직에서 해임했다. 광복 때문에 정 박사의 '배달사고'가들통이 나고 만 것이다(사진 2-1: 정환범 박사).

옥관빈玉觀彬 역시 상하이에서 유명한 친일파로 통했다. 삼덕양행三德洋行 주인으로 있던 그는 평소 "독립운동 한다고 떠돌아다니는 작자들은 먹고살 길도 없고 무식해서 내가 쌀가마니 나눠 주고 돈 몇 푼 던

사진2-1_사진 왼쪽부터 민필호, 이범석, 정환범. 1946년 4월 20일 충칭 칠성강七星崗 대지大地사진관에서 찍은 사진이다. 정환범은 임시정부 외무차장을 역임했고 광복 후 주중화민국 특사, 주일본대표부 공사 등의 자리를 거쳤다.

사진2-2_옥관빈 피살 기사
《동아일보》 1933. 8. 3).

上海法界에서

玉觀彬被殺

친척의 집을 방문하려드는중

數名靑年이 突然狙擊

【상해특전】 상해에서 십수년간 실업계에 활동하야 실업가로 유명한 상해삼일양행(三德洋行)주인 옥관빈(玉觀彬)은 이 지난 일일 저녁에 친척의 집을 방문코저 불쇠게 엉갈리에 향하야 자동차에서 나리자 돌연 청년이 권총으로 저격하야 즉사 하얏는데 방인 직시도 정치 판게의 직시도

져주면 나한테 아부나 할 자들이야"라며 독립운동가들을 멸시했다. 이 때문에 옥관빈이라면 치를 떤 독립운동가들이 한둘이 아니었다. 급기야 우당 이회영李會榮 선생이 조직한 '흑색공포단'에서 그를 처단하기로 했다. 단원 엄형순과 양여주는 1933년 8월 1일 밤 옥관빈을 권총으로 사살했다. 상하이의 대표적 친일파 옥관빈이 항일청년들의 손에 비참한 최후를 맞은 것이다. 그의 사망 소식을 전한 8월 3일자 《동아일보》 보도에 따르면, 당시 옥관빈의 나이는 43세였다(사진 2-2: 옥관빈 피살 기사, 《동아일보》 1933. 8. 3).

옥관빈, 그도 젊어서 한때는 열렬한 항일투사였다. 1911년 소위 '105인 사건'에 연루돼 서대문 형무소에서 옥고를 치렀으며, 임시정부 수립에 참여한 것은 물론이고, 임시의정원 의원을 지내기도 했다. 그런 인연 때문인지 내 할아버지 장례식 때 당시로선 큰 돈인 20원을 부의금으로 냈다. 그런데 1921년 이후 임시정부에서 이탈한 그는 무역업에 종사하면서 큰돈을 벌었다. 그 무렵부터 그는 일본 세력과 손잡기 시작했는데 딱히 물증이 없었다. 그러던 차에 1933년 7월 옥관빈이 일본군에 거금 2만 원을 제공하는 등 일제와 내통한 사실이 포착되었다.

비명에 간 사람은 그 혼자만이 아니었다. 그해 12월 아나키스트 항일 단체인 남화한인청년연맹南華韓人靑年聯盟은 그의 친형 옥승빈玉升彬과 사촌형 옥성빈玉成彬도 밀정 혐의로 처단하였다. 결국 한 집안 삼형제가 친일 혐의로 동족 손에 목숨을 잃었다.

그런데 놀라운 반전이 있다. 옥성빈의 아들 옥인찬玉仁讚(건국훈장 애족장)은 광복군 제3지대에 입대하여 대원들에게 영어회화를 가르쳤다. 상하이 푸단復旦대학에서 성악을 전공한 그는 광복 후 성악가로도 이름을 날렸다. 뒷날 그는 방콕으로 건너가 '서울식당'이라는 간판을 걸고 한식당을 경영했다. 방콕에서 나와 만난 적도 있다. 어쨌든 집안끼리 서로 아는 사이인데다 상하이 시절 얘기도 나누면서 우리는 한동안 교분을 쌓았다. 나중에 그는 미국으로 건너가 미국 시민권을 땄다. 중국에 가기 위해서라고 했다. 미국에 살 때 한국에 오면 나한테 연락해 만나기도 했는데 그 뒤 미국에서 죽었다는 소식을 들었다.

한국인 검표원

1932년 상하이사변 이후 일본군 점령 아래 있던 상하이 교민 가운데 정도의 차이는 있을지언정 상당수는 일제와 타협하면서 지냈다. 당시 상황에서 그럴 수밖에 없는 측면도 있었을 것이다. 그들 중에는 아편 밀매나 여자 장사를 한 사람도 있는데 광복 후에 독립운동가로 둔갑한 경우도 있다. 반면에 변절하지 않고 지조를 지킨 집안도 있다. 대표적으로 이른바 삼한갑족三韓甲族이었던 우당 이회영 집안이 그렇다. 다물단多勿團 등 항일단체에서 활동하던 우당의 차남 이규학李圭鶴 선생은 상하이에 잔류했다. 1936년 아들 이종찬李鍾贊(국회의원·초대국정원장 역임)이 태어났고 이 집안 식구들은 상하이에서 광복을 맞았다.

상하이 시절 이규학 선생은 영국인 경영 전차회사에서 검표원(영어로 인스펙터Inspector라고 불렀다)으로 일했다. 당시 상하이 교민 가운데 젊고 가족이 없는 사람들은 군관학교를 가거나 광저우廣州에 있는 중산中山대학으로 유학을 떠났다. 그렇지 않은 사람들이 상하이에서 쉽게 할 수 있는 일이 검표원이었다. 한국 사람들을 더 신뢰할 수 있다고 생각했는지,

영국인들은 중국인보다는 한국인을 검표원으로 잘 고용했다. 이규학 선생은 물론 그의 사촌동생이자 성재 이시영李始榮 선생의 아들인 이규홍도 검표원 일을 했다. 우리 아버지도 상하이에서 검표원을 하며 생계를 해결한 적이 있다. 한때 한국인 검표원이 백 명에 달했다는 얘기를 들었다. 광복 후에 상하이에 다시 가보니 전차에 '내릴 때는 표를 찢어서 버려라'라고 적혀 있었다. 전차표 재사용을 막기 위함이었다.

이규학 선생의 처가는 대단한 집안이다. 부인 조계진趙季珍 여사는 흥선대원군의 사위이자 고종의 매제인 조정구趙鼎九의 딸이다. 조정구는 1910년 경술국치 때 일제가 준 남작 작위와 은사금을 거절하고 합방조서合邦詔書와 고유문告諭文을 찢은 인물로 유명하다. 이규학 선생은 이후 상하이에 체류하면서 살림이 어려우면 부인을 국내로 들여보내곤 했다. 그때마다 조 여사는 친정이나 운현궁에 찾아가 돈을 얻어 생활비에 보탰다고 한다.

조 여사와 우리 어머니는 형님 아우하며 친자매처럼 지냈다. 출산할 때도 서로 도왔다. 우리 어머니는 이종찬의 형을 받았고, 내가 태어날 때는 조 여사와 정태희鄭泰熙(임시의정원 의원·건국훈장 독립장) 선생의 부인 김혜숙金惠淑 여사 두 분이 받았다. 이를 '삼어머니'라고 불렀는데, 아마 출산出産의 '산'을 '삼'으로 부르게 된 게 아닌가 싶다. 조계진 여사와 김혜숙 여사는 내 삼어머니이다.

2. 해방

갑자기 찾아온
해방의 두 얼굴

동서고금의 역사적 사건들 중에는 뜻밖에 일어나는 경우가 왕왕 있다. 우리가 목격한 것을 예로 들자면 동·서독 통일과 소련 붕괴가 그랬다. 1989년 11월 베를린 장벽이 무너졌다. 2년 뒤 1991년 8월에는 동서 냉전체제의 한 축을 이뤘던 소련이 붕괴되었다. 동서로 나뉘었던 독일은 한순간에 통일되었고, 소비에트 연합은 70년간 지속된 체제의 종식을 고했다. 어쩌면 우리의 통일도 그렇게 다가올지도 모르겠다.

8·15해방도 그렇게 우리에게 다가왔다. 1941년 12월 하와이 진주만의 미군기지 공습을 시작으로 태평양전쟁을 일으킨 일제는 이듬해 5월 미드웨이 해전에서 패한 이후로 수세에 몰리기 시작했다. 급기야 일제는 인간폭탄으로 불리는 '가미카제'를 동원해 대응했지만 역부족이었다. 1945년 들어 미군이 일본 본토 공격을 개시한데다 그해 5월 독일이 항복하면서 일본의 기세는 크게 꺾였다. 그러나 일본은 본토 사수를 위한 옥쇄를 결의하는 등 패전을 받아들이려 하지 않았다. 그러던 것이 8월 6일과 9일, 두 차례에 걸쳐 히로시마와 나가사키에 원자폭탄이 투하돼 수십 만 명이 희생되자 8월 15일 일왕은 '무조건 항복'을 선언했다. 일본의 항복은 우리에겐 해방이요, 광복을 뜻하는 것이었다. 꿈에도 그리던 조국 광복은 미군의 원자탄 두 발로 우리 앞에 불쑥 나타났다.

운 좋게도 나는 8·15 당일 광복 소식을 전해들었다. 비록 열일곱 살밖에 안 된 나이였지만 그날의 감격을 지금도 잊지 못한다. 그날 나는 충칭 임시정부 청사 인근, 학병 출신 청년 열댓 명이 머물던 합숙소에 있었다. 나는 종종 그곳에서 자곤 했다. 충칭에는 모기가 많아 학질이 유행이었는데 마침 학질 증세가 있어서 일찍 잠자리에 들려던 참이었다. 저녁 아홉 시경, 광복군 소속 나동규羅東奎(건국훈장 애족장)가 박수를 치며 합숙소로 들어왔다. 그는 방문 앞에 서서 흥분한 목소리로 크게 외쳤다.

"왜놈이 항복했다!"

그는 인도·버마(현 미얀마) 지구에 파견됐다가 몸이 좋지 않아 돌아와 쉬던 중이었다. 나동규의 돌연한 행동에 다들 어안이 벙벙한 모습이었다. 그 바람에 막 잠자리에 들려던 나도 벌떡 일어났다. 우리 민족의 원수 일본이 항복을 하다니, 이게 꿈인가 생시인가. 일본이 곧 패망할 것이라는 이야기는 임정 주변에서 간간이 나오긴 했다. 그러나 막상 현실이 되고 보니 쉬 믿기지가 않았다.

나는 서둘러 옷을 챙겨 입고 백미터 정도 떨어진 임시정부 청사로 향했다. 경비실을 지나 청사 안으로 들어서자 윤경빈尹慶彬(건국훈장 애국장·광복회장 역임), 백정갑白正甲(건국훈장 애국장) 등 임시정부 경비대원 대여섯 명이 흥분한 얼굴로 앉아 있었다. 그들은 학병을 탈출해 광복군에 합류한 사람들로, 그중에는 광복군 배치를 기다리는 사람도 몇 있었다. 나도 나지만 목숨을 걸고 일본군 부대를 탈출해 수천리 길을 걸어 임시정부를 찾아온 그 청년들의 감격이 어떠했을지 짐작이 가고도 남았다.

나는 도저히 그냥 앉아 있을 수가 없어 시내로 나갔다. 시내는 온통 축제 분위기였다. 중국인, 한국인 할 것 없이 모두 뒤엉켜 해방의 감격을 만끽하고 있었다. 만세 소리, 여기저기서 들려오는 딱총(화약을 종이

나 대롱 같은 것의 속에 싸 넣고 그 끝에 심지를 달아 불을 댕겨 터지게 만든 놀이기구) 소리에 온 시내가 소란스럽기 그지없었다. 중국 사람들은 좋은 일이 생기면 딱총을 터뜨리곤 한다. 그날 밤 딱총을 얼마나 많이 터뜨렸으면 가게의 딱총이 동이 났을 정도였다. 딱총 소리는 밤새 끊이지 않았다. 나는 몸이 좋지 않은 것도 까마득히 잊은 채 축제 인파에 묻혀 밤새 시내를 돌아다녔다.

새벽녘이 돼서야 나는 한독당 당사에 있던 집으로 돌아왔다. 평소 일찍 주무시던 어머니도 그때까지 잠자리에 들지 않은 채 아버지와 얘기를 나누고 계셨다. 두 분 역시 해방 소식을 들어서 알고 있었다. 임정 사람이 우리 집에 들러서 알려주었노라고 했다. 그런데 두 분의 얼굴 표정이 그리 밝지 않았다. 아버지는 1919년 10월 할아버지를 모시고 상하이로 망명했다. 어머니는 그로부터 두 달 뒤 같은 길을 밟았다. 1932년 4월 윤봉길 의거로 임정은 상하이에서 쫓기듯 피란길에 올랐고, 두 분 역시 그 장정을 함께했다. 그러니 두 분에게도 해방은 꿈에도 그리던 소원이었다.

그런데 그 해방 소식을 듣고도 두 분의 얼굴이 밝지 않았다. 왜일까. 평소 임정과 광복군의 주변 사정을 대충 들어서 알고 있던 나로서는 그 이유를 알아차리는 데 많은 시간이 필요치 않았다. 해방의 기쁨보다는 한편에서 몰아닥친 낙심과 허망함이 더 컸기 때문이었으리라. 다 차린 밥상을 손도 대지 못한 채 물려야 할 판국이었다. 그 심정이 오죽했겠는가. 그 마음을 백범은 《백범일지》에 이렇게 썼다.

나는 이 소식을 들을 때 희소식이라기보다 하늘이 무너지고 땅이 갈라지는 느낌이었다. 몇 년을 애써서 참전을 준비했다. 산둥반도에 미국의 잠수함을 배치하여 서안훈련소와 부양훈련소에서 훈련받은 청년들을 조직적·계획적으로 각종 비밀무기와 무전기를 휴대시켜 본국으로 침투케 할 계획이었다. 국내 요소에서 각종 공작을 개시하여 인심을 선동하며, 무전으로 통지하여 비행기로 무기를 운반해서 사용하기로 미국 육군성과 긴밀한 합작을 이루었는데 한 번도 실시하지 못하고 왜적이 항복한 것이다. 이제껏 해온 노력이 아깝고 앞일이 걱정이었다.

OSS와 광복군 국내 정진공작

사실이 그랬다. 1945년 8월초 우리 광복군은 3개월 과정의 OSS(미전략사무국, CIA의 전신) 특수훈련을 마치고 국내 정진공작挺進工作을 불과 며칠 앞두고 있는 상황이었다. 지휘부의 명령만 떨어지면 하시라도 본토 공략에 나설 정도로 만반의 채비를 갖춘 상태였다. 사정이 이랬으니 우리 부모님이나 백범 등 임정 요인들이 땅을 치며 통탄해 한 것도 당연했다.

임정과 미군의 접촉은 1943년부터 시작되었다. 당시 충칭 임시정부의 외무부 및 선전위원회 소속으로 대외섭외 업무를 맡고 있던 안원생安原生(안중근 의사의 바로 아래 동생 안정근의 장남)의 노력이 컸다. 그는 충칭 주재 미국대사관 및 미군 요인들과 접촉하여 1943년 2월 백범과 중국 주재 미 공군사령부 정보장교 윔스Weems 대위와의 만남을 성사시켰다. 두 사람은 충칭 시내 렌화츠蓮花池 임정 청사에서 만나 한미 군사합작에 대해 토의했다.

이날 토의는 구체적인 한미합작 특수훈련 계획으로 발전했다. 몇 차례 접촉 끝에 1945년 3월 김학규金學奎 광복군 3지대장은 미 제14항공단 사령관 첸놀트Claire L. Chennault 장군과 면담을 갖고 한미 군사합작 계획에 대한 구체적인 실시 방안에 합의하였다. 그 골자는 다음과 같다.

① 한·미 양군은 공동의 적인 일본군을 박멸하기 위하여 상호 협력하여 공동작전을 전개한다.
② 한국광복군은 미군으로부터 무전 기술과 기타 필요한 기술을 훈련받고 적진과 한반도에 잠입하여 연합군 작전에 필요한 군사정보를 제공한다.
③ 미군은 공동작전에 필요한 모든 무기 기재 및 군수물자를 한국광복군에게 공급한다.
④ 미군은 한국광복군에게 육·해·공 교통통신의 편의를 제공한다.
⑤ 기타 필요한 군사적 지원을 상호 제공한다.
⑥ 합의된 사항을 실천하기 위하여 각기 상부의 재가를 받고 중국 군사위원회의 동의를 얻는 데 상호 적극 노력한다.

한미 군사합작 교섭이 마무리되자 김학규 3지대장은 OSS 훈련생 선발에 착수하였다. 총책임자 엄도해嚴道海, 훈련대장 윤영무尹永茂 등 총 22명을 OSS 훈련 적격자로 선발하였다. 본격적인 훈련은 6월부터 시작됐다. 훈련 기간은 3개월, 교관은 윔스 대위와 마틴 상사, 트루먼 상사 등 미 특전단 요원들이었다.

훈련 기간 중에 우리 대원들은 모두 미군 군복과 보급품을 지급받았다. 훈련 내용은 독도법讀圖法, 첩보 기술, 선전 삐라 작성법을 비롯해 폭발물 취급 기술, 무전통신, 암호문 해독, 각개 유격술 등 실로 다양했다. 심지어 암살용 무기 사용법과 도피 훈련, 요인 납치, 민중 선동술 등도 포함됐다. 일제가 발행한 신분증과 당시 국내에서 흔히 입던 국민복이나 몸뻬, 심지어 찌까다비(일본식 신발) 등도 지급됐다.

3개월 과정의 특수훈련이 끝나고, 광복군은 미군과 국내 진입에 대한 구체적 계획에 합의했다. 8월 7일 김구 주석과 이청천李靑天(본명 지청천池靑天) 광복군 총사령관은 시안西安에 주둔한 2지대 본부로 가서 이범석李範奭 지대장과 함께 미국 대표인 도노반 소장을 만나 특수훈련 대원들의 국내 진공 작전을 본격적으로 추진했다. 2지대장 이범석을 총지휘관으로 하는 국내 정진군挺進軍을 편성했고, 국내를 3개 지구로 나누어 제1지구(평안·황해·경기도) 대장에 안춘생安椿生, 제2지구(충청·전라도) 대장에 노태준盧泰俊, 제3지구(함경·강원·경상도) 대장에 노복선盧福善을 임명했다(사진 3: 미군 OSS와 합동훈련을 마친 광복군 3지대 대원들. 앞줄 한가운데 미국인 왼쪽이 김학규 3지대장).

이들은 8월 20일 안에 함경도로부터 남해에 이르기까지 국내 전역에 잠입할 계획이었다. 그들 중에는 장준하張俊河(전《사상계》 발행인·국회의원 역임), 김준엽金俊燁(고려대 총장 역임), 김우전金祐銓(광복회장 역임) 등을 비롯해 내 사촌형 김석동金奭東(건국훈장 애국장)도 있었다. 그러나 불과 며칠 뒤 일본의 항복 소식이 충칭에 날아들었다. 우리 광복군은 닭 쫓던 개 지붕 쳐다보는 격이 되고 말았다. 열성을 다해 준비했던 광복군의 한반도 진공 작전은 결국 물거품이 되었고, 임정과 광복군은 비탄의 눈물을 삼켜야만 했다.

더 가슴 아픈 것은 국토 분할 소식이었다. 임시정부가 귀국하기도 전

사진3_임시정부는 1945년 한반도 진입 작전을 펴기로 하고 미국전략사무국OSS과 합작으로 광복군을 훈련시켰다. 사진은 광복군 3지대 대원들이 윔스 대위를 전송하는 장면. 윔스 대위 왼쪽이 백파 김학규 지대장(광복군 참장), 오른쪽은 미숙 이복원(광복군 정령)이다. 앞줄 왼쪽에서 세 번째가 박영준이다. 박영준은 훗날 한전 사장을 지냈다.

에 국토가 두 동강이 난다는 비보에 다들 넋을 잃고 말았다. 처음에는 미국과 소련이 당분간 한반도를 분할해 통치한다는 이야기로 들렸다. 그때만 해도 단순히 군사 작전 차원에서 소련 군대가 들어와 잠시 머물다가 나가는 줄로 알았다. 그런데 시간이 지날수록 그게 아니라는 것이 드러나기 시작했다. 미국과 소련은 점차 동맹관계에서 멀어지고 국토 분단이 기정사실이 되는 분위기였다.

상하이로 떠나기 전 충칭 영화관에서 뉴스를 보았다. 미군이 인천을 통해 서울로 들어오는 장면이 나왔다. 시청에서 중앙청까지 행진하는 모습을 보면서 '서울이 괜찮은 도시구나!' 하는 생각을 했다. 미군이 중앙청에서 일장기를 내리자 서울 시민들이 환호했다. 조국 광복이 피부로 느껴졌다. 그런데 곧이어 일장기가 걸렸던 자리에 성조기가 올라갔다. 서울 시민들의 반응은 나오지 않았다. 나는 그 대목에서 기분이 썩 좋지 않았다. 광복의 기쁨도 잠시, 분단의 고통이 우리를 기다리고 있었다.

학병 출신들과의 인연

해방 무렵 우리는 충칭 시내 짜오창커우較場口 근처 한국독립당 당사에서 살았다. 짜오창커우는 제법 복잡한 시장인데 원래 말馬 시장이 있던 자리였다. 이곳 동쪽으로 허핑루和平路가 있었고, 그 초입에 한독당 당사가 있었다. 우리 세 식구는 이 당사에서 기거했다. 로터리 한 쪽에 광복군 사령부가 있고, 거기서 멀지 않은 렌화츠 거리에 임시정부 청사가 있었다. 임정 청사 앞에는 지금은 사라지고 없는, 당시만 해도 제법 널찍한 광장이 있었다. 임시정부는 청사에서 백여 미터 떨어진 곳에 있는 집을 한 채 빌려 사용하였는데 이곳에 광복군 청년대원 십여 명이 묵었다.

내가 그곳에 자주 들른 데는 이유가 있었다. 그 무렵 나는 중국의 학생의용군에 지원했다가 좌절된 후 학교를 쉬고 있을 때였다. 그곳 청년대원에게서 공부를 배울 요량이었다. 한필동韓弼東(건국훈장 애족장) 대원은 일본 오사카 외국어학교에서 영어를 전공하고 부전공으로 중국어를 공부했다. 충남 홍성 출신으로 유관순 열사의 이질인데 그에게 영어를 배웠다. 그는 창사長沙의 일본군 제64부대에 소속되어 중국군 포로수용소에서 통역을 하다가 탈출했다. 광복군에 배속돼 임정 요인의 호위를 맡았다.

임정 청사 왼쪽 옆집에는 권일중權一重이라는 홀아비가 방 한 칸을 사용했다. 그는 미국 하버드대학 철학박사 명함을 갖고 다닌 '자칭 박사'였는데 이를 믿는 사람은 그리 많지 않았던 것 같다. 다만 영어는 잘해 그에게서 회화를 배운 기억이 난다. 이름은 기억나지 않지만 홍洪 씨 성을 가진 청년도 있었다. 그는 함경도 함흥 출신으로 축구를 잘 했는데 경성(서울), 평양, 함흥 3대 도시 축구대항전 때 함흥대표로 나갔다고 했다. 키도 큰데다 힘이 장사였다.

투차오 우리 집에서 그리 멀지 않은 산 속에 꽤 큰 포로수용소가 있었다. 포로 가운데 한국인이 있으면 데려가라고 포로수용소에서 광복군으로 연락을 해왔다. 한번은 송호성宋虎聲(광복군 5지대장 역임)을 좇아 한국인 포로 인수 차 따라갔다가 일본인을 처음 봤다. 일본인은 한국인에 비해 덩치가 작아 보였다. 게다가 잘 먹지 못한데다 머리까지 빡빡 깎아놓아 아주 볼품없었다. 전향한 사람들은 그나마 머리를 기르게 해주어 보기가 좀 나았다. 포로들은 두 부류로 나뉘어 있었다. 한 부류는 조사과정에서 회유되어 삼민주의 신봉, 천황제 부정 등을 약속한 전향자들이었다. 다른 한 부류는 끝까지 소신을 굽히지 않는 비전향자들이었다.

수용소 측의 포로에 대한 대우는 옷차림이나 작업 등에서 크게 달랐다. 전향한 사람들은 얼굴빛도 좋아 보였으나 비전향자들은 비쩍 마른데다 힘든 노동으로 찌들어 있었다. 그날 수용소에서 열린 한국인 포로 환송연 자리에서 일본음식을 처음 맛봤다. 메뉴는 스키야키였던 걸로 기억한다. 전향자들이 차려준 음식이었다. 그때 포로수용소에서 신병을 인수한 한국인 포로 가운데 조기 인수자는 광복군에 정식 편입되었다. 그러나 마지막에 인수한 사람들은 그냥 '토교(투차오)대'라고 불렀다. 토교 대원들에 대한 식사며 피복 등 보급품은 전부 광복군에서 나왔다.

텃밭 농사와 배급 쌀 '평가미'

충칭 시내 한독당사뿐 아니라 충칭 근교 투차오에도 우리 집이 있었다. 당시 투차오의 정식 명칭은 투원샹土文鄕이었는데 속칭 '투차오土橋'라고 불렀다. 투차오란 우리말로 하면 '흙다리'라는 뜻인데 실제로 근처에 커다란 다리가 있었다. 그 다리는 돌다리지만 위에 흙을 깔았기 때문에 투차오라고 했다. 이 다리를 건너 2~3킬로미터를 가면 언덕 위에 우리 교민들이 사는 집이 몇 채 있었다. 임시정부에서 지어준 것이다. 우리 집도 거기에 있었다. 지금은 흔적도 찾을 수 없다.

우리는 투차오 집에서도 살고 충칭 시내 한독당 당사에서 살기도 했다. 투차오 집을 육개월 간 비워놓기도 했다. 임정과 한독당 일을 함께 하시던 아버지가 몸이 좋지 않아 투차오 집에 와서 몇 개월 머문 것 말고는 대개 충칭 시내에 머물렀다. 투차오 버스 정류장에서 임정 청사까지는 25킬로미터가 좀 넘었다.

투차오는 시골동네라 전기가 들어오지 않았다. 충칭 시내에는 전기가 들어왔다. 아주 어릴 적이어서 기억은 안 나지만 상하이 시절에는 당연히 전기를 사용했을 것이다. 투차오에서는 전기 대신 석유등을 사용하였다. 내가 소학교를 다녔던 장시성 우닝武寧에서도 그랬다. 간혹 잔치 때는 석유에 펌프질을 하는 가스등 같은 걸 쓰곤 했다. 밝기가 석유등에 비할 바가 아니었다.

그때 중국에서는 석유등을 많이 썼는데 국내에 와서는 통 보질 못했다. 그런데 전쟁 말기에는 석유를 구할 수가 없었다. 대신 동유桐油, 즉 오동나무 기름을 등불에 사용하였는데 값이 매우 쌌다. 식용으로는 유채유와 참기름을 썼는데 참기름은 비싸고 유채유는 쌌다. 돼지기름도 많이 먹었다. 당시 중국에서는 비계 값이 살코기 값과 같았다. 비계로 기름을 만들어 볶는 요리에 사용했다.

투차오 집은 땅을 빌려서 그 위에 지었다. 치장에서 투차오로 옮겨갈 적에 임시정부는 '여기서는 오래 머문다'며 땅을 빌렸다. 그래서 언덕 위에 집 세 채를 지었는데 우리가 선발대로 가서 제일 먼저 집을 지었다. 들판에 집을 짓고 살다보니 집 주위 곳곳에 텃밭이 있었다. 상하이나 치장에서의 도시생활에서는 꿈도 꿀 수 없는 일이었다. 텃밭이 생겼으나 어머니가 농사 경험이 없어 주변의 도움을 받았다. 여름엔 더워서 채소 농사가 잘 되지 않았으나 겨울은 춥지 않아서 겨울 내내 채소를 심어 먹었다. 농약을 안 쓰니 벌레 잡는 게 일이었다.

당시 고구마를 많이 심었다. 마땅한 주전부리가 없던 시절에 군것질 거리로 인기가 좋았다. 고구마를 삶으면 학병 청년들이 찾아와 맛있게 먹곤 했다. 당시 우리 집에 자주 와서 거의 붙어살다시피 한 사람이 있었다. 이승만 정권 때 경북 영양에서 국회의원을 지낸 박종길朴鍾吉(건국훈장 애족장)이 그 사람이다. 당시는 장질부사(장티푸스) 같은 게 걸리면 죽다시피 했다. 어머님의 도움을 받고 살아난 박종길은 우리 어머님을 "어머니! 어머니!" 하며 따랐다(박종길에 대한 이야기는 나중에 다시 언급하기로 한다).

그때 닭장을 만들어 닭도 몇 마리 키웠다. 투차오 생활이 안정되다 보니 이런 생각도 하게 된 것 같다. 먹는 것도 그만 하면 사정이 나쁘지 않았다. 중국 국민당 정부에서 다달이 식구들 머리 숫자에 맞춰 배급 쌀과 생활비가 나왔다. 그때 나온 배급 쌀을 '평가미平價米'라고 불렀다. 가구 단위가 아니라 개인당 얼마씩 나온 걸로 기억한다. 당시 배급표를 가지고 평가미로 바꿨는데 질이 나빴다. 무게로 주었는데 장사꾼들이 무게를 늘리기 위해 쌀에 물을 섞었다. 그러다보니 평가미는 약간 발효 상태인 게 많았다. 아예 못 먹을 정도는 아니었지만 밥맛이 좋을 리 없었다.

그나마 우리 집은 다른 집에 비해 배급 쌀이 여유가 있었다. 아버지는 충칭 시내에 자주 나가 계신데다 식구라고는 나와 어머니 둘뿐이어서 먹는 양이 그리 많지 않았다. 그런데 식구가 많은 집은 쌀이 모자라기 일쑤였다. 오희옥吳姬玉(독립군 오광선의 차녀·건국훈장 애족장)의 집은 식구도 많은데다 대식가들이어서 늘 쌀이 부족했다. 그래서 어머니가 우리 집의 남는 쌀을 갖다 주기도 했다. 그것도 모자라면 텃밭에 고구마나 옥수수 같은 작물을 심어 해결했다.

투차오 시절 물 사정은 그런대로 괜찮았다. 치장에서는 강물을 이용했으나 투차오에서는 동네 앞 개울물을 길어다 먹었다. 나중에 가보니 썩은 물이었으나 당시만 해도 아주 깨끗했다. 장마철에는 물을 길어와 독에 담고 거기에 백반을 풀어 사용했다. 치장에 살 때는 강 옆에 살았는데 물을 길어다 주는 사람을 썼던 기억이 난다. 어쩌다 그 사람이 앓아 눕기라도 하면 물을 길어 나르느라 애를 먹었다. 그러다보니 물을 아껴 쓰는 습관이 절로 생겼다. 그 물로 목욕을 한다는 건 상상도 할 수 없는 일이었다. 목욕은 동네 앞 개울에 가서 했다.

안개도시 충칭의 겨울날씨

충칭은 중국의 고도古都에 속한다. 기원전 11세기 주대周代에 파巴나라의 수도가 있던 땅이다. 삼국 촉한蜀漢 때 지금의 충칭시로 현청 소재지를 옮겨왔다. 충칭重慶이라는 지명은 남송 광종光宗 조돈趙惇이 왕으로 책봉되고 제위에 오른 곳이라 하여 '이중의 경사慶事'라는 뜻으로 붙여진 것이다. 우리가 있을 때는 투차오 일대를 파현巴縣이라고 불렀는데 지금은 충칭시 바난구巴南區로 명칭이 바뀌었다. 파촉巴蜀이라고 할 때 파巴는 충칭을, 촉蜀은 청두成都를 말한다. 충칭은 2차 세계대전 당시 장제스가 이끈 국민당 정부의 전시수도이기도 했다.

충칭은 쓰촨성 일대에서 교역과 교통의 중심지 역할을 했다. 그러나 전쟁 전만 해도 충칭 인구는 50만 명이 채 못 되었다. 그러던 것이 전쟁 중에 90만 명으로 급증했다(2014년 현재 충칭의 인구는 3천여 만 명이다). 그러다보니 도시 주변 산비탈에 피난민들의 판자촌이 다닥다닥 붙어 있었다. 한국전쟁 때 피난지 부산을 연상시킨다고나 할까. 지금이야 아주 현대식 도시가 됐지만 처음 우리가 갔을 때만 해도 충칭은 사람이 많은 데 비해 도시는 영 볼품이 없었다. 난징에 비하면 형편없이 뒤떨어지는 도시였다. 그러나 현재 충칭은 단일 시로 전 세계에서 가장 많은 인구와 면적을 가진 도시다. 대한민국 영토의 80퍼센트에 달하는 거대도시이기도 하다(사진 4: 충칭 대한민국임시정부 청사).

충칭은 여름엔 무지하게 더웠다. 반면 겨울은 포근했다. 1년 중 가장 추운 1월 평균기온이 영상 8도 정도였다. 6년 여를 살면서 눈을 구경한 적이 거의 없다. 한겨울 새벽에 일어나면 초가지붕에 눈이 잠깐 보일까 말까 했는데 그나마도 해 뜨기 무섭게 다 녹아버리곤 했다. 얼음도 거의 얼지 않았다. 고작 물독에 살얼음이 살짝 어는 정도였다. 겨울이 포근하다보니 충칭에서는 겨울 내내 야채 농사를 지었다. 그 덕분에 우리 식탁엔 겨울에도 신선한 야채가 떨어지지 않았다.

10월부터 안개가 끼기 시작해 겨우내 안개가 지속됐다. 흔히 충칭을 '무도霧都', 즉 안개도시라고 부르는데 지금도 10월이면 '안개절'이라는 축제가 열리곤 한다. 1938년부터 일본군은 충칭을 공중폭격했는데, 그나마 안개 덕분에 피해가 적었다고 한다. 당시 일본군이 공습할 때만 해도 지금과는 사정이 달랐다. 지금이야 레이더로 목표물을 관측하지만 그때는 하늘에서 비행기 조종사가 육안으로 지상을 내려다보며 폭격을 했다. 그런데 충칭이 워낙 안개가 심하다보니 조종사가 어디가 어딘지 분간을 못해 제대로 폭격을 못한 것이다. 우리는 투차오에서 살다가 겨울방학에는 충칭 시내 한독당 당사에서 지냈는데 1944년 겨울엔

사진4_충칭 임시정부 청사 입구.

폭격이 없었던 걸로 기억한다. 충칭은 안개도시란 뜻의 '무도'라는 이름과 함께 주변에 산비탈이 많아 '산성山城'이라고도 불렸다.

폐결핵이 앗아간
박차정과 김인

분지 지형인 충칭의 기후는 온난다습하다. 연평균 기온은 18도, 가장 더운 8월의 평균 최고기온은 35도에 달한다. 난징·우한과 함께 창장 연안의 '3대 화로火爐' 중 하나로 알려진 충칭의 여름은 중국에서 무덥기로 유명하다. 고온다습한 기후에는 모기가 극성을 부리기 마련이다. 모기약이 없던 시절, 고통이 이만저만이 아니었다.

여름이면 날씨가 워낙 더우니 방에 들어가지 못하고 밖에서 자는 날이 많았다. 자리에 누우면 모기가 덩어리로 마치 벌떼처럼 날아다녔다. '왱~' 하는 소리가 났다. 심지어는 떼로 날아가다가 사람 얼굴을 탁 치고 지나가기도 했다. 모기장을 치고 모깃불을 피워도 별 소용이 없었다. 누군가 모기가 국화꽃 향기를 싫어한다고 해서 그걸 구해 모깃불을 피운 적도 있었지만 효과는 없었다.

중학교 1학년에 다니던 그해 나는 한 학년을 쉬어야만 했다. 학질 때문이었다. 게다가 나는 이중으로 학질에 걸려 있었다. 이게 무슨 말인가 하면 학질에 걸린 상태에서 모기에게 물리면 또 학질에 걸린다는 얘기다. 이게 의학적으로 가능한 얘긴지는 몰라도 당시에는 그리 들었다. 학질은 하루 열이 올랐다가 다음날에는 열이 내리고 다시 그다음 날에 열이 오르는 병이다. 그런데 이중으로 학질에 걸리면 격일 학이 아니라 매일 학이 된다. 매일 열이 오르는 것이다. 이렇게 학질을 앓다보니 앉았다 일어나도 하늘이 빙글 돌 정도로 빈혈이 심했다.

몸도 급격히 야위었다. 앓다가 좀 덜 하다가를 반복해서 도저히 학교에 갈 사정이 못 되었다. 나는 키가 작은 편이다. 한창 성장기에 학질을 앓아 고생한 탓에 키가 덜 큰 게 아닌가 싶다. 당시 충칭 교민 가운데 학질을 앓지 않은 사람이 거의 없을 정도로 학질이 창궐했다. 학질 치료약으로 키니네와 독일제 아데브린이 있었는데 특히 효과가 좋은 아데브린은 값도 비쌀 뿐더러 구하기도 힘들었다.

학질 정도는 아니지만 충칭에서 흔한 병 가운데 하나가 폐결핵, 즉 폐병이었다. 충칭의 나쁜 기후 탓이었다. 폐병 치료에 가장 좋은 약은 태양인데 1년 중 거의 절반은 안개로 태양을 볼 수 없으니 결핵이 만연하는 건 당연했다. 날씨도 날씨지만 영양이 문제였다. 백범의 장남 김인金仁(건국훈장 애국장)과 약산 김원봉金元鳳의 부인 박차정朴次貞(건국훈장 독립장) 여사가 폐병으로 목숨을 잃었다. 박차정 여사의 마지막 모습은 지금도 기억난다.

박 여사가 충칭에 있을 때에 병세가 위독하다는 얘기를 듣고 어머니가 문병을 한번 가봐야겠다 하셨다. 마침 아버지도 같이 간다기에 나도 따라나섰다. 박 여사가 계신 곳은 충칭 남안南岸의 쑨자화위안孫家花園이라는 부자동네 같은 곳이었다. 이곳에 집이 여러 채 있었는데 민족혁명당 당수로 있던 우사 김규식 선생과 우강 최석순崔錫淳 선생 등 민혁당 지도부 인사들이 여럿 머물렀다. 안내를 받아 방으로 들어갔더니 박 여사가 침대에 누워 있었다.

우리를 보자 박 여사가 자리에서 일어나려고 했다. 어머니가 "그냥 그대로 누워있으라"고 하자 박 여사는 "아니 형님이 오셨는데 내가 어떻게……" 하면서 억지로 일어나려고 했다. 박 여사와 어머니는 형님 아우하며 지낸 사이였다. 그때 본 박 여사는 피부가 진짜 하얀 종잇장 같았다. 이미 병세가 깊어 손을 쓸 수 없는 지경이었다. 박 여사가 세상을 뜨고 약산은 1945년 1월 우강 선생의 맏딸 최동선崔東仙과 재혼했다. 재혼 당시 약산은 사십대 중반이었다. 신부는 22세로 평소 내가 누나라고 불렀다. 결혼식 주례는 백범이 맡았는데 그해 말에 아들 중근重根을 낳았다(사진 5-1: 박차정).

김인의 요절도 참으로 안타까운 일이다. 백범이 43세였던 1918년 11월 장남 인을 얻었다. 딸 셋을 차례로 잃고 얻은 첫아들이니 백범 부부에게 얼마나 귀한 아들이었겠는가. 인은 1934년 낙양군관학교에 입교하여 항일운동의 길로 들어섰다. 군관학교 졸업 후에는 일파 엄항섭嚴恒燮 선생과 함께 난징 예비훈련소 감독관으로 파견돼 한국 청년들의 군사훈련을 독려했다. 1938년에는 임시정부의 명을 받고 상하이로 파견돼 한국국민당 재건과 일제의 주요 기관 폭파 작전 및 요인 암살 계획 등을 추진하기도 했다. 광복을 불과 5개월 앞둔 1945년 3월 29일 충칭에서 숨을 거둘 때까지, 그는 광복군으로 부친을 도와 항일투쟁을 전개했다.

김인 역시 폐병으로 목숨을 잃었다. 1924년 새해 첫날 상하이에서 타계한 모친 최준례 여사와 같았다. 최 여사의 경우 늑막염이 발전하여 폐병이 된 것이지만, 김인의 경우는 충칭의 환경 탓이었다. 당시 충칭에 거주하던 한국인 삼사백 명이 육칠 년 거주하는 동안 순전히 폐병으로 사망한 사람만 칠팔십 명에 달했다. 충칭에 거주하는 외교관이나 상인들은 삼 년 이상을 견디지 못하고 떠난다고 했다. 임정 관계자들은 그런

사진5-1_약산 김원봉의 부인 박차정 여사. 여사가 폐병으로 목숨을 잃기 전 필자는 모친과 함께 병문안을 했다.

사진5-2_사진 왼쪽부터 김인, 백범, 김신. 남북협상에서 돌아온 백범은 차남 김신을 시켜 중국에 묻혀 있던 어머니 곽낙원 여사와 부인 최준례 여사, 그리고 장남 김인의 유해를 수습해 오게 했다.

악조건하에서 육칠 년씩 거주했고, 김인도 그 과정에서 폐병에 걸렸다.

백범은 김인의 죽음을 두고 "알고도 불가피하게 당한 일이라 좀처럼 잊기 어렵다"고 《백범일지》에서 심경을 토로했다. 김인의 아내 안미생 安美生은 안중근 의사의 조카였다. 미생은 시아버지 백범에게 '남편이 페니실린을 맞게 해달라'고 여러 차례 간청했다. 그런데 백범은 '나의 노老 동지들에게 해주지 못하는 것을 아들이라고 해서 할 수 없다'며 거절하였다고 한다. 백범이 아니고서는 할 수 없는 말이다(사진 5-2: 백범 과 그의 두 아들).

3. 학생 시절

소학교
다섯 곳을 다니다

1932년 4월 윤봉길 의거는 민족의 쾌거였 다. 그때부터 임시정부는 고난의 대장정을 시작하게 되었다. 프랑스 조계 당국은 일본의 압력을 견디다 못해 "더 이상은 보호해줄 수 없다"며 임시정부의 이전을 요구했다. 결국 임시정 부는 저장성장浙江省長을 지낸 추푸청褚輔成(건국훈장 독립장)의 도움으로 자싱嘉興과 항저우杭州 두 곳에 자리 잡았다. 우리도 다른 임정 가족들 과 함께 자싱에서 살았다. 1934년 봄 아버지가 취직을 하면서 장시성江 西省 펑청현豊城縣으로 옮길 때까지 2년 여를 자싱에서 살았다. 그때 내 나이 여섯 살이었는데 그때부터 대략 옛일이 기억난다. 아직도 기억이 또렷한 것은 항저우에 놀러갔던 일이다. 항저우는 원래 눈이 별로 안 오는 지역인데 그해 겨울에 눈이 많이 내렸다. 그래서 집집마다 아이들이 나와 동네 어귀에서 눈사람을 만들며 놀았다. 어렴풋하게나마 항저우 서호西湖에서 뱃놀이를 한 기억도 있다. 나보다 여섯 살 위인 민영주閔泳珠(민필호 선생의 장녀이자 김준엽 전 고려대 총장의 부인)에게 나중에 들으니 아버지가 일주일에 한 번 꼴로 항저우에 와서는 자기 집에 묵었다고 했다. 아마 자싱과 항저우 사이의 연락 업무를 하셨을 것이다.

내가 처음 들어간 학교는 장시성 펑청현에 있는 소학교였다. 1935년 봄, 일곱 살이었다. 당시 아버지는 앉아서 임정의 돈을 축내는 게 싫다며 잠시 중국 지방정부의 공무원 일을 하셨다. 그때 학교 선생님들이 나를 많이 귀여워했다. 여자 선생님 한 분은 우리 집에 와서 어머니에게 "후동이(어릴 적 내 이름)는 가감법도 할 줄 알고 한자도 많이 아니 1학년에 다닐 필요가 없겠다"고 하고는 2학년으로 월반을 시켜주었다. 거기서 일 년 가까이 다니다가 우닝현武寧縣으로 이사했다.

당시 중국 지방정부는 성省 밑에 현縣을 두고 있었다. 성 하나가 우리나라 땅 덩어리만 해 관리가 어렵게 되자 네다섯 개의 현을 묶어서 전원공서專員公署라는 조직을 두었다. 아버지는 신장성新疆省 성장을 지낸 린징林兢의 소개로 장시성 제1전원공서에 취직했다. 이 기관은 당초 펑청에 있었는데 일 년 뒤 우닝으로 옮기면서 우리도 이사를 갔다(사진 6: 상하이 시절 김의한 선생).

난징으로 가서는 다중차오大中橋 소학교에 들어갔다. 그런데 예상치 못한 일이 발생했다. 우닝에서 3학년을 다니다 왔음에도 날더러 새로 입학을 하라는 것이었다. 1학년으로 들어오는 건 문제가 없지만 2학년으로 들어오려면 시험을 봐야 한다고 했다. 우닝에서 공부를 그렇게 못한 것도 아니었는데 지방과 도시의 격차가 있다고 생각한 것 같았다.

사진6_상하이 시절 김의한 선생.

선생님이 나에게 다짜고짜 말했다.

"너는 2학년 들어올 자격이 아직 안 돼!"

그 선생님에게 한 학기만 올려달라고 부탁을 해서 겨우 1학년 2학기에 들어갔다. 당시 중국은 학기제였다. 난징에서 백범의 차남 김신 형과 한 집에 살았는데 형은 중학교 들어갈 나이(1922년생)임에도 소학교 5학년으로 들어갔다. 우리로서는 억울한 일이었으나 다른 방도가 없었다. 당시 우리 둘은 중국 성씨로 변성명을 했다. 김신 형은《삼국지》에 나오는 관운장關雲長의 성을 따서 꾸안신關信, 나는 진陳을 성으로 해서 천런밍陳仁明이라는 이름을 사용했다. 그런데 우리 둘이 형, 동생 하니 아이들이 "성이 다른데 무슨 형제냐"며 놀려댔다. 할 수 없이 나는 친형이 아니고 사촌형, 외종형 등 생각나는 대로 들먹이다가 결국 그냥 친척이라고 둘러댔다.

소학교는 치장綦江에서 마쳤다. 차오허橋河소학교인데 일 년 반을 다녔다. 5학년 2학기로 들어가 6학년 졸업 때까지 다녔다. 임시정부에서 대외연락 업무를 담당했던 이광李光(건국훈장 독립장) 선생의 아들 이복영과 같이 다녔다. 당시 치장은 현이었는데 강 건너에는 사람이 거의 없는 완전한 시골이었다. 지금은 강 건너까지 다리가 생겨 강 양쪽으로 도시가 발달하였으며, 충칭시에 속해 있다.

생각해보니 소학교는 모두 다섯 군데를 다닌 것 같다. 장시성의 두 곳(펑청·우닝), 난징과 퍼산佛山, 치장 등이다. 퍼산에서 5학년 1학기를 다니다가 치장에서 5학년 2학기로 들어갔다. 류저우柳州에서는 불과 사 개월여밖에 머물지 않은 탓에 학교에 다니지 않았다. 학교를 자주 옮기면서 중간에 공백이 생기니 아무래도 성적이 우수할 리가 없었다. 난징에서 푸대접을 받은 것은 지방간 학력 차도 있지만 이런 이유도 있다고 본다.

퍼산에 살 때 퍼산에서 제일 좋은 소학교에 보결시험을 봐서 합격한 적이 있다. 그때 아버지가 "합격을 하면 홍콩 구경시켜주겠다"고 약속하셔서 추석 휴가 때 홍콩에 가기로 돼 있었다. 퍼산과 홍콩은 가까웠다. 그런데 얼마 뒤 일본군이 광둥廣東까지 공격해오는 바람에 홍콩행은 좌절되었다. 그 소학교는 겨우 열흘 정도밖에 다니지 못했다.

장진 제9중학
시절의 삼형제

중학교는 충칭에서 다녔다. 우리 집이 있던 투차오 근처에는 중학교가 없었다. 당시 내 또래들은 전부 강북에 있는 중산中山중학교에 다녔다. 충칭 시내를 관통하는 자링장嘉陵江 건너편에 장베이江北가 있었다. 지금은 다 충칭시가 되었지만 당시에는 쓰촨성 장베이현江北縣이었다. 이광 선생의 아들들과 한국인 몇 명이 중산중학교에 다니고 있었다. 나는 아버지께 중산중학교에 입학하고 싶다고 말씀드렸다. 그런데 아버지는 집에서 가까운 중학교로 진학하라며 학교를 다시 찾아보라고 했다.

그래서 찾은 학교가 집에서 삼십 킬로미터 정도 떨어진 리런立人중학교였다. 《논어》에 '기욕립이립인己欲立而立人, 기욕달이달인己欲達而達人'이라는 구절이 있다. 자기가 서려면 남을 먼저 세우고, 자기가 달하려면 남을 먼저 달하게 한다는 뜻이다. 이 학교의 교명은 여기서 따온 것이라고 했다. 이 학교는 전쟁 때 충칭 근처에 새로 생긴 중학교 가운데 하나로 건물이 좀 특이했다. 당시 지방에서 가장 큰 건물이라면 도교道

敎와 관계 있는 원창궁文昌宮, 위왕미아오玉王廟 등이었다. 근대 이후 도교가 쇠퇴하면서 이런 건물들을 개조해 학교로 사용했다. 그 학교가 바로 그랬다. 당시는 교통이 좋지 않아 삼십킬로미터 거리를 매일 통학하기가 불가능해 기숙사로 들어갔다. 그런데 1학년을 다 마치기도 전에 학질에 걸려 학교를 그만두게 됐다. 2학기 시험을 보지 못해 낙제를 할 판이었다.

그때 행운이 다가왔다. 우리 집 앞에 새 중학교가 문을 연 것이다. 칭화淸華중학교였다. 병세가 호전되자 나는 2학년으로 편입해 다시 학업을 계속했다. 나중에 알게 된 사실이지만 이 학교는 베이징에 있는 명문 칭화대淸華大와 직접적인 관련은 없었다. 그렇다고 해서 아주 무관한 것만은 아니었다. 칭화중학 설립에 나섰던 사람들이 전부 칭화대 출신들이라고 했다. 당시 국공합작國共合作을 위해 충칭에 머물고 있던 저우언라이周恩來도 학교 개교에 관여했다고 들었다. 개교를 앞두고 설립자들은 초대 교장으로 누구를 모셔올지 토론을 벌였다. 최종 물망에 오른 이는 칭화대 출신으로 어느 사범학교에서 교사로 근무했던 푸런간傅任敢이라는 사람이었다. 후보자가 결정되자 이들은 저우언라이를 찾아가 의중을 물었다. 다행히 저우언라이 역시 좋다고 해서 그가 교장으로 임명되었다. 나중에 공산당 정부가 수립된 후 그는 어느 사범대학교 교장으로 임명되었다. 양심적인 교육가로 인정을 받았던 모양이다(사진 7: 저우언라이).

3년제 초급중학 칭화중학교에서 2학년 과정을 배웠다. 주요 학과목은 국어, 영어, 수학 등이었다. 다만 수학은 2학년이 돼야 대수를 가르치고 3학년 때 기하를 가르쳤는데 한국보다 떨어지는 셈이었다. 역사

사진7_저우언라이. 중국 공산주의 혁명가, 중화인민공화
국 정치가. 권력 2인자의 자리에서 삶의 마지막까지 마오
쩌둥을 성실히 보좌했다.

과목도 당연히 있었는데 국사란 당연히 중국사였다. 국어는 물론 중국어였고. 전체 학생 수는 오륙백 명이 채 안 된 걸로 기억한다. 그런데 칭화중학에서도 중학교 과정을 다 마치지 못했다. 가장 큰 문제는 기숙사였다. 학생 수에 비해 방이 태부족인데다 기숙사 비용도 너무 비쌌다. 우리 집이 충칭 시내로 이사해 있을 때였다.

게다가 '사건'도 하나 있었다. 내가 다른 과목은 다 괜찮았는데 체육이 문제였다. 체육 성적이 안 좋으면 진급이 안 됐다. 내가 체육 선생을 좀 무시했던 것 같다. 그래서 내가 수영 선수여서 별 문제가 없는데도 불구하고 체육 선생이 나를 미워해서 점수를 안 준 것이다. 결국 나는 체육 성적 때문에 낙제하였다. 이 사실을 알고 아버지는 교장한테 가서 따지겠다고 했다. 내가 그 선생한테 더 이상 배우기 싫다고 했더니 그럼 학교를 옮기라고 하셨다. 결국 나는 1944년 장진현江津縣에 있는 국립 제9중학교 초급 3학년으로 편입했다. 이 학교는 충칭에서 창강 상류 쪽으로 백 킬로미터 정도 떨어진 곳에 있었는데 초급중학 셋, 고급중학 셋 등 모두 여섯 개의 분교가 있었다. 집에서 멀기도 할뿐더러 친구들도 없어 처음에는 별로 내키지 않았다. 기숙사 생활을 해야 했다.

그런데 뜻밖에 반가운 일이 기다리고 있었다. 친하게 지내던 형을 둘이나 거기서 만나게 된 것이다. 우사 김규식 선생의 작은아들 진세鎭世와 김홍일金弘壹(중국 이름은 왕웅王雄) 장군의 큰아들 극재克哉를 거기서 만났다. 진세는 나보다 한 살 위, 학년도 하나 위였다. 극재는 학년은 한 학년 위인데 나이는 나보다 서너 살이 많아 내가 형이라 부르며 따랐다. 두 사람은 고급중학 1학년으로 같은 고중 1분교에 다녔다. 내가 다닌 초중 3분교와는 대략 1.5킬로미터 떨어져 있었다. 우리는 주중에는 헤어져 지냈지만 일요일이면 같이 다니며 친형제처럼 지냈다.

아버지는 가끔 나를 보러 학교로 찾아오시곤 했다. 외아들인 내가 걱정이 되었던 모양이다. 아버지는 셋 중에서 가장 나이가 많은 극재 형에게 "동생같이 잘 돌봐줘라"며 나를 부탁하곤 했다. 그래도 마음이 놓이지 않았는지 장진 시내 큰 한약방 주인에게도 특별히 부탁을 해두셨다. 혹 급하게 돈이 필요하면 거길 찾아가 도움을 받으라고 했다. 나는 초급중학 과정 3년을 이렇게 세 군데 학교를 다니며 배웠다.

학창 시절의
추억과 친구들 | 앞에도 언급했듯이 임시정부는 1932년 윤봉길 의거 이후 피란길에 올랐다. 처음 상하이를 출발해 항저우-난징-창사-광저우-류저우-치장을 거쳐 충칭에 도착하기까지 육 년여를 떠돌았다. 윤 의사 의거 직후 일제는 백범에게 현상금으로 60만 원을 내걸었다. 현재 가치로는 약 이백억 원을 상회하는 거금이다. 오죽하면 백범이 처녀 뱃사공과 부부로 위장하기까지 했을까. 신변의 위협, 궁핍한 재정, 정파 간 갈등과 그로 인한 사건·사고, 게다가 잦은 거처 이동 등 임정 요인들이 겪은 고통은 이루 말할 수 없었다.

1928년 상하이에서 태어난 나는 1939년 4월 충칭에 도착할 당시 만 열한 살이었다. 이후 해방 이듬해까지 근 칠 년을 충칭에서 보냈다. 다시 말해 나는 임시정부의 품 안에서 태어나 유년기, 청소년기를 보냈다. 어릴 때는 특별히 내가 할 수 있는 일도 없었거니와 그러다보니 고민거리나 책임질 일도 없었다. 오히려 어린 시절에는 피란 생활이 재미 있었다. 얼마 안 있으면 또 새로운 곳으로 옮겨가고, 그러면 거기서 또 새 중국 친구들을 만났다. 철부지인 나에게는 그런 것이 마냥 신기하고 새롭기만 했다. 자싱은 자싱대로, 소학교를 다닌 펑청이나 우닝은 또 그곳대로 좋았다. 창사는 물자가 풍족해서 좋았고, 남쪽 지방 광저우에 갔더니 거긴 바나나가 지천이어서 또 좋았다.

소학교 시절 내 성적은 그런대로 괜찮았다. 그런데 중학교에서는 성적의 굴곡이 심했다. 학교를 세 군데나 옮겨 다닌데다 노는 재미에 푹 빠진 탓이었다. 두 군데 학교에서 기숙사 생활을 했는데 이것이 화근이었다. 부모님 슬하에서 벗어나 기숙사에 있으니 놀기가 좀 좋았겠는가. 중학교 1학년 때부터 중국인 친구들은 마작 같은 노름을 즐겼다. 나도 어른들 등 너머로 마작을 배워 할 줄 알았기에 그들과 어울리곤 했다. 보통 격주로 한 번 집에 들러 용돈을 타곤 했는데 하루는 용돈을 탄 그날로 전부 다 날리고 말았다. 바로 마작을 끊었다. 그렇다고 모든 놀이를 다 끊을 수는 없었다. 마작 대신 장기 같은 것으로 여가를 보내곤 했다.

칭화중학은 남녀공학이었는데 한 반에 남녀가 따로 앉았다. 한국인 학생은 남녀 합쳐서 전부 일곱 명이었다. 지청천 장군의 아들 성계成桂 (나중에 계수桂洙로 개명함)는 나보다 2년 위였는데 그와 같은 반에 최덕신崔德新(외무장관 역임·월북)의 여동생이 있었다. 또 엄항섭 선생의 장녀 기선基善이 나와 같은 반이었으며, 나보다 한 학년 밑으로 오광선吳光鮮 선생의 딸 희옥과 민필호閔弼鎬 선생의 둘째, 셋째 딸이 한 반에 다녔다. 이들은 모두 임정 요인이나 광복군 간부의 자녀들로 나오는 친형제나 마찬가지였다. 이들과의 인연은 광복 후 귀국해서도 계속됐다.

학교를 자주 옮겨 다닌 탓에 중국인 친구를 많이 사귈 기회가 별로 없었다. 그나마 칭화중학 시절 몇 사람을 사귀었는데 남자 중에는 왕자이王嘉義라는 친구가 생각난다. 우리보다 나이도 한 두어 살 위인데다 꾀가 많고 머리가 비상해 반에서 대장 노릇을 했다.

여학생 중에서는 반에서 제일 예뻤던 차오루이팡喬瑞芳이란 친구가 기억난다. 그 당시에는 별다른 인연이 없다가 1990년대에 다른 여자 동창생을 통해 연락이 닿았다. 학교 다닐 때 멋쟁이 집안의 딸이어서 국공내전 이후 타이완으로 갔을 거라고 생각했었다. 그런데 알고보니 상하이에 살고 있었다. 90년대 초에 할아버지 성묘를 겸해 상하이에 들렀을 때 주소를 들고 그 친구 집을 찾아갔었다. 마침 미국 사는 아들을 만나러 가고 없어서 헛걸음을 했다. 나중에 들으니 미국을 다녀온 후 상하이에서 자살했다고 한다. 차오루이팡과의 재회는 끝내 이루지 못했다.

가장 듣기 싫은 소리
'왕궈누'

크면서 중국 아이들과 더러 다투기도 했다. 한번은 나보다 덩치가 큰 중국인 아이를 우산으로 찔러 상처를 입힌 적이 있다. 아버지가 지방관서 공무원이던 때이니 소학교에 다니던 장시성에서 있었던 일로 생각된다. 사건의 발단은 이랬다.

하루는 중국 아이들과 어울려 놀다가 무슨 일로 말다툼을 하게 됐다. 그런데 한 녀석이 말끝에 나에게 이렇게 쏘아붙였다.

"왕궈누!"

왕궈누亡國奴란 '망한 나라의 노예'라는 뜻이다. 일본에게 나라를 빼앗긴 우리 민족을 두고 한 말이다. 애들이 다투다 보면 상대방에게 욕을 하기 마련이다. 중국말에도 욕이 많다. 그들은 욕을 하면 으레 '네 애미 애비가 어쩌고저쩌고' 하는 식의 욕을 많이 했다. 일본 사람들이 한국인(조선인)을 비하해 '조센진'이라고 부르듯이 중국인들은 한국인을 '까우리'라고 했다. 까우리는 고려高麗라는 말이다.

그런데 간혹 어떤 아이들은 한국인들에게 '왕궈누'라고 말하기도 했다. 그런데 내가 다른 욕은 다 참아도 '왕궈누' 소리가 나오면 가만두지 않았다. 나는 마침 들고 있던 우산으로 그 녀석의 눈을 찔렀다. 그 녀석은 나보다 덩치가 더 컸다.

나로선 분한 마음에 그냥 찌른 것이다. 그런데 그 녀석의 눈가가 찢어져 피가 나기 시작했다. 순간 겁이 덜컥 났다. 그나마 눈알을 다치지 않은 게 다행이었다. 다행히 아버지가 그 녀석의 상처를 치료해주면서 큰 문제 없이 넘어가긴 했다. 아버지는 젊어서 의사가 되고 싶어 했다. 상하이에서 동방의전에 다니신 적도 있다. 그러다보니 우리 집에는 늘 응급상자가 하나 준비돼 있었다. 간단한 응급처치나 주사 놓는 것 정도는 아버지도 가능했다. 시골에 의사가 없다보니 급한 일이 생기면 우리 집에 와서 아버지의 도움을 받곤 했다. 그날도 아버지가 그 녀석의 상처를 꿰매주셨다.

망국의 설움은 어린 내게도 이따금씩 밀려왔다. 부모님을 포함해 내 주변의 어른들은 모두 항일독립운동가였다. 점차 나이가 들면서 나는 그분들이 어떤 분들이며, 무슨 일을 하는지도 알게 됐다. 장시성에 살던 시절 한 시사잡지에서 스페인 내전과 무솔리니의 에티오피아 침략에 관한 글을 읽은 적이 있다. 스페인 내전 당시 정부군 쪽에 열 몇 살

소년들이 총을 들고 싸우는 사진이 실려 있는 걸 보고는 나도 덩달아 분개했다. 우리나라의 일이 아닌데도 '내가 조금만 나이가 있어도 가서 싸울 텐데' 하는 생각을 했다. 동병상련의 마음이 일었던 모양이다.

내가 태극기를 처음 본 것은 자싱에서였던 걸로 기억한다. 임정은 일제를 피해 다닐 때도 항상 태극기는 갖고 다녔다. 1937년 말 난징에서 창사로 옮겨 이듬해 3월 1일 3·1절 기념식을 했다. 강당에 대형 태극기가 오르자 어머니가 감격의 눈물을 흘리시던 장면이 또렷이 기억난다. 나는 집에서 어머님으로부터 우리말, 우리 역사에 대해 기초를 배워 대략 알고 있었다. 한글은 대략 여섯 살 무렵에 깨우친 걸로 기억하고 있다. 중국 사람 행세를 하고 살 때에도 집안에서는 늘 우리말을 사용했다(사진 8-1: 3·1절 19주년 유흥조 기념촬영).

임시학교 교사 김효숙 부부와 김철

앞에서 언급했듯이 나는 소학교 다섯 군데, 중학교 세 군데를 다녔다. 떠돌이 생활이라 어쩔 수 없었다. 그러다보니 연속성을 가지고 학업을 하기도 어려울뿐더러 중간 중간 공백이 생기기도 했다. 이사를 가거나 전학을 하는 과정에서 생기는 공백은 불가피했다. 가장 큰 문제는 중국인 학교에 다니다보니 배우는 게 죄다 중국 것뿐이라는 점이었다. 말도 중국말, 역사도 중국사 등등. 명색이 한국인인데 한국에 대한 지식이 태부족했다. 그러던 차에 돌연 우리 앞에 '천사'가 나타났다.

임시정부 원로 가운데 당헌 김붕준金朋濬 선생이 있다. 평남 용강 출신으로 1907년 신민회新民會에 가입하면서 민족운동에 투신한 분이다.

1919년 3·1운동 이후 상하이로 망명하여 대한민국임시정부 수립에 참여했고, 이듬해 임시정부 군무부원 및 임시의정원 의원과 비서장을 역임하였다. 이어 대한인교민단 단장과 상하이 한인학교인 인성학교仁成學校 교장, 임시정부 주광둥廣東 단장, 중화민국 국민혁명군학교 참의參議를 거쳐 1939년 임시정부 의정원 의장과 한국독립당 집행위원, 임시정부 국무위원 등을 역임하였다. 지금으로 치면 행정부와 국회, 교민단체 수장을 두루 역임한 임정의 대들보와 같은 분이다.

당헌 선생에게 딸이 둘 있었는데 큰딸은 효숙孝淑, 작은딸은 정숙貞淑이다. 당헌 선생을 비롯해 부인 노영재盧英哉, 아들 김덕목金德穆, 그리고 두 딸 모두 항일운동에 나섰다. 당헌 선생은 건국훈장 대통령장, 부인과 아들딸들은 모두 건국훈장 애국장을 받았다. 김정숙은 1940년 9월 17일 충칭에서 열린 광복군 출범식에서 여군 대표로 백범 앞에서 선서를 한 주인공이기도 하다.

'천사'는 이 집의 큰딸 김효숙과 그의 남편 송면수宋冕秀(건국훈장 애국장)다. 1919년 부친을 따라 상하이로 간 김효숙은 1936년 광둥의 중산中山대학 졸업 후 동생 김정숙 등과 함께 중산대학 학생전시복무단을 조직하고 선전 공작에 참가하였다. 이후 한국혁명여성동맹 부회장(1940), 임시정부 의정원 의원(1941), 민족혁명당 감찰위원(1944) 등을 거쳐 1944년 10월 광복군 2지대에 종군하며 대일 심리전 활동을 하다가 광복을 맞았다(사진 8-2: 김효숙(1995)).

김효숙에겐 잘 알려지지 않은 이력이 하나 있다. 1937년 7월에 발발한 중일전쟁 전후 임시정부가 난징에 머물고 있던 시절 그는 난징 시내 란치제藍棋街에서 한글교사로 활동했다. 또 1939년 한국독립당에 가입

사진8-1_1938년 후난성 창사에서 3·1운동 19주년 기념식이 열렸다. 앞줄 왼쪽에서 다섯 번째가 열 살 무렵의 필자.

사진8-2_명색이 한국인이면서도 한국에 대한 지식이 태부족이던 나에게 김효숙, 송면수 선생 부부는 천사와도 같았다. 사진은 1995년 김효숙 선생의 모습이다.

하여 한국혁명여성동맹을 조직해 활동할 무렵에는 창사, 충칭 등지에서 교포아동들의 교육을 담당하였다.

일본군의 난징 공세가 극심해지자 임정은 서둘러 후난성 창사로 옮겼다. 당시 장시성 우닝에 머물고 있던 우리 가족에게도 합류하라는 통보가 와서 1938년 2월 초 창사로 합류하였다. 창사에서는 그해 7월까지 머물렀는데 머문 기간이 짧다보니 학교에 다니기가 어중간했다. 결국 임정에서 임시학교를 개설해 임정 가족들의 자녀 교육을 맡겼다. 김효숙 선생 부부를 처음 만난 건 이곳에서였다. 김효숙의 남편 송면수 역시 중산대학 출신으로 광복군에서 주로 정훈 분야를 맡아 활동했다. 송면수 선생은 글 솜씨가 좋아 '국경의 밤', '상병의 벗', '전야' 등 항일극 대본을 직접 쓰셨으며 야전병원과 군부대를 돌며 공연을 하기도 했다. 송 선생은 한글학자이자 독립운동가인 김두봉金枓奉의 제자라고 했다.

두 분은 내 또래 십여 명에게 우리말과 우리글, 우리 역사 등을 가르쳤다. 집에서 어머니로부터 우리글을 배우긴 했으나 제대로 된 철자법은 송면수 선생에게서 처음 배웠다. 피란지 임시학교에 교재가 제대로 있을 리 없었다. 내 기억으로는 프린트물 같은 것을 놓고 수업했던 것 같다. 역사 시간에는 삼국시대 등 우리나라 옛이야기를 재미있게 들려주셨다. 당시 효숙 또래의 누이들에게 보통 '제제姐姐', 즉 누나라고 불렀다. 그런데 효숙에게는 깍듯이 '효숙 선생'이라고 했다. 나름으로는 우리를 가르치는 스승을 예우하는 차원에서 그리 불렀다.

김효숙-송면수 두 분 말고 선생님이 한 분 더 계셨다. 미남에다 키가 훤칠하고 노래를 잘 불렀던 김철金哲이라는 분이다. 김철 선생은 노래와 춤을 가르쳤다. '푸른 하늘 은하수', '나의 살던 고향은' 같은 노래는

다 그때 그분에게서 배웠다. 선생과 작별하던 장면이 지금도 생생하다. 우리가 창사를 떠날 때 기차 위에까지 올라와 우리를 전송했다. 으레 우리와 함께 갈 줄 알았던 그가 작별인사를 건넸다.

"여러분, 안녕히 가십시오! 저는 우한으로 가서 군대조직에 참여할 겁니다."

당시 임시정부와 한독당에는 군사조직이 없었다. 임정 산하에 광복진선청년공작대가 있었으나 제대로 된 군대조직이라고 보기는 어려웠다. 광복군은 그로부터 2년 여가 지난 1940년 9월 17일 충칭에서 결성되었다. 당시 그는 우한에서 조선의용대朝鮮義勇隊가 결성된다는 얘기를 듣고 거기로 간 것 같다(조선의용대는 1938년 10월 10일 한커우에서 결성되었다). 나중에 들으니 뤄양洛陽에서 조선의용대 백여 명이 옌안延安으로 넘어갔는데 김철 선생이 그들 가운데 있었다고 들었다. 이후 한동안 소식을 듣지 못했는데 8·15 후에 신문에서 북로당 중앙위원 명단에 '김철'이라는 이름이 들어 있는 걸 보고 그가 아닌가 짐작했다.

임시학교의 교장은 이달李達이라는 분이었다. 백정기白貞基 의사 등과 함께 아나키스트 단체인 남화한인청년연맹에 가입하여 결사대원으로 활동했으며, 나중에 조선의용대에 입대한 것으로 안다. 임시학교 시절 이분의 활동은 기억나는 게 별로 없다. 특정 학과목을 담당하지 않고 학교 운영을 총괄했던 것 같다. 당시 중국 여성과 결혼해서 살고 있었는데 해방 전에 충칭에서 돌아가셨다. 중국 부인이 낳은 남매는 고아로 자랐는데 중국이 사회주의 국가가 된 후 배움의 기회를 얻었다. 이달 선생의 딸 이소심은 의사가 되었으며 나중에 병원장까지 지냈다. 평소 한국에 오면 나에게 꼭 들르곤 했는데, 얼마전 문재인 대통령의 충칭 방문 때도 만날 수 있었다.

광복진선청년공작대 | 1938년 10월 초 일본 육전대가 광둥성 동
소년대원 활동 | 남해안에 상륙했다. 광둥성은 중국 남단이
기 때문에 공습은 있었어도 그때까지 비교적 안전한 후방이었다. 해안
에 도착한 일본군은 광저우시로 빠르게 진격해왔다. 퍼산과 광저우에
산재해 있던 임정 가족들도 피란을 결정하고 모두 짐을 꾸려 퍼산 기차
역에 집결했다. 퍼산역에는 이미 수천 인파가 몰려 있었다. 다행히 중
국 정부의 도움으로 가까스로 피란 열차에 몸을 실어 아슬아슬한 탈출
에 성공했다. 불과 이십오 킬로미터 거리의 산쑤이에 도착한 일행은 다
시 목선으로 갈아탔다. 위수사령부의 사용 허가를 사전에 받은 터라 목
선은 어렵지 않게 구할 수 있었다. 임정 가족 일행은 족히 백 명이 넘는
대규모였다. 물길을 거슬러 사십 일이 지나 도착한 곳은 광시성 중부의
류저우였다. 이때가 1938년 11월 30일이었다.

그 이듬해인 1939년 2월에 한국광복진선청년공작대가 류저우에서
결성됐다. 광복진선은 임정 계열 세 정당이 만든 연합체였다. 광복진선
에서 청년공작대를 만들면서 세 정당의 청년들은 통합조직에서 함께
활동을 하게 됐다. 당시 공작대에는 소년대도 있었는데, 나도 또래의
오희옥, 엄기선 등과 함께 소년대원으로 참여했다.

이때는 중일전쟁이 시작된 지 일 년 반 정도가 지난 시기였다. 특히
류저우가 속한 광시성에 있는 부대가 전투에 많이 참여했기 때문에 류
저우에는 죽거나 다친 군인이 많았다. 당시 상이군인의 보호는 중앙정

부의 손이 부족해 대부분 지방정부에서 맡았다. 청년공작대는 결성 이후 임정의 최종 목적지인 충칭에 가기 전에 뭐라도 해야 한다는 생각에 주민과 상이군인을 위로하고 항일전의 승리를 고무하는 선전활동을 주로 했다. 우리 소년대원들도 한몫을 했다.

특히 기억에 남는 것은 그해 3·1절 기념행사의 일부로 쑨원의 부인 쑹칭링이 이끌던 '상병지우(상이군인의 벗)'와 함께 상이군인 위문과 모금을 위한 공연을 한 것이다. 행사는 류저우 대희원이라는 큰 극장에서 치러졌다. 나와 오희옥 등 청년공작대의 소년대원들도 무대에 올라 노래와 춤, 연극을 선보였다. 나는 중국인 연예단과의 공동연극에서 일제의 침략에 쫓겨 피란 가는 소년 역을 해 꽤 박수를 받았다. 막내둥이 여성대원 오희영은 나의 누나 역을 했다. 류저우에서 약 여섯 달 동안 머문 우리는 다시 충칭을 향해 이동했다.

**신문과 잡지로
시사에 눈을 뜨다**

어릴 적 꿈이 정치가였던 때가 있었다. 물론 독립된 조국에 돌아가서였다. 정치가의 꿈은 칭화중학 다닐 때까지도 갖고 있었던 것 같다. 내가 이런 꿈을 가지게 된 데는 나름 연유가 있다. 나는 어릴 적부터 신문이나 잡지 보는 것을 좋아했다. 내가 소학교 다닐 때, 시사잡지에서 이탈리아 무솔리니의 에티오피아 공격 기사를 읽으며 분개했었다. 달려가서 그들과 같이 싸워주고 싶은 심정이었다. 그때부터 나는 남의 나라를 무력으로 침략하는 일본제국주의나 나치즘, 파시즘 등에 대해 적대감을 갖기 시작했다. 또래에 비해서 조숙한 편이었다고나 할까.

중학교 시절, 중국 아이들은 신문을 잘 보지 않았다. 그래서 학교에서 어떻게 하면 아이들이 신문을 읽을까 고민 끝에 묘안을 하나 내놓았다. 그때 학교에서 아침마다 조회 때 국기(중국 청천백일기) 승기식昇旗式(게양식)을 했다. 다함께 국가(국민당가)를 부르고 이어 교장의 훈시가 끝나면 다들 교실로 들어가 수업을 했다. 저녁이 되면 석회夕會를 겸해 강기식降旗式(국기 하강식)을 했다. 그런데 강기식을 할 때 큰 통에 전교생 이름표를 넣고 제비뽑기를 했다. 한 명이 뽑히면 그를 단상 위로 불러 그날 신문에서 중요한 뉴스가 무엇인지 발표하도록 했다. 제비뽑기에서 뽑히는 학생은 1학년부터 3학년까지 대중없었다. 만약 주요 뉴스를 제대로 발표하지 못하면 선생님에게 야단을 맞거나 망신을 당하기 일쑤였다.

그래도 중국 아이들은 신문을 잘 안 봤다. 강기식을 할 때가 되면 우리 반 아이들이 내 옆으로 몰려들었다. '오늘의 주요 뉴스'를 듣기 위해서였다. 늘 신문을 보는 나로서는 일도 아니었다. 나는 반 친구들에게 "오늘의 뉴스는 뭐뭐다" 이런 식으로 브리핑을 해주곤 했다. 어쩌다 우리 반 애들이 뽑히기라도 하면 누구라 할 것 없이 다들 줄줄 외듯이 했다. 어떤 날은 3학년 학생이 뽑혀 올라가기도 했는데 제대로 설명을 못하는 경우가 있었다. 그러면 선생님들은 "1학년짜리도 줄줄 얘기하는데 그게 뭐냐?"며 망신을 주곤 했다. 강기식 때의 '뉴스 브리핑' 때문에 나는 반에서 인기가 많았다. 그때 웅변대회 같은 게 있었다면 나가서 큰 상을 받았을지도 모른다.

당시 학교에서 보라고 권하던 신문은 《대공보》 《중앙일보》 같은 것이었다. 그런데 이것보다 더 인기가 있었던 것은 《신화일보》였다. 《중앙일보》가 국민당 기관지라면 《신화일보》는 공산당 기관지였다. 국공합작 후 충칭에서 발행된 《신화일보》는 값도 싸고 길거리에서 공공연히 팔아 구하기도 쉬웠다. 그런데 반국민당 논조 때문인지 학교에서는 정기구독을 하지 않았다. 충칭이 국민당 정부의 영향력 아래 있다보니 아무래도 눈치가 보였던 모양이다. 담임은 "그런 거 읽지 말라"며 소리를 지르기도 했다. 그러나 상급반 학생들 중에는 제법 읽는 학생이 많아 나는 더러 그들에게서 신문을 빌려 읽곤 했다. 당시 충칭에서 발행되던 세 신문 중에서 가장 독자가 많은 것은 다른 둘에 비해 상대적으로 중립적인 《대공보》였다.

신문도 신문이지만 당시 내가 즐겨본 것은 《세계지식》이라는 월간지였다. 상하이의 한 신문사에서 발행한 것 같은데 세계 곳곳의 지식과 국제정세를 쉽고 재미있게 소개했다. 반국민당 논조는 아니었으나 전체적으로 진보적이었다. 소련에는 호의적이었고 스페인 내전에 대해서도 그런 입장이었다. 덕분에 나는 그때 세계 각국의 이름을 다 외웠으며, 인문지리에도 취미를 갖게 됐다. 나에게는 세상에 대해 관심을 갖게 하고 세상 보는 눈을 열어준 고마운 잡지라고 할 수 있다. 임시정부 어른들 가운데 이 잡지를 보는 분이 더러 있었다. 어른들이 중국말은 서툴렀지만 모두 한자로 쓰여져 있어 보는 데 별 무리가 없었다.

시사 문제와 관련해 나는 형들과 토론을 벌이기도 했다. 그런데 나이는 나보다 많지만 시사 상식은 나보다 못했다. 말 상대가 안 돼 답답할 때가 많았다. 그중에 나랑 대화가 잘 되는 사람은 석린 민필호 선생의 장남 민영수閔泳秀(건국훈장 애국장·2011년 작고)였다. 어쩌다 영수 형을 만나 오늘 시사가 어떻고 이런저런 얘기를 나누다 보면 시간 가는 줄 몰랐다. 당시 영수 형은 중앙정치학교를 다녔는데 시사나 국제 문제에 대해 이해가 빠르고 분석력도 뛰어났다. 영수 형은 광복군 2지대에서 활동했으며, 내 사촌형 김석동 등과 함께 미국 OSS 훈련을 받았다.

학생의용군에 지원하다 | 1944년 장진 국립 제9중학교 3학년 시절 학생의용군에 지원한 적이 있다. 평소 시사 문제에 관심이 많았기에 나는 일본이 2년 이상 버티기 어렵다고 판단했다. 그렇다면 일본이 패망하기 전에 조국을 위해 총을 들어야 한다고 생각했다. 나는 부모님께 광복군에 입대하고 싶다고 했다. 그런데 부모님은 내가 고중高中(고급중학)을 졸업한 후에 다시 얘기하자고 했다. 나로선 서운했지만 말씀을 따르기로 했다. 부모 입장에서는 나이도 많지 않은 외아들을 군에 보내기가 선뜻 내키지 않았을 것이다.

그러던 차에 그해 가을 학생의용군 모집 공고가 나붙었다. 전쟁 말기 미군은 장제스 국민당 정부 군대에 신식 무기 등 군사원조를 아끼지 않았다. 그런데 이게 전부 무용지물이나 마찬가지였다. 병사 대부분이 문맹이어서 무기를 사용할 줄 몰랐기 때문이다. 그때 학생은 무조건 군대 면제였다. 그러다보니 군대를 피하기 위해 십대 후반에 소학교에 입학하는 경우도 왕왕 있었다. 당시 중국군 소속이던 김홍일 장군은 장제스 군사위원장을 만나 학생들을 군대에 받기 위한 학생의용군 지원제도를 건의했다고 한다. 지식이 있는 학생들을 군대로 끌어들여 군대 수준을 높이고자 했던 것이다(사진 9: 김홍일 장군).

군 입대를 희망했던 나로서는 희소식이었다. 당시 《장진江津일보》라

사진9_김극재 형의 아버지 김홍일 장군. 김홍일 장군은
1932년 윤봉길 의사가 사용한 폭탄을 제공한 장본인이다.

는 지역신문에 어느 학교에서 몇 명 지원했는지 연일 보도가 되었다. 장진에서는 지원자가 별로 없었다. 듣자 하니 충칭 시내 량루커우兩路口에 가서 입대 수속을 하면 인도印度로 가서 훈련을 받는다고 했다. 나는 속으로 이번 기회에 인도 구경도 할 겸 잘됐다고 생각했다. 나는 학교 친구 서너 명을 꾀어 같이 지원하기로 했다. 그런데 장진에서 충칭으로 가려면 배를 타야 하는데 용돈을 다 써버려 배표 살 돈이 없었다. 어떻게 해야 하나 고민하다가 문득 아버지 말씀이 생각났다. 급한 일이 생기면 찾아가라는 한약방이었다. 나는 그 한약방으로 가서 사정 얘기를 했고, 한약방 주인은 두말하지 않고 배표를 사주었다.

그날 저녁 고중에 다니는 극재 형과 진세가 나를 찾아왔다. 내가 의용군에 지원한다는 소식을 들은 것이다. 어떻게 알았느냐고 묻자 전봇대에 '한국 학생도 지원했으니 중국 학생들도 어서 지원하라'고 방이 붙었는데 거기에 내 이름이 있더라는 것이었다. 지역신문에도 기사가 실렸다고 했다. 원래 부모님은 내가 의용군에 지원한 사실을 모르고 계셨다. 그런데 이날로 극재 형이 우리 부모님께 알리는 바람에 들통이 나고 말았다. 나중에 알고보니 한약방 주인도 아버지에게 연락을 했던 모양이다.

입대 수속을 하러 충칭으로 갔다. 사실 나는 지원 자격도 없었다. 내 생일은 1928년 10월 17일인데 지원 자격은 10월 1일 이전 출생자였다. 할 수 없이 나는 음력 생일(9월 5일)을 둘러댔다. 그런데 이번에는 신체 검사가 문제였다. 체중 미달이었다. 오십 킬로그램도 안 됐던 모양이다. 나는 다시 속임수를 쓰기로 했다. 옆에 있는 선배에게 부탁하여 나 대신 체중을 재주어서 겨우 통과했다. 마침내 입대 수속이 모두 끝났다. 나는 기분이 좋아 같이 간 친구들과 함께 이야기꽃을 피우고 있었다. 그때 아버지와 어머니가 신검장으로 쑥 들어오셨다. 놀라서 어떻게 알고 오셨냐고 물으니 극재 형과 한약방에서 연락을 받고 왔노라고 했다. 나는 입대 수속을 다 마쳤으니까 이제 모든 것이 다 끝난 줄 알았다. 그런데 그게 아니었다. 지원서에 부모님 승낙 도장을 찍게 돼 있었는데 나는 아버지 몰래 목도장을 파 찍었다. 그걸 보신 아버지께서 신검 담당자에게 "이건 내 도장이 아니다"고 하셨다. 한순간에 모든 것이 물거품이 되고 말았다. 입대 지원을 마친 지 30분도 못 돼 나는 신검장에서 쫓겨나고 말았다.

의용군 지원 소동이 있은 후 한동안 나는 풀이 죽어 지냈다. 의용군 간다고 동네방네 소문을 냈는데 중도에 못 가게 되자 주변에서 놀림 반 화젯거리 반이 돼 있었다. 너무 창피해 학교도 갈 수 없었다. 결국 3학년 2학기는 제대로 마치지 못했고 졸업도 못했다. 아버지께서는 6개월 후에 있을 고급중학 시험이나 잘 준비하라고 했다. 기숙사에서 나온 나는 충칭 집에 틀어박혔다. 그렇다고 놀고먹고만 지낸 건 아니었다. 1945년 초 들어 학병 탈출자들이 충칭으로 몰려들기 시작했다. 당시로선 최고학부 출신인 그들로부터 영어와 수학을 배웠다. 또 그들과 어울리면서 국내 사정도 전해 들었는데 김일성金日成에 대한 얘기를 그때 처음 들었다.

한독당 업무

그 무렵 아버지는 나와는 정반대로 몹시 바쁜 나날을 보내고 계셨다. 한독당과 광복군

두 군데, 그리고 임시정부의 선전·외교 두 상임위원회 위원을 맡아 눈코 뜰 새 없이 바삐 지내셨다. 그래서 나는 아버지 일을 도와야 했다. 그 전에도 아버지 일을 종종 도왔지만 제대로 한 사람 몫의 일을 하게 된 것이다. 학생의용군 지원이 좌절되면서 휴학을 하고 집에서 쉬고 있었고 또래에 비해 시사에 밝았기 때문이다. 나로선 학교 다니는 것보다 재미도 있고 보람도 컸다.

임시정부가 있던 허핑루에서 시 중심 쪽 골목 안에 폭격을 맞은 공터가 있었다. 이곳에 새로 연립주택 비슷한 것이 지어졌는데 우리는 거기 머물고 있었다. 한 칸은 임시의정원에서 썼고 다른 한 칸은 한독당에서 썼다. 그때 아버지는 한독당 선전부 주임으로 일했다. 임시의정원 아래층은 회의장소로 썼다. 위층은 백강 조경한趙擎韓(임정 국무위원·건국훈장 독립장) 선생이 만오 홍진洪震(임시의정원 의장·건국훈장 독립장) 선생을 모시고 같이 썼다. 두 분 모두 만주에서 활동하신 분들이다.

임시의정원 옆 칸은 한독당에서 사용했다. 아래층은 회의실, 위층의 3분의 2는 당 사무실로 쓰고 나머지 3분의 1은 우리 세 식구가 살았다. 그곳이 숙소, 부엌, 식당을 겸하니 사는 게 여간 옹색하지 않았다.

한독당 직제는 위원장 밑에 주임(부장)이 다섯 명 있었다. 사무장은 따로 없었다. 당시 한독당 상근자는 아버지 혼자였다. 사실상 아버지 혼자서 실무를 다 했다고 해도 과언이 아니다. 명목상 무슨 주임, 무슨 주임이 여럿 있었지만 실제 하는 일은 없었다. 특히 훈련부 주임은 맡은 업무가 아무것도 없었다. 요즘으로 치면 당 사무총장에 해당하는 조직부 주임은 당원 명단 작성 등을 했다. 아버지가 조직부 주임을 하다가 선전부 주임을 맡았다. 주요 업무 가운데 하나인 신문 스크랩을 내가 도와드렸다.

그때 아버지는 광복군 정훈처 선전과장도 겸직하셨다. 처음에는 선전과장이 별로 할 일이 없으려니 하고 별 부담 없이 맡았다. 게다가 한독당 당사와 거리도 별로 멀지 않으니 한두 번씩 들러 밑에 사람 시키면 되겠구나 하고 생각한 것 같다. 아버지는 광복군 정령正領(대령)이었다. 중국군 대령 월급을 받았다. 이 때문에 집안 형편이 상당히 좋아졌다. 당시 임시정부에서 주는 가족수당만으로는 생활하기가 어려웠다. 내가 중학교에 입학할 때 등록금이 없어서 아버지께서 아끼던 만년필을 팔아서 보탤 정도였다. 그런데 치장에서부터 임정에서 생활비가 나왔다. 중국 정부에서 쌀 배급표가 나오면 그걸로 평가미를 바꿔 먹었다 (사진 10: 광복군 총사령부 정훈처에서 펴낸 기관지 〈광복〉 창간호).

그런데 아버지가 막상 광복군 선전 일을 맡고보니 업무가 많아 광복군 총사령부 쪽으로 매일 출근하다시피 했다. 당시 광복군에서 한국에 있는 동포들을 상대로 한국말 단파방송을 했다. 아버지가 총책임자였다. 여기에 광복군 선전잡지와 한독당에서 발행하는 간행물 몇 종까지 책임을 지다보니 업무가 많은 건 당연했다. 아침부터 저녁까지 광복군 총사령부에 가 계시니 한독당 일은 돌볼 시간이 부족했다. 결국 내가 많은 일을 도와 드릴 수 밖에 없었다. 간행물 중 철필로 글씨를 써서 등사기로 미는 것들은 거의 내 몫이었다. 80년대에도 그 철필이 남아 있었는데 이사를 다니면서 없어졌다. 그런데 당시 아버지 밑에서 선전과 과원으로 있던 김승곤金勝坤(충칭 시절 이름은 황민黃民·건국훈장 독립장)은 자신이 한독당 일을 다 했다고 말했다고 한다. 아마 와전된 이야기일 것이다. 그 시절 나는 그를 형님이라 부르며 가까이 지냈는데 다른

사진10_광복군 총사령부 정훈처에서 펴낸 기관지 〈광복〉 창간호 표지.

사람도 아닌 그가 그런 말을 했을 리가 없다(김승곤은 조선의용대 출신으로 백범과 대립관계에 있던 민족혁명당 계열이었다).

단파방송 얘기가 나온 김에 몇 마디 더 남겨야겠다. 당시 방송은 충칭 시내 량루커우에 있는 중국 중앙방송국에서 했다. 방송 시간은 한 시간 안팎이었다. 아나운서가 따로 없어 아버지가 직접 원고를 들고 방송을 하셨다. 그 대본 원고를 대부분 내가 썼다. 아버지가 이러이러한 내용으로 쓰라고 요점을 얘기해주면 내가 원고를 작성했다. 창사 임시 학교 시절 송면수 선생님으로부터 맞춤법을 제대로 배워둔 덕분에 정확한 원고 작성이 가능했다. 당시 나는 중 3학년이었지만 임정 가족들 가운데 내 또래 애들을 모아놓고 우리말 강의를 하기도 했다. 광복 후 귀국해서도 국어는 국내에서 배운 애들 보다 조금도 떨어지지 않았다.

당시 방송을 하면서 이 방송을 누가 어디서 들을지 늘 궁금했다. 그때만 해도 라디오 보급률이 낮아 청취자가 그리 많지 않았다. 또 국내도 아닌 중국 땅 충칭에서 송출하는 방송이니 과연 제대로 들릴지도 의문이었다. 그런데 그 방송을 들었다는 사람을 우연한 기회에 만났다. 부산 피난 시절, 미군부대에서 통역을 뽑는다고 해서 부산 초량동 근처 모 여학교에 시험을 보러 갔었다. 그때 나랑 같이 뽑혀 미군 통역 생활을 한 문일영文一英(만주 광명중학 출신으로 나중에 합동통신·동양통신 기자 역임)이라는 친구가 있다. 그가 만주에서 그 단파방송을 들었노라고 증언했다. 내가 대본을 쓴 방송을 들은 사람이 있었다니 기분이 매우 좋았다.

4. 임시정부 선생님들

굳은 일 도맡은
'비서장' 차리석

서울 용산구 효창원에는 순국선열 일곱 분의 묘소가 있다. 맨 위쪽에는 백범의 묘소가 자리 잡고 있고, 그 오른편 아래에는 '삼의사三義士 묘역'이 있다. 삼의사는 이봉창李奉昌, 윤봉길, 백정기 의사를 말한다. 삼의사 묘역 왼쪽 끝에는 아직 유해를 찾지 못한 안중근 의사의 허묘가 있다. 다시 그 오른쪽으로 임정 요인 묘역이 있다. 이곳에 임시정부 초대 의정원 의장과 주석을 지낸 석오 이동녕 선생, 군무부장 청사 조성환曺成煥 선생, 비서장 동암 차리석 선생 등 세 분이 잠들어 있다.

일곱 분 가운데 석오와 동암은 마치 '바늘과 실' 같은 존재라고 할 수 있다. 1935년 11월 임시정부 국무위원회에서 석오 선생이 주석으로 선출되었을 때 동암은 비서장祕書長으로 선출되었다. 비서장은 요즘으로 치면 행정안전부 장관과 청와대 비서실장을 합친 자리라고 할 수 있다. 임시정부의 살림살이 총책임자였던 동암은 해방 때까지 이 직책(나중에는 국무위원 겸 비서부장)을 수행하다가 1945년 9월 9일 환국 직전 충칭에서 아쉽게도 타계했다. 육십 세가 넘도록 홀몸으로 지내던 동암은 백범의 중매로 홍매영洪梅英과 충칭에서 재혼해 뒤늦게 외아들 영조永祚를 얻었다. 환국 이후 백범은 삼의사에 이어 석오와 동암의 유해를 봉환해 효창원에 안장했다. 앞서 얘기한 것처럼 그때 증조부님 유해를 모셔 오지 않은 것은 두고 두고 안타까운 일이다. 안중근 의사 허묘도 이때 조성됐다(사진 11-1: 동암 차리석).

임정 요인들 가운데는 가족 없이 홀아비로 지내는 분들이 많았다. 가

사진11-1_임시정부 국무위원 겸
비서장 동암 차리석 선생.
선생은 안타깝게도 광복
후 환국 직전 중국에서 타계했고,
현재 효창원에 묻혀 있다.
선생의 일점혈육 차영조는
필자와 형제처럼 지내고 있다.

사진11-2_투차오에서
찍은 차리석, 조완구
두 분의 환갑 기념사진.
앞줄 왼쪽부터
조성환, 김구, 이시영,
뒷줄 왼쪽부터 송병조,
차리석, 조완구.

장 원로 격인 석오 선생을 비롯해 동암, 성재 이시영李始榮(재무부장), 신암 송병조宋秉祚(임시의정원 의장), 만오 홍진(임시의정원 의장), 우천 조완구趙琬九(내무부장) 선생 등이 모두 그랬다. 퍼산佛山에서 우리 가족은 처음에는 따로 살았다. 그런데 얼마 뒤 임정에서 요인들 거처용으로 집을 한 채 얻었는데 이때 우리 가족도 함께 살게 됐다. 홀아비 어른들의 식사 준비는 자연스럽게 어머니 몫이 되었다. 중국 음식점에 가면 흔히 나오는 둥근 테이블 주위에 예닐곱 명이 빙 둘러 앉아 늘 같이 식사를 하곤 했다. 석오, 동암 두 분은 그 이전부터 우리 식구들과 거의 함께 생활했다.

나중에 치장으로 옮겨서는 두 분을 포함해 몽호 황학수黃學秀(생계부장), 춘교 유동열柳東說(군무총장) 선생 등 홀아비들이 한독당 당사에서 기거했다. 그런데 그때 이동녕 선생의 건강이 좋지 않아 어머니께서 우리 집으로 모셔왔다. 이를 두고 자칫 같은 서울 양반 출신이라 석오만 모시고 간다는 오해를 살까봐 차리석 선생도 우리 집으로 모시게 됐다. 한독당사에 남아 있던 황학수, 유동열 선생도 자주 우리 집에 와서 식사를 했다. 그때 식사래야 별 것 없었다. 김치는 한국식 김장김치가 아니라 물김치를 열흘에 한 번 담가 먹었다. 그걸 '나박김치'라고 불렀다. 그런대로 맛은 괜찮았다. 반찬은 대개 채소 종류인데 중국음식이 대개 그렇듯 기름에 들들 볶아서 나왔다. 밑반찬으로 소고기 장조림이 가끔 나왔다.

임정 요인 가운데 임정의 대외업무를 맡았던 남파 박찬익朴贊翊(주화대표단 단장), 일파 엄항섭(선전부장) 등 몇 분을 빼고는 대다수가 중국말이 서툴렀다. 차리석 선생도 마찬가지였다. 퍼산 체류 시절 중국 지방

관청을 상대로 볼일이 있을 때 선생은 중국말이 능통한 아버지와 동행하곤 했다. 그때 국무위원 겸 비서장이었던 차리석 선생은 대외용으로 '임시정부 비서처 비서'라는 명함을 파서 사용했다. 임시정부에 국무위원이 여러 명 있었지만 고정업무를 가지고 상근한 국무위원은 선생뿐이었다. 대외업무를 빼면 임시정부의 내무內務는 차리석 선생이 전부 도맡았다고 해도 과언이 아니다.

임정 요인 가운데 꾀죄죄한 옷차림으로 소문난 사람이 두 분 있었다. 차리석 선생과 우천 조완구 선생이다. 특히 우천 선생은 늘 같은 옷만 입고 다녔다. 두 분 다 임정의 살림을 맡고 있어서 늘 주머니에 큰 돈을 넣고 다녔음에도 옷치장에는 관심을 두지 않았다(사진 11-2: 차리석, 조완구 두 분의 환갑 기념사진. 앞줄 왼쪽부터 조성환, 김구, 이시영, 뒷줄 왼쪽부터 송병조, 차리석, 조완구(1941. 9. 23. 충칭)).

임시정부 국무위원은 오늘로 치면 각 부처 장관에 해당한다. 그런데 당시 국무위원 겸 비서장을 맡고 있던 차리석 선생은 하찮은 일까지도 맡아야 했다. 1938년 10월 임시정부는 퍼산을 떠나 류저우로 향했다. 근 한 달 동안 배로 갔다. 가는 동안 먹고 자는 문제가 보통일이 아니었다. 임정 요인들과 그들의 딸린 식구들까지 합치면 근 백 명 정도의 대식구였다. 그때 비서장 동암이 맡은 주요 업무 가운데 하나가 시장 보는 일이었다. 그때마다 어머니가 동암과 동행했는데 한 번 장을 볼 때마다 그 양이 장난이 아니었다. 배로 가다보니 이번에 장을 보면 다음에 또 언제 어디서 장을 볼지 몰라 한꺼번에 미리 많이 사둬야 했기 때문이다. 어머니는 체구가 왜소한데도 시장을 보고 오실 때면 한 짐씩 이고지고 오셨다. 무거운 것은 전부 동암 차지였음은 두말할 것도 없다. 그때의 인연으로 나는 차리석 선생의 일점혈육인 차영조와 친형제처럼 지내고 있다. 차영조는 앞서 언급한 김규식 선생의 손녀 김수옥과 마찬가지로 지금 내가 회장을 맡고 있는 대한민국임시정부기념사업회의 이사이다.

나의 '아저씨' 백범

나는 임정 어른들 품에서 귀염둥이로 자랐다. 우리 민족이 존경해마지 않는 백범을 '아저씨!'라고 불렀으니 이보다 더한 호사가 있겠는가. 내가 백범을 아저씨라고 부른 연유는 간단하다. 아버지가 백범을 형님이라고 불렀기 때문이다. 아버지의 형님이면 내겐 절로 큰아버지뻘이 된다(이렇다보니 백범의 자식, 특히 둘째 신信을 나는 자연스럽게 형이라 불렀다). 백범의 오른팔로 불린 일파 엄항섭 선생도 백범을 형님이라 부르지 않았던 걸로 기억한다. 임정의 다른 사람들은 백범을 대개 '선생님'이라고 불렀다. 내 또래 아이들은 석오 이동녕, 성재 이시영, 그리고 백범을 전부 '할아버지'라고 불렀다. 나는 석오, 성재 두 분만 할아버지라고 불렀다. 나머지 어른들은 전부 아저씨라고 불렀다.

아버지는 1900년생, 백범은 병자수호조약이 체결된 1876년생이다. 두 분의 나이 차는 24년, 보통의 경우라면 아버지가 백범을 형님이라고 부를 사이가 못 된다. 당시 그 정도 나이 차면 부자관계가 되고도 남는다. 그런데 두 분이 형님아우 하고 지낸 건 백범이 먼저 아버지에게 형제를 맺자고 제안했기 때문인 것 같다. 그 배경은 백범이 우리 할아버지(동농 김가진)를 존경한 데서 비롯한 것이라고 한다. 또 할아버지께서

사진12_백범 김구.

생전에 임정 어른들 중에서 연세가 가장 많다보니(1846년생) 웬만한 어른들은 아버지가 전부 형님 취급하다시피 하니 그리 된 듯도 하다(사진 12: 백범 김구).

아버지는 열아홉 살 되던 1919년에 할아버지(당시 만 73세)를 모시고 중국 상하이로 망명했다. 현지에서 만난 망명객 가운데 아버지보다 열 살 이상 많은 분들도 있었으나 아버지는 그들을 전부 형님이라고 불렀다. 그러다보니 그들의 자식들은 아버지와 나이 차가 얼마건 아버지를 아저씨라고 불렀다. 어떤 사람은 나와의 나이 차보다 아버지와의 나이 차가 더 적은데도 아버지를 아저씨라 부르고 나는 그를 형님이라 불렀다. 내가 촌수 덕을 톡톡히 본 셈이다.

예전에 우리나라 예법에선 다섯 살 많으면 견수지肩隨之라고 했다. 어깨를 나란히 한다는 말로 서로 친구로 지낸다는 뜻이다. 그래서 위아래로 다섯 살 정도는 다 친구로 지냈다. 열 살 많으면 형사지兄事之, 즉 형으로 모셨다. 나이가 배로 차이 나면 부사지父事之, 아버지로 모셔야 했다. 하여튼 중국에 가서 아버지는 할아버지와의 나이 차 때문에 대접을 받은 셈이다. 아버지는 양우조楊宇朝(1897년생·임시의정원 예결위원장) 선생과 세 살 차이가 나는데 그냥 친구로 지냈다. 이럴 경우 이름 대신 호號를 불렀다. 양우조 선생에게는 "소벽少碧!", 엄항섭 선생에게는 "일파一波!" 이렇게 불렀다. 어머니도 남에게 아버지 얘기를 할 때 보면 "성엄이 어쨌다" 이런 식으로 이름 대신 아버지 호를 부르곤 했다. 지금 생각해보면 참 멋스런 방식이었다.

형님 호칭은 남자들만 쓴 게 아니다. 여자들도 이삼 년 나이 차가 나면 '형님'이라고 불렀다. 친분으로 따진다면야 친구로도 지낼 만한 사이였지만 어머니(1900년생)는 이종찬의 모친에게 늘 형님이라고 불렀다. 나이 차는 세 살 정도로 알고 있다. 또 다른 내 삼어머니 김혜숙 여사에게 어머니가 형님이라고 불렀다. 또 어머니보다 서너 살이 적은 방순희方順熙(임시의정원 의원)나 이준식李俊植(광복군 총사령부 고급참모) 선생의 부인은 어머니를 형님이라고 불렀다. 그런데 호칭이 꼭 나이 순만은 아니었다.

청사 조성환은 늦장가를 갔다. 국내에 본부인이 있었는데 나이 차가 많은 중국 여자를 만나 새장가를 갔다. 중국인 부인은 비교적 한국말을 잘 했는데 나이는 어머니보다 한 살 아래였다. 그런데 이 부인이 어머니에게 형님 대접을 해달라고 했다. 이유인즉슨 아버지가 조성환 선생을 형님이라고 부르니 그렇게 해달라는 거였다. 한국에서는 남편이 위면 여자들도 그리 대접을 하지 않느냐며 따지고 나섰다. 결국 어머니께서 그러자고 해서 형님이라고 불렀다. 남편 서열 따라서 호칭을 한 경우는 그 집밖에 없었던 것 같다. 그런데 두 분은 사실상 친구로 지냈으며 나중에 국내에 돌아와서도 가까이 지냈다. 한국에서 사용하는 '언니'라는 호칭은 중국에서는 거의 들어보지 못했다.

석오 이동녕과 성재 이시영 | 임정의 여러 어른들 가운데 우리 식구와 가장 가까이 지낸 분은 석오, 성재 두 분이었다. 나는 두 분을 할아버지라고 불렀다. 부모님은 두 분을 친아버지처럼 존경하고 정성을 다해 모셨다. 성재는 우리 어머니에게 한문을 가르쳐 주셨다. 어머니는 나중에 다시 안춘생(광복군·독립기념관장) 장군을 가르

쳤다. 집안 사정으로 초등학교밖에 다니지 못한 안 장군은 중국말도 서툴렀다. 난징 시절 안 장군은 백범의 모친(곽낙원)에게 인사드리러 왔다가 우리 집에도 자주 들렀는데 그때 어머니께서 한문을 가르쳐주었다. 성재는 내게 '후동厚東'이라는 이름을 지어주셨다. 이 이름을 귀국 후 보성중학 졸업 무렵에 현재 이름인 '자동滋東'으로 개명했다.

석오, 성재 두 분은 1869년생 동갑이다. 임시정부에서 두 분은 대들보 같은 존재였다. 일찍이 독립협회 등에서 민권·구국운동을 시작으로 민족운동에 투신한 석오는 임시정부 국무총리와 주석, 두 차례 임시의정원 의장을 지낸 분으로 백범이 깍듯이 선배로 모신 분이다. 석오는 아쉽게도 해방을 보지 못하고 1940년 3월 치장에서 72세로 서거했다. 임정의 분열을 못내 안타깝게 여긴 이동녕 선생은 유언으로 광복진선계 3당(조선혁명당·한국국민당·한국독립당)만이라도 통합할 것을 부탁했고, 사후 두 달도 안 돼 통합이 이루어졌다. 임시정부에서 국장國葬으로 장례를 치렀는데, 해방 후 백범이 유해를 모셔와 효창원에 안장했다(사진 13: 임시정부 요인들. 앞줄 가운데는 석오 이동녕, 오른쪽은 성재 이시영).

우당 이회영의 여섯 형제 가운데 다섯째인 성재는 과거에 급제해 승지(현 청와대 비서관)를 지냈다. 1910년 경술국치 이후 만주로 망명하여 활동하다가 1919년 임시정부 수립에 참여하였으며, 임시정부 초대 법무총장과 재무총장 등 국무위원과 한독당 감찰위원장을 지냈다. 여섯 형제 가운데 광복 후 조국 땅을 밟은 사람은 성재가 유일하다. 해방 후 단독정부 수립 문제를 놓고 백범과 다른 길을 걸었으며, 이승만 정권에서 부통령을 지냈다. 성재의 첫 부인은 내각총리대신을 지낸 김홍집金弘集의 딸이다.

사진13_1935년 10월 항저우. 제28회 임시의정원 회의는 이동녕, 이시영, 김
구, 조완구, 조성환을 신임 국무위원으로 선임하고 국무회의를 개최했다. 앞
줄 가운데가 이동녕, 오른쪽은 이시영.

석오, 성재 두 분과 우리 식구는 여러 번 한 집에서 살았다. 내가 어릴 때여서 자세한 기억은 없지만 자싱 시절부터 성재는 우리와 한 집에 살았다. 창사에서는 임정에서 마련해준 집에서 성재를 모시고 살았다. 물론 방은 따로 한 칸씩 썼다. 치장에서는 여러 채의 집에 나뉘어 살았는데 거기서도 우리 식구랑 한 집에서 살았다. 석오 역시 자싱에서부터 같이 지냈으며, 광저우 옆에 있는 퍼산에서는 임정 청사에서 같이 살았다. 피난 갈 때 동행한 것은 물론이요, 치장에서는 우리 집 옆 집에 사셨다. 가까이 살다보니 식사는 늘 우리 집에 와서 하셨다. 부모님은 두 분과 거리낌 없이 지냈으며, 나는 임정 청사를 내 집처럼 드나들었다.

가까이서 본 두 분은 다른 점이 많았다. 동갑내기이면서도 썩 절친한 사이는 아니었던 것 같다. 어쩌면 두 분 사이에 라이벌 의식이 있었는지도 모른다. 두 분의 모습을 비교해보자면 석오는 통이 크고 관대한 반면 성재는 자기 주장이 확실하다고나 할까.

두 분이 동갑임에도 성재가 석오에게 형님 대접을 했다. 석오가 성재의 형님인 이회영 선생과 친하게 지냈기 때문이다. 1904년 제1차 한일협약이 강제 체결되자 석오는 서울 상동교회尙洞敎會에서 전덕기全德基 목사를 비롯해 양기탁梁起鐸, 신채호申采浩, 조성환 등과 같이 청년회를 조직해 국권회복운동을 전개하면서 우당 이회영과 교유하였다. 동갑이지만 석오가 우당의 친구이다 보니 형님 대접을 하지 않을 수 없었다.

임정 어른들과의 추억 | 나는 많은 임정 어른들을 다 알고 지냈다. 한두 번 얼굴을 보는 정도가 아니라 한 집

에서 혹은 한 동네에서 거의 같이 살다시피 했다. 그분들 중에는 아버지와 친구로 지낸 분들이 많아 대개 그분들을 아저씨라고 부르며 따랐다. 물론 그들의 자녀들과도 가깝게 지냈다. 생각나는 대로 기억의 편린을 여기 기록으로 남겨둘까 한다.

대종교大倧敎에서 활동하다가 임시정부에 가담해 내무·재정부장을 지낸 우천 조완구 선생은 소설《임꺽정》으로 유명한 벽초 홍명희洪命熹와 숙질간이었다. 우천은 평소 아이들을 좋아해 내 또래 아이들에게 옛날 이야기를 자주 들려주었다. 치장에 머물던 시절 아이들이 우천에게 옛날 이야기를 조르자 임꺽정 얘기를 들려줬다. 그때는 다들 임꺽정을 잘 몰라 재미있게 들었다. 그런데 나중에 알고보니 그때 우천에게서 들은 이야기는 벽초가《조선일보》에 연재한 소설 내용 그대로였다.

소벽 양우조 선생은 아버지와 절친하게 지냈다. 나에게 미국 이야기를 많이 들려주셨다. 그때 들은 알라스카 시절 이야기 가운데 아직도 기억나는 것이 있다. 거긴 여름이 짧아서 여름에 자라는 호박 같은 작물이 빨리 자란다고 했다. 또 고래를 본 적도 있다고 했다. 소벽은 1915년 상하이로 망명했다가 미국으로 건너가 공부한 후 다시 상하이로 돌아와 임시정부에 합류해 임시정부 선전위원, 한독당 훈련부장, 임시의정원 예결위원장 등을 지냈다. 내가 보기에 능력에 비해 임정에서 제대로 된 보직이나 대우를 받지 못한 것 같다. 미국에서 방적紡績 기술을 배웠으나 제대로 써먹지 못했다.

소벽은 애국부인회에서 활동한 최선화崔善嬅(건국훈장 애국장)와 결혼해 딸 제시를 낳았다. 나는 그 장소와 날짜를 기억한다. 1938년 7월 4일 창사에서다. 내가 제시를 아주 귀여워했다. 창사에서 광저우로 이사를 갈 적에 임시학교 교사 송면수 선생이 자기 아들과 제시를 대바구니에 넣어 데리고 간 기억이 난다. 양우조 선생 부부는 제시가 태어날 때부터 해방 이듬해까지 육아일기를 썼고, 외손녀가 이를 엮어 《제시의 일기》라는 책으로 펴내 화제가 됐다(사진 14-1: 《제시의 일기》 표지).

임시의정원 의원과 광복 후 임시정부 주화駐華 대표를 지낸 혜춘 이상만李象萬(건국훈장 독립장) 선생은 본업이 목사였다. 1884년 충남 홍성에서 태어난 혜춘은 1914년 감리교 협성신학교를 졸업하고 이듬해에 감리교 목사가 되었다. 이후 독립운동에 투신해 1920년 초 임시정부 대표 자격으로 중국 각 성을 돌며 임시정부 승인과 지원을 요청하기도 했다.

충칭 근교 투차오 우리 집에서 좀 떨어진 언덕 위에 교회건물이 있었다. 스웨덴 루터교회에서 지어준 것이었다. 스웨덴이 임시정부에 원조를 해주고 싶은데 중립국이다보니 공식적인 지원은 어려웠다. 고심 끝에 우리에게 교회당을 하나 지어줬다. 이삼백 명이 들어갈 수 있는 예배당이었다. 교회 뒤편 건물에는 '기독청년회관YMCA' 간판을 내걸었다. 그 건물에는 방이 여럿 있었는데 일부는 YMCA 사무실로 쓰고 일부는 학병을 탈출한 청년들이 합숙소로 썼다. 그곳에 탁구대가 있어 나는 노상 거기 가서 형들과 함께 탁구를 치며 놀았다.

주일이면 예배당에서 이상만 목사 주관으로 예배를 드렸는데 교인 수는 많지 않았다. 나는 별로 교회에 가고 싶지 않았는데 어머니가 "그 사람들이 교회를 지어줬는데 가서 숫자라도 채워줘라"고 해 매주 일요일이면 교회에 나갔다. 그때 장준하(건국훈장 애국장) 선생이 거기서 목사 보조를 했는데 다들 '장 목사'라고 불렀다. 일본에서 신학교를 다니다 학병에 끌려간 선생은 나중에 탈출하여 광복군이 되었는데 그때 보니 딱 목사 티가 났다. 선생과는 박정희 정권 반대투쟁 때 함석헌咸錫憲 선생 등과 함께 거리에서 만나곤 했다.

'삼균三均주의'를 제창한 조소앙趙素昻(외무부장) 선생은 거느린 식구가 많았다. 부모님과 소앙 자신의 가족, 동생 조시원, 그리고 만오 홍진 선생까지 모시고 있어서 십여 명에 이르는 대가족이었다. 민족대표 33인 가운데 한 사람인 천도교 신파 최린崔麟은 나중에 친일파로 변절했다. 해방 후 반민특위 법정에 끌려나온 그는 왜 변절했냐는 특별검찰관의 물음에 "노모를 모시고 있어서 죽을 수도, 해외로 망명할 수도 없었다"고 대답했다. 부모를 모시고 망명을 떠난 소앙의 경우를 보면 최린의 말은 구차한 변명일 뿐이다.

소앙 가족은 치장 강북에 살았다. 선생의 모친이 돌아가셨을 때였다. 선생의 집 앞에는 치장강으로 흘러들어가는 개울이 하나 있었는데 중간쯤에 마치 세숫대야 같이 생긴 야트막한 물구덩이가 하나 있었다. 아침이면 동네사람들이 거기서 세수를 했다. 그런데 선생의 모친이 돌아가신 지 사나흘 후에 부친이 그 웅덩이에 머리를 담그고 숨진 것이 발견됐다. 내가 그 집에 놀러 가서 인사드리면 선생의 모친은 "너 왔나?" 하시며 반겼다. 그러나 선생의 부친은 나에게 눈길 한번 주지 않았다. 선생의 부친은 평소에도 외부인과 대화가 없었다. 사고가 난 후 사람들은 "소앙 선생 부친이 아내를 따라 갔다"고 했다. 사고가 아니라 자살했다는 이야기였다.

광복군 총사령을 지낸 백산 지청천 장군 이야기도 한 마디 남겨놓아야겠다. 배재학당을 중퇴하고 대한제국 육군무관학교를 다니다 일본 유학을 떠난 백산은 1914년 일본육군사관학교를 26기로 졸업하였다.

그 후 일본 육군에 임관되어 복무하던 중 1차 세계대전 때 일본 육군중위로 일본군 제14사단에 배속돼 중국 칭다오青島에서 독일군과 전투를 벌였다. 그때까지만 해도 백산은 틀림없는 일본군 장교였다. 1919년 3·1운동이 그의 인생의 전환점이 되었다. 백산은 일본 군복을 벗고 항일투쟁에 나서기로 하고 그해 4월 만주로 망명해 신흥무관학교를 찾아갔다. 그때 백두산을 넘으면서 백산白山이라는 호를 짓고 이름도 석규錫奎에서 청천靑天으로 바꿨다고 한다. 독립군 진영을 찾아가던 도중에 독립군에게 잡혀 조사를 받게 됐는데 그때 백산을 조사했던 사람이 나중에 백산의 사위가 됐다. 심광식沈光植(건국훈장 애국장)이 그 사람이다. 광복군 총사령부 부관처에서 서무과장을 지냈는데 백산 장군의 큰딸과 결혼하였다. 광복군 비서실장을 지낸 지복영池復榮의 형부가 된다.

끝으로 의사 두 분에 대한 이야기다. 평양 출신 임의탁 선생은 1914년 상하이 동제의학원同濟醫學院에 입학하여 의학을 공부하였다. 그러나 의사의 길로 나가지 않고 북만주로 건너가 의열투쟁에 나섰다. 무단강牧丹江에서 비밀공작을 수행하다가 하얼빈 주재 일본헌병대에 붙잡혀 안중근의 숙부 안태건安泰建 등과 함께 3개월간 옥고를 치르기도 했다. 1925년 다시 상하이로 와서 임시정부에서 밀정을 숙청하는 비밀책임자로 활약했으며, 1939년에는 임시정부 서무국장에 취임해 임정 살림을 맡았다(사진 14-2: 임의탁).

그런 와중에도 선생은 환자가 생기면 의사 역할을 했다. 병원을 개업한 것은 아니었지만 누구든 아프면 선생을 찾아가 무료 진료를 받았다. 내가 알기로는 창사에서부터 충칭까지 임정 식구들과 동행했다. 치장에서도 우리가 아프면 아스피린 같은 약을 처방해줘서 그것을 받아왔

사진14-1_《제시의 일기》 표지.
《제시의 일기》는 양우조·최선화 부부가
쓴 딸 제시의 육아일기다.

사진14-2_의학을 공부한 임의탁 선생은
직업으로서 의사는 아니었지만,
임시정부에서 의사 역할을 했다.

던 기억도 난다. 딸이 김규식 선생의 장남 김진동과 결혼해 우사와 사돈간이 되었는데 나중에 두 사람은 이혼했다. 나는 임의탁 선생을 아저씨라 부르며 가까이 지냈다.

충칭 시절 임의탁 선생과 함께 쌍벽을 이룬 의사로 광파 유진동劉振東(건국훈장 애족장) 선생이 있다. 임의탁 선생과 마찬가지로 상하이 동제의학원을 졸업했으며, 충칭으로 오기 전에 장시성 루산廬山에서 결핵요양원을 운영하였다. 루산은 마오쩌둥이나 저우언라이가 공산당 회의를 열 때, '루산회의'라고 하던 바로 그 루산이다. 그중에서도 명승지로 소문난 꾸링牯嶺에 병원이 있었다. 광파 자신이 원래 몸이 좀 좋지 않아 결핵요양원을 차렸는데 요양원이 꽤 괜찮았던 모양이다.

난징 시절 백범이 더러 그곳에 가서 쉬곤 했는데 그때부터 백범을 잘 모셨다고 한다. 그런 인연으로 나중에 백범 주치의 겸 광복군 총사령부 군의처장 등을 지냈다. 광복 후 임정 요인들과 함께 귀국해 한동안 서울에 머물렀으나 충칭서 동거한 중국인 간호사를 만나러 다시 출국했다. 이때 본부인 강영파姜暎波와의 사이에서 태어난 딸 유수란도 함께 따라 갔다. 유수란은 나보다 열 살 아래인데 나를 무척 따랐다.

평북 출신의 광파는 중국 지린성에 있는 위원毓文중학을 나왔다. 북한의 김일성과 중학교 동창생이다. 북한의 경제 사정이 좋았던 1950년대 중반 중국교포 가운데 기술자나 의사들이 대거 북한으로 갔는데, 그때 광파 가족도 북한으로 갔다. 그 후 수란은 다시 중국 베이징대학으로 유학 가 영문과를 졸업한 후 평양에서 고등학교 영어교사가 되었다. 광파는 말년에 함경도 어디서 의사를 하다가 사망했다고 하는데 정확한 때와 장소는 알지 못한다. 수란과 다른 가족들의 행방도 마찬가지다. 2017

년 말에 대통령과 충칭에 갔을 때 수란의 이복동생을 만났으나 그도 소식을 모른다고 했다.

5. 임시정부의 여러 가지 사건들

5지대장 나월환
암살사건의 진실

임시정부 사람들도 보통 사람들이다. 사람이면 누구나 겪는 희로애락은 물론이요, 갈등이나 질투 같은 인간적 허점도 있었다. 임시정부가 여러 정파로 나뉘어 있다보니 세력간 경쟁과 그로 인한 갈등도 있었다. 또 임정 가족들 중에는 청춘남녀가 함께 살다보니 이들 간에 질투와 시기도 없지 않았다. 이는 때로 사람을 상하게 하거나 조직에 위해를 초래하는 사건으로 발전해 큰 문제가 되기도 했다. 1938년 5월 창사에서 일어난 소위 '남목청楠木廳 사건'이 있다. 이 사건은 조선혁명당 내부의 갈등이 충격사건으로 비화된 경우다. 이 사건으로 묵관 현익철玄益哲(건국훈장 독립장)이 사망했으며 하마터면 백범도 목숨을 잃을 뻔 했다.

송죽 나월환羅月煥(건국훈장 독립장)은 광복군 간부였다. 1936년 황포黃埔군관학교 제8기로 졸업한 그는 난징 중국헌병학교, 군관학교에서 교수로 근무하면서 임시정부와 인연을 맺었다. 1939년 임시정부의 명령으로 한국청년전지공작대韓國靑年戰地工作隊를 결성하고 대장에 취임하였다. 1940년 9월 충칭에서 광복군이 창설되자 이듬해 3월 청년전지공작대는 광복군 5지대로 편성되었다. 나월환은 5지대 지대장 겸 징모 5분처 주임위원으로 임명되었다. 당시 광복군은 지청천 총사령 밑

사진15-1_부하들에 의해 피살된 광복군 5지대장 나월환. 이 사건은 임시정부에 큰 충격이었다.

사진15-2_백연 김두봉. 그에게는 상엽과 해엽이라는 두 딸이 있었다.

에 1·2·3·5지대 등 네 개 지대를 두고 있었다. 1지대장은 화강 이준식, 2지대장은 철기 이범석, 3지대장은 백파 김학규 장군이었다. 광복군을 현 국군체제로 본다면 각 지대장은 군사령관에 해당하는 고위직이다.

나월환은 광복군에 합류한 지 1년여 뒤인 1942년 3월 1일 돌연 피살되었다. 이 사건으로 임시정부와 광복군 진영은 큰 충격에 휩싸였다. 나월환이 휘하 병력 백여 명을 이끌고 합류하면서 초기 삼십여 명으로 출발한 광복군은 병력이 크게 늘었다. 5지대는 그때 새로 편제되었는데 네 개 지대 가운데 병력이 가장 많았다. 이 사건으로 인해 5지대는 물론 광복군의 활동이 크게 위축되었다(사진 15-1: 나월환).

그런데 나월환의 죽음과 관련해 그 배경과 경위를 소상히 설명한 자료는 찾아보기 어렵다. "전지공작대의 광복군 편입과정에서 생긴 대원들과의 갈등을 극복하지 못하고 1942년 3월 1일 짧은 생을 마감했다"(국가보훈처 공식 블로그), "박동운朴東雲 등 변절자에 의해 피살되었다"(한국민족문화대백과사전) 등이 고작이다. 그동안 소문으로만 나돌던 이 사건의 진상은 건국대 사학과 한상도 교수가 2015년 발표한 논문(〈나월환의 독립운동 역정과 피살사건의 파장〉,《한국독립운동사연구》제50집)에서 처음 밝혀졌다. 그 가운데 사건 발생 경위 부분만 인용해보면 다음과 같다.

그러던 중 지대장인 나월환 암살사건이 발생하였다. 1942년 3월 1일 3·1절 기념식을 마친 후 제5지대 본부에서, 호종남胡宗南 부대에서 제공한 영화관람권을 대원들에게 나누어주던 중, 동료 대원들에게 살해되었다고 한다. 며칠 뒤에 제5지대 본부에서 얼마 떨어지지 않은 현재의 서안시西安市 연호구蓮湖區 연호공원蓮湖公園 안에 있는 폐쇄된 우물 속에서 나월환의 시신이 발견되었고, 1년 전에 행방불명된 현이평玄以주의 시신도 함께 발견되었다. 사건의 경과와 관련하여, 당시 광복군 서안총사령부 총무처장 대리로 근무했던 인물은 "부하 몇 놈들이 고루 편협한 공사감정公私感情으로 오랫동안 음모해오다가, 마침 3·1절 기념식과 축연을 총사령부에서 마치고 지대장실에 들른 찰나에, 짧은 쇠몽둥이[短鐵棒]로 뒤통수를 맹타하여 죽인 후, 그 시체는 즉시 목과 허리와 수족을 꺾어서 한 덩어리로 꽁꽁 묶어 유지와 솜이불로 2·3겹 싸두었다가 깜깜한 밤중에 어떤 물건처럼 어깨에 둘러메고" 옮겨, 버려진 우물 속에 처넣고 흙으로 덮어버렸다는 것이다. 그리고 이하유李何有 등 수 명이 이 사건의 주모자이고, 대원 박동운朴東雲이 하수인이며, 김해성 등이 종범從犯이었다고 증언하였다.

논문에 등장하는 현이평玄以주(건국훈장 애국장)은 '남목청 사건' 때 사망한 묵관 현익철의 조카로 나월환과 함께 한국청년전지공작대를 창설한 주역 가운데 한 사람이다.

공범으로 체포된 이하유李何有(건국훈장 애족장), 이해평李海平(본명 이재현李在賢·건국훈장 독립장), 박동운 역시 같은 전지공작대 대원들이었다. 이들은 나월환 5지대장 밑에서 부대장(김동수), 정훈조장(이하유), 공작조장(이해평) 등을 맡은 핵심 간부이기도 했다. 동지들에 따르면, 나월환은 한국어·일본어·중국어 등 3개 국어에 능통했으며, 몸집은 작달막하지만 단단했고, 열정으로 가득 찬 혁명가 기질의 소유자였다고 한다. 그런 나월환이 대체 어떤 연유로 부하들에게 피살됐을까.

위 인용문 가운데 '부하 몇 놈들이 고루 편협한 공사감정으로 오랫동안 음모해오다가'라는 대목을 주목할 필요가 있다. 한상도 교수에 따르면, 나월환이 전지공작대를 임정 산하로 끌어들이는 과정에서 대원들과 갈등을 빚었다고 한다. 이하유, 이해평 등은 전지공작대가 특정 정파에 속하지 않고, 독자적으로 존립해야 한다는 신념이 강했다고 한다. 그럼에도 나월환이 이를 강행하자 내부에서는 나월환의 태도에 의심을 갖게 됐고, 급기야 비뚤어진 영웅심에 휩싸인 대원 박동운에 의해 살해되었다는 것이다. 이 사건은 중국군 제34집단군 사령관 후쭝난胡宗南에게 정식 보고돼 조사가 이뤄졌으며, 재판에서 관련자 8명이 사형 내지 징역형을 선고받았다. 주범 박동운은 사형, 공범 이하유·김동수는 무기징역, 이해평·지도순·고지순은 징역 15년, 김종숙·김용주는 징역 2년이었다.

그렇다면 나월환 5지대장 살해사건은 전지공작대 대원들 간의 갈등이 전부였을까. 내가 알고 있는 내용은 이게 전부가 아니다. 다른 이유도 있었던 걸로 안다. 이 사건의 진상을 학술적으로 규명한 한상도 교수도 그런 내용을 알고 있는지 여부는 알 수 없다. 어쩌면 알고 있었음에도 차마 논문에는 반영하지 못했는지도 모른다.

백연 김두봉金科奉은 1935년 약산 김원봉, 우사 김규식과 함께 민족혁명당을 창당하였고, 1940년 이후에는 중국공산당의 거점인 화베이華北로 가서 조선독립동맹 위원장에 추대되었다. 백연은 한글학자 출신이다. 한글학자 주시경周時經의 수제자로, 일제 때 한글사전인《조선말본》과《깁더 조선말본》을 펴낸 주인공이다. 1924년 백범의 부인 최준례 여사가 타계하자 '최준례 묻엄'이라는 한글 묘비명을 쓰기도 했다. 해방 후 1945년 12월 조선독립동맹과 함께 평양으로 귀환한 그는 1948년 4월 남북협상 4자회담 때 김일성과 함께 북측 대표(남측 대표 2인은 김구·김규식)로 참가했다. 1948년 북한정권이 수립되자 북조선인민위원회 의장 겸 상임위원장, 김일성종합대학 초대 총장 등을 역임했다(사진 15-2: 김두봉).

백연에겐 상엽象燁, 해엽海燁 두 딸이 있었다. 큰딸 상엽은 나보다 두어 살 위였고, 해엽은 나와 동갑이었다. 상엽은 그리 빼어난 미모는 아니지만 말을 잘 하고 성격이 활달했다. 당시 한독당 계열에는 그런 단체가 없었는데 약산 김원봉 쪽에는 '삼일소년단'이라는 게 있었다. 18세 미만의 아이들로 구성된 이 소년단의 단장이 김상엽이었다. 그런데 그녀의 행실에 대해 말이 많았다. 아저씨뻘 되는 사람을 포함, 여러 남자와 바람을 피운다는 이야기였다. 철기 이범석을 비롯해 전지공작대의 라이벌 격인 이하유와 나월환과도 관계를 맺었다는 소문이 나돌았다. 결국 이게 문제가 됐다. 말하자면 이하유, 나월환 두 사람은 김상엽을 사이에 두고 연적 관계가 됐다는 것이다. 이런 소문은 광복군 5지대가 주둔하던 시안은 물론 충칭까지도 파다했다.

'나월환 살해사건'이 발생한 직후 김두봉은 돌연 옌안延安으로 떠났다. 거기서 그는 조선독립동맹에 가담했으며, 1942년 7월 위원장에 추대됐다. 그의 옌안행을 두고 주변에서는 '창피해서 갔을 것'이라는 얘기가 나왔다. 백연의 아내가 바람을 피웠기 때문이라고 했다. 어머니에게 들으니 백연의 아내가 그렇게 잘났다고 했다. 상엽을 충칭서 몇 번 본 적이 있다. 백연은 옌안으로 갈 때 작은딸 해엽이만 데리고 갔다. 상엽은 귀국 후 서울을 거쳐 옌안에 간 것으로 알고 있다.

'김구 오른팔' 안공근,
누가 죽였나 | 안중근 의사에게는 여동생과 그 아래 남동생이 둘 있었다. 여동생 안성녀安姓女(세례명 누시아)는 남편 권승복權承福과 함께 독립운동을 했으나 아직 서훈을 받지 못했다. 안성녀의 묘소는 부산 남구 용호동 천주교 교회묘지에 있는데 지난 2005년 부산《국제신문》이 발굴해 세상에 알렸다.

안 의사의 두 남동생인 정근定根과 공근恭根은 안 의사가 뤼순旅順감옥에 있을 때 현지에서 옥바라지를 했으며, 순국 전날 마지막 면회를 했다. 이후 두 사람은 형의 유지를 받들어 독립운동에 투신했고 임시정부와 인연을 맺었다. 두 사람 모두 가볍지 않은 발자취를 남겼으나 형 안중근 의사의 그늘에 가려 제대로 조명받지 못했다. 나는 이 두 분의 자녀들과 충칭에서 가까이 지냈다.

안정근은 다방면으로 항일투쟁에 참가했다. 1920년 5월 임시정부의 간도 특파원으로 선발돼 북간도 지역 독립운동단체 통합에 앞장섰으며, 그해 10월의 청산리 전투에도 종군하였다. 상하이로 돌아와서 대한적십자회 책임자와 임시의정원 의원으로도 활동했고, 흥사단 등 각종 애국단체에서 간부를 맡았다. 슬하에 2남 4녀를 두었는데 이들 가운데 장남 원생原生, 차녀 미생美生과는 충칭 시절 가깝게 지냈다(사진 16-1: 안정근).

충칭 미국대사관에 근무하던 원생은 광복군과 미국 OSS의 중간에서 다리를 놓은 공로자다. 오빠 원생처럼 영어가 능통했던 미생은 충칭에서부터 백범의 비서로 활동했는데 나중에 백범의 장남 김인과 결혼해 딸 효자孝子를 낳았다. 남편 김인이 죽은 후 백범 등과 함께 임정 요인 1진으로 환국한 미생은 1947년 여름께 유학 차 미국으로 건너갔다. 1960년대 중반 미생의 요청으로 효자도 미국으로 갔고, 이후 소식이 끊겼다. 얼마전에 타계한 김신이 형수와 조카를 백방으로 수소문했으나 끝내 찾지 못했다고 한다.

안정근이 도산 안창호安昌浩와 가까웠다면 안공근은 백범과 특별한 관계였다. 일제 고등경찰 문건에 '안공근은 김구의 참모로서 그 신임이 가장 두텁고 김구가 범한 불령不逞 행동(불만이나 불평을 품고 구속에서 벗어나 제 마음대로 행동함. 일제 강점기에 불온하고 불량한 조선 사람이라는 뜻으로, 일본제국주의자들이 자기네 말을 따르지 않는 조선 사람을 '불령선인不逞鮮人'이라고 불렀다)은 안공근의 보좌에 의하여 행해진다'고 할 정도였다. 백범은 1931년 10월 상하이에서 한인 청년들을 규합해 한인애국단을 조직했다. 한인애국단은 임정 산하 비밀결사였다. 단장이 백범이었고 실제 운영 책임자는 안공근이었다. 윤봉길·이봉창 의거 등이 한인애국단의 작품이었고, 이때부터 안공근은 '김구의 오른팔'로 불리기 시작했다.

1935년 11월 백범이 한국국민당을 창당하자 안공근은 이사로 참여하였다. 그는 또 임시의정원 의원, 임시정부 군사위원회 위원 등 당정의 요직을 맡아 주요 인물로 부상했다. 동시에 그는 기존의 특무조직 관리에도 주력했다. 당시 한국국민당은 전위조직으로 한국국민당청년단과 한국청년전위단을 결성해 운영하였고, 안공근이 이를 관리했다. 이를 통해 그는 김구와 한국국민당의 세력을 다져나갔다. 그런데 물이 한 군데 고이면 썩듯이 안공근에게 과도한 권한이 집중되면서 잡음이 터져나왔다.

안공근 휘하 대원 몇 명이 그의 전횡에 불만을 품고 조직에서 이탈했다. 엎친 데 덮친 격으로 1932년 윤봉길 의거 후 중국인들이 모아준 성

사진16-1_안중근 의사의 바로 밑 남동생 안정근. 충칭 시절 필자는 안정근의 자녀인 원생, 미생 등과 가깝게 지냈다.

사진16-2_1935년 11월 7일 한국국민당 창립 기념사진. 임정 요인들. 뒷줄 오른쪽 세 번째가 안공근이다.

금 일부를 안공근이 사적으로 유용했다는 의혹이 제기되었다. 그러자 자연히 백범과도 거리가 생겼다. 사태가 악화되자 안공근은 형 안정근이 머물고 있던 홍콩으로 몸을 피했다. 한동안 임정과 거리를 두고 지내던 안공근은 1939년 가족을 데리고 충칭에 나타났다. 홍콩에서 베트남 하노이, 윈난성雲南省을 거쳐 충칭으로 온 것이다. 그로부터 며칠 뒤 안공근이 충칭에서 실종되었다. 실력자 안공근의 돌연한 실종으로 충칭 독립운동가 사회는 큰 충격에 빠졌다. 얼마 뒤 중국 공안당국이 사건 조사에 나섰으나 성과가 없었다.

그해 여름이었다. 충칭의 여름밤은 너무 더워서 마당에 모기장을 치고 자야 했다. 그날 밤 나는 어머니와 한 모기장에서 자고 그 옆 모기장에는 백범의 주치의 유진동 선생의 부인 강영파 여사가 딸 수란을 데리고 잤다. 당시 유 선생은 충칭 시내 병원에서 내연관계에 있던 중국인 간호사와 함께 지내고 강 여사와 수란은 투차오에 거주했는데 우리 집 바로 옆집에 살았다. 산파 출신의 강 여사는 방 한 칸에 작은 약방을 차렸고, 우리 어머니를 형님이라 부르며 친하게 지냈다. 강 여사는 성품이 너그러운 현부인 스타일이어서 남편의 외도를 비난하기는커녕 오히려 감쌌다. 어머니와 이야기를 나누던 강 여사는 남편이 중국인 간호사를 데리고 사는 데는 속사정이 있다며 놀라운 이야기를 하나 털어놨다.

언젠가 일단의 한인 청년들이 밤에 유진동 선생의 병원으로 안공근의 시신을 들고 왔는데 유 선생이 중국인 내연녀와 함께 그 시신을 '처리'했다는 것이다. 유 선생은 아내 강 여사에게 자신의 외도를 변명하면서 "간호사가 이런 내용을 다 알고 있는데 어떻게 함부로 버리느냐, 그 여자 말 한마디면 바로 소문이 나기 때문에 할 수 없이 데리고 산다"

고 하더라는 것이다. 그날 밤에 들은 이야기가 하도 충격적이어서 이튿
날 나는 어머니에게 다시 그 일을 물어봤다. 그랬더니 어머니가 "절대
로 밖에 발설해서는 안 된다"고 하셨다(사진 16-2: 임정 요인들. 뒷줄 오
른쪽 세 번째가 안공근).

안공근 피살사건을 둘러싸고 여러 가지 설이 있다. 일본 스파이 살해
설, 중국계 마적단 살해설, 김구 측근 살해설, 심지어 안공근과 경쟁관
계에 있던 기호파 계열에서 살해했다는 이야기도 있다. 전부 추정일 뿐
물증은 없다. 내가 보기엔 강영파 여사의 이야기가 사실일 가능성이 매
우 높다. 남편에게 해가 될지도 모르는 그런 엄청난 얘기를 강 여사가
굳이 지어내서 할 이유가 없기 때문이다.

강 여사의 전언이 사실이라면 일단의 한인 청년들은 누구이며, 또 안
공근을 왜 죽였을까. 구체적으로 누구누구인지 대략 짐작이 간다. 우선
이들이 안공근의 시신을 옮긴 곳이 유진동 선생의 병원이라는 점을 주
목할 필요가 있다. 유 선생은 백범의 주치의이자 백범과 각별한 사이였
다. 변사체를 아무렇게나 '처리'해주는 병원은 그 어디에도 없다. 특수
관계가 아니면 도저히 불가능한 일이다. 안공근의 시신을 처리한 후 유
선생은 백범에게 이 사실을 알리지 않았다. 그 역시 일종의 공범이 돼버
렸기 때문이다.

그들이 안공근을 살해한 이유는 무엇일까. 추측하건대 아마 돈 문제
가 아니었을까 싶다. 안공근이 돈을 많이 가지고 있다고 생각해서 처음
에는 "돈을 좀 내놓으라"고 협박했을 것이다. 그런데 안공근이 순순히
응하지 않자 두들겨 패고 어쩌고 하는 과정에서 덜컥 죽어버린 게 아닌
가 싶다.

안공근은 이인숙과의 사이에 3남 2녀를 두었다. 장남 우생偶生과 삼남 지생志生, 장녀 연생蓮生은 모두 충칭에서 나와 가까이 지냈다. 장남 우생은 충칭 시절부터 1949년 백범이 서거할 때까지 백범의 비서로 일했다. 해방 공간에서 통일운동에 열정을 쏟았던 우생과 그의 가족들은 한국전쟁 후 모두 북으로 갔다. 2006년 방북했을 때 평양 애국열사릉에서 그의 묘를 발견했다.

평소 활동적이던 장녀 연생은 귀국 후 1951년 제6차 유엔총회에 장면張勉(제2공화국 국무총리 역임) 박사 등과 함께 한국 대표로 참석하였으며, 이승만 정권 시절 공보처장 서리를 지냈다. 차녀 금생錦生은 충칭에서 한국청년회 부회장을 맡았으며, 광복군 인면印緬(인도·미얀마)전구戰區 공작대장 출신의 한지성韓志成과 결혼했다. 한지성은 공산군 치하의 서울에서 서울시 인민위원회 부위원장을 지냈다.

잊을 수 없는 사람들　│　'깡비다왕' 김영린
김영린·김염·이건우　│　충칭 시절을 생각하면 잊히지 않는 사람들
이 있다. 그 가운데 한 사람이 충칭 교포 가운데 제일 부자였던 김영린金英麟이다. 그는 충칭 시내에서 가장 큰 '깡비다왕鋼筆大王'이라는 이름의 만년필 가게를 운영했다. 중국에서는 만년필을 깡비鋼筆라고 부른다. 당시 파카 만년필 하나는 중학생 한 학기 등록금과 맞먹는 고가품이었다. 사실이 그랬다. 내가 중학교 1학년에 들어갈 때, 아버지는 상하이에서부터 쓰던 만년필을 팔아서 등록금을 대셨다.

김영린은 나보다 열세 살 위였다. 그런데 나는 그를 '꺼거哥哥', 즉 형

님이라고 불렀다. 그는 상하이 만년필 공장에서 물건을 떼다 팔았다. 난징에 있을 때부터 거래한 곳이라고 했다. 그 전쟁 통에도 주문을 하면 상하이에서 배로 물건을 실어다 줬다. 아버지를 따라 충칭 시내에 나갔다가 깡비다왕에 몇 번 들른 적이 있다. 김영린은 번번이 내게 아이스크림을 사주었는데, 그때는 그 아이스크림이 최고였다.

그는 아주 인심이 후했다. 사업가라서 그랬는지 그는 당파를 가리지 않고 두루 다 좋게 지내면서 늘 술과 밥을 샀다. 충칭에서 그 사람한테 식사 대접을 안 받아본 사람이 없다 할 정도였다. 한번은 이런 일도 있었다. 어느 날 약산 김원봉이 부녀자들의 금반지를 몇 개 모아가지고 그를 찾아왔다. 조선의용대에서 급히 돈이 필요하니 반지를 잡히고 돈을 좀 꿔달라는 거였다. 요구한 금액이 컸다. 그런데 김영린은 약산이 요청한 돈을 융통해주면서 반지는 돌려주었다. 이 이야기는 내가 그에게서 직접 들은 얘기인데 사실일 거라고 본다. 그가 나에게 거짓말 할 이유가 없다.

충칭 시절 김영린은 박영준朴英俊(건국훈장 독립장), 안춘생(건국훈장 독립장), 노태준盧泰俊(건국훈장 독립장) 등 광복군 출신들과 친하게 지냈다. 1910년대 초중반 출생으로 다들 연배가 비슷했다. 1961년 5·16군사쿠데타 당시 박영준 장군은 39사단장(육군 소장)으로 있었는데 1963년 예편한 후 한전 사장으로 부임했다. 귀국 후 이렇다할 일거리를 찾지 못하던 김영린은 한전으로 박 사장을 찾아가 도움을 구했다. 박 사장의 배려로 그는 투자자 한 사람을 끌어들여 국내 최초로 애자碍子 공장을 설립했다. 당시만 해도 애자는 전부 일본에서 수입해 쓰고 있었다. 그의 애자 공장은 마산에 있었는데 생산품은 전부 한전에 납품했다.

박영준 사장 재임 시에는 사업이 순조로웠다. 문제는 박 사장이 한전을 떠난 뒤였다. 어떤 연유인지는 몰라도 애자 회사의 대주주로 있던 투자자가 갑자기 부도를 내버렸다. 일부러 골탕을 먹일 작정으로 한 짓이었다. 졸지에 회사는 문을 닫게 됐고, 김영린은 투자한 돈을 모두 날렸다. 엎친 데 덮친 격으로 한전이 납품마저 중단시켜 젖줄마저 끊어졌다. 충칭 시절 최고 부자로 불리던 그는 하루아침에 알거지 신세가 되었다. 1970년대 초의 일이다.

그 무렵 김영린이 나를 찾아왔다. 나도 이렇다할 직업 없이 룸펜 생활을 하던 때였다. 그런데 그때 마침 내 수중에 십만 원이 있었다. 당시만 해도 전화가 귀해 이권이 되던 시절이었는데 외신기자 시절에 친하게 지냈던 서인석徐仁錫(UP·뉴욕타임스 특파원, 6·9대 국회의원)을 통해 어렵게 전화선 하나를 개통했다. 십만 원은 거기에 낼 돈이었다.

그런데 어떻게 알았는지 그가 쫓아와 십만 원만 꿔달라고 했다. 뻔히 알고서 하는 이야기이니 거짓말을 할 수도 없었다. 그래서 그 돈의 용처를 이야기하고 며칠까지는 꼭 돌려받기로 하고 그 돈을 빌려주었다. 물론 약속은 지켜지지 않았다. 아내에게 돈 쓴 곳을 대라는 추궁을 받았지만 끝내 나는 그의 이름을 대지 않았다.

그로부터 얼마 뒤인 1973년 어느 날, 친구 조규택曹奎澤(진보당 재정부 간사)으로부터 전화를 받았다. 김영린 아저씨가 죽었다고 했다. 문상을 가면서 조규택이 내게 말했다.

"자네 이제 십만 원은 다 받았네!"

'전영황제電影皇帝' 김염

김필순金弼淳(건국훈장 애족장)은 한국 최초의 면허의사다. 의사를 하면서 독립운동을 했다. 1908년 세브란스 의학전문학교 1회 졸업생인 그는 안창호 선생과 의형제를 맺고 1907년 신민회가 조직되자 회원이 되었다. 1900년대 세브란스 병원에 재직하면서 자신의 집을 독립운동가들의 회의장소로 제공했고, 1911년에는 중국으로 가서 이동녕 선생 등과 함께 서간도 지역의 독립운동 기지 개척에 힘썼다. 그 후 내몽고 치치하얼에 수십만 평의 토지를 매입해 그곳에 백여 호의 한인들을 이주시켰다. 여기에 무관학교를 설립하고 독립운동의 후방 기지로 개척하고자 하였다. 1919년 9월 1일 일본인 조수가 건넨 우유를 마시고 숨을 거두어 일제가 독살했다는 주장이 있다. 그에게 김염金焰(본명 김덕린金德麟)이라는 아들이 있었다.

김필순 선생이 사망한 후 김염은 당시 상하이에 거주하던 우사 김규식 선생 집에 보내졌다. 김필순은 우사의 처남으로 우사의 부인 김순애 여사가 김염의 고모가 된다. 외모가 준수했던 김염은 1927년 상하이 민신영편공사에 입사했다가 이듬해 남국예술극사의 무대배우가 되었다. 1930년 중국 영화계의 거장 쑨위孫瑜 감독에게 발탁돼 영화 〈야초한화野草閑花〉에서 주연을 맡으며 인기를 끌었다.

1934년 상하이 영화잡지 〈전성電星〉에서 영화 황제를 뽑는 인기투표가 있었다. 김염은 가장 잘 생긴 남자배우, 가장 친구로 사귀고 싶은 배우, 가장 인기가 있는 배우에서 모두 1위를 차지했다. 영화를 띠엔잉電影이라고 하는데 중국에서 '전영황제電影皇帝', 즉 영화 황제로 불린 사람은 김염이 유일하다(사진 17: '전영황제' 김염).

사진17_중국의 '전영황제' 김염.
그는 중국 대륙을 평정한 조선의
영화배우였다. 우리 가족이 자싱에
있을 때 그가 놀러왔었다는 이야기를
아버지께 들은 기억이 있다.

제2차 상하이사변으로 일본군이 상하이를 점령한 후 김염을 회유하려고 많이 노력했다고 한다. 그러자 김염은 몰래 배를 타고 홍콩으로 가서 활동했다. 그는 전쟁 중에는 상업영화에는 출연하지 않고 항일 선전영화에만 출연했다. 그는 "배우는 부자들의 심심풀이 노리개가 아니다. 자신의 예술이 사회에 유용하도록 항일반제투쟁의 힘이 되어야 한다"며 비밀리에 임시정부에 독립운동 자금을 대기도 했다고 한다. 영화로 만들어진 펄벅의 〈대지〉에서 그가 주연을 맡았던 걸로 기억하는데 아무튼 그는 당시 중국 최고의 배우였다.

김염은 영화 〈들장미〉에 함께 출연했던 여주인공 왕런메이王人美와 결혼했다가 해방 후 상하이로 와서 이혼했다. 두 번째 부인은 상하이 최고 갑부의 딸이라고 했다. 나는 김염을 직접 본 기억은 없지만 우리 가족이 자싱에 살 때 그가 놀러왔었다는 이야기를 아버지께 들은 적이 있다.

요즘으로 치자면 김염은 '한류스타'의 원조라고나 할까. 스스로 예명을 '불꽃焰'이라고 지었던 그는 영화배우로서 중국 대륙을 평정한 조선인 영화 황제였다. 그의 묘비에는 이렇게 쓰여 있다.

김염은 중국의 진보적 영화 사업에 지대한 영향을 끼쳤다. 그의 죽음은 우리 모두의 커다란 손실이며, 그의 업적은 영원히 기록될 것이다.

이상만 목사 아들 이건우

충칭 투차오 교회에서 설교를 하던 이상만 목사는 아들이 둘 있었다. 한 명은 한국에 있었고, 다른 한 명은 투차오에서 우리 집과 같은 동네 살았다. 그의 이름은 이건우李建佑, 광복군 2지대 소속이었다. 이건우는 성격도 싹싹한데다 반찬 만드는 솜씨가 아주 좋았다. 홀로 계신 아버지를 잘 모신다고 주위에서 칭찬이 자자했다. 그런데 평소 부친 얘기를 잘 듣고 순종하던 그가 한 번씩 소리 소문 없이 사라지곤 했다. 주변에서 사람이 없어졌다고 걱정할라치면 정작 그의 부친 이 목사는 "개는 가끔 그래요" 하고 말았다.

나중에 들으니 그는 쓰촨성 맨 끝, 티베트 사람들이 주로 사는 쑹판松潘이라는 곳에 가서 몇 달씩 있다가 왔다고 했다. 집으로 돌아올 때면 그는 늘 말쑥한 차림에 번쩍거리는 시계를 차고 왔다. 정식 의사는 아니지만 주위들은 한방 지식이 많아 거기서 한의사 노릇을 했다고 한다. 사소한 병 치료비는 닭이나 염소를 받았고, 중병을 치료할 경우 금을 받았다고 한다. 그 바람에 금을 많이 모아 가지고 왔다. 중학교 2학년 때 그가 내 월사금을 내준 적도 있다.

그는 귀국 후 사업도 잘 되지 않고 해서 한동안 어렵게 지냈다. 광복군 시절부터 그와 잘 알고 지내던 최덕신이 예편 후 베트남 공사로 나갔다. 옛 친구의 딱한 사정을 들은 최덕신은 "정 갈 데가 없으면 월남으로 오면 뭐라도 시켜주겠다"며 베트남으로 이건우를 초청했다. 그런데 이건우는 베트남에 갈 여비조차 없었다. 그 무렵 내가 볼일이 있어 홍콩에 갔다가 그 이야기를 전해들었다. 나는 "서울 돌아가면 해결해줄 테니까 좀 기다리라"고 전했다.

그리고 얼마 뒤 귀국하니 그가 행방불명되고 없었다. 나중에 들으니 남한에서는 도저히 살 수가 없어 평양으로 간다고 말했다는 것이다. 당시만 해도 그와 친분이 있는 옌안파 사람들이 북한에서 위세를 떨치던 시절이었다. 그런데 그가 입북한 경로는 공작원으로서의 북파였다. 대북공작 첩보부대인 소위 '켈로KLO 부대' 공작원이었다. 1956년 8월 이른바 '8월종파사건'으로 옌안파가 대거 숙청되었다. 그때 스파이로 몰리지나 않았는지 모르겠다. 아직 살아있다면 백 살을 넘겼을 것이다.

일본군 '위안부' 여성들 | 1965년 한일 국교정상화 교섭 때 대일청구권 문제는 일괄적으로 처리됐다. 그런데 당시 위안부 문제는 거론조차 되지 않았다. 그러던 것이 1980년대 말부터 학계의 연구와 피해자들의 증언이 나오면서 세계적인 이슈로까지 부각되었다. 한국 측은 위안부 강제 동원에 대한 사실 인정과 사과, 배상 등을 줄기차게 요구했다. 그러나 일본 정부는 한일협정 체결로 이미 해결된 사안이라며 거들떠보지도 않았다.

서울 중학동 주한일본대사관 앞에 '평화의 소녀상'이 건립되는 등 문제가 확산되자 일본 정부는 마지못해 협상테이블에 나왔다. 2015년 아베 일본 총리의 사과성 발언과 함께 10억 엔 출연 약속으로 협상이 타결되었다고 정부가 발표했다. 그러나 당사자들이 배제되어 문제가 남았다.

충칭 시절 이야기를 마무리 지으며 내가 만난 위안부 이야기도 몇 자 기록해 둬야겠다. 임시정부 청사 가까운 곳에 일본군 '위안부' 출신 여성 열댓 명이 기거했다. 나는 이 여성들이 언제 어떤 경위로 위안부가 됐는지는 자세히 알지 못한다. 당시 내가 들은 바로는 안휘성에서인가 중국군이 일본 군대를 공격해 일본군이 퇴각했는데, 이때 위안소를 그대로 방치했다는 것이다. 여기서 한국 여성 십여 명을 포로로 붙잡게 됐다고 했다.

이들은 광복군 3지대에 인계됐다. 투차오 인근 포로수용소를 거쳐 충칭으로 보내졌다. 당시 임시정부에서는 민간인인 이들의 신병 처리를 놓고 고민했는데, 같은 동포를 못 받겠다고 할 수 없었다. 결국 임정은 이들도 먹고살게 해줘야겠다고 결론내리고 쌀을 배급하고 용돈도 지급했다. 또 임정 청사 가까운 곳에 집을 얻어 이들이 머물 수 있도록 배려했다. 해방 이듬해 충칭을 떠나 상하이로 향할 때 이들 역시 우리와 함께 귀국행 버스를 탔다. 다만 한커우에서 기선을 타고 올 때 이들과 헤어졌는데 나중에 들으니 귀국은 우리 일행보다 빨랐다고 한다. 이후 행방은 듣지 못했다.

02

귀국 그리고
격동의 세월

해방 이듬해 1월 16일, 임정 가족 일행은 충칭을 출발해 상하이로 향했다.
일행은 투차오에서 버스 십여 대를 나눠 타고 타오위안,
창더를 거쳐 한커우에 도착했다.

1. 조국으로 가는 길

**미군 수송선 타고
상하이 출발**

해방 이듬해 1월 16일, 임정 가족 일행은 충칭을 출발해 상하이로 향했다. 일행은 투차오에서 버스 십여 대를 나눠 타고 타오위안, 창더를 거쳐 한커우에 도착했다. 한커우 교민 집에서 며칠 신세를 지고 이번에는 기선으로 다음 목적지인 난징으로 떠났다. 난징에 내려서는 열차를 탔다. 2월 19일 밤에야 최종 목적지인 상하이에 도착했다. 1932년 윤봉길 의거 이후 상하이를 떠났으니 십사 년 만이었다. 일제의 패망으로 상하이는 몹시 어수선했다. 임시정부는 해방 한 달 뒤인 1945년 9월 아버지와 조시원 선생을 상하이로 급파해 교민사회 질서 유지와 민심 수습에 나섰다.

상하이에서 우리 가족은 2개월 남짓 머물러야 했다. 마음은 하루 빨리 고국으로 돌아가고 싶었다. 그러나 오고가는 것이 마음처럼 되지 않앉다. 고국으로 가는 배편은 5월에야 가능했다. 전쟁이 끝난 뒤인데다 교통사정이 그리 좋지 않았기 때문이다. 한국으로 가는 민간 여객선이 없었다. 유일하게 미군의 수송선이 한국과 왕래했는데 인천 가는 것도 있었고 부산 가는 것도 있었다. 우리는 부산으로 향하는 배에 올랐다.

1946년 5월 9일, 우리 식구는 짐을 챙겨 다른 임정 가족들과 함께 상하이 부둣가로 나갔다. 부둣가에는 귀국선을 타려는 사람들로 인산인해였다. 복장이나 차림새나 전형적인 피란민 모양새였다. 짐 보따리 무게는 오십 킬로그램으로 제한했다. 우리는 짐이라고 해야 옷가지 몇을 싼 꾸러미가 전부였다. 부둣가 사람들 가운데 계급장을 뗀 군복차림의 청년도 많이 있었다. 징병이나 학병으로 일본군에 끌려갔다가 무장해제된 후 귀국하는 '패잔병'들이었다.

마침내 우리는 귀국선에 몸을 실었다. 그런데 말이 좋아 귀국선이지 난민선이나 마찬가지였다. 가수 이인권이 부른 '귀국선' 노래처럼 희망적이고 낭만적인 그런 배가 아니었다. 우리가 탄 배는 팔천 톤 급 미군 LST(Landing Ship Tank)였다. 군용 수송선이라는데 가축이나 짐짝을 싣는 배 같았다. 배 안팎이 지저분하고 불결하기 짝이 없었다. 그런 배에 줄잡아 수천 명이 뒤엉켜 타고 바다를 건너왔다(사진 18: 미군 LST 수송선).

우리 일행은 맨 아래층 선복船腹 부분에 자리를 잡았다. 그 배에서 제일 좋은 자리였다. 아마 누군가 미군 측과 교섭해 나름 배려를 받은 것 같았다. 일행은 우리 세 식구를 포함해 상하이에서 함께 지냈던 창강 김인한 아저씨 가족 넷, 집안 일가인 김증한金增漢 변호사와 우강 최석순 선생 가족이었다. 약산 김원봉과 결혼한 우강 선생의 맏딸 동선은 돌도 채 안 된 아기를 안고 있었다. 나중에 알고보니 해방 후 반민특위

사진18_미군 LST 수송선. 임시정부 가족들은 이런 배를 타고 국내로 돌아왔다.

위원장을 지낸 김상덕 선생 가족도 그 배에 같이 타고 왔다고 했다.

부산에 도착하기까지 꼬박 사흘이 걸렸다. 우리가 탄 배는 귀국선 중에서 출발도 제일 먼저였고 도착도 상당히 일렀다. 평소 배를 많이 타본 적이 없었으나 나는 멀미를 하지 않았던 것 같다. 다른 식구들도 별 탈 없이 부산에 도착했다. 배 안에서 식사는 안남미 같은 쌀로 지은 밥을 주었다. 양이 넉넉해 배는 곯지 않았으나 묵은 쌀로 지었는지 맛이 좋지 않았다. 그 무렵 이종찬의 가족도 상하이에서 미군 LST를 타고 귀국길에 올랐다. 그런데 그들이 타고 온 배는 부산에 도착하는 데 근 열흘이 걸렸다고 한다.

그 무렵 톈진天津에서 귀국선을 탄 사람도 있었다. 1950년대 후반 대한교육보험(현 교보생명)을 창업한 신용호愼鏞虎가 그중 한 사람이다. 그의 회고록《대산 신용호-맨손가락으로 생나무를 뚫고》를 보면 그가 타고 온 LST는 상륙 작전용 함정이어서 배가 많이 흔들려 멀미가 심했다고 한다.

그 배에는 계급장을 뗀 군복차림에 긴 군도軍刀를 찬 한 사나이가 타고 있었다. 영락없는 패잔병 몰골이었다. 나중에 대통령이 된 박정희였다. 문경에서 보통학교 교사를 하다가 만주로 건너가 군관학교와 일본 육사를 졸업한 그는 만주군(일제의 괴뢰인 만주국 육군) 장교로 있었다. 해방 후 박정희는 베이징으로 내려와 광복군에 몸담았다. 그런데 그 광복군은 '해방 후' 광복군이어서 그를 광복군 출신이라고 할 수 없다. 해방 당시 박정희는 만주군 보병8단 소속으로 계급은 중위였다.

'개인 자격'으로
귀국한 임시정부

임정 요인들은 중간 기착지인 상하이에 우리보다 한참 먼저 도착했다. 백범을 비롯해 이시영, 조완구, 김규식 등 임정 요인과 수행원, 가족 등 스물아홉 명은 1945년 11월 5일 중국 국민당이 제공한 비행기 두 대에 나눠 타고 충칭싼후珊瑚壩 공항을 출발했다. 백범 일행을 태운 비행기는 불과 다섯 시간 만에 상하이에 도착했다. 수많은 상하이 교민들이 나와 백범 일행을 열광적으로 환영했다. 1919년 대한민국임시정부 수립 이후 26년간 중국 땅을 떠돌며 임정의 간판을 지켜온 분들이니 그 정도의 환대는 응당했다.

충칭 출발 하루 전날인 11월 4일 국민당 정부 장제스는 임시정부 국무위원들과 한독당 간부들을 초대해 송별연을 열어주었다. 이 자리에서 장제스는 전별금 명목으로 백범에게 삼십 만 달러의 거금과 귀국 후 임정과의 연락을 위해 중국인 무선사無線士 세 명을 임정 일행에 딸려 보냈다. 이들과 별도로 당시 국공합작을 위해 충칭에 머물고 있던 저우언라이, 둥비우董必武 등 중국 공산당 간부들도 송별회 자리를 마련해 주었다. 이들은 이념과 주의를 떠나 오랫동안 함께 일제에 맞서 싸운 동지들이었다(사진 19: 상하이에 도착한 임시정부 요인들. 백범 김구 오른쪽은 맏며느리 안미생).

8월 10일, 일제가 항복할 것이라는 소식을 접한 임시정부는 국무회의를 열고 '귀국해서 정권을 국민에게 봉환한다'고 결정하였다. 8월 14일 조소앙 외무부장은 주중 미국대사에게 임정이 귀국해 실질적인 정부 역할을 하겠다는 의사를 전달했다. 그러나 미국의 생각은 달랐다. 10월 17일 미 국무부·육군성·해군성 조정위원회SWNCC는 미 극동군

사진19_1945년 11월 5일 상하이 장완 비행장에 도착한 임시정부 요인과 가족들. 맨 왼쪽이 우사 김규식, 가운데 백범과 오른쪽의 맏며느리 안미생, 손으로 눈을 훔치는 성재 이시영 등이다. 백범 앞에 태극기를 들고 서 있는 어린이가 이종찬이다.

사령관 맥아더에게 '개인 자격의 귀국이라면 반대하지 않는다'는 지침을 하달했다. 미국은 임시정부 차원의 공식 귀국을 반대했다.

연합군의 실질적 리더인 미국이 이렇게 나오자 조속한 귀국을 희망하던 임정으로서는 달리 방도가 없었다. 참으로 분통하고 억울한 일이었지만 어쩔 수 없는 일이었다. 우리 손으로 완전한 광복을 이루지 못한 탓이었다. 국내에는 미 군정청이 정식 출범한데다 미국에서 이승만 박사도 이미 한 달 전에 입국해 있었다. 결국 11월 19일 백범은 상하이에서 중국 전구戰區 미군사령관 앨버트 웨드마이어 장군에게 '개인 자격으로 귀국하겠다'는 서약서를 썼다. 임정으로서는 매우 모욕적인 것이었다. 그 내용은 아래와 같다.

이에 본인은 본인 및 동료들이 어떠한 공적 위치로서가 아닌 완전한 개인의 자격으로서 귀국을 허락받은 것임을 충분히 숙지하고 있음을 귀하에게 확신시키고자 합니다. 한국에 들어가면 우리들이 개인적으로나 집단적으로 정부로서 혹은 민간 및 정치적 능력을 발휘하는 기구로서 활동할 것을 기대하지 않는다는 점을 기꺼이 진술합니다. 우리의 목적은 한국인에게 유리하게 될 질서를 수립하는 데 있어 미군정과 협력하는 것이 될 것입니다.

백범이 서약서를 쓴 다음 날, 미군정 하지 중장은 C-47 수송기 한 대를 상하이로 보냈다. 그런데 이 비행기는 15인승이어서 임정 요인들이 한꺼번에 다 탈 수가 없었다. 11월 22일 국무회의에서 논의한 결과 1진과 2진으로 나누어 귀국하기로 했다.

1진은 김구 주석, 김규식 부주석, 이시영 국무위원, 엄항섭 선전부장, 김상덕 문화부장, 유동열 참모총장 그리고 수행원으로 주석 주치의 유진동, 경위대원 윤경빈·이영길·백정갑·선우진, 그 밖에 백범의 며느리 안미생, 김규식 부주석의 아들 김진동, 민영완, 장준하 등 총 열다섯 명이었다. 이들은 이튿날인 11월 23일 오후 한 시 상하이 장완江灣 비행장을 출발, 이날 오후 네시 정각 김포 비행장에 도착했다. 이십칠 년 만에 고국으로 돌아오던 백범은 저 멀리 바다 끝에 고국 땅이 보이자 감격을 이기지 못해 눈물을 주르륵 흘렸다고 한다.

2진은 12월 1일 오후 세 시경 전북 군산 근처 옥구 비행장에 도착했다. 당초 김포 비행장에 착륙할 예정이었으나 짙은 눈발 때문에 착륙 장소가 바뀌었다. 2진은 홍진 의정원 의장, 조소앙 외무부장, 김원봉 군무부장, 조완구 재무부장, 최동오 법무부장, 신익희 내무부장, 국무위원 조성환·황학수·장건상·김붕준·성주식·유림·김성숙·조경한 그리고 수행원으로 안우생·이계현·노능서·서상렬·윤재형 등 총 열아홉 명이었다.

두 차례에 걸친 임정 식구들의 귀국은 미국과 약속한 대로 모두 '개인 자격'이었다. 그러나 이 약속에도 불구하고 임정은 귀국 후 개인 자격으로 온 것이 아니라 임시정부가 귀국한 것이라고 공표해 미군정과 갈등을 빚었다. 귀국 직후부터 백범은 경교장에서 '대한민국임시정부' 명칭을 계속 사용하면서 활동했다. 한편, 미군정은 이들의 입국 사실을 일체 언론에 알리지 않았다. 이 때문에 일반 국민은 임정 요인들의 귀국 사실을 알지 못했다. 공항이나 길거리 어디에서도 이들을 환영하는 인파는 물론 태극기 한 장도 내걸리지 않았다. 임정 요인들의 쓸쓸한 입국은 이후 임정에 불어닥칠 비극적 상황의 서곡과 같았다.

하지 중장은 백범 일행이 서대문 죽첨장竹添莊(현 경교장)에 도착한 후에야 "오늘 오후 김구 선생 일행 열다섯 명이 서울에 도착하였다. 오랫동안 망명하였던 애국자 김구 선생 일행은 개인 자격으로 서울에 돌아온 것"이라며 각별히 개인 자격임을 강조한 짤막한 공식 성명을 발표했다. 백범 일행의 환국 소식이 전해지자 서울 장안은 술렁거리기 시작했다. 사람들이 서대문 경교장으로 몰려들기 시작했다(사진 20: 귀국 후 백범이 머문 경교장. 현재는 강북삼성병원 소유임).

제일 먼저 김구를 찾아온 사람은 이승만이었다. 이튿날에는 고하 송진우宋鎭禹, 위당 정인보鄭寅普, 가인 김병로金炳魯, 민세 안재홍安在鴻, 심산 김창숙金昌淑 등이 경교장을 찾았다. 이들의 인사를 받은 백범은 돈암장으로 이승만을 답방한 후 미 군정청에 들러 하지 사령관과 아놀드 군정장관을 예방했다. 이어 오후 한 시 반 백범은 첫 귀국 기자회견을 열었다. 기자들의 관심은 정당 통일 문제와 귀국 경위에 관한 것이었다.

일제가 물러간 조선총독부 자리에는 미군정이 들어섰다. 미 태평양 육군총사령관 맥아더 장군은 9월 7일 '조선 국민에게 고함'이라는 포고 제1호를 발표하여 한반도의 38도선 이남 지역에 '미 군정청' 설치를 선언했다. 이틀 뒤 9월 9일 하지 중장이 지휘하는 미 육군 24군단이 서울에 입성하여 군정을 선포했다. 9월 11일 총독부 앞마당에 내걸렸던 일장기가 내려가고 대신 성조기가 게양되었다. 마지막 총독 아베 노부유키阿部信行는 이날 자로 조선총독에서 해임되었다. 12일 아놀드 소장이 군정장관에 취임함으로써 미군정이 정식으로 출범하였다.

그 무렵 미국에서 활동하고 있던 이승만은 조기 귀국을 서둘렀다. 그

사진20_귀국 후 백범이 머문 경교장은 일제강점기에 건축된 일식 주택이다. 지금은 강북삼성병원 안에 있다.

러나 미국 국무부가 여권을 내주지 않아 2개월간 발이 묶여 있었다. 이승만은 하와이와 괌을 거쳐 10월 12일 도쿄에 도착했다. 그곳에서 맥아더를 만나 며칠 머문 다음 미 군용기 편으로 10월 16일 김포 비행장에 도착했다. 귀국 다음 날 이승만은 하지 중장의 안내로 미 군정청 제1회의실에서 귀국 기자회견을 가졌다. 또 이날 저녁에는 경성중앙방송국의 전파를 통해 첫 대국민 방송을 했다. 이 모두는 전적으로 하지 중장의 배려 덕분이었다. 미 군정청과의 관계에서는 한발 앞서 귀국한 이승만이 백범보다 몇 걸음 앞서 있었다.

부산 도착, DDT 세례를 받다

5월 9일 상하이를 출발한 우리 가족은 사흘 뒤인 12일 부산항에 도착했다. 꿈에도 그리던 고국 땅이었다. 세 살 때 어머니 품에 안겨 한 번 다녀온 적이 있지만 아주 어릴 적 일이어서 나로서는 처음 밟는 고국 땅이나 마찬가지였다. 그러나 우리는 곧장 배에서 내릴 수가 없었다. 배에서 설사 환자가 하나 생겼는데 콜레라 여부를 검사하느라 지체되었다. 할 수 없이 우리는 꼬박 사흘을 배 안에 더 머물러야만 했다. 5월 중순이라 날씨도 더운데다 퀴퀴한 배 안에 갇혀 지내니 짜증이 났다. 배 문을 열어주지 않는다고 곳곳에서 아우성이었지만 어쩔 도리가 없었다.

5월 15일, 우리는 마침내 부산 부둣가에 첫발을 내디뎠다. 비로소 고국에 왔다는 느낌이 들었다. 사방을 둘러봐도 낯설었지만 그래도 고국 땅이라는 생각에 정겨운 마음이 앞섰다. 타고 온 배에서 수천 명이 한꺼번에 내렸다. 부둣가는 또 인산인해였다. 그러나 사방 어디를 둘러봐도 환영 현수막 하나 보이지 않았다. 천신만고 끝에 찾아온 고국이지만 반 거지 꼴을 하고 왔으니 누가 우리를 반겨 맞을 것인가. 장차 고국에서의 생활이 순탄치 않을 것임을 암시하는 듯했다.

배에서 내린 후 제일 먼저 인도된 곳은 임시 난민수용소였다. 신분이 난민이니 일종의 통관과 방역 절차가 기다리고 있었다. 다들 짐을 한 곳에 모아놓고 일렬로 늘어서 방역주사를 맞았다. 상하이에서 출발하기 전에도 맞았는데 부산에서 또 맞았다. 주사가 끝나면 옆에 대기하고 있던 미군병사들이 DDT를 쏘아댔다. 긴 막대기처럼 생긴 DDT분사기를 가슴, 등 할 것 없이 옷 속에 집어넣고는 뿜어댔다. 우리가 내릴 적에는 아예 모터가 장착된 DDT 살포기계를 사용하였는데 사람 몸에 대고 누르기만 하면 칙! 칙! 하고 DDT가 쏟아져 나왔다. 냄새는 그리 나쁘지 않았던 것 같다. 당시만 해도 이가 득실득실해 불가피한 측면도 없지 않았다(사진 21: DDT 살포 장면).

우리가 단체로 DDT를 맞고 오는 동안에 미군들은 가방을 열어 짐 검사를 했다. 별것도 아닌 물건이 없어진 게 있어 기분이 언짢았다. 상하이에서 플래시 라이트를 하나 사가지고 왔다. 길게도 쓸 수 있고 짧게도 쓸 수 있어 참 편리했는데 나중에 보니 그게 없어졌다. 옆에서 통역을 하고 있는 사람에게 들으니 미군이 검사하면서 자기 맘에 드는 게 있으면 제멋대로 가지고 가는데 어떻게 할 도리가 없었다고 했다. 그 상황에서 따질 형편도 못돼 결국 포기하고 말았다.

배에서 내릴 때 미군정에서 차비조로 1인당 천 원씩 지급했다. 역에 가서 알아보니 기차 시간이 여유가 있었다. 부산 시내 구경에 나섰다. 아버지께서 차비 가운데 얼마를 덜어 내게 편상화編上靴 한 켤레를 사

사진21_DDT 살포 장면. 부산에 도착한 임정 가족들은 DDT 세례부터 받아야 했다.

주셨다. 발등에서부터 발목까지 긴 끈으로 얽어매 신는, 단화보다 목이 더 긴 구두를 편상화라고 했다. 순가죽으로 돼 있어 일본군에서 군용으로 사용했다. 그때 산 편상화는 참으로 질기고 튼튼했다. 나중에 한국전쟁 때 의용군 나갈 때 신고 나가 다시 천리 길을 신고 돌아와도 끄떡없었다. 근 사 년을 신어도 멀쩡하기에 나중에는 지겨워서 버렸다.

그날 오후, 수용소에서 나온 우리는 즉시 부산역으로 향했다. 부산에는 연고도 없고 해서 군이 지체할 이유가 없었다. 우리가 탄 기차는 화물차였다. 화물선에 이어 또다시 짐짝 신세가 됐다. 화물차라도 타고 갈 기차가 있다는 것만으로 감지덕지해야 했다. 나는 그냥 화물차 바닥에 누워서 잤다.

우리가 탄 화물차는 그야말로 엿장수 마음대로였다. 가고 싶으면 가고 서고 싶으면 제멋대로 섰다. 그러나 왜 그러냐고 따지는 사람도, 따질 데도 없었다. 기관사의 처분만 바랄 뿐이었다. 도중에 기차가 서면 어디선가 장사꾼들이 우르르 달려와 이것저것 먹을 것들을 팔곤 했다. 우리는 오는 동안 미군정에서 준 돈으로 주전부리하며 배를 채웠다. 열차가 설 때마다 경찰관들이 올라와 검문을 했다. 그들은 남녀노소 가리지 않고 반말과 폭언을 해댔다. 그때부터 경찰은 내게 좋지 않은 인상을 남겼다.

부산에서 기차로 출발한 지 이틀 만인 5월 17일 저녁 여덟시 쯤 서울역에 도착했다. 아버지가 미리 서울 막내삼촌 김각한金珏漢에게 전보를 쳐두었다. 으레 삼촌이 마중 나와 있을 것으로 기대했다. 그런데 막상 역을 빠져나오자 우리를 기다리는 사람은 아무도 없었다. 나중에 알게 되었지만 삼촌은 사흘 전부터 역에 나와 우리를 기다렸는데 하필 그 시각에 저녁식사를 하러 잠시 자리를 비워 엇갈린 것이다. 하는 수 없이 우리는 마차를 하나 빌려 짐을 싣고 혜화동 각한 삼촌 댁으로 향했다. 어머니가 갖고 있던 삼촌 댁 주소는 아주 간단했다. 종로구 혜화동 74번지.

자정이 지나서야 삼촌 집에 도착했다. 서울역에서 혜화동까지 걸어오느라 모두 지친 상태였다. 1919년 할아버지를 모시고 망명한 아버지는 무려 27년 만에 집으로 돌아온 셈이었다. 열아홉 살 청년은 어느새 사십대 중반의 중년이 되어 돌아왔다. 1931년 마지막으로 고국을 다녀온 어머니에게는 16년 만의 귀환이었다. 집에 돌아온 두 분의 심경이 어떠했을지 짐작이 가고도 남았다.

할머니도 어느새 칠순의 노인이 되어 있었고, 각한 숙부는 오남매의 아버지가 돼 있었다. 근 삼십 년 만에 집안 식구가 한 자리에 다 모였다. 할아버지께서 살아계셨더라면 더욱 좋았으련만 무망한 일이었다. 상하이에서 타계하신 지 무려 24년이 지난 시점이었다. 우리 가족은 혜화동 각한 숙부 댁에서 1년가량 살았다.

숨은 애국자
우강 최석순 선생

서울역을 나서면서 우리는 우강 최석순 선생 부부와 아쉬운 작별을 고했다. 우강 선생은 평안북도 의주가 고향이다. 두 분은 열차에서 내리지 않고 개성으로 해서 다시 북행길에 올랐다. 큰딸 동선은 어린 애기를 데리고 서울역에서 내렸다. 약산이 서울에 남기로 했기 때문이다. 그런데 이후 동선과 애기 소식을 통 듣지 못했다. 나중에 약산이 월북할 때 동행하지 않았나 싶다. 좌우 갈등과 한국전쟁이 평생 동지로 지내온 약산, 우강 선생 가족들과 우리 가족을 영영 갈라놓고 말았다.

우강 선생은 어머니와 오라버니-동생관계를 맺고 지내오신 분이다. 우강은 일제 치하 신의주에서 형사 노릇을 했다. 얼마 뒤 우강은 신의주에서 압록강 철교를 건너 단둥丹東(당시 지명 안둥安東) 일본 영사관으로 옮겨 근무하게 됐다. 그곳에 근무하면서 우강은 중국과 국내를 왕래하던 독립운동가들을 몰래 도왔다. 강 건너 신의주에는 세창양복점을 경영하고 있던 이세창李世昌을 비밀거점으로 두었다. 이세창은 신의주에 도착한 독립운동가들이 서울까지 안전하게 갈 수 있도록 편의를 제공했다. 독립운동가 가운데는 드러내놓고 활동한 분들도 있지만 두 분처럼 뒤에서 묵묵히 도와준 분들도 있다. 그럼에도 두 분 모두 아직 서훈을 받지 못했다.

어머니는 스무 살이 되던 1920년 1월 상하이로 떠났다. 두 달 전에 상하이로 망명한 시아버지와 남편을 뒷바라지하기 위해서였다. 이로써 독립운동 진영의 일원이 된 어머니는 임시정부에 필요한 자금을 모금하기 위해 여성의 몸으로 여섯 차례나 비밀입국을 하셨다. 국내 잠입 경로는 연통제聯通制를 따랐다. 연통제란 임정 초기 국무원령令 제1호로 공포돼 실시된 비밀통신 연락망으로 임정 내무총장의 지휘 감독 아래에 있었다. 연통제는 임정과 국내와의 통신 연락은 물론 재정 및 자금 조달 등을 위해 교통국과 함께 이원화돼 운용되었다.

상하이에서 단둥까지는 이륭양행怡隆洋行의 배편을 이용했는데 어머니는 두어 번 이 노선을 이용했다. 이륭양행은 아일랜드계 영국인 조지 루이스 쇼(건국훈장 독립장)가 1919년 5월에 중국 단둥에 설립한 무역회사 겸 선박대리점이었다. 여기서 비밀리에 임시정부 교통국 역할을 담당했다. 어머니가 단둥에서 신의주로 인력거를 타고 입국할 때 우강 선생이 동행했다. 도중에 검문에 걸리면 당시 일본 형사 신분의 우강은 "내 동생이다"고 둘러댔다. 그러면 일경은 묻지도 않고 무사통과시켜주었다고 한다. 그때부터 어머니는 우강 선생을 오라버니라고 불렀다.

나중에 신의주의 연락선이 발각돼 비밀조직이 붕괴되었다. 신의주의 비밀거점인 이세창 선생은 일경에 체포돼 여러 해 감옥살이를 했다. 우강 역시 더 이상 일본 형사 노릇을 할 수 없게 됐다. 단둥에 있던 우강은 아내를 데리고 상하이로 왔다. 문제는 우강이 독립운동가들을 도와준 것을 상하이에 있는 사람들이 모른다는 것이었다. 어머니처럼 직접 신세를 진 사람 말고는 알 수 없는 노릇이었다. 그런데 상하이에서 누군가 우강이 일본 형사 노릇을 했다는 사실을 알게 됐다. 그의 행동을 수상하게 여긴 백범이 우강을 붙잡아 가두고 심문을 했다.

"왜놈 형사가 여기까지 왜 왔나?"

"독립운동가들을 돕다가 들통이 나서 가족을 데리고 피신 왔다"

"그런 사실을 증명해줄 사람이 있는가?"

우강은 어머니 이름을 대면서 대면시켜줄 것을 요청했다. 결국 어머니가 과거 우강으로부터 도움 받은 사실을 증언하면서 오해는 풀렸다. 이후 우강은 백범과 아주 가깝게 지냈다. 충칭 시절 우강은 약산과 함께 민족혁명당(민혁당)에 몸담고 있었다. 비록 당은 달랐지만 우강은 임정에 와서 살다시피 했다. 임정 요인들과 연배가 비슷해 친구처럼 지냈다. 1932년 우리가 상하이를 떠난 후 우강은 상하이에서 의열단 책임자로 있었다.

우강의 동생 최성오崔省吾(본명 최석용崔錫湧)는 상하이 동남의학원을 졸업한 의사 출신으로 김원봉의 조선민족혁명당을 도왔으며, 나중에 임시의정원 비서장을 역임했다.

2. 고국에서 시작된 생활

우사 집에서 받은
마지막 세뱃돈

귀국 후 부모님은 바쁜 나날을 보냈다. 우선 우리가 귀국했다는 소식을 전해듣고 집으로 찾아오는 사람들이 많았다. 그들 중에는 평소 우리 집을 서운하게 대했던 친척들도 있었다. 장차 아버지가 '한 자리' 할 가능성을 염두에 두고 온 사람들이었으나, 오산이었다. 당시 부모님은 현실 정치와 거리를 두고 계셨다. 또 미군정이 임정의 발을 묶은 상황에서 아버지가 무슨 중책을 맡을 여건도 아니었다.

아버지는 환국한 임정 요인이나 국내 저명인사들을 찾아 뵙는 일이 잦았다. 나는 종종 아버지를 따라가 그분들에게 인사를 드렸다. 제일 먼저 찾아간 곳이 백범이 기거하던 서대문 경교장이었다. 경교장은 일제 때 금광으로 큰 돈을 번 친일파 최창학崔昌學이 자신의 별장으로 쓰던 죽첨장을 환국한 백범에게 제공한 것이었다. 다분히 '보험' 성격이 짙었다. 백범에게 인사드린 후 그곳에서 경호원과 비서로 활동하는 윤경빈, 선우진鮮于鎭 등도 만났다. 두 사람 모두 일본군에서 탈출하여 광복군에 합류한 사람들로 충칭 시절부터 가까이 지낸 사이였다.

6월경 돈암초등학교 근처 돈암장으로 우남 이승만 박사를 찾아갔다.

돈암장은 대한제국의 내시 한 사람이 큰 돈을 들여 지은 집으로 외관이나 실내장식이 모두 화려했다. 우남은 상하이 시절부터 아버지와 교류가 있었다. 따지고 보면 우남은 할아버지 때부터 인연이 있었다. 대한제국 시절 감옥에 있던 우남이 석방되어 미국으로 건너갈 때 할아버지가 여비를 보태준 일도 있다고 들었다. 그런 인연으로 우남이 상하이 임정에 왔다가 다시 미국으로 건너갈 때 아버지에게 같이 가자고 권했다고 한다. 나중에 단독정부 문제를 놓고 우리 집안과 사이가 벌어지긴 했으나 그때까지만 해도 사이가 좋았다. 돈암장에 들렀을 때 프란체스카 여사로부터 차 대접도 받았다. 이승만 정권 당시 2인자로 행세하던 이기붕李起鵬을 거기서 처음 만났다. 이기붕은 당시 이승만의 비서였다.

우남 다음으로 들른 곳이 위창 오세창吳世昌 선생 댁이었다. 당시 창덕궁 돈화문 앞 와룡동이었던 것으로 기억한다. 위창은 할아버지의 비서 역할을 했다. 창덕궁 후원인 비원秘苑 중수공사 때 할아버지는 비원장秘苑長을 맡아 공사를 지휘했다. 비원에 있는 금마문金馬門 등 상당수 편액의 글씨를 그때 손수 쓰셨다. 그때 비원의 건축공사는 위창이 맡았다. 위창은 서예와 전각은 물론이요, 주택설계, 감리 등 만능예술가로 불린 인물이었다. 할아버지의 별장이었던 백운장白雲莊은 고종이 하사한 비원 중수공사 때 쓰고 남은 자재로 위창이 지었다.

위창의 집 가까이에 구룡산인九龍山人의 집이 있었다. 그의 본명은 김용진金容鎭으로, 구룡산이라는 별호를 썼다. 안동 김 씨 집안 중에서도 핵심이었다. 이 집안에서 왕비가 셋이나 나왔다고 들었다. 그 집 선대가 일제 때 작위를 받았다는데, 대단한 부자였다. 구룡산인은 지주이면서 그림, 글씨도 솜씨가 좋아 제법 이름이 알려져 있었다. 상하이에서 우리 가족이랑 같이 한 배를 타고 귀국한 창강 김인한이 구룡산인의 친조카였다.

김규식 선생의 집은 삼청동 꼭대기에 있었다. 우사 부부 모두 우리가 잘 아는 분이어서 반가운 마음으로 찾아 뵌 기억이 난다. 이듬해 정월에 우사 집으로 세배를 갔다가 세뱃돈을 받은 적이 있다. 나는 엄항섭 선생 아들 기동과 같이 세배를 갔었다. 우사 부인 김순애 여사가 세뱃돈을 주셨다. 당시 내 나이가 열아홉이어서 "저도 이제 어른이 다 됐는데 무슨 세뱃돈입니까?" 하고 사양했더니 "다른 데 가서는 어른인지 몰라도 나한테는 애기야!" 하며 한사코 주셔서 꼼짝없이 받은 기억이 난다. 그게 아마 내 생애 마지막 세뱃돈이 아닌가 싶다. 나중에 성북동에 살던 엄항섭 선생 가족이 우사 집 근처로 이사를 가 이웃이 되었다(사진 22-1, 22-2: 우사 김규식과 부인 김순애).

우사 집 가는 길에 경복궁 동쪽 담을 끼고 삼청동 쪽으로 삼백 미터 정도 올라가다 보면 오른쪽에 김좌진 장군 집이 있었다. 당시 그 집에는 김 장군의 미망인이 며느리와 같이 살고 있었다. 김 장군의 아들 김두한金斗漢은 이화여전 나온 첩을 얻어 따로 나가 살고 그 집에는 김두한의 본부인과 어린 애기가 하나 있었다. 그 애기가 새누리당 최고위원을 지낸 김을동金乙東 전 의원이다. 언젠가 그를 만난 자리에서 "애기 시절에 삼청동에서 본 일이 있다"고 했더니 자기가 삼청동에서 태어났노라고 했다.

삼청동으로 이사 가기 전에 엄항섭 선생은 성북동에서 살았다. 삼선교에 살던 조소앙 선생 댁과 우리 집과도 가까웠다. 거리도 가깝거니와 중국에서부터 친분이 두터워 우리는 수시로 내왕하며 지냈다. 조완구

사진22-1_해방 직후의 우사 김규식.

사진22-2_우사 김규식의 부인 김순애 여사. 필자가 받은 마지막 세뱃돈을 주신 분이다.

선생 등 몇 분은 충무로 한미호텔에 기거하고 있었는데 거기도 이따금씩 들르며 지냈다.

아버지의 절친,
청전 이상범 화백
| 한국화로 유명한 청전 이상범李象範 화백과 아버지는 소싯적부터 절친한 친구 사이였다. 청전은 이당 김은호金殷鎬와 함께 한국화의 토대를 닦은 거장이다. 아버지가 백운장에 사실 때 청전은 누하동에 살았다. 누하동은 요즘 '서촌'으로 불리는 곳인데 배화여대 동편 일대를 말한다. 청운동과는 걸어서 십여 분이면 닿는 거리다. 청전이 말년까지 거주하면서 작업하던 누하동 가옥과 화실은 대한민국 등록문화재 제171호로 지정돼 있다.

아버지가 젊어서 그림에 소질이 좀 있으셨던 모양이다. 언젠가 "내가 국내에 있었으면 나도 그림 좀 그렸을 텐데"라고 말씀하신 적이 있다. 그러고는 청전과 어릴 때부터 죽마고우라고 이야기하셨다. 국내에 와서 보니 두 분이 진짜 친한 사이라는 걸 알게 됐다. 나도 아버지를 따라 수시로 청전 집에 가곤 했다. 중국에서《동아일보》를 몇 번 봤는데 거기서 청전이 그린 삽화를 본 적이 있다.

청전은 1926년《조선일보》에 삽화가로 입사했다가 이태 뒤《동아일보》학예부로 자리를 옮겨 삽화를 그렸다. 1936년《동아일보》의 소위 '일장기 말소사건'에 연루돼 고초를 겪었다. 당시《동아일보》체육부 이길용李吉用(건국훈장 애국장) 기자로부터 일장기 삭제 제안을 받고 이에 동조하여 손기정 선수의 가슴에 붙은 일장기를 지워버렸다. 이 일로 '주범' 이길용 기자는 종로경찰서에 연행돼 한 달여 조사를 받았으며,

사진23_청전 이상범 화백은 필자 부친의 소싯적 절친이었다. 《동아일보》의 '일장기 말소사건'으로 고초를 겪기도 했으나, 일제 말기 친일의 오점을 남겼다.

그해 9월 25일 동아일보사에서 쫓겨났다. '공범' 격인 청전도 무사하지 못했다. 청전 역시 일경에게 붙잡혀가 조사를 받은 후 사십여 일 만에 풀려났다. 이 사건 후 청전도 동아일보사를 그만두고 금강산 등으로 스케치 여행을 떠났다. 그 이후로는 청전화숙을 운영하면서 후진 양성에 힘썼다(사진 23: 청전 이상범).

청전에게는 4남 1녀가 있었다. 아들 넷의 이름은 건영·건웅·건호·건걸. 영웅호걸英雄豪傑에서 한 자씩 따서 이름을 지었다. 건진建珍이라는 딸이 있었는데 나중에 우리 집안 형수가 됐다. 큰 삼촌 용한勇漢의 아들 석동奭東 형이 건진과 결혼했다.

두 사람의 결혼은 아버지와 청전이 결정했다. 귀국 후 언젠가 청전이 우리 집에 와서 아버님한테 "용한이 아들을 중국서 데리고 있었다면서?"라며 석동 형에게 관심을 표했다. 아버님께서 "그렇다네, 좀 있다 광복군 들어올 때 함께 올 걸세!"라고 하자 "그럼 들어오면……" 하며 말을 흐렸다. 그때 청전은 아마 두 사람의 결혼을 마음에 두고 있었던 것 같다. 석동 형은 우리보다 한 해 늦은 1947년에 귀국했고 얼마 안 돼 건진과 결혼식을 올렸다. 그런데 두 사람의 결혼 생활은 순탄치 못해 결국 이혼하고 말았다.

청전의 첫째 아들 건영은 해방 후 좌익미술가 단체인 조선미술건설본부에 참가했다. 그는 한국전쟁 중 월북해 미술가동맹에 관계했다. 해방 후 건영이 인천박물관 관장으로 있으면서 전시회를 열었다. 당시 화단의 평이 "아버지보다 낫다"였다. 그 무렵 사상 문제로 건영이 붙잡혀 들어가면 청전이 매번 가서 빼오곤 했다. 청전이 동아일보사 사장과 친하니까 늘 거기 가서 부탁을 했다. 그때 동아일보사 '빽'이면 최고였다.

그런데 빼내면 잡혀 들어가고, 빼내면 또 잡혀 들어가기를 반복했다.

청전도 일제 말기에 친일의 오점을 남겼다. 조선미술가협회 일본화부에 소속되었고, 반도총후미술전람회 심사위원을 지내는 등 국방헌금 모금을 위한 국책 기획전에 참가하였다. 또 총독부 기관지《매일신보》에 징병제 실시를 축하하며 '나팔수'라는 삽화를 그리기도 했다. 장남 건영 또한 이십 대 초반에 친일 성향이 강한 작품을 여럿 남겼다. 민족문제연구소에서 펴낸《친일인명사전》에 청전과 건영 두 사람의 이름이 올랐다고 들었다. 건영은 북에 가서 오십년대까지만 해도 왕성하게 활동한 것으로 알려졌는데 1960년대 이후 행적은 아는 바 없다.

끝내 되찾지 못한 백운장 | 백운장 얘기가 나온 김에 얘기를 좀 더 해야겠다(사진 24: 백운장). 한산 안종덕安鍾悳이 쓴《백운장기白雲莊記》에 따르면, 1890년대 후반 할아버지(동농 김가진)가 백악산(북악산) 자락 아래 청풍계清風溪 백운동에 별장을 만들었다고 한다. 지금의 종로구 청운동 경기상고 뒤편 일대에 해당한다. 이곳은 윗대부터 우리 조상들이 살던 곳으로 우리 집안으로서는 유서 깊은 곳이다. 지금은 인공하천이 돼버린 청계천은 발원지가 두 곳인데 하나는 삼청동, 다른 하나가 청운동 백운동이다. 그곳에 가면 할아버지께서 직접 쓰신 '백운동천白雲洞天'이라는 필적이 지금도 바위에 남아 있다(사진 25-1: 바위에 새긴 '백운동천').

앞에서 대한제국 시절 할아버지가 비원장을 맡은 적이 있다고 했다. 1904년 할아버지는 농상공부대신을 맡으시고 비원장을 겸임하셨다.

법부대신을 맡아서도 여전히 비원장을 겸직하셨다. 이때 창덕궁 중수重修공사 책임을 맡으셨다. 당시 할아버지는 조정 대신들 중에서 가장 보잘것없는 초라한 집에 살고 있었다. 할아버지의 청렴함을 가상하게 여긴 고종황제는 1904년 비원 중수공사가 끝나자 공사 감리자인 위창 오세창에게 남은 건축자재로 할아버지가 살 집을 하나 지어주도록 명하였다. 당시 백운장이 이미 있었던 걸로 봐 이때 백운장을 증축 또는 개축한 것으로 보인다.

백운장은 할아버지가 친한 벗들과 함께 풍류를 즐기면서 기울어가는 나라의 앞날을 걱정한 우국의 현장이기도 하다. 그러나 이후 나라가 망하고 할아버지가 상하이로 망명하면서 백운장은 숱한 곡절을 겪게 됐다. 당시 양반집에는 집사가 집안 살림과 재무를 맡아 처리했다. 우리 집안에도 그런 사람이 하나 있었는데 이 사람이 사고를 쳤다고 한다. 일제의 수탈기관인 동척東拓(동양척식회사)에서 백운장에 눈독을 들이자 집사가 몰래 도장을 빼내 백운장을 동척에 잡히고 돈을 빼내 써버렸다. 뒤늦게 이런 사실을 알고 집안에서 무효소송을 냈는데 할아버지는 임시정부로 망명하시자 소송은 유야무야되어 백운장은 결국 일본으로 넘어가게 되었다.

당시 대동단 총재를 지내셨던 할아버지는 임정으로 망명할 것을 이미 결심하고 계셨다. 할아버지는 임정에 사람을 보내어 망명의 뜻을 알리셨고 임정에서 사람이 나와 모셔가게 되었다. 그때 할아버지는 의친왕과 동행을 계획하셨으나 의친왕이 자꾸 시간을 지체하여 아버지를 대동하고 먼저 가시게 되었다. 의친왕과 함께 가고자 하셨던 이유는 의친왕의 망명이 국제사회에 큰 반향을 일으킬 것임을 알고 계셨기 때문

사진24_일제 강점기 경성의 고급 요리집이자 요정 등으로 사용된 백운장. 엽서 사진이 그 모습을 전한다.

이다. 그 당시 일본은 왕족과 양반 등 사회 지도층에서는 일본과의 병합을 환영하고 있다고 선전하고 있었다. 의친왕의 망명은 무산되었으나 할아버지의 망명으로 일제의 이런 선전이 거짓임이 드러났다. 망명 후 기자회견과 강연 등 이를 알리는 활동을 하셨다.

이전에 주일공사 등 외교관으로 일하셨던 할아버지는 많은 외국인들과 교류했고 그 시대 많은 지식인들이 그랬듯이 일본과 싸우기보다는 달래서 병탄을 막아야 한다고 생각하고 계셨던 것 같다. 그러나 시간이 지나면서 일본의 진의를 알고 투쟁하실 것을 결심하셨다. 임정에 망명하신 후에는 북로군정서 고문으로 추대되었고 북간도로 가서 무장투쟁하실 것을 뜻하였으나 이미 너무 고령이었다. 할아버지는 뜻을 이루지 못하고 상하이 임정에 남아 고문으로 활동하셨다.

할아버지는 대지만도 만 평이 넘는 백운장도 버리고, 이미 약속된 노년의 평안도 마다하시고 노구를 이끌고 국경을 넘어 망명을 택하셨다. 더구나 그 무엇보다도 소중한 맏아들마저 조국의 독립을 위하여 내놓으셨다. 생전에 귀국하리라는 보장도 할 수 없었다. 그러나 할아버지는 아직도 서훈이 안 되어 중국에서 유해를 모셔오지 못하고 있다. 이국 땅에 잠들어 계신다는 것을 생각하면 부모님이 이승만에 협력했거나 내가 박정희 정권의 권유를 받아들여 한 자리 했다면 어땠을까? 할아버지 가르침을 따라 권력이나 영달보다는 신념을 택했으나 죄송한 마음은 어쩔 수 없다.

해방 후 귀국한 아버지는 백운장을 되찾기 위해 백방으로 노력했다. 미군정은 적산敵産(일제 때 총독부나 일본인 소유 재산)을 민간에 불하했다. 아버지는 일단 백운장 임차를 추진했다. 임차를 하게 되면 나중에

사진25-1_바위에 새겨진 '백운동천'. 필자의 할아버지 동농 김가진의 글씨다.

사진25-2_문관
대례복을 입은
동농 김가진.

불하받는 데 유리했다. 임차에 앞서 연고권을 증명하는 서류를 제출해야 했는데 여기에 보증인이 필요했다. 아버지는 백운장의 내력을 잘 아는 위창 오세창, 우남 이승만, 우사 김규식 등 세 분을 보증인으로 내세웠다. 위창은 백운장 건립 때 감리를 맡았으며, 우남과 우사는 백운장에 드나든 적이 있다.

귀국 직후 아버지와 함께 인사 차 돈암장으로 우남을 찾아간 적이 있다. 그때 우남은 백운장 얘기를 꺼내면서 왕년에 할아버지에게 신세를 진 적이 있다고 회고했다. 나중에 아버지께서 백운장 임차청구서에 필요한 보증인 서명을 받으러 다시 갔을 때 "독립이 되면 찾게 될 터인데 서두를 필요가 있을까?"라고 말했다고 한다. 그로부터 얼마 뒤 미군정에서 백운장 임차 허가가 나왔다. 아버지는 즉시 조흥은행에 가서 필요한 임차료를 내고 사업계획도 세웠다. 그런데 미군정은 1948년 정부 수립 때까지 백운장을 넘겨주지 않았다. 이미 백운장을 점유한 사람이 있었고, 명도는 공권력이 동원돼야 하는데 돈을 쓰지 않으니까 도무지 명도가 되지 않았다. 누군가 점유자를 뒤에서 봐주는 사람이 있는 게 분명했다. 임차에 필요한 모든 절차를 다 거쳤고 자기들이 허가를 해주었으면서도 미군정은 사용권을 넘겨주지 않았다. 대체 무엇 때문에 그랬는지 나는 아직도 그 이유를 모른다.

정부 수립 후 정부는 모든 귀속재산을 원 소유자에게 불하했다. 그런데 유독 백운장은 '유서 있는 건물'이라는 이유로 불하하지 않았다. 특히 백운장은 연고자가 나타나지 않았다고 했는데 이건 말도 안 되는 소리다. 백운장 임차 보증인 세 명 가운데 한 사람이 바로 우남 이승만이었다.

그럼에도 불구하고 나중에 이승만 정권이 백운장을 꿰차고 내주지 않은 데는 다른 이유가 있었다. 아버지가 이승만의 단독정부 수립에 반대했기 때문이다. 이유라면 오직 그것 하나밖에 없다. 그렇지 않고서야 백운장이 우리 집안 소유임을 누구보다도 잘 알고 있는 우남이 그리 행동할 수 없는 일이다. 사감을 내세워 공적 업무를 부당하게 처리한 이승만은 공직자로서 비난받아 마땅하다(사진 25-2: 백운장 앞 개울 맞은편에 있던 몽롱정에서 대한제국 문관 대례복 차림으로 찍은 할아버지 모습).

백운장 임대차를 둘러싸고 해괴한 사건도 있었다. 이시영 선생은 귀국 후 신흥무관학교 재건에 나섰다. 성재는 미군정 시절인 1947년 2월 신흥무관학교의 교명을 따 신흥전문학원을 세웠다. 이 학교는 정부 수립 후인 1949년 2월 재단법인 성재학원 신흥대학으로 인가를 받았고, 성재의 장남 이규창李圭昶이 학장을 맡았다(신흥대학은 1951년 5월 조영식이 인수한 뒤 1960년 경희대학교로 교명을 바꾸었다).

그런데 이규창이 어느 날 백운장을 임차했다. 화가 난 아버지가 성재를 찾아가 어떻게 된 것이냐며 경위를 따졌다. 그러자 성재는 "저 놈이 내 말을 안 듣는데 어쩌겠느냐?"고 말했다고 한다. 당시 성재가 부통령으로 있던 시절이니 이규창이 백운장을 임차한 경위는 대략 짐작이 간다. 그 후 신창균申昌均(한독당 중앙집행위원) 등이 성재를 찾아가 "딴 사람이라면 몰라도 선생님 아들이 어찌 그럴 수 있느냐?"며 따졌다고 한다. 그러자 성재가 그 자리에서 "책임지고 성엄 앞으로 돌아가게 해주겠다"고 약속을 했다는 거다. 이 이야기를 훨씬 뒤에야 신창균 선생에게서 들었다. 그렇게 일이 풀릴 수도 있었는데 한국전쟁이 터졌다. 아버지가 납북되고 어수선한 와중에 백운장 임차권은 다시 다른 사람에게 넘어가고 말았다. 한국전쟁이 터지지 않았더라면 백운장은 우리 손에 들어왔을 것이 분명하다.

아버지가 안 계시니 백운장을 찾는 일은 결국 내 몫이 되고 말았다. 1960년 4·19혁명으로 이승만 독재정권이 무너졌다. 나는 아버지가 미군정 시절 조흥은행에 낸 임차료 영수증과 관련 서류를 챙겨 백운장 불하 수속을 밟았다. 그러던 중 이번에는 5·16군사쿠데타가 발생했다. 불길한 예감이 들었다. 아니나 다를까. 소위 '4대 의혹사건' 등이 터지면서 돈에 환장한 군인들이 시뻘건 눈으로 설치던 때였다. 군사정권은 잔여 귀속재산을 일괄 불하해 정치자금을 마련했다. 그때 백운장도 미국 몰몬Mormon 교회에 팔렸다.

이승만이 대통령 시절 아버지가 조금만 이승만에게 '협조'했더라면 백운장은 손쉽게 찾을 수 있었을 것이다. 자격도 충분하고 법적으로도 문제가 없었다. 또 내가 《조선일보》 기자 시절 경무대(현 청와대)를 출입하면서 '노력'을 했더라면 그때라도 찾았을지도 모르겠다. 그러나 아버지는 이승만의 단독정부 수립을 용인할 수 없는 입장이었고, 나도 이승만은 곁에도 가기 싫었다. 운도 없었지만 이런저런 곡절로 인해 할아버지의 체취가 담긴 백운장은 끝내 되찾지 못했다. 지금은 백운장이 흔적조차 없이 사라지고 말았으니 더욱 안타까울 따름이다.

3. 보성중학 시절

두 차례 고배 끝에
보성중학 진학

나는 충칭에서 한국의 중학과정에 해당하는 초급중학 3학년을 마쳤다. 귀국 후 어수선한 와중에도 학업에 신경을 썼다. 처음 문을 두드린 곳은 중학 4학년을 마치고 들어가는 경성대京城大(서울대 전신) 예과였다. 경성대 예과는 중학 5학년에 해당됐다. 교사校舍는 당시 청량리에 있었다. 시험을 본 건 귀국한 그해 5월경으로 기억한다.

첫 도전에서 나는 고배를 마셨다. 다른 과목은 별 문제가 아니라고 느꼈는데 시조가 문제였다. 국어는 중국에서 제법 배웠지만 우리 시조는 전혀 배우지 못했다. 그때 국어시험에 '강강에 비 듣는 소리 그 무엇이 우습관데'로 시작하는 시조를 내놓고 우리말로 풀어 쓰라고 했다. 그런데 내가 거기 나오는 '우울대로 우어라'를 '울대로 울어라'라고 풀어 썼다. 정답은 '웃을 대로 웃어라'였다. 시험 치고 나와서 설명을 듣고는 '아이쿠 떨어졌구나!' 하는 생각이 들었다. 당시 경쟁이 심해서 한 과목이라도 과락을 하면 합격하기 어려웠다.

두 번째로 시험을 본 곳은 신촌에 있는 연희전문延禧專門(연세대 전신) 전문부였다. 그때만 해도 교통이 좋지 않은데다 전차도 서대문까지만 갔다. 시험 당일 전차를 타는 사람이 어찌나 많은지 전차에 매달려 유리창으로 기어들어가 겨우 탔다. 다행히 시험은 잘 본 것 같았다. 특히 영어시험을 자신 있게 봤다. 며칠 뒤 연전에서 합격통지서를 보내왔다. 그런데 이번에는 증빙서류가 문제였다. 이전에 다닌 학교 졸업증명서를 떼어 오라는데 중국으로 가서 그걸 발급받아 오는 일이 쉽지 않았

사진26_1947년 보성중학 5학년 시절의 필자.

다. 결국 연전도 포기하고 말았다. 나중에 연전에서 졸업증명서가 안 되면 인적 증명이라도 내면 등록시켜주겠다고 연락이 왔으나, 그때는 이미 보성중학에 합격해 등록금을 낸 상태여서 포기할 수밖에 없었다.

막상 포기하려니 아까운 생각도 들었다. 연희전문 전문부에 입학하면 당시 6년제 중학교의 5학년에 해당된다. 보성중학 4학년에 입학한 것과 비교하면 1년 차이가 생긴다. 그런데 결론은 연전을 포기한 것이 잘했다는 생각이 들었다. 전문학교여서 등록금도 비싼데다 혜화동에서 연전까지 통학하는 것이 보통 문제가 아니었다.

두 차례 고배를 마신 나는 중학교에 진학하기로 마음먹었다. 곧바로 대학에 들어가는 것보다 중학교(당시 중학교는 미국식 6년제로 4~6학년은 지금의 고등학교에 해당한다)를 거치는 게 좋지 않을까 싶었다. 당시 주변에서 경기중학이 제일 좋다고 해서 경기로 갈 생각도 해보았다. 바로 그 무렵 보성중학에서 보결생 모집 공고가 붙었다. 학교 앞에 방을 써 붙였다는데 나는 미처 알지 못했다. 어느 날 일파 엄항섭 선생이 모집 공고를 알고 와서는 내게 시험을 보라고 했다. 2, 3, 4학년에 각 두세 명씩 뽑는데 나는 4학년에 응시해 합격했다. 4학년 모집 시험을 본 사람이 서른 명 정도 됐는데 세 명이 합격했다. 보성중학도 사립 명문으로 소문 난데다 나처럼 중국이나 만주 등 해외에서 온 학생들이 많아 경쟁률이 상당히 높았다. 1946년 6월, 나는 보성중학 4학년에 진학했다(사진 26: 보성중학 시절).

보성중학을 선택한 데는 그럴 만한 이유가 있었다. 우선 당시 보성중학이 혜화동 우리 집에서 불과 이삼백 미터 거리에 있었다. 게다가 보성중학 출신 일파 선생의 권고도 한몫했다. 인근 성북동에 살고 있던 일파는 "우리 애도 거기 보낼 테니까 너도 그리 가라"며 한사코 보성중학 입학을 권했다. 그때 같이 보결시험을 본 일파의 아들 엄기동은 2학년에 합격해 나와 같이 다녔다. 아버지는 별 말씀이 없으셨다. 중동중학 출신인 아버지는 내게 한 번도 중동으로 가라고 한 적이 없었다.

그때만 해도 제대로 된 교과서나 교재가 없었다. 제각기 학교에서 선택하는 게 교과서였다. 예를 들면 국사는 김상기金库基(서울대 교수·학술원 회원 역임) 교수가 쓴 《조선사》를 교재로 썼다. 또 한문은 옛날 한문책으로 가르쳤고, 영어는 학교에서 프린트해 만든 책자로 배웠다. 그때 한태희韓泰熙라는 아주 실력 있는 영어교사가 있었는데, 그가 직접 만든 교재라고 했다. 한태희 선생은 한국전쟁 때 월북했다.

한태희 선생 밑에서 내 영어실력이 많이 늘었다. 그분은 성적을 매기는 방식이 좀 독특했다. 시험도 보지만 성적의 절반은 수업시간 과제로 점수를 매겼다. 당시 한 선생은 우리 반 육십 명의 실력을 거의 파악하고 있었다. 그런데 나는 보결생으로 처음 들어왔으니 실력을 파악하기 어려웠던 모양이다. 그러니까 남들 한 번 시킬 적에 나는 두 번 시켰다. 예습과 복습을 하지 않을 도리가 없었다. 내가 독립운동가 후손이라는 걸 알고 계셨던 것 같다. 그렇다고 특별히 성적을 잘 봐준 것은 없고 단지 나에게 관심을 갖고 배려해준 것은 분명하다.

보성중학 교사들 가운데 한태희 선생처럼 월북한 사람이 많았다. 당시 서울시내 중학교를 사상적 경향으로 보면 보성중학은 중간 정도에 속했다. 한성중학교는 빨갱이 학교로 불릴 정도였다. 학교 자체가 불그스름했다는 이야기인지 아니면 교사들 다수가 그랬다는 이야기인지는 정확히 모르겠다. 1945년 말 신탁통치 얘기가 나오면서 학교에서도 찬탁, 반탁으로 나뉘어 논란이 뜨거웠다.

당시 보성중학 훈육주임으로 있던 교사는 원래 물리학자 출신이었다. 경성제대를 나온 걸로 아는데 평소 말이 별로 없었다. 실력이 대단하다고 소문 나 있었으나 우리를 직접 가르치지는 않았다. 평소 학생들과 그냥 좋게 좋게 지내는 그런 타입이었다. 나중에 월북했는데 북한에 가서도 대접을 받았다고 했다. 아마 김일성대학에서 교편을 잡았을 것으로 생각된다.

수학선생도 월북해 김일성대학에서 교편을 잡았다고 들었다. 또 물리선생은 김성동金晟東인데 경성대 사대 교수를 지냈다. '국대안 파동' 때 서울대를 그만두고 보성중학으로 왔다. 당시 보성중학 선생님들 가운데는 실력 있는 분들이 적지 않았다.

교무주임으로 있던 이마동李馬銅 선생은 우익에 속했다. 본업이 화가여서 평소에는 미술사를 가르치다가 교사가 모자랄 땐 더러 국어를 가르치기도 했다. 아버지 친구인 청전 이상범 화백을 형님이라 부르는 사이여서 나와 가까이 지냈다. 나중에 내가 생도위원이 됐을 때 더러 개인적인 이야기를 나누기도 했다.

**보성중학 시절의
추억들**

보성중학 입학 초기에는 한 반 학생 수가 오륙십 명 정도였다. 입학 첫 해인 4학년때는 세 반이었는데 5학년으로 올라가면서 학생 수가 줄었다. 전문학교로 진학하는 학생들이 생겨나면서 학생 수가 준 것이다. 게다가 좌익 학생들이 제적되는 일도 있었다. 한 반에 대략 칠팔 명 정도가 제적됐다. 5학년부터 문과, 이과 두 반으로 나뉘었다.

보성중학 동기생 가운데 가장 친하게 지낸 세 사람이 있었다. 정세영鄭世永(현대자동차 회장 역임), 이기수李基洙(경남도지사 역임), 그리고 고희석高熙錫(일정실업 회장 역임)이다. 우리 네 사람 모두 문과에서 같이 공부했다. 성적은 이기수가 제일 나은 편이었다. 이기수와 나는 서울법대에 진학했고, 정세영과 고희석은 고려대로 진학했다. 넷 중에 가장 부지런한 정세영이 늘 중심에 있었다. 정세영과 이기수는 이미 고인이 됐다.

이 4인방 외에 좌익이었던 임영우林榮雨라는 동기생이 기억이 난다. 하루는 교감 선생님이 나를 교무실로 오라 하셨다. 당시 나는 반장을 맡고 있었다. 그때 보성중학에는 생도위원회라는 학생 자치조직이 있었다. 한 반 육십 명 중에서 여섯 명의 생도위원을 선발해 이들이 한 달씩 돌아가면서 반장을 했다. 생도위원회는 토요일 오후에는 총회를 열어 학교에 건의할 안건을 정하기도 했다. 보결생이 생도위원에 뽑히는 일은 거의 없는데 어쨌든 내가 그중에 하나로 뽑혔다. 여섯 명의 생도위원 중에는 좌익 성향이 세 명, 나를 포함해 중도 보수 성향이 세 명이었다. 보수 성향에다 독립운동가 후예인 내가 믿음직하다고 여겼던지 교감 선생님께서 종종 나를 불러 의논하곤 했다.

교무실로 가서 교감 선생님을 뵈었더니 종로경찰서에서 무슨 일로 우리 반 학생 하나를 잡아가겠다고 하는데 어떻게 하면 좋겠냐는 것이었다. 나는 학교에서 학생이 잡혀가는 걸 지켜볼 수는 없다고 딱 잘라 말했다. 그럼 어떻게 하면 좋겠냐고 하길래 내가 가서 피하라고 할 테니 시간을 좀 끌어달라고 했다. 나는 즉시 임영우에게 도망치라고 일러주었다. 당시 우리 학교 뒤편에 철조망이 있었는데 틈새로 사람이 드나들 수 있었다. 임영우는 내가 일러준 대로 그곳으로 도망쳐 몸을 피했다. 그 후 임영우가 제적됐다는 소식을 들었다.

나중에 그 친구 신세를 한 번 진 적이 있다. 한국전쟁 발발 닷새 뒤인 6월 30일경의 일이다. 인민군이 한창 서울서 핏대를 올리던 때였다. 친구 하나가 우리 집에 와서 하는 말이 보성 뒷산에 가서 서울시내를 한번 내려다보자고 했다. 그래서 둘이 몰래 가다가 자치위원회 소속 좌익 청년들에게 들키고 말았다. 재수가 없으려니 그 무리 중에 보성중학 한 학년 후배 되는 녀석이 있었는데 그가 나를 가리키며 "학교 다닐 때 아주 반동이었다"고 쏘아붙였다. 순간 '이거 큰일 났구나!' 싶었다. 그런데 때마침 어디선가 우리 동급생들 중에서 제적당한 좌익학생들이 우르르 나타났다. 그들 중에 임영우가 있었다. 이들이 적극적으로 나를 변호해줘서 겨우 풀려났다. 그때 임영우는 나를 바래다주면서 다시는 나타나지 말라고 당부했다.

당시 보성중학 내에서도 찬탁, 반탁으로 패가 나뉘어 있었다. 나는 반탁 쪽에 서 있었지만 찬탁을 주장한 좌익 쪽 친구들과도 별 마찰 없이 지냈다. 친구 중에 반탁학련反託學聯에 관계한 친구가 있어서 학련 본부에 놀러간 적이 있었다. 가봤더니 완전히 깡패집단이나 마찬가지였다. 지나가는 사람을 잡아다가 마구 두들겨 패는 것이 아닌가. 그 길로 사무실에서 나와 발을 끊었다. 이유를 불문하고 폭력을 일삼는 그런 단체와는 이후 인연을 맺지 않았다.

**'국대안 파동'과
스트라이크 반대**

내가 보성중학 4학년에 입학한 1946년 그
해 한국 사회에 두 개의 큰 사건이 발생했
다. 소위 '대구 10·1항쟁'과 '국대안 파동'이 그것이다. 두 사건 모두 미
군정에 정면으로 반기를 들었다는 점에서 공통점이 있다. 광복 후 점령
군으로 이 땅에 들어온 미군정은 한국 민중들과 유리된 정책을 폈다.
당시 국내에는 중도 성향의 민족주의 세력을 비롯해 조선공산당과 같
은 좌파세력 등 다양한 정파와 정치단체가 존재했다. 그러나 미군정은
토착 지주세력인 한민당과 주로 대화를 나눴다. 이로 인해 국민들은 물
론 대다수 정치세력들도 미군정에 대해 불만을 품었다.

그해 10월 1일 대구에서 발생한 소위 '대구 10·1항쟁'은 친일경찰에
대한 불만과 미곡 수집 및 쌀 배급 등의 경제 문제, 그리고 통일국가 건
설 지연 등을 둘러싸고 터졌다는 것이 중론이다. 다시 말해 대구 10·1
항쟁은 미군정의 정책에 불만을 품은 민중과 좌익세력들이 합세해 일
으킨 민중봉기이자 저항운동이라고 할 수 있다. 10월 1일 대구에서 시
작돼 급기야 충청도, 전라도, 강원도 등 지역으로까지 확산되었다. 미
군정이 경찰과 군대, 우익청년단 등을 동원해 대대적인 진압에 나서면
서 사태는 조기 수습되었다. 그러나 12월까지 남한 전역에 그 여파가
이어졌을 정도로 파장이 대단했다. 10·1항쟁은 그해 초부터 말썽이 됐
던 '기민飢民 시위'와 '9월 총파업'의 연장선에서 발생한 사건이었다.

그해 7월 13일 미 군정청은 서울대학교 설립을 위한 '국립 서울대학
교 설립안'을 발표했다. 이를 약칭으로 소위 '국대안國大案'이라고 부른
다. 미군정이 국대안을 발표한 데는 그들 나름의 이유와 목적이 있었
다. 일제 당시 고등교육기관으로는 경성제국대학과 공·사립 전문학교

몇 개가 전부였다. 게다가 경성제국대학 등에 근무하던 일본인 교수와 직원 등이 철수하면서 교수진 확보가 시급했다. 이 같은 여건에서 새 국가 건설에 필요한 고급인력을 양성하기에 어려움이 컸다. 미군정은 기존의 사립 전문학교를 대학으로 승격시키고 관·공립학교를 통합해 한 지역에 하나의 종합대학교를 설립하는 방안을 마련했다. 미 군정청은 시범적으로 그해 4월 경성대학 의학부와 경성의학전문학교의 통합을 지시했다. 그러나 양측 모두 반대하고 나섰다. 경성대학 측은 전문학교의 학생들을 받아들일 경우 격이 떨어진다며, 경성의전 측은 오랜 역사를 가진 학교를 문 닫을 수 없다며 반대하고 나섰다.

이 외중에 미군정은 7월 13일, 경성대학과 아홉 개 관립 전문학교 및 사립 경성치과의학전문학교를 일괄 통합하여 종합대학교를 설립한다는 소위 '국대안'을 전격 발표하였다. 골자는 통괄기관으로 이사회를 두고 그 아래에 총장과 부총장을 한 사람씩 뒤 학교를 운영하도록 했다. 또 문리대, 사범대, 법대, 상대, 공대, 예술대, 의대, 치대, 농대 등 아홉 개 단과대학을 두고 그 위에 대학원을 두도록 하였다. 당시 미군정은 종합대학교 설립이 세계적인 추세라는 것을 강조하며 다섯 가지 이점을 들어 국대안을 선전했다. 첫째, 각 학교의 기존 건물 및 설비를 최대한 활용할 수 있고 둘째, 적은 수의 교수 및 전문 기술자를 최대한 활용할 수 있으며 셋째, 국가 재정상 합리적이며 넷째, 학생들이 단과대학에 있을 때보다 다채로운 문화적 혜택을 누릴 수 있고 다섯째, 대학원이 있어 학자 양성에 적합하다는 점 등을 들었다.

그러나 미군정의 새 고등교육 정책은 시작부터 암초에 부닥쳤다. 학생, 교직원, 교육단체는 물론 대다수 언론마저도 국대안에 반대하고 나섰다. 국대안 반대론자들의 핵심 주장은 학원의 관료화, 미군정의 학원 간섭, 각 단과대학의 자주성 상실 등이었다. 7월 14일자 《조선일보》에 아래와 같은 국대안 비판기사가 실렸다.

이 거대한 최고 교육기관을 운영하는 이사회를 행정관리로 충당했다는 것은 관료 독재화의 우려가 있고 일면으로는 정부의 학원 간섭이라 볼 수 있으며, 차라리 국대안을 철회하고 경성대학을 종합대학으로 확정시키는 동시에 각 단과대학은 자기 독립성을 발휘해 조선교육계가 당면한 긴급 문제인 각 방면 학교를 증설하는 것이 바람직하다.

급기야 7월 31일 조선교육자협회와 전문대학교수단연합회가 공동으로 전국교육자대회를 열어 국대안 철회를 요구했다. 또 통합 대상으로 거론된 광산전문학교, 경제전문학교, 경성사범학교, 경성의학전문학교 등 몇몇 전문학교의 일부 교수나 학생들도 반대운동에 가담하였다. 미군정은 눈도 꿈쩍하지 않았다. 국대안 반대운동이 본격화된 가운데 8월 22일 법령 제102호 '국립서울대학교설립에 관한 법령'을 공포하였다. 9월 개학을 위해 총·학장도 내정하였다. 초대 총장에는 법학박사 앤스테드 대위, 대학원장에는 의학자 출신의 윤일선尹日善, 문리과대학 장에는 화학자 이태규李泰圭를 임명했다. 이로 인해 사태는 타는 불에 기름을 끼얹은 격이 됐다. 여기에는 일개 미군 대위가 국립대학의 초대 총장이 된 것에 대한 국민적 거부감도 컸다.

그해 9월 관련 대학의 학생들이 등록을 거부하고 제1차 동맹휴학에 들어가면서 국대안 반대투쟁이 본격적으로 확산됐다. 서울대에서도 상대를 시작으로 단과대학들이 동맹휴학에 동참했다. 11월 22일 좌익계 민주주의민족전선(민전)은 국대안 파동과 관련하여 첫째, 관료 독재적인 이사회를 철폐할 것, 둘째, 교수 및 학생 자치를 승인할 것, 셋째, 미국인 총장과 처장 등은 사임하고 조선인을 선거로 임명할 것, 넷째, 현 조선인 문교부 책임자는 인책 사직할 것 등의 해결책을 발표하였다.

이어 12월 9일 문리대 학생들이 민전과 비슷한 내용의 요구를 내걸고 동맹휴학에 들어가자 법대, 상대 등도 동맹휴학에 가담했다. 결국 미군정은 12월 18일 문리대, 법대, 상대 등 단과대학에 휴교령을 내려 강경 대응했다. 또 1947년 2월 3일 개교 때 등교하지 않을 경우 전원 퇴학시키고 9월 신입생 모집 때까지 학교를 폐교하겠다고 으름장을 놨다. 그렇다고 물러설 학생들도 아니었다. 학생들은 다섯 개 대학공동대책위원회를 구성해 다시 동맹휴학으로 군정청에 맞섰다(사진 27-1: 일제 때 경성제국대학이 사용한 서울대 동숭동 캠퍼스. 오른쪽 건물이 대학본부).

서울대생 동맹휴학에 좌익 학생운동단체인 재경학생행동통일촉성회(학통)가 가세하면서 동맹휴학은 서울대를 넘어 서울과 지방, 중등학교까지 확산되었다. 2월 들어 시작된 제2차 동맹휴학에는 서울대 내 여타 단과대학들이 합류한데 이어 연희대, 동국대 등도 가세하였다. 게다가 경복중학, 휘문중학, 중동중학, 한성중학, 동성중학, 배재중학 등 서울 시내 유수의 중학교들도 동맹휴학에 가담했다. 근 일 년간 지속된 동맹휴학에 참여한 학생 수는 57개 학교 사만여 명에 달했다. 상대, 법대, 사범대 교수들의 사임과 불합작不合作 성명도 잇따랐다. 이 무렵부터 국대안 반대운동은 학원 문제 차원을 넘어 정치적 성격을 띠게 되었다.

당시 국내 언론에는 국대안 반대기사로 넘쳐났다. 어느 대학에서 스

사진27-1_일제 때 경성제국대학이 사용한 서울대 동숭동 캠퍼스. 오른쪽 건물이 대학본부다.

사진27-2_국대안 반대투쟁을
주도한 한왕균.

트라이크(동맹휴학)를 일으켰다, 어느 중학교에서 몇 명이 참가했다는 식으로 연일 관련기사를 쏟아냈다. 내가 다니던 보성중학에서는 국대안 반대 스트라이크를 하지는 않았다. 그러나 교내에서 찬반 논쟁은 뜨거웠다. 일각에서는 몇몇 중학교처럼 국대안 반대에 동조해 스트라이크를 하자는 주장도 나왔다. 그에 대한 내 생각은 확고했다. "국대안 반대의사를 표시하는 것은 자유지만 왜 우리가 학업을 중단하느냐"며 나는 스트라이크에는 결단코 반대했다. 9월 말에 열린 생도위원회 회의에서 스트라이크는 부결됐다.

미군정이 국대안을 강행한 배경에는 반미 좌파 성향의 교직원들을 학원에서 축출하려는 속셈도 없지 않았다. 당시 학원가는 미국에 대해 비판적인 좌파가 주도권을 잡고 있었다. 미군정으로서는 그들을 제거함으로써 학원을 미군정 세력하에 두려고 했던 것 같다. 결과적으로 보면 미군정의 이런 의도는 상당 부분 실현되었다. 재임용 과정에서 경성대(서울대) 좌파 교직원 등 다수가 탈락했으며, 그들 중 일부는 보성중학교 선생으로 이직한 사람도 있었다.

국대안을 찬성하는 사람들도 더러 있었는데 전부 우파였다. 이승만 정권하에서 서울신문 사장을 지낸 손도심孫道心(3·4대 국회의원 역임)이 그 대표적 인물이다. 서울 문리대 정치학과 출신으로 1947년 서울대 총학생회장으로서 신탁통치 반대운동과 교내 좌익세력 제거운동을 주도했다. 당시 손도심과 함께 짝을 이뤘던 고려대 총학생회장 이철승李哲承(국회의원·신민당 총재 역임)은 1947년 1월 7일 결성된 우파 학생단체인 반탁전국학생총연맹(반탁학련)과 그 후신인 전국학생총연맹(전국학련) 위원장을 지냈다.

사진28-1_한독당 중앙당부와 대한독립촉성국민회 등 사무실이 있던 운현궁 양관.

사진28-2_해방 후 상하이에 도착한 백범과 임정 요인들. 왼쪽 두 번째 안경 쓴 이가 필자의 아버지다.

이들과 맞서 국대안 반대투쟁을 주도적으로 이끌었던 인물은 한왕균韓旺均이다(사진 27-2: '국대안 반대' 투쟁을 주도한 한왕균). 그는 서울대 정치학과 출신으로 사회혁신당 조직부장, 통일사회당 청년부장 등 혁신계에서 활동했다. 5·16쿠데타 후 징역 3년을 선고받고 옥고를 치렀으며, 70년대 초 신민당 정책연구실장을 지냈다.

해방 공간에서의 추억 | 귀국 후 우리 가족의 서울 생활은 몹시 곤궁했다. 처음엔 세 식구가 혜화동 각한 삼촌 집에 얹혀살았다. 당시 삼촌은 중견 화가라는 평판을 듣고 있었으나 그림을 팔아서 큰 돈을 버는 시절이 아니었다. 아버지는 이렇다할 직장도, 고정수입도 없었다. 할아버지 재산은 1919년 상하이로 망명하면서 모두 포기하시거나 경비로 사용되었다. 망명 전에 불광동에 땅이 좀 있었다. 남에게 주어 부치게 했는데 땅문서가 남아 있었지만 만 30년 가까운 오랜 시간 땅을 부치던 사람이 있으니 다시 찾아올 수는 없는 일이었다.

귀국 후 아버지는 한독당 상무위원으로 활동했다. 운현궁 한독당 본부로 매일 출근했지만 월급을 받지는 않았다. 대신 백범 선생이 한 달에 한 번씩 돈 만 원을 보내주셨다. 말하자면 아버지 수입의 전부였다. 어머니께서는 매번 그 돈을 받아쓰기가 면구스럽다고 하셨지만 당시 집안 형편상 어쩔 수 없는 일이었다(사진 28-1: 당시 한독당 본부가 있던 운현궁 정문).

1945년 가을은 대풍이었다. 일제 때는 왜놈늘이 쌀을 수딜해가는 비람에 한국 사람들은 늘 식량이 부족했다. 특히 일제 말기에는 공출까지 강요하는 바람에 일반 서민들은 쌀밥 한 공기도 제대로 먹지 못했다. 해방이 되자 상황이 달라졌다. 우선 일제의 쌀 수탈도 없어졌다. 게다가 대풍년까지 들었으니 쌀 사정이 나아질 게 확실했다. 다들 1946년에는 식량사정이 좋아질 걸로 예상했다.

그런데 뜻하지 않은 복병을 만났다. 미군정이 쌀 대외수출을 무제한으로 허용하는 바람에 우리 쌀이 일본으로 대량 수출되었다. 그동안 일본은 부족한 쌀을 한국, 중국 등에서 조달했다. 그런데 패망으로 갑자기 쌀 공급이 중단되자 쌀 부족 사태가 발생한 것이다. 일본이 그 부족분을 한국에서 대량 수입하다보니 이번에는 한국에서 쌀 부족 사태가 빚어졌다. 급기야 미군정은 남방미南方米와 사료용 옥수수를 미국에서 급히 들여와 배급했다. 미국산 옥수수 가운데 사람이 먹는 식용은 알이 작았지만 단맛이 났다. 반면 가축 사료용 옥수수는 알이 굵었다. 한동안 사람들은 사료용 옥수수와 보리쌀에 남방미를 조금 섞어서 주식으로 먹었다. 다행히 모두 배급품이어서 값이 싸 배를 곯지는 않았다. 먹는 것은 중국 망명 시절만도 못했다.

궁리 끝에 아버지는 백운장을 임차해 뭐라도 해볼 요량이셨다. 그러나 미군정은 임차 허가를 내줬음에도 사용권을 넘겨주지 않았다. 또 백운장에서 영업을 하던 기존 사업자는 뭘 믿고 그랬는지 도통 자리를 비켜주지 않았다. 아버지는 정부 수립 후 한가닥 희망을 걸었으나 이승만의 방해로 그 역시 수포로 돌아가고 말았다. 당시 김성술이라는 분이 아버지의 백운장 임차건을 옆에서 도왔다. 그는 광화문 인근 도렴동에서 화장품 가내생산을 했는데 제법 재력이 있었다. 우리 집의 어려운 형편을 알고 두루두루 많이 도와주었다. 한국전쟁 때까지 그의 집에서 방 한 칸을 얻어 살면서 신세를 졌다(사진 28-2: 왼쪽 두 번째 안경 쓴이가 필자의 아버지).

궁한 형편에 내 학비까지 대려니 집안 살림은 설상가상으로 더 어려워졌다. 서울법대 입학 당시 아버지가 애지중지하시던 오메가 시계를 팔아 학비에 보탰다. 아버지는 충칭에서 내 중학교 학비를 충당하기 위해 상하이에서부터 쓰시던 만년필을 판 적이 있었다. 서울대를 간 것도 등록금이 싼 국립대를 찾아간 것이다. 그러나 아무리 집안 형편이 어려워도 부모님은 어떻게든 내 학비는 마련해주셨다. 요즘 같으면 내가 아르바이트라도 했겠지만 그 시절에는 그런 일자리가 없었다.

궁하게 지낸 그 시절에 잊지 못할 추억이 하나 있다. 대학에 들어간 후 나는 본격적으로 공부를 해야겠다고 마음먹었다. 그런데 김성술의 집에 방 한 칸을 얻어 세 식구가 살다보니 집에서는 공부하기가 어려웠다. 그래서 자연스럽게 도서관을 찾게 됐다. 당시 조선호텔 건너편에 있던 남대문도서관에 자주 들렀다. 그곳에 특실이 하나 있었는데 운 좋게도 특실을 이용할 수 있었다. 내가 남대문도서관에 자주 다닌다는 것을 알고는 아버지가 서울시청 총무과장을 통해 남대문도서관 특별회원증을 하나 구해다주셨다. 나중에 들으니 그분과 상하이에서부터 잘 알고 지낸 사이라고 했다.

당시 특별회원증이 있으면 특실을 이용할 수 있었다. 넓은 방에서 책도 보고 공부도 할 수 있었다. 공부하다가 필요한 책이 있으면 여직원에게 쪽지를 써서 건네주면 곧바로 찾아주곤 했다. 오전에는 학교에서 공부하고 도시락을 먹고는 오후 내내 도서관에서 살다시피 했다. 차분하게 공부할 수 있는 여건도 좋았지만 보고 싶은 교양서적들을 마음껏 빌려볼 수 있는 것이 제일 좋았다.

나는 어릴 때부터 신문과 잡지를 즐겨 읽어 평소 책 읽기를 좋아했다. 그런데 내 독서열에 비해 당시 읽을 만한 책이 별로 없었다. 남대문도서관에서 최호진崔虎鎭 교수가 쓴《경제원론》, 성인기가 번역한 루소의《민약론民約論》등을 읽은 기억이 난다. 당시 국내에서 수준 높은 사회과학 서적은 찾아보기 어려웠다. 그나마 있는 책들은 대부분 일본말로 된 책이었다. 그런데 나는 중국에서 자란 탓에 일본말을 못해 그 책들은 그림의 떡이었다. 한국전쟁이 끝나고 나서야 미국에서 출판된 영어로 된 사회과학 서적을 더러 접할 수 있었다.

불발로 끝난 독립운동 자료 수집

백범 등 임시정부 요인들은 환국 후 한독당 활동을 시작했다. 윈난雲南 육군강무당陸軍講武堂 출신 김태원金泰源이 조직부장을 맡았다. 만주에서 독립군으로 활동한 분으로 상하이 시절부터 아버지와 절친이었다. 고향이 대전인데 한독당 일로 대전과 서울을 오가려니 힘이 들었던 모양이다. 그는 조직부장 자리를 아버지에게 넘겼다. 한독당의 국내활동 시작에 아버지는 참여하지 못했다. 조시원 선생과 함께 상하이에 계셨기 때문이다.

한독당 조직부장을 일 년여 맡은 후, 아버지는 자리를 내놓고 중앙상무위원만 맡고 있었다. 미군정하에서 여당 격인 한민당은 그런대로 일이 있었지만 한독당은 당무가 별로 없었다. 아버지는 예전부터 마음에 품은 일을 시작했다. 독립운동 관련 자료를 수집하는 일이었다. 아버

사진29-1_독립운동자료수집위원회
관련《동아일보》보도.

사진29-2_백강 조경한은 임시정부
관련 문서의 보관책임자였다.

지는 성격이 침착하고 꼼꼼해 매사 기록에 충실했다. 중국에 있을 때도 늘 독립운동 관련 자료를 모으고 기록하는 일을 게을리 하지 않았다. 여러 차례 이사를 해도 이 자료만큼은 잊지 않고 꼭 챙겼다. 귀국할 때도 귀중한 자료를 빠짐없이 다 챙겨왔다.

내 기억으로는 처음에는 아버지가 개인적으로 독립운동 자료를 수집하기 시작하셨던 걸로 안다. 귀국 전부터 이미 그런 구상을 하셨다. 이런 일은 아버지가 최적임자였다. 우선 임시정부 출범 초기부터 임정 관계자들을 두루 알고 있는데다 민혁당이나 만주에서 활동하신 분들과도 격의 없이 교류하셨다. 게다가 광복군도 겸직하셔서 임시정부, 임시의정원, 광복군 등에 폭넓은 인맥과 정보가 있었다. 아버지가 본격적으로 독립운동 자료를 수집하기 시작했다는 소문이 나자 주변에서 혼자 하지 말고 몇 사람이 위원회를 꾸려 조직적으로 활동하는 게 좋겠다는 의견이 나온 것 같다.

1947년 3월 19일자 《동아일보》에 따르면, 아버지를 비롯해 임정 어른 몇 분들로 '독립운동 60년사 자료수집위원회'가 꾸려졌다. 위원회는 학계, 정당, 언론, 문화 등 각계 인사들이 집필자로 참여해 독립운동 60년사를 편찬하기로 했다. 위원회 대표는 아버지가 맡았다. 임정 외교부장을 역임한 조소앙 선생, 신흥무관학교 교장과 임시의정원 의장을 지낸 윤기섭尹琦燮 선생, 임시의정원 예결위원장을 지낸 양우조 선생과 김문金文 등이 위원으로, 기자 출신 조원형趙源衡이 수집부장으로 참여하였다. 사무실은 종로구 낙원동 209번지였다(사진 29-1: 독립운동 자료 수집위원회 관련 《동아일보》 보도. 1947. 3. 19).

이 위원회 사무실에 나도 한두 번 가본 적이 있다. 아버지는 위원들과 함께 열성적으로 자료 수집활동을 했다. 당시 신문에 독립운동 관련 자료를 수집하니 관심을 가져달라는 기사도 여러 번 났다. 당시에 상당한 자료가 수집되었다고 어머니에게 들었다. 그런데 한국전쟁이 터지면서 힘들게 수집했던 자료를 전부 분실했다. 안타깝기 짝이 없는 일이다. 없는 자료도 뒤져서 수집해야 할 판에 중국에서 가져온 귀중한 자료도 전부 분실하였다. 상하이를 떠날 때 백범은 가죽 트렁크 열 개를 사서 임시정부 관련 문서를 챙겼다. 이 자료의 보관책임자는 임정 국무위원 겸 비서장으로 있던 백강 조경한趙擎韓 선생이었다. 그런데 백강이 한국전쟁 와중에 이 자료를 전부 분실한 것이다. 백강은 1953년 10월 〈대한민국 임시정부 문헌 피재被災 전말기〉를 통해 분실 경위를 소상히 밝힌 바 있다. 참으로 통탄할 일이 아닐 수 없다(사진 29-2: 백강 조경한).

백강의 〈전말기〉에 따르면, 임정 자료를 담은 상자 열 개를 1946년 1월 중순까지 경교장에 보관하였다고 한다. 그런데 이후 정국이 혼란해져 그달 하순경 사직동 모씨 집으로 옮겨 보관했다가 다시 동숭동 낙산장駱山莊(해공 신익희 사저)으로 옮겼다고 한다. 그런데 이곳에서도 보관 문제가 생겼다. 은행에 맡기자는 말도 있었으나 서민들이 사는 동네에 은밀히 보관하자는 의견이 다수였다고 한다.

그해 5월 상자 열 개를 여덟 개로 정리하여 혜화동 조남직趙南稷의 집으로 옮겼다. 그는 임정 비서처 서무위원회 용도과장이었다. 얼마 뒤 가정 사정으로 조남직이 성북동과 돈암동으로 두 차례 이사하면서 자료 상자를 함께 옮겼는데 그때마다 비서처에서 허용했다고 한다. 그런데 한국전쟁이 발발하면서 문제가 생겼다. 전쟁으로 피난길에 올랐던 백강이 1953년 9월 5일 서울에서 조남직의 행방을 수소문한 결과 안타까운 소식을 접했다. 조남직 아내의 말에 따르면, 조남직은 납북되었고 자료 상자를 보관했던 돈암동 집은 공습으로 불탔고 그때 자료도 전부 소실되었다는 것이다. 그런데 조남직 아내의 주장에는 석연치 않은 점이 있었다. 소이탄 폭격을 받았다고 했으나 불탄 흔적이 미미했으며, 폭격의 잔해를 하나도 수습하지 못한 것이 납득하기 어려웠다. 따라서 처음부터 골칫거리인 이 자료들을 다 없애버린 후 마침 주택이 폭격 피해를 입자 그 쪽으로 둘러댄 것이 아니냐는 의혹이 있었다.

임정 자료뿐만이 아니었다. 백강은 임시정부의 공인公印 상자도 분실했다. 옛날로 치면 왕의 국새에 해당하는 물건이다. 백강은 한국전쟁 전까지 자신이 보관하고 있다가 서울을 떠나며 혜화동에 살던 조태국 趙泰國에게 맡겼는데 그 공인 상자를 매장한 곳이 하필 로켓탄 공습을 당해 잿더미가 되고 말았다고 했다. 우연치고는 너무도 기이한 일이었다. 어찌됐건 한국전쟁으로 인해 귀중한 자료가 모두 망실되었다. 혹자는 인민군이 이 자료들을 북으로 가져갔을 거라고도 한다. 사실 여부는 알 수 없으나 북에라도 있다면 천만다행한 일이다. 언젠가 통일이 되면 우리 것이 될 테니 말이다.

중국에서 임시정부의 활동은 크게 상하이기(1919~1932), 이동기(1932~1940), 충칭기(1940~1945) 등 세 시기로 나뉜다. 상하이기 문서들은 1932년 윤봉길 의거 후 일제가 임시정부 청사를 습격하여 빼앗아가는 바람에 남아 있지 않다. 그 뒤 임정은 잃어버린 문서들을 수습하여 환국할 때 가지고 들어왔다. 그런데 그 문서들을 한국전쟁 때 전부 분실하였다. 현재는 조소앙 선생과 홍진 선생이 개인적으로 가지고 온 것들 정도만 남아 있다. 1974년 국회도서관에서 출간한《대한민국임시정부의정원문서》가 임시정부와 임시의정원 자료의 전부라고 해도 과언이 아니다. 선열들은 목숨 바쳐 나라를 되찾고자 투쟁하였는데 그에 관한 기록 하나 제대로 챙기지 못했으니 그 죄가 하늘에 닿고도 남을 일이다.

4. 해방 정국

고하 송진우
암살사건

해방 공간에서 유명 정치인 암살이 잇따랐다. 광복 후 이십 일도 되지 않은 1945년 9월 3일 현준혁玄俊赫 평남인민정치위원회 부위원장이 평양 한복판에서 대낮에 총을 맞고 사망했다. 이 사건은 광복 후 각 지역에서 결성된 치안대, 적위대 등의 청년 무장단체들을 소련 군정이 해산하고 새로운 치안조직을 만드는 과정에서 발생했다. 현준혁 암살사건은 광복 직후인데다 삼팔선 이북에서 발생한 것이어서 남쪽에 미친 여파는 그리 크지 않았다.

현준혁 암살사건을 신호탄으로 남한에서도 정계 거물 암살사건이 이어졌다. 1945년 12월 고하 송진우 한국민주당 수석총무 암살을 필두로 1947년 7월 몽양 여운형呂運亨, 1947년 12월 설산 장덕수張德秀, 그리고 1949년 6월에는 백범이 암살되었다. 이들의 암살사건은 정치적 파장도 컸을 뿐더러 남한 사회의 정치지형을 바꾸었다. 현준혁을 포함한 다섯 명의 정치지도자들은 서로 정치이념도 달랐고 처한 위치도 달랐다. 그런 만큼 이들에 대한 암살사건은 배경도 모두 달랐다.

한 가지 눈여겨볼 점은 암살사건 때마다 경찰조직이 배후로 거론되었다는 점이다. 또 당시 국정을 책임지던 미군정 역시 이 같은 의혹에서 자유롭지 못했다. 미군정은 테러를 묵인하거나 테러와 관련된 청년단체에 자금을 지원하기도 했다. 당시 미군정 경무부장 조병옥趙炳玉은 1947년 7월 7일 우익 테러사건을 두고 "민족적 애국단체의 공동 방위적 입장에서 출발한 행동"이라는 궤변을 늘어놓기도 했다. 이러다보니 테러범들은 아무런 죄의식 없이 공공연히 자기 신분을 드러내는가 하면 테러 자체가 정당한 정치행위로 비치기도 했다. 1947년 7월 한 달 동안 무려 128건의 테러가 발생해 17명이 죽고 158명이 부상을 당했다. 당시 중간파나 좌익인사들은 '테러 공포증'에 시달렸다. 우사 김규식은 숙소인 삼청장 안에서도 침실을 자주 옮겼다고 한다.

1945년 12월 30일 새벽 6시 10분. 서울 종로구 원서동 송진우의 집에서 열세 발의 총성이 울렸다. 그중 여섯 발이 고하의 안면과 심장, 복부를 관통했다. 남북한 신탁통치를 골자로 하는 모스크바 3상회의 결정안이 발표된 지 사흘 만이었다. 당시 한민당의 위원장 격인 수석총무를 맡고 있던 고하는 미군정 하지 사령관과 긴밀하게 협조하며 정국 실세로 통했다(사진 30-1: 고하 송진우).

피살 전날 고하는 설산 장덕수와 함께 경교장을 찾았다. 이날 경교장에서는 각 정당·사회단체 대표자 이백여 명이 참석한 가운데 신탁통치 반대투쟁을 놓고 회의가 열렸다. 회의에서 고하는 3상회의 결과에 대해 소개하면서 신탁통치가 길어야 5년이며 한반도가 분단된 상태에서 독립정부 수립은 강대국의 합의 없이는 불가능하다는 요지의 발언을 하면서 과격한 신탁통치 반대운동은 삼가야 한다는 주장을 했다. 이 자리에 참석했던 사람들 대다수는 고하의 이런 주장에 대해 분개했다.

이날 경교장 회의는 밤 늦게까지 이어졌다. 고하는 이튿날 새벽 두 시 경에 경교장을 나섰다. 동행했던 설산 장덕수가 고하에게 시간이 너무 늦었고, 따로 할 이야기도 있다며 자기 집에 가서 잘 것을 권했다. 그러나 평소 잠자리가 까다로운 고하는 설산의 권유를 뿌리치고 귀가했다가 변을 당했다. 12월 31일 그가 사장으로 있던 《동아일보》 1면에 참변 소식이 실렸다.

피는 뿌려지다! 독립전선에 귀중한 생혈生血, 30일 새벽 자택에서 흉탄을 받고 고하 송진우 선생 순국. 평생을 조국의 해방과 자주독립을 위하여 혈 투하여온 민족지도자 고하 송진우 선생은 30일 새벽 6시 10분경 시내 원서 동 74번지 자택에서 폭한의 흉탄을 받고 장서長逝하였는데 향년 57세.

사건 발생 넉 달 뒤인 1946년 4월 9일, 경기도 경찰부는 한원율韓元律 (일명 한현우·당시 29세) 등 세 명을 체포했다. 한현우는 일본 와세다대학 정경학부를 졸업한 엘리트였다. 8월 2일 열린 선고공판에서 주범인 그는 무기징역을 선고받았다. 이후 몇 차례의 감형을 거쳐 한국전쟁 직후 출소한 한현우는 일본으로 망명했다. 그는 옥중 수기에서 고하를 죽인 것을 두고 "사한私恨이 없다"고 했다. 그렇다면 고하를 죽인 이유는 무엇일까?

한현우는 고하의 '신탁통치 찬성'을 문제 삼았다. 그는 송진우가 모스크바 3상회의 결정에 동조해 신탁통치를 찬성하려 했기 때문에 죽일 수밖에 없었다는 것이다. 당시 한현우는 장충단 근처에 있는 왜식집 하나를 접수해 거기서 조직원들과 합숙하면서 테러를 준비했다. 그들에게 공산당은 적이며 그들과 타협하려는 소위 회색분자들도 제거대상이었다. 배후 인물로 지목된 전백全柏은 공판정에서 "한현우로부터 고하, 몽양, 박헌영 등에 대한 암살계획을 듣고 일본 99식 권총 한 자루를 내주었으며 범행 직후 한현우를 불러 범행 경위를 듣고 용감하게 처치했다고 칭찬했다"고 말했다. 전백은 살인방조 혐의로 기소됐다.

국내 보수세력들을 규합해 한민당을 결성한 고하는 광복 후 몽양 여운형이 조직한 조선건국준비위원회(건준) 참여를 거부했다. 대신《동아일보》계열 인사들을 중심으로 '국민대회 준비회'를 조직해 임시정부 요인들을 맞을 채비를 했다. 그러나 미군정이 들어서자 고하와 한민당의 태도는 급변하였다. 아직 귀국하지 않은 임정보다는 현실 권력을 가진 미군정이 더 매력적이었다. 반제·반봉건 개혁을 주장하는 조선공산당은 친일파, 지주, 자본가들이 주류를 이룬 한민당과 대립했다. 조선공산당이 고하 암살사건의 배후로 거론된 것은 이 때문이었다.

조선공산당과 함께 또 하나의 배후로 지목된 집단은 임정이었다. 우선 임정은 미군정과 관계가 좋지 않았다. 미군정은 백범을 '테러리스트'로 평가했다. 게다가 임정은 정치노선을 두고 고하와 관계가 좋지 않았다. 고하가 미군정과 함께 찬탁에 나선 반면 백범은 반탁의 최선봉에서 이들과 맞섰다. 재판과정에서 암살범 측 증인으로 출두한 민세 안재홍은 "송진우가 해방 후 건준에 대항하기 위해 임정 추대를 주장하다가 임정 요인들이 군정하에서 개인 자격으로 귀국하자 임정을 무시하는 태도를 취했다"며 고하의 처신을 강하게 비판했다.

나는 50년대 후반 우연히 위선환魏善煥이라는 사람을 알게 됐다. 그

사진30-1_고하 송진우는 1945년 12월
30일 자택에서 암살당했다.

사진30-2_몽양 여운형은 1947년 7월
19일 혜화동 로터리에서 암살당했다.

는 고하의 사위였다. 그에게 고하의 집안사람으로서 암살사건의 배후 인물이 누구라고 생각하는지 물어본 적이 있다. 처음에는 이야기를 잘 하지 않더니 나중에 보니 백범을 의심하는 눈치였다. 그런데 고하가 암살당한 날짜(1945. 12. 30)와 백범이 환국한 날짜(1945. 11. 23)는 불과 한 달여밖에 차이가 나지 않는다. 게다가 백범이 환국할 때 젊은 사람이라고는 경호원과 비서 몇 명 데리고 들어온 것밖에 없었다. 상하이에서 활동하던 한인애국단은 상하이를 떠난 후에 해체됐다. 백범이 한인애국단을 조직한 것은 일본 요인이나 친일파를 제거하기 위해서였다는 것은 세상이 다 아는 일이다. 그런데도 당시 국내에서는 백범이 이끈 한독당을 마치 '테러당'처럼 여기는 사람들이 더러 있었다. 이는 누군가 백범을 모략하기 위해 루머를 퍼뜨린 결과인데 경찰조직이 아니면 그리할 곳이 없다고 본다.

　고하 암살사건은 여러 의문을 남겼다. 고하는 미군정의 파트너 격인 한민당의 당수였다. 그럼에도 미군정은 몽양과 설산 암살사건 때와는 달리 이 사건에 별로 주목하지 않았으며, 암살범들에게 매우 가벼운 형량을 선고했다. 또 하나는 수사과정에서 경찰이 보인 납득하기 어려운 행동이다. 장택상張澤相 수도경찰청장이 '직감'으로 암살범들을 잡았다거나 이들이 범행에 사용한 총을 경찰에 건네준 점도 그렇다. 고하는 현실주의자면서 온건한 정치를 추구한 인물이었다. 그의 죽음을 계기로 정치권에서는 찬탁, 반탁세력 간에 격렬한 논쟁이 일기 시작했다.

**몽양 여운형
암살사건**

고하 송진우가 암살당한 지 일 년 반이 지난 1947년 7월 19일. 몽양 여운형이 백주 대로에서 괴한이 쏜 총을 맞고 절명했다. 이날 아침 몽양은《독립신보》 주필이자 자신의 비서인 고경흠高景欽과 함께 성북동 김호金乎(건국훈장 독립장) 집으로 차를 몰았다. 미국으로 돌아가는 재미조선사정협의회 회장 김용중金龍中(건국훈장 애족장)과 작별인사를 나누기 위해서였다. 대화를 마친 후 몽양은 계동 집으로 전화를 걸어 맏딸 난구鸞九에게 갈아입을 옷을 준비하라고 했다.

오전 열 시경 김호 집을 나온 몽양은 명륜동 정무묵鄭武黙의 집에 들러 점심식사를 했다. 식사를 마치고 집에 들러 옷을 갈아입고 서울운동장에 갈 참이었다. 그날 오후 서울운동장에서는 한국의 국제올림픽위원회IOC 가입 기념으로 영국과의 친선 축구경기가 열릴 예정이었다. 만능 스포츠맨이었던 몽양은 조선체육회(대한체육회의 전신) 회장 겸 한국올림픽위원회 위원도 맡고 있었다(사진 30-2: 몽양 여운형).

몽양이 탄 차가 혜화동 로터리에 이르렀을 때 파출소 앞에 서 있던 트럭 한 대가 갑자기 달려나와 몽양의 차를 가로막았다. 몽양의 차가 급정거하는 순간 두 발의 총성이 울려 퍼졌다. 괴한 중 한 명이 자동차 범퍼에 올라타서 몽양을 향해 권총을 발사했다. 개인 경호인 박성복이 권총을 빼들고 범인을 추격하는 사이 비서 고경흠은 쓰러진 몽양을 인근 서울대병원으로 급히 옮겼다. 총알이 복부와 심장을 관통한 탓에 몽양은 병원으로 가는 차 안에서 숨을 거두었다. 그때가 오후 한 시쯤이었다. 독립운동가 출신으로 해방공간에서 대중적 인기와 주목을 한 몸에 받았던 정치지도자 몽양은 이렇게 생을 마쳤다.

사건 전날 밤 몽양은 제2차 미소공동위원회 미국 측 수석대표 브라운 장군을 만난 자리에서 "경찰은 나를 포함해 우익이 아닌 어떤 사람도 보호하려 하지 않는다"며 불만을 토로했다. 이 자리에 동석했던 장택상 수도경찰청장은 "암살의 표적이 되고 있으니 얼마간 몸을 피하는 것이 좋겠다"며 경고했다. 그해 4월에도 사고를 당한 바로 그 자리에서 유사한 피습을 당한 적이 있다. 또 사고를 당하기 이틀 전에도 괴한들에게 납치됐다가 낭떠러지에서 뛰어내려 위기를 모면했다. 그러나 그때까지만 해도 몽양은 암살 위협보다는 정치적 경고 정도로 인식했다. 그건 몽양의 안일한 생각이었다. 해방 직후부터 총 열한 차례에 걸친 몽양 '피습일지'는 다음과 같다.

- 1945년 8월 18일 오전 한 시경 계동 자택 앞에서 곤봉으로 피습.
- 동년 9월 7일 저녁 원서동에서 계동으로 넘어오다가 괴한들에게 밧줄로 묶인 것을 행인이 구함.
- 동년 12월 상순 백천白川온천 여관에서 피습, 사전에 여관을 옮겨 무사.
- 1946년 1월 창신동 친구 집을 괴한 5명이 습격, 출타 중이어서 위기 모면.
- 동년 4월 18일 오후 아홉 시 관수교에서 괴한들이 포위, 행인이 구출.
- 동년 5월 하순 오후 열 시경 종로에서 괴한들에게 포위당했으나 격투 끝에 행인이 구함.
- 동년 7월 17일 신당동 산에서 교살 직전 벼랑에서 낙하 도피.
- 동년 10월 7일 저녁 자택 문전에서 납치되어 나무에 묶였다가 결박을 풀고 도피.
- 1947년 3월 17일 밤 계동 침실 폭파, 출타로 무사.

- 동년 4월 3일 혜화동 로터리에서 권총에 승용차 피습.
- 동년 7월 17일 신당동에서 괴한들이 권총으로 위협 납치. 장충동 뒷산으로 끌고 가 백지에 서명 강요. 30여 척의 낭떠러지로 뛰어내려 위기 모면.
- 출처: 조덕송, 《머나먼 旅路》(제2권), 1989.

사건 발생 닷새 만인 7월 24일 경찰은 범인을 체포했다고 발표했다. 평안북도 영변 출신의 열아홉 살 한지근韓智根이라고 했다(살인죄 공소시효가 지난 1974년 공범들이 밝힌 바에 따르면, 한지근의 본명은 이필형이며 영변의 지주 집안 출신이라고 했다). 30일에는 공범으로 신동운申東雲을 체포했는데 나중에 증거 불충분으로 풀려났다. 주범 한지근은 그해 10월 21일 열린 재판에서 사형이 선고되었다. 그런데 이로부터 보름 뒤인 11월 4일, 법원은 한지근의 형량을 무기징역으로 감형했다. 아무도 예기치 못한 '은전'이었다.

이를 두고 몽양의 동생 여운홍呂運弘은 "어떤 개인의 고립된 의사와 행동에 의한 것이 아니고 여러 사람의 모의와 음모에 의한 계획적, 조직적인 것이 틀림없어 보인다. 그뿐 아니라 이 사건에는 경찰이 직접 관여하였거나, 그렇지 않으면 적어도 경찰이 그것을 묵인하였음이 확실하다고 느껴진다"며 경찰의 배후 가능성을 제기했다. 여운홍의 의혹 제기는 일리가 있었다. 총격을 당한 지 불과 몇 분 만에 모 단체의 벽보가 나붙은 점, 개인 경호원 박성복이 범인을 뒤쫓자 갑자기 경찰관이 나타나 그를 붙잡아 범인의 도주를 도운 점 등이 그것이다. 이 사건은 한지근의 단독범행으로 결론이 났다. 그러나 배후로는 백색 테러조직 '백의사白衣社'가 지목됐다.

사진31_설산 장덕수는 1947년
12월 2일 자택에서 암살당했다.

8월 3일 오전 여덟 시 광화문 근로인민당사 앞 광장에서 몽양의 장례식이 열렸다. 각계각층 인사들로 장의위원회가 꾸려졌으며, 해방 후 처음으로 인민장(국민장)으로 치러졌다. 몽양은 독립운동 경력도 경력이거니와 준수한 용모와 탁월한 웅변술로 대중적 인기를 한몸에 받았던 당대의 인걸이었다. 여러 정파의 복잡다단한 이해관계가 얽힌 해방 공간에서 남-북, 좌-우, 찬탁-반탁세력을 한데 묶어낼 수 있는 사람은 몽양뿐이었다. 몽양의 죽음으로 분단은 더욱 굳어지게 되었다.

설산 장덕수, 설산雪山에 묻히다

1947년 한 해가 저물어가던 12월 2일 저녁 일곱 시경 한민당 수석총무 설산 장덕수가 제기동 자택 청설장에서 괴한의 총을 맞고 쓰러졌다. 몽양이 암살당하고 불과 넉 달 뒤의 일이었다. 장덕수는 미소공동위원회 참가 문제를 두고 백범과 갈등을 빚은 인물이었다. 한민당과 한독당의 통합에도 앞장서 반대했다. 사건 발생 당일, 낮부터 내린 눈은 저녁 무렵까지 그치지 않았다. 눈 오는 날 흉탄에 쓰러진 설산은 자신의 호처럼 눈 덮인 산에 묻혔다.

사건이 발생할 무렵 줄기차게 요인 암살설이 나돌았다. 장택상 수도경찰청장은 우파의 거물인 설산 집에 경찰관 두 명을 배치하려고 하였다. 그런데 설산이 한사코 거부하면서 이 계획은 무산됐다. 그런데 놀랍게도 붙잡힌 범인은 현직 경찰이었다. 주범 박광옥朴光玉(당시 22세)은 종로경찰서 경사였다. 뒤이어 잡힌 공범들은 대한학생총연맹이라는 단체 소속으로 연희대(연세대), 서울대, 성균관대 학생들이었다.

공범들이 대한학생총연맹이라는 단체 소속이라는 사실이 밝혀지자 경찰은 배후를 캐내는 데 수사력을 집중했다. 조사 결과 이 단체는 1947년 6월 한독당 본부가 있던 운현궁에서 발족하였으며, 백범을 총재로, 조소앙과 엄항섭을 명예위원장으로 추대한 사실도 드러났다. 단체의 강령은 임시정부의 법통을 살리고 임시정부를 보호 육성하며, 이북 '적색 마적'을 분쇄하고 남한의 단독정부 음모를 분쇄한다는 것이었다. 지도부에 이름이 오른 임정 요인들은 곤란한 처지가 되었다. 단독정부를 추진해온 한민당의 공세가 이어질 것은 불을 보듯 뻔했다(사진 31: 설산 장덕수).

사건 발생 보름 뒤인 12월 16일, 경찰은 장덕수 암살사건과 관련해 한독당 중앙위원 김석황金錫璜을 수배했다. 또 한독당 간부 엄항섭과 조소앙을 소환해 15일부터 조사에 들어간다는 요지의 성명도 발표하였다. 김석황은 한독당 중앙위원 외에도 한독당 계열 국민의회 정무위원 겸 동원부장, 대한복구의용단장 등을 맡고 있었다. 결국 이 사건은 한독당을 궁지로 몰아넣었다. 의혹의 중심인물은 임정 요인, 그중에서도 백범이었다. 조소앙은 정계은퇴를 선언하기도 했다. 이듬해 1월 15일 한민당은 장덕수 암살사건의 진상을 공개하라는 성명서를 발표했다. 마침내 한독당을 향해 포문을 열었고 때 맞춰 장택상은 김석황을 체포했다고 발표했다. 그러나 재판이 이내 열리지는 못했다. 그 무렵 유엔 한국임시위원단이 입국해 활동하고 있었다. 단독정부 수립 문제, 남북 연석회의 제안 등 굵직한 정국현안 때문이었다. 2월 26일 군정장관 딘 소장은 장덕수 암살사건 관련자 열 명에 대한 군사재판이 3월 2일 오전 아홉 시부터 중앙청 제1회의실에서 개정될 것이라고 밝혔다. 사건 발생 후 꼭 석 달 만이었다. 이후 3월 9일까지 여섯 차례 공판이 열렸고, 3월 11일부터 증인 신문이 시작됐다.

장덕수 암살사건 재판은 이전의 고하, 몽양 암살사건 재판과는 판이하게 달랐다. 미군정 주도로 특별재판소에서 미국인 판사, 검사, 변호사가 재판을 진행했다. 재판이 열린 시점도 미묘했다. 당시 백범이 단독선거에 불참하면서 남북연석회의를 추진하던 때였다. 재판의 촛점이 김구에게 맞춰졌다는 의혹을 사기에 충분했다.

3월 2일, 중앙청 제1회의실에서 1차 공판이 열렸다. 재판 개시 30분 전에 이백 석 규모의 방청석이 모두 채워졌다. 문쪽 방청석에는 설산의 부인 박은혜朴恩惠(당시 경기여고 교장) 여사를 비롯해 한민당 계열 사람들이, 안쪽 방청석에는 한독당 계열 사람들이 자리를 메웠다. 아홉 시가 되자 재판장 헤발드 대령을 중심으로 다섯 명의 재판관이 입장하였다. 그 뒤를 따라 검사 스틸 소령과 라만 대위, 통역관 한국인 2세 김 대위, 여군 타이피스트, 한국인 변호사 강거복, 통역을 맡은 김용식 등이 입장해 자리를 잡았다. 이윽고 미군 헌병이 수갑을 찬 열 명의 피고를 피고석에 앉혔다. 장덕수 암살사건 1차 공판은 이렇게 시작됐다.

5차 공판이 열린 3월 8일, 군사법정은 백범 앞으로 12일 오전 아홉 시 증인으로 출정하라는 소환장을 보냈다. 백범에게 소환장을 보낸 사람은 미국 대통령 트루먼이었다. 일개 살인사건에 증인 소환을 하면서 미국 대통령 명의로 소환장을 발부한 것은 사상 초유의 일이지 싶다. 소환장 봉투에는 증인의 교통비로 250원이 들어 있었다. 그런데 바로 이날 또 하나의 뉴스가 있었다. 우남 이승만이 발표한 담화였다. 그 전문은 다음과 같다.

고 장덕수 씨 사건에 김 주석(백범)이 관련되었다는 말은 얼마전에 들었으나 근일 항간에 허무한 풍설이 많이 유포되고 있는 때이므로 나는 별로 신뢰치 않았던 것인데 지금 와서는 신문에까지 보도되기에 이르니 이것을 본 나로서는 사실을 모르고 좌우간 단언할 수는 없으나 김 주석이 고의로 이런 일에 관련되었으리라고는 믿을 수 없다. 김 주석 부하에 몇 사람의 무지망동한 죄범罪犯으로 김 주석에게 누가 미치게 한 것은 참으로 통탄할 일이다. 앞으로 법정의 공정한 판결이 있을 줄 믿는다.

이 담화는 보면 볼수록 묘하다는 생각이 든다. 백범이 장덕수 암살사건과 관련이 있다는 이야기를 소문으로 듣고는 믿지 못하다가 신문에 나고 하니 이제는 믿지 않을 수 없다는 투다. 겉으로는 백범이 장덕수 암살사건에 아무런 관련이 없는 것처럼 얘기하면서도 '무지망동한' 부하들이 한 일이니 따지고 보면 백범과 무관하다고 할 수도 없다는 것이다. 백범 편을 들어주는 척하면서 돌아서서는 백범의 귀싸대기를 한대 올려붙이고 달아나는 꼴이라고나 할까.

우남의 소위 '정읍 발언' 이후 단독정부 수립 문제를 놓고 두 사람은 사이가 좋지 않았다. 백범이 설산 암살사건으로 궁지에 몰리자 우남 입장에서는 쾌재를 부를 만도 했을 것이다. 암살사건 관련 여부를 떠나 재판에 증인으로 출석하는 것만으로도 백범은 정치적으로 큰 타격을 입게 됐다.

증인 출석을 하루 앞둔 3월 11일 백범은 법정 출두 소감을 밝혔다. 백범은 자신이 이 사건과 무관함을 분명하게 밝혔다.

내가 금번 군율軍律재판소에 출정함은 나를 미국 대통령 트루만 씨의 명의로 불렀으므로 국제 예의를 존중하고자 함이지 내가 증인이 될 만한 사실이나 자료를 가진 까닭은 아니다. 내가 장 씨 사건에 관련이 있는 것처럼 발표된 데 대해서는 나에게는 아무 책임도 없다. 그것은 담화를 발표한 그 부문의 모략이며, 따라서 그 부문에 책임이 있는 것이다.

5. 백범 김구

백범 "내 직업은 독립운동이오!"

제8차 공판이 열린 3월 12일, 이날은 백범이 증인으로 출석하는 날이었다. 백범을 모시고 공판에 참석했던 선우진과 아버지를 통해 나는 그날 일을 소상히 들을 수 있었다. 중앙청 제1회의실 앞은 재판을 방청하려는 사람들로 붐볐다. 평소보다 사람이 많이 몰리자 미군 헌병이 나서서 출입자를 통제하였다.

오전 9시 10분, 재판이 개정되었다. 피고 중의 한 사람인 최중하崔重夏(나중에 최서면으로 개명) 모친에 대한 증인 신문 후인 9시 45분, 미군 헌병의 호위를 받으며 백범이 입정했다. 검은 두루마기 차림에 검은 구두, 굵은 검은테 안경에 자주색 토시를 끼고 검은색 중절모를 손에 든 백범이 법정 한복판에 놓인 증인석으로 가 조용히 앉았다. 이어 검사의 인정 신문이 시작됐다. 이름, 나이, 주소 등을 확인한 다음 검사가 물었다.

"직업은 무엇이오?"

백범은 한 치 망설임도 없이 답했다.

"내 직업은 독립운동이오!"

당시 재판정에서 취재를 하고 있던 조선통신사 사회부 기자 조덕송趙
德松은 이 장면을 두고 자신의 회고록에서 "나는 순간 가슴이 뻑뻑해지
도록 치밀어 오르는 뜨거운 감격에 자기를 주체하지 못했다. 정말 명답
이 아닌가! 나는 눈시울까지 뜨거워짐을 의식했다"고 썼다. 백범의 이
답변으로 장내는 찬물을 끼얹은 듯이 고요해졌다. 이어 강거복 변호인
과 검사의 증인 신문이 시작됐다. 몇 군데 발췌해보면 다음과 같다(사진
32: 장덕수 암살사건 재판에 증인으로 출석한 백범 김구).

변호인: 장덕수 씨를 아십니까?

증인: 잘 알지요.

변호인: 언제부터 아십니까?

증인: 장덕수 씨가 일곱 살 때부터 아는 사이요.

변호인: 김석황이나 신일준이나 기타 사람에게 장덕수 사건에 대해서 무
슨 명령을 하신 일은 전혀 없습니까?

증인: 전혀 없소.

검사: 1947년 8월이나 혹은 9월쯤 장덕수 씨가 선생을 찾아간 일이 있습
니까?

증인: 종종 찾아왔소.

검사: 무슨 목적으로 찾아왔었습니까?

증인: 사제 간이니까…… 혹 병문안으로 온 적도 있겠고 하니 그 목적이란
것을 명백히 지적할 기억은 없소.

검사: 장 씨가 찾아간 목적은 선생이 임시정부로 하여금 미소공동위원회

사진32_장덕수 암살사건 재판에 증인으로 출석한 백범.

에 참가하도록 해달라고 부탁하러 온 것이 아니었소?

증인: 원 답답하구려…… 임시정부는 기능이 없는데 그런 말을 할 이유가 있겠소?

검사: 직접 본인이 장 씨에게 불만하다고 말한 적은 있소?

증인: 없소.

검사: 작년 8월이나 9월 중에 김석황, 조상항, 손정수, 신일준 4명이 찾아 왔을 때 장 씨를 없애버리라고 말한 적은 없소?

증인: 없소.

검사: 확실하오?

증인: 확실하오.

검사; 다른 것은 기억이 없다면서 이 기억만은 확실합니까?

증인: 사람을 죽이라니 하는 것은 중대한 문제이니만치 확실치 않을 수 없소.

검사: 내가 장시간에 걸쳐서 질문하는 목적은 선생의 본심을 혹 오해해 가지고 아랫사람들이 그런 사건을 일으키지나 않았는가 싶어서 그러는 것인데 어찌 생각하오?

증인: 나는 동족과 조국을 사랑하오. 그러한 나로서 어느 좌석에서든지 그놈 죽일 놈이니 마니 함부로 말할 리가 없소.

검사: 그렇다면 선생의 제자 격인 피고인들이 진술한 것마다 왜 한결같이 선생과 관련된 내용으로 부합 일치될까요?

증인: 알 수 없지요. 그러니까 모략이라 생각하오.

검사: 누구의 모략이란 말이오?

증인: 그것을 이루 다 말하자면 모 단체 등의 나 개인에 관한 것이 나오겠

지만, 어쨌든 나는 왜놈 이외에 죽일 리가 없소.

검사: 그러면 김석황은 선생을 두고 거짓말을 한 셈이오?

증인: 그렇소. 거짓말을 안 할 수 없는 환경에서 그리 된 것 같소.

검사: 무슨 환경으로 그랬을까요?

증인: 그야 경찰에서 고문도 했다고 합디다.

검사: 경찰에서 고문을 했다는 말은 확실히 보고 하는 말이오? 짐작으로 하는 말이오?

증인: 내 눈으로 고문하는 것을 보지는 못했소만 고문했다는 소문을 들었소.

백범이 장덕수 사건 재판에 증인으로 불려나온 것은 김석황의 기소장 내용 때문이었다. 김석황은 조사과정에서 자신이 백범을 찾아갔을 때 백범이 장덕수 등을 두고 "이놈들은 나쁜 놈이야"라고 말했으며, 그후 살해계획을 백범에게 알렸더니 "아, 그런가"라고 말하더라고 진술했다. 검사는 이 점을 두고 집요하게 물고 늘어졌으나 별다른 성과를 거두지는 못했다. 애초에 백범은 이 사건과 관련이 없었으니 따진다고 해서 나올 것은 없었다. 마지막에 '고문' 얘기가 나오자 미국인 재판장과 검사는 열을 내며 과잉반응을 보이기도 했다. 증인 신문은 무려 네 시간 반 만에야 끝이 났다. 재판장은 15일 아침 아홉 시부터 공판을 속개하며 백범에게 다시 증인으로 출두해줄 것을 요청하고 폐정을 선언했다.

3월 15일 9차 공판에 백범이 증인으로 다시 출석하였다. 그런데 이날 재판정에서 예기치 않은 사태가 벌어졌다. 증언 도중에 백범이 퇴정

하는 사태가 빚어진 것이다. 오전 9시, 백범이 공판정에 나와 증인석에 앉자 검사가 곧바로 신문을 시작했다.

검사: 지난 금요일(12일) 내가 신문한 데 대하여 선생이 답변한 내용 중에서 '피고인들이 진술하기를 모두 선생의 명령을 받아서 했다고 했는데 어떻게 생각하오?' 하고 물었던바 선생은 모략에서 나온 것이라고 답변한 바 있는데 그러면 그 모략이란 것은 무엇입니까?
증인: 대답을 못하겠소.
검사: 대답을 못한다는 것은 그 답변이 혹 피고인들에게 대하여 유죄가 되든 무죄가 되든 하여간 무슨 영향을 줄까 싶어 그러는 것입니까?

백범은 즉답을 하지 않은 채 잠시 침묵을 지켰다. 그리고는 검사 대신 재판위원석을 향해 무겁게 입을 열었다.

내가 할 말은 이미 다 했소. 내가 이 자리에 나온 것은 미국 대통령의 요청이 있어 국제 예양禮讓을 존중해서 증인으로 여기 나온 바인데 마치 나를 죄인처럼 취급하는 듯 하니 나로서는 매우 불만이오. 내가 지도자는 못 되더라도 일개 선배요, 나라를 사랑하는 내게 대해서 법정에서 이렇듯 죄인 취급을 함에는 나로서 이 이상 말할 것이 없소. 이 사건에 대해서는 시종 아무것도 모른다고 했으니 만일 나를 죄인이라 보면 기소를 하여 체포령을 띄워 잡아넣도록 하시오. 증인으로서는 더 말할 것이 없으니 나는 가겠소.

말을 마친 백범은 모자를 한 손에 들고 뚜벅뚜벅 문 쪽으로 걸어갔다. 그 누구도 백범을 제지하지 못했다. 방청석은 술렁이기 시작했다.

법정 문을 채 나서기 전에 강거복 변호인이 급히 백범에게 다가와 뭐라고 귓속말을 하자 백범이 다시 증인석으로 돌아가 앉았다. 그때 피고석에 앉아 있던 주범 박광옥이 자리에서 일어나 "나는 사형을 받아도 좋지만 저분(백범)은 왜 붙들어다 놓고 들볶는 거요?"라며 큰 소리로 외쳤다. 그러자 이번에는 한독당계 사람들이 앉아 있던 방청석에서 곽태영(후일 백범 암살범 안두희를 처단하려다 미수에 그쳐 옥고를 치름)이 일어나 "이제 삼천만은 다 죽었다. 이것이 우리가 바라고 바라던 광복된 조국의 꼴이더냐?"고 외쳤다. 두 사람은 미군 헌병에 의해 법정 밖으로 끌려나갔다.

장내가 수습되자 강거복 변호인이 재판장에게 증인 신문 종결을 요청했다. 재판장은 검사 측과 상의한 후 증인 신문을 종결한다고 선언했다. 백범은 천천히 자리에서 일어나 법정을 빠져나왔다. 두 차례에 걸친 백범의 증인 출석은 이걸로 모두 끝이 났다. 나중에 재판부는 백범이 장덕수 암살사건과 무관함을 공개적으로 밝혔다. 그러나 미묘한 시기에 재판정에 증인으로 출석함으로써 백범은 세간의 오해를 사는 등 정치적 타격을 적잖이 입었다. 이는 미군정과 한민당, 이승만 등이 바라던 바였다.

이후 공판은 21차까지 계속됐다. 4월 1일 피고인 10명에 대한 선고 공판이 열렸다. 이날 재판부는 피고인 박광옥·배희범·김석황 등 8명에게는 사형, 조화·박정덕 2명에게는 징역 10년을 선고했다. 이튿날 하지 중장의 확정 조치과정에서 암살에 직접 가담한 박광옥과 배희범에게는 사형이 승인됐다. 그러나 김석황·신일준·김중목·최중하는 종신형, 조상항·손정수는 징역 10년, 징역 10년을 선고받은 조화·박정덕은 징역 5년으로 감형조치됐다. 한국전쟁 발발 직후 박광옥과 배희범에 대한 형이 집행됐다. 그런데 이때 종신형으로 감형된 김석황도 함께 처형됐는데 그가 처형된 까닭이 무엇인지 알 수가 없다.

**잇따른 요인
암살의 배후**   해방된 지 불과 2년여 만에 정계의 거물 3명이 암살범의 흉탄에 쓰러졌다. 다행히 세 사건의 주범과 중간책, 공범 모두 잡혔다. 현직 경찰, 극우단체 회원, 대학생 등 다양했다. 범인들이 암살에 사용한 무기는 모두 총이었다. 주범의 출신지가 다 평안북도인 점도 이채롭다.

정치인 암살은 정치 격동기에 주의·주장의 차이나 조직 내 주도권 다툼과정에서 발생하는 것이 보통이다. 따라서 대개의 경우 범인은 하수인에 불과할 뿐 배후가 있기 마련이다. 백범을 시해한 안두희安斗熙의 배후가 포병사령관 장은산張銀山이 아니듯이 분명히 그보다 더 윗선이 있다고 본다. 송진우 사건 때나 장덕수 사건 때는 백범이 배후로 거론됐으며, 장덕수 사건 때는 백범이 증인으로 법정에 출두하기도 했다. 물론 이승만도 더러 배후로 거론되기도 했다.

백범 시해사건을 뺀 나머지 세 사건의 경우 모두 경찰이 관련돼 있다. 고하 사건 때는 범인 체포과정에서, 몽양 사건 때는 암살과정에서 경찰이 연루되어 있었으며 설산 사건 때는 현직 경찰관이 주범이었다. 경찰이 어떠한 형태로든 요인 암살사건에 관련돼 있을 거라는 의혹을 사기에 충분하다.

우선 경찰은 사전에 암살 징후가 있었음에도 요인 보호에 게을리 했다. 한현우가 십여 명의 행동대원을 데리고 합숙을 하였으며, 이들이 무기를 소지하고 있었음에도 경찰이 그들의 존재를 몰랐다는 것은 말이 되지 않는다. 또 수사과정에서는 암살범 배후를 규명하는 데도 소홀했는데 유독 장덕수 사건만은 예외였다. 이는 배후로 지목된 인물이 백범 김구였기 때문일 것이다. 이밖에도 사건을 단독범행으로 몰고 가기 위해 사건을 축소 처리한 흔적도 있다. 이처럼 경찰이 당대 최고 거물 정치인들의 암살사건을 수사하면서 최선을 다했다고는 보기 어렵다.

미군정 당시 한국인으로서 경찰 최고책임자는 미 군정청 경무부장 조병옥, 2인자는 수도경찰청장 장택상이었다. 이들 둘 가운데 암살사건의 배후로 거명되곤 했던 사람은 장택상이었다(33-1: 장택상).

몽양이 혜화동 로터리에서 피살된 직후 인근 서울대병원으로 급히 옮겼다. 사고 소식을 듣고 가족과 동지들이 달려와 오열하는 가운데 장택상이 정복 차림으로 영안실로 들어섰다. 피에 젖은 몽양의 시체를 부둥켜안고 울부짖던 맏딸 난구가 장택상을 보자 마구 소리를 지르며 욕설까지 해댔다.

"우리 아버지를 죽인 자가 무엇 때문에 여기까지 나타났느냐?"

장택상은 아무 말도 하지 않은 채 묵묵히 듣고만 섰다가 그냥 나가버렸다.

조병옥과 장택상 두 사람 모두 한민당 출신으로 미 군정청에서 보직을 맡으면서 한민당을 탈당했다. 그러나 두 사람은 계속해서 한민당과 끈끈한 관계를 유지하면서 음으로 양으로 돕기도 했다. 이승만 정권 아래서 유엔대표와 장관 등 고위직을 역임했다. 말년에 야당으로 돌아선

것도 둘 다 같다. 두 사람 가운데 조병옥이 책략가 스타일이라면 장택상은 행동대장 스타일이라고 할 수 있다.

장덕수 암살사건의 공범 가운데 하나인 최중하의 배후로, 같은 공범인 신일준申一俊이 있었다. 내가 십여 년 전에 효창동 백범기념사업회 사무실에 들렀다가 거기서 최중하를 만난 적이 있다. 최중하는 청년 시절부터 백범을 존경했다. 무슨 얘기 끝에 내가 "그때 자칫하면 사형당할 수 있었는데 어떻게 목숨 내걸고 그 일을 했느냐?"고 물었다. 그랬더니 그가 얼떨결에 답하기를 "신일준이가 '절대로 죽는 일은 없을 것이다. 뭐 조금 들어가서 (감옥) 산다'고 말했다"고 했다. 신일준은 장덕수를 죽일 특별한 이유가 없었다. 누군가 신일준의 뒤에서 사주한 것이 틀림없다. 그런데 그 신일준이 조병옥과 가까웠다(사진 33-2: 미 군정청 경무부장 시절의 조병옥).

고하 송진우가 암살당한 뒤 한민당의 실권을 거머쥔 사람은 설산 장덕수였다. 그런데 이번에는 장덕수가 암살됐다. 송진우에 이어 장덕수가 제거됨으로써 한민당 내에서 누군가는 실제적인 이득을 본 사람이 있었을 것이다. 바로 그 사람을 장덕수 암살의 최종 배후로 보는 것은 응당한 일이다. 사람들은 흔히 그 대상자로 장택상을 얘기하는데 내 생각은 좀 다르다. 나는 조병옥이 더 의심이 간다. 미군정 당시 경찰을 맘대로 부릴 수 있는 한국인은 조병옥뿐이었다.

사진33-1_경기도경찰청장 시절 장택상.

사진33-2_미 군정청 경무부장 시절의 조병옥.
그는 미군정 당시 경찰을 마음대로
부릴 수 있는 유일한 한국인이었다.

6. 신탁통치

모스크바 3상회의와
《동아일보》 오보 1945년 12월 27일자 《동아일보》 1면에 놀라운 기사가 실렸다. 제목만 소개하자면 '외상회의에 논의된 조선 독립 문제, 소련은 신탁통치 주장, 소련의 구실은 38선 분할점령, 미국은 즉시 독립'이었다. 결론부터 말하자면 '모스크바 3상회의' 결과를 소개한 이 기사는 완전한 오보였다. 사실과 정반대 내용이었다. 한국에 신탁통치를 주장한 것은 소련이 아니라 미국이었다. 하지만 이 오보는 한국 사회에 엄청난 파장을 몰고 왔다.

미국, 영국, 소련 3개국의 외무장관이 1945년 12월 16일부터 25일까지 모스크바에서 회의를 가졌다. 2차 세계대전 종전 후 문제 처리를 위해 열렸던 포츠담회담(1945. 7)에서 예정한 회의였다. 이 회의에서 여러 사안이 결정되었는데 그중 한국의 운명을 가르는 중요한 결정도 있었다. '한국에 미소공동위원회를 설치하고 일정 기간의 신탁통치에 관하여 협의한다'는 것이다. 한국에 대한 강대국의 이른바 신탁통치가 결정된 것이다.

모스크바 3상회의에서 구체적으로 정한 내용은 세 가지다. 첫째, 한국을 완전한 독립국으로 발전시키기 위해 임시정부Provisional Democratic Government를 수립한다. 둘째, 한국 임시정부를 수립하기 위해 미국과 소련의 양군 사령부 대표로서 미소공동위원회를 2주일 이내에 구성한다. 셋째, 한국의 완전한 독립을 목표로 미국, 소련, 영국, 중국 4개국에 의한 최장 5년간의 신탁통치안을 협의한다. 실제로 모스크바 3상회의에서 소련은 즉각적인 한반도 독립국가 수립을 주장했다. 미국은 루스벨트의 구상에 따라 4개국 신탁통치를 주장했다. 미국의 주장을 따르면서 소련의 주장을 받아들여 최장 5년의 시한을 두고 통치권을 점차적으로 임시정부에 이관하는 방안을 채택한 것이다.

3상회의 합의내용이 국내에 전해지자 국내 여론은 찬탁, 반탁으로 나뉘었다. 한민당과 한독당 등 우익세력은 신탁통치 반대운동을 전개했다. 반면 박헌영의 조선공산당과 여운형의 조선인민당 등 좌익세력은 3상회의의 결의를 한국의 임시정부 수립을 위한 국제적 합의로 받아들이며 찬성했다. 중도 입장의 우사 김규식과 민세 안재홍은 신탁통치 문제는 임시정부를 먼저 세워 임시정부와 협의하도록 돼 있으므로 반탁은 임시정부를 세운 후에 하자는 입장이었다. 이후 좌우세력 사이에 격한 대립이 이어졌고 한국 사회는 걷잡을 수 없는 혼란에 빠져들었다.

모스크바 3상회의에 특별히 관심을 갖고 보도한 언론은 한민당과 관계가 깊은 《동아일보》였다. 3국 외상이 모스크바에서 회의를 하고 있던 1945년 12월 24일, 《동아일보》는 소련이 원산, 청진에 특별이권을 요구한다는 기사를 실었다. 이 기사는 사실이 아니었다. 이어 25일에는 소련이 조선과 만주를 차지하려 한다는 기사를, 26일에는 이승만이 미국의 지도자들과 함께 조선의 독립을 주장하고 있다는 기사를 잇달아 내보냈다. 그리고 27일 그 문제의 기사를 실었다. 소련은 신탁통치를 주장하고 미국은 즉시 독립을 요구한다는 것이었다. 완벽한 오보였다 (사진 34: 문제의 《동아일보》 오보 기사 1945. 12. 27).

28일에는 소련에 대한 강한 비난과 함께 각계의 반탁성명을 실었다. 29일에는 모스크바 3상회의에서 신탁통치를 결의했다고 신문 전면에 걸쳐 보도하였다. 이날부터 서울에서 대대적인 반탁투쟁이 일어났다. 3

사진34_문제의 《동아일보》오보 기사.

상 결의에 대한 왜곡은 1946년 1월 24일 소련 타스 통신이 결의과정을 공개하고 1960년대 이후 학자들의 연구 결과로 실상이 밝혀졌다. 그럼에도《동아일보》의 오보는 오랫동안 사실로 받아들여졌으며, 혼란기에 큰 영향력을 발휘했다. 당시 일반 국민들은 3상회의의 실상을 제대로 알지도 못한 채 민족감정을 앞세워 너도나도 반탁 대열에 섰다. 엉터리 보도로 국민을 현혹한《동아일보》는 역사에 큰 죄를 지었다고 하겠다.

모스크바 3상회의 결정에 따라 1946년 1월 16일 덕수궁 석조전에서 예비회담 성격의 미소공동회담이 열렸다. 미국 측에서는 아놀드 소장, 소련 측에서는 스티코프 중장이 각각 대표로 참석하였다. 이 회담에서는 분단으로 인한 경제 및 행정상의 문제를 집중 논의했으나 양측의 입장 차이로 난항을 겪다가 2월 5일 '한 달 이내 미소공동위원회를 설치한다'라는 공동성명을 발표하고 폐회하였다. 3월 20일 제1차 미소공동위원회가 열렸는데 임시정부 수립을 위한 한국 내 협의대상자 선정 문제를 놓고 다시 논란을 빚었다. 4월 17일 양측이 타협안을 내놨는데 이것이 미소공동위원회 '제5호 코뮤니케'이다. 그러나 이 역시 순항하지 못한 채 5월 6일 무기휴회를 선언하였다.

제1차 미소공동위원회가 실패로 끝나자 이승만은 소위 '정읍 발언'을 통해 단독정부 수립의 애드벌룬을 띄웠다. 여운형과 김규식 등 중간파는 미국의 지원 아래 좌우합작운동을 전개하였으나 미국의 무성의로 결국 실패하였다. 한국 문제 처리가 지연되자 내외의 압력이 높아진 가운데 미국과 소련은 1947년 5월 21일 제2차 미소공동위원회를 연다. 이때 남북한의 각 정파들도 적극 참여하여 총 461개 정당·사회단체가 참여하였다.

그러나 8월 중순 미군정이 좌익계 인사들을 대대적으로 검거하면서 사태가 또다시 악화되었다. 제2차 미소공동위원회가 진전될 가능성이 없게 되자 미 국무장관 마샬은 한국에 대한 신탁통치안을 포기하고 한국 문제를 유엔으로 이관해버렸다. 마샬의 제안은 9월 21일 유엔총회에서 가결되었고, 이로 인해 제2차 미소공위는 5개월 만에 막을 내렸다.

'5·10총선거'와 단독정부 수립 | 제2차 미소공위가 결렬되자 미국은 한국 문제를 유엔으로 떠넘겼다. 이후 유엔 총회에서 유엔한국임시위원단을 구성하였다. 이 위원단의 감시 아래 인구 비례에 따라 총선거를 실시해 통일정부를 수립하자는 미국의 안이 가결되었다. 이에 따라 1948년 초 여덟 개 나라 대표로 구성된 임시위원단이 총선거를 감시할 목적으로 한국에 들어왔다. 그러나 소련은 총선거가 실시될 경우 인구가 적은 북한이 불리하다고 생각하여 위원단의 북한 방문을 거부하였다. 결국 남북한 총선거를 할 수 없게 되자 유엔 소총회에서는 총선거를 가능한 지역인 남한에서만 추진한다는 방안을 표결에 붙여 31대 2로 가결시켰다. 이에 대해 이승만이 이끄는 대한독립촉성국민회(독촉)와 한민당은 쌍수를 들고 환영했다. 반면 백범이 이끄는 한독당은 남북협상을 통한 남북한 총선거 실시를 주장하며 맞섰다. 좌익진영 역시 단독선거 반대투쟁을 전개했다(사진 35-1: 남북협상 당시).

이에 앞서 우사 김규식이 이끄는 민족자주연맹은 2월 4일 남북요인 회담 개최를 위해 북한의 김일성과 김두봉에게 서한을 보내기로 결의

사진35-1_1948년 남북협상 당시 평양 대동강변 부벽루 앞에서 찍은 사진. 맨 왼쪽부터 필자의 아버지 김의한, 조소앙, 최석봉, 신창균이다.

사진35-2_5·10선거 투표 참가 독려 포스터.

했다. 이 서한은 백범과 우사의 동의를 받아 2월 16일 발송했다. 백범은 2월 10일 '삼천만 동포에게 읍고泣告함'이라는 성명을 내 "남북의 분열을 연장시키는 것은 전 민족을 사갱死坑으로 몰아넣는 것"이라며 단독선거에 앞장선 미군정과 우익진영을 비난했다. 백범 등의 분단을 막기 위한 노력에도 불구하고 유엔 소총회는 한국의 분단을 기정사실화했다. 국내에서는 단독정부 수립에 대한 반대 여론이 들끓었다. 해방된 조국에서 우리 민족에게 주어진 첫 과업이자 소망은 통일국가 건설이었다. 그 꿈은 외세에 의해 무참히 깨어졌다. 그렇다고 수수방관할 수도 없었다.

3월 12일 민족진영은 7거두 명의의 단독선거 반대성명을 발표했다. 성명에 이름을 올린 사람은 김구, 김규식, 김창숙, 조성환, 조소앙, 조완구, 홍명희 등이었다. 모두 평생을 조국 광복운동에 몸 바친 쟁쟁한 애국지사들이었다. 성명 초안은 홍명희가 잡고 조소앙이 손질을 했다. 개별 서명을 받는 일을 아버지가 했다. 당초 원안은 7거두가 아니라 9거두였다. 성재 이시영과 33인 중의 한 사람인 송암 김완규金完圭도 포함돼 있었다. 그런데 이들 두 사람은 끝내 서명에 동의하지 않아 결국 빠졌다. 성재는 그때 벌써 이승만과 모종의 언약이 돼 있었던 모양이다.

평소 아버지는 바깥일을 어머니에게 자주 이야기하시는 편이었다. 당시 단칸방 생활을 하다보니 나는 본의 아니게 두 분의 대화를 곁에서 듣곤 했다. 성재를 만나고 온 날, 아버지의 말투가 평소와 달리 좀 험했다. 제법 화가 난 듯했다. 성재가 서명을 하지 않은 데 대한 배신감 같은 것이었다고 생각된다. 당시 성재 집이 우리 집과 가까웠다. 하지만 이 일로 어머니도 얼마 동안 성재 집에 다니지 않았다.

성재와 같이 서명을 거부한 송암 선생 집에도 어머니가 한 번 가신 걸로 기억한다. 송암은 외가 쪽으로도 친척인데 어머니가 6촌오빠라고 불렀다. 그 집 역시 우리 집과 그리 멀지 않았다. 명륜동 로터리 근처 우석대학병원 맞은 편 골목 안에 있었다. 송암의 손자들이 내 나이 또래라 나도 그 집에 자주 드나들었다. 그 집 며느님도 여러 차례 우리 집에 놀러왔다. 그런 친분에도 불구하고 정치노선이 다르다보니 결국 갈라지고 말았다.

'7거두 성명'이 나온 지 2주일 만인 3월 25일 북한 김일성은 뒤늦게 남북회담을 열자고 공식 화답했다. 백범과 우사는 북측의 화답을 반겼다. 좌익, 중도계열의 정당·사회단체들도 참가의사를 밝혔다. 반면 이승만과 미군정은 비판성명을 냈다. 경교장까지 찾아와 북행을 말리는 사람들이 있었으나 백범은 4월 19일 북행길에 올랐다. 20일에는 아버지 김의한을 포함해 조소앙, 조완구, 엄항섭, 신창균 등 한독당 대표단 다섯 사람이 방북 길에 올랐다. 신중한 자세를 보이던 우사 역시 22일 민족자주연맹 대표단 열여섯 명과 함께 평양으로 향했다.

남북연석회의는 1948년 4월 19일부터 23일까지 닷새 동안 평양에서 열렸다. 회의가 끝난 후 15인 회담이 열렸는데 김구·김규식·김일성·김두봉은 이른바 '4김 회담'을 별도로 열어 수리조합과 전력 송전 및 안중근 의사 유해 발굴 등을 논의하였다. 그러나 이후 북측의 약속은 지켜지지 않고, 통일국가 수립이라는 원대한 계획도 별 진전을 보지 못했다. 혹자는 백범과 우사가 김일성의 북한 단독정권 수립 책략에 놀아났다고 혹평하기도 한다. 결과만 놓고 본다면 전혀 틀린 말이 아닐지도 모른다. 그러나 두 지도자가 노구를 이끌고 평양까지 가서 통일국가 수립을 위해 노력한 것조차 폄하해선 안 될 것이다(사진 35-2: 5·10총선거 투표 참가 독려 포스터).

각계의 반대에도 불구하고 1948년 5월 10일 남한 전역에서 총선거가 실시되었다. 이른바 '5·10선거'다. 단독정부 수립에 반대해온 김구의 한독당, 김규식 등의 중도파, 공산주의자들은 선거에 불참하였다. 3월 27일부터 4월 9일까지 선거인 명부에 등록한 사람은 전체 유권자의 79.7퍼센트에 달했다. 해방 후 치러진 첫 총선 치고는 너무도 저조한 결과였다. 948명의 입후보자 가운데 200명이 당선됐다. 정파별로는 이승만 직계 독촉 소속 55명, 한민당 29명, 대동청년단 등 기타 단체 31명, 무소속 85명으로 나타났다. 5·10선거 때는 유권자를 투표장에 끌고나가는 것만이 목표였지 미군정에서 특정 정당을 강력하게 밀지는 않았다. 그러다보니 무소속이 강세를 보였다. 만약 백범의 한독당과 우사가 이끈 중간파가 조직적으로 5·10선거에 참여했더라면 그 결과는 과연 어땠을까. 어쩌면 무소속 자리를 석권하면서 제1당이 됐을지도 모른다. 지난일을 생각하노라면 참으로 안타까운 마음이 든다.

5월 31일 첫 국회가 소집돼 의장에 이승만, 부의장에 해공 신익희를 선출했다. 첫 안건으로 헌법 제정이 논의돼 헌법기초위원회가 꾸려졌다. 당초 정부 형태는 의원내각제였으나 이승만의 반대로 대통령중심제로 바뀌었다. 한 나라의 정체政體가 이승만 한 사람의 고집으로 바뀌었다는 게 우습기 짝이 없다.

7월 12일 마침내 대한민국 헌법이 제정되었으며, 7월 17일 정식 공포되었다. 이어 7월 20일 열린 국회 간접선거에서 초대 대통령에 이승만, 부통령에 성재 이시영이 선출되었다. 이승만 대통령은 정부를 구성하고 8월 15일 대한민국 정부 수립을 선포하였다. 그해 12월 12일 파리에서 열린 제3차 유엔총회에서 대한민국 정부 승인안이 찬성 48표, 반대 6표, 기권 1표로 통과되었다. 유엔은 대한민국 정부를 '한반도 내 유일한 합법정부'로 인정하였다. 그러나 채 한 달도 안 된 9월 9일 북에서도 또 하나의 정부가 수립되었다. 김일성이 초대 수상을 맡은 조선민주주의인민공화국이 그것이다. 이로써 한반도는 완벽하게 두 동강이 나고 말았는데 이는 동족상잔의 서곡이기도 했다.

'단독정부'에 동참한 성재와 해공

성재 이시영은 중국 시절부터 우리 집안과 무척 가까웠다. 학자 출신 성재는 어머니에게 한문을 가르쳤으며, 내 이름(후동)을 지어주기도 하였다. 환국 후에도 같은 혜화동에 살면서 집안 간에 왕래도 잦았다. 그러던 것이 어느새 틈이 벌어졌다. 하나는 앞에서 언급한 할아버지의 별장 백운장 문제를 놓고서였다. 그 일로 우리 부모님은 성재에게 서운한 감정을 갖게 됐다. 그러나 이 정도 일은 극복할 수도 있는 일이었다.

결정적인 것은 단독정부 문제를 놓고 성재가 돌이킬 수 없는 강을 건넌 것이었다. 이른바 '7거두 성명' 서명을 받으러 아버지가 성재를 찾아갔을 때 성재는 "우리가 반대한다고 되는 게 아니지 않느냐"며 서명을 거부했다. 당시 아버지의 말에 따르면 성재는 이미 단독정부 참여로 마음을 정한 상태였다고 한다. 사전에 이승만과 어떤 이야기가 오갔는지는 알 수 없다. 다만 나중에 이승만 대통령 밑에서 부통령이 된 사실로 봐 사전에 모종의 언질이 있었을 걸로 추정할 따름이다. 이 일로 아버지와 어머니는 성재와 인연을 거의 끊었다.

비단 우리 집안뿐만이 아니었다. 백범이나 임정 요인들과도 저절로 인연이 끊어지고 말았다. 백범과 성재는 임시정부 시절 사사롭게는 친형제처럼 지낸 사이다. 그 위험한 피란길을 두 사람은 늘 같이하였고, 환국 비행기도 같이 타고 왔다. 그런데 성재가 백범을 버리고 이승만에게 가다니 상식적으로는 납득하기 어려운 일이었다. 백범은 성재에게 "형님만은 나를 이해할 줄 알았는데……"라며 몹시 서운해 했다고 한다. 당시 성재는 이승만의 노선이 냉전 상황에서 불가피하다고 판단한 것 같다. 이승만의 길을 따른 성재의 선택이 옳았는지 여부는 역사가 평가하게 될 것이다.

남산 중턱 백범광장에는 백범 동상과 함께 성재 동상이 나란히 서 있다. 이 동상은 1986년 4월 17일 이종찬 전 국정원장이 세웠다. 당시 이종찬은 전두환 정권의 실세 격인 민주정의당 원내총무로 있었다. 성재는 이종찬에게 종조부가 된다. 이종찬은 자신의 회고록 《숲은 고요하지 않다》에서 "두 분의 길 모두 아쉽기는 마찬가지다. 특히 임시정부를 끝까지 지켜온 성재와 백범, 백범과 성재 두 분이 견해 차이를 좁히지 못한 채 돌아가신 것이 너무도 아쉽다"며 "나로서는 사후에라도 두 분이 화해하기를 염원하는 마음으로 동상을 한 장소에 세우기를 희망했던 것이다"라고 썼다. 이종찬의 소망대로 두 분이 저승에서 화해를 했는지 모르겠다(사진 36-1: 남산 중턱 백범광장에 있는 성재 이시영 동상).

성재를 떠올리면 어머니와의 일도 함께 떠오른다. 정부기구 구성이 한창이던 1948년 8월 어느 날 성재 쪽에서 어머니를 만나자는 전갈이 왔다. 이미 우리 집과 사이가 벌어진 뒤여서 그 연유를 가늠하기 어려

사진36-1_서울 남산
백범광장에 있는
성재 이시영 동상.
성재는 단독정부
수립에 참여했다.

사진36-2_해공
신익희도 이승만의
단독정부 수립노선에
동조했다.

웠다. 어머니는 어른을 찾아뵙는 게 도리라고 여겨 성재를 찾았다. 그 자리에서 성재는 어머니께 감찰위원회 위원을 맡아보지 않겠냐고 제안했다. 감찰위원회는 성재가 중국 쑨원 헌법의 감찰원을 본떠 만든 것이다. 쑨원이 만든 중국 헌법은 입법·사법·행정 외에 감찰원과 고시원을 두어 5원제를 채택했다. 신생 대한민국의 헌법기구로 감찰위원회와 고시위원회를 둔 것은 중국 헌법의 영향을 받은 것이다. 성재는 별 실권이 없는 부통령 자리를 맡으면서 감찰위원회 구성의 전권을 위임받은 모양이었다. 성재 나름으로는 이 기구를 통해 대한민국의 부정부패를 일소하는 데 기여해보고 싶었던 것 같다.

8월 29일 열린 국무회의에서 초대 감찰위원장에 위당 정인보가 임명되었다. 위원 여덟 명 가운데 여성이 두 명(박순천, 박현숙) 포함됐다. 성재는 여성위원 가운데 한 명을 어머니로 하고 싶었던 모양이다. 그러나 어머니가 쉽게 동의할 리가 없었다. 그날 어머니가 성재 앞에서 사양의 뜻을 밝히자 성재는 거듭 재고할 것을 당부했다고 한다. 그러나 한번 내뱉은 말을 쉽게 거둬들일 어머니가 아니었다.

단정 반대로 이미 정치노선이 갈라진 상황에서 어머니 혼자 이승만 정권에 동참한다는 것은 말이 안 되는 이야기였다. 집에 돌아와 아버지와 상의한 결과 역시 마찬가지였다. 며칠 후 어머니는 다시 성재를 찾아가 사양의 뜻을 분명하게 밝혔다. 이 일로 우리 집안과 성재와의 인연은 완전히 끊어지고 말았다. 중국 시절의 인연을 생각하면 참으로 가슴 아픈 일이 아닐 수 없다. 감찰위원회는 정부 출범 초기에 설치됐으나 불과 네 해 만인 1952년에 폐지되었다. 제2공화국 시절인 1961년 1월에 부활했으나, 1963년 심계원審計院과 통합하여 현재의 감사원이 되었다.

우리 집안과 멀어지기는 해공 신익희도 마찬가지다. 아버지와 해공은 상하이 시절부터 서로 알았지만, 충칭 시절 이후 형제처럼 지냈다. 해공이 한독당 입당원서를 냈을 때 아버지가 소개인 겸 보증인이었다. 그러나 해공이 이승만과 함께 단독정부 길을 가면서 아버지와 거리가 생겼다. 귀국 초 해공은 백범과 함께 반탁운동에 나섰다. 그러나 공동보조는 그리 오래 가지 못했다. 해공은 자신이 이끌던 임정 산하 정치공작대 조직을 이승만이 주도하는 대한독립촉성국민회에 합류시켰다. 이승만의 '정읍 발언' 이후 해공은 철저히 이승만의 단정노선을 지지하였다. 해공의 놀라운 변신이었다(사진 36-2: 해공 신익희).

1947년 7월 백범의 국민의회와 이승만의 민족대표자대회 통합 시도가 무산되자 해공은 한독당을 탈당하여 이십여 명의 남조선과도입법의원 의원들과 함께 이승만의 민족대표자대회에 합류하였다. 이어 9월 민족대표자대회에서 총선거대책위원회 위원장을 맡아 단정·단선운동에 앞장섰다. 1948년 백범과 우사는 남북협상을 통한 통일정부 수립을 호소하고 다녔다. 반면 그 무렵의 해공은 단독정부 수립을 위한 남한만의 총선거를 위해 전국을 누비며 강연회로 바쁜 나날을 보냈다. 1948년 5·10선거 때 고향 경기도 광주에서 출마한 해공은 무투표로 당선되었다. 초대 국회의장 이승만이 대통령으로 선출되어 국회의장 자리가 공석이 되자 그 자리를 해공이 차지했다. 해공은 이후 세 차례 더 국회의장을 지냈는데 우리 의정사상 전무후무한 기록이었다.

귀국 후 해공의 정치역정, 즉 '친이승만노선'을 감안하면 한독당과는 거의 대척점에 서 있었다고 할 수 있다. 그러니 당연히 아버지와도 멀어질 수밖에 없었다. 충칭 시절 나는 해공을 아저씨라 부르며 지냈으나 나도 저절로 거리감이 생겼다. 그럼에도 불구하고 해공과 남다른 인연이 하나 있다.

1955년 9월 결혼식을 앞두고 어머니께서 해공에게 주례를 부탁하라고 했다. 나는 별로 내키지 않았다. 어머니는 "해공이 아버지와 가까운 사이였는데 주례 부탁을 하지 않으면 섭섭해 할 것이다"고 말했다. 할수 없이 나는 해공을 찾아가 주례를 부탁했고, 해공은 흔쾌히 승낙했다. 그 후 내가 신문사에 다니면서 국회기자실에서 더러 마주칠 때마다 해공은 반가운 얼굴로 대해주었다. 정치노선은 달랐지만 옛 정마저 뗄수는 없는 일이었다.

이승만 정권의 실정失政이 극에 달하자 해공은 1955년 장면, 조병옥 등과 함께 민주당을 창당해 야당 정치인으로 변신했다. 1956년 제3대 대통령선거 때는 민주당 대통령후보로 출마했다. 해공은 이때 호남으로 유세차 내려가다 기차 안에서 뇌일혈로 쓰러져 끝내 일어나지 못했다. 이 선거 때 무효표와 기권표가 무려 238만 표가 나오자 사람들은 이를 해공의 '추모표'라고 했다. 준수한 외모에 대중적 지지도 높았던 해공. 그가 해방 후 정국에서 이승만 쪽에 가지 않고 끝까지 백범과 함께 했더라면 얼마나 좋았을까 하는 아쉬움이 있다.

족청族靑과
철기 이범석의 변신 | 철기 이범석은 백야 김좌진 장군과 함께 청산리 전투를 승리로 이끈 주역이다. '철기鐵驥'라는 호는 윈난雲南 육군강무당 기병과를 수석으로 졸업하자 구대장 쉬쟈지徐家驥가 자신의 이름 기驥 자에 철鐵을 덧붙여 지어주었다고

한다. 그는 만주로 건너가 신흥무관학교 교관을 했고, 김좌진의 북로군정서에 가입, 청산리 전투에 참전했다. 중국 육군 제3로군 고급참모(중국군 소장), 중국군 중앙훈련단 중대장을 거쳤다. 광복군 2지대장을 맡았으며, 일제 패망 직전에는 미국 OSS와 함께 광복군 국내 정진공작을 주도했다. 철기를 빼놓고는 광복군을 얘기할 수 없다고 해도 과언이 아니다.

아버지와 철기는 1900년생 동갑으로 친하게 지냈다. 충칭 시절 아버지가 광복군 정훈처 선전과장을 겸직할 때 광복군에서 같이 근무하기도 했다. 류저우에 있을 적에는 우리 가족과 한 집에 같이 살았다. 당시 철기의 가족은 부인과 아들 이복흥李復興이 있었는데 철기의 부인은 어머니를 형님이라고 부르며 따랐다.

철기가 임시정부와 인연을 맺게 된 것은 1934년 뤄양군관학교에서 한인훈련반 교육대장을 맡으면서였다. 뤄양군관학교는 중국 국민당이 1933년 중국 허난성河南省 뤄양洛陽에 세운 군관학교다. 1932년 윤봉길 의거 후 한국인의 항일투쟁 의지를 높게 평가한 장제스는 비밀리에 사람을 보내 백범과의 만남을 요청했다. 당시 자싱에서 중국인 처녀뱃사공 쭈아이바오朱愛寶와 부부로 위장해 은거하던 백범은 안공근, 엄항섭을 대동하고 난징으로 가서 장제스를 만났다. 1933년 5월의 일이다. 이날 모임에서 두 사람은 뤄양군관학교 내에 한인훈련반을 설치하기로 합의하고 먼저 백 명을 입교시키기로 했다(사진 37-1: 광복군 당시의 철기 이범석).

백범은 한독당 계열뿐만이 아니라 약산 김원봉의 의열단 계열 청년들도 입교시킬 요량이었다. 알려진 것과는 달리 당시 백범은 약산 쪽과도 가깝게 지냈다. 백범은 약산에게 연락을 취해 의열단에서 절반 정도의 인원을 입교시켜달라고 부탁했다. 광복회장을 지낸 김승곤이 그때 의열단 계열로 입교한 사람이다. 한독당 계열로는 안춘생, 노태준 등이 이때 입교했다. 백범은 한인훈련반 책임자로 한국독립군 총사령 출신의 백산 지청천 장군을, 교육대장에는 철기 이범석, 교관으로는 오광선·조경한·윤경천 등을 임명하였다.

뤄양군관학교 시절 철기가 사고를 친 적이 있다. 한인훈련반 생도 가운데 마초군馬超軍이라는 중국 이름을 사용하는 사람이 있었다. 그의 본명은 이흥관李興官으로, 군관학교 졸업 후 한국특무대독립군 연락원으로 광둥성廣東省 광저우廣州에 파견돼 연락 업무를 담당했고, 임시의정원 의원을 지내기도 했다. 이 마초군이 다른 생도들에 비해 나이가 좀 많은데다 성질이 별났던 모양이다.

평소 마초군이 교관들 말도 잘 듣지 않고 대들자 하루는 교육대장 이범석이 각목으로 그를 몇 대 때렸다고 한다. 그런데 하필 마초군의 팔이 부러져버렸다. 이 이야기가 난징에 머물고 있던 백범 귀에도 들어가게 되었다. 이 소식을 전해들은 백범은 난징에서 급히 뤄양으로 달려왔다. 당시 철기가 백범에게 사고 경위를 설명하고 사죄를 했더라면 그 정도 선에서 끝날 문제였다. 그런데 철기는 백범의 불호령이 겁이 났던지 도망을 쳐버렸다.

원난 육군강무당 출신인 그에게는 곳곳에 중국 군인 친구들이 있었다. 이 시기 철기는 중국 육군 제3로군 참의급 고급참모(중국군 소장), 중국군 제3집단군 55군단 참모처장 등을 지낸 것으로 알려져 있다. 한동안 중국군에서 도피 생활을 한 셈이다. 철기의 자서전 《우등불》(1971)

에는 일본 측의 항의로 한인특별반이 문을 닫은 후, 중국 직업군인 생활을 하다 8년 항쟁을 맞이했다고 쓰고 있다.

우리 식구가 그를 처음 만난 곳은 창사였다. 1937년 12월 임정 식구들이 난징에서 창사로 옮겨왔다. 우리 가족은 임정 식구들보다 늦은 이듬해 1938년 2월 초하루에 창사에 도착했다. 그로부터 한두 달 뒤에 철기가 창사에 모습을 드러냈다. 문제의 마초군 사건이 발생한 지 삼사 년이 지난 데다 지난일을 가지고 왈가왈부할 사람도 없었다. 철기는 마초군과도 "오래간만이야!" 인사하고는 끝냈다. 처음에는 다들 철기를 잘 몰랐는데 청산리 전투 어쩌고저쩌고 하니 대단한 분이 왔다고 생각했다.

옛날 중국의 부잣집들은 대문 하나 들어가면 살림집이 있고 또 하나 들어가면 또 살림집 있고 이런 식이었다. 제일 많은 집은 다섯 개 대문을 지나가는 경우도 있다. 류저우에 있을 적에 그런 집에 살았는데 두 번째 대문 안에 우리 가족이 살고 철기 가족은 첫 번째 대문 안에 살았다. 철기는 아버지와 동갑이지만 철기 부인은 어머니보다 어렸다.

1944년 말 내가 충칭 투차오에 살 때, 하루는 철기와 윔스 대위, 그리고 안중근의 조카들인 안연생, 안원생 등 다섯 명이 투차오에 왔다. 나중에 알고보니 광복군과 미국 OSS와의 특수훈련 교섭 때문에 온 것이었다. 그들 중 안원생은 만능 스포츠 선수인데 탁구를 잘 쳤다. 당시 나도 탁구 실력이 괜찮아 그와 함께 탁구를 친 기억이 난다.

철기는 1946년 6월에 귀국한 직후부터 임정과 거리를 뒀다. 대신 그는 미군정과 손잡았다. 귀국 넉 달 만인 그해 10월 철기는 조선민족청년단(족청)을 결성했다. 순전히 미군정의 지원 덕분이었다. 실제로 미군정은 족청 창단 때부터 오백만 원을 지원하기로 약속했다. 그 뒤 족청을 미군정 산하의 한 부서로 간주해 공식적으로 일 년에 약 이천만 원의 예산을 할당했다(사진 37-2: 조선민족청년단(족청)의 훈련 모습).

운영자금이 풍부하다보니 족청은 다른 청년단체에 비해 질이 높았다. 다른 청년단체는 대부분 깡패집단 같았다. 그러나 족청은 제대로 된 사람을 뽑아 훈련도 시키고 행패 같은 행위는 용납하지 않았다. 나도 한때 족청을 좋게 봐 족청훈련소에 가서 보름간 훈련을 받은 적이 있다. 무슨 특별한 사상 때문에 간 것은 아니고 겨울방학 때 심심하던 차에 건강도 다질 겸 해서 갔었다.

10월 9일 철기는 이준식, 노태준 등 광복군 2지대 출신들을 주축으로 조선민족청년단 발기인대회를 열고 초대 단장에 취임했다. 부단장은 이준식. 이날 대회에는 최규동崔奎東, 현상윤玄相允, 백낙준白樂濬, 김형원金炯元, 김활란金活蘭 등 미군정과 가까운 대학총장 및 언론인이 여럿 참석했는데 이들은 나중에 족청의 이사가 되었다. 족청은 수원 옛 일본 군육군병원 자리에 훈련소를 개설하고 단원 모집에 들어갔다. 자격은 중등 이상의 학력자로 나이는 십팔 세 이상 삼십 세 미만이며, 한 기수의 교육 기간은 두 달이었다. 이듬해부터는 각 시군구별로 지부를 결성해 조직을 확대해나갔다.

족청은 '비정치·비군사'를 단시團是로 내걸고 국가지상·민족지상의 청년운동을 표방했다. 그러나 시간이 지나면서 이 같은 단시는 퇴색했다. 제2차 미소공동위원회가 결렬된 1947년 하반기부터 남한 단독선거를 지지하며 이승만 편에 서기 시작했다. 1948년 2월에 개최된 전국위원회에서 격론을 거친 다음 공식적으로 단독선거 참여를 표명하였

사진37-1_광복군 시절의 철기 이범석.

사진37-2_철기는 미군정의 지원을 업고 조선민족 청년단(족청)을 결성했다.

사진37-3_우창 신석우는 철기의 매형으로, 이승만과 가까웠다.

다. 1948년 5월 10일에 치러진 총선거에 족청계 열아홉 명이 출마했는데, 그 가운데 강욱중姜旭中, 문시환文時煥 등 여섯 명이 당선되었다. 비록 많은 숫자는 아니나 하나의 정파를 구성하는 데 성공하였다.

5·10총선거로 구성된 제헌국회에서 초대 대통령으로 선출된 이승만은 7월 24일 중앙청 광장에서 취임식을 열었다. 이어 이승만은 조각에 돌입했다. 초대 국무총리에는 인촌 김성수가 유력하게 거론됐다. 그런데 7월 27일 이승만이 지명한 총리후보는 목사 출신 이윤영李允榮이었다. 그는 평북 영변 출신으로 해방 후 고당 조만식曺晩植 등과 건국준비위원회에 가담했다가 조선민주당을 창당해 부당수로 활동했던 인물이다. 조선민주당은 이북에서 내려온 사람들이 주축인데 극우에 가까웠다. 인촌이 국무총리가 되는 것을 기대했던 한민당은 닭 쫓던 개 지붕 쳐다보는 격이 돼버렸다. 한민당은 국회 인준을 단단히 별렀다. 표결 결과 이윤영 총리 국회 인준은 반대 132대 찬성 59로 부결되었다.

이승만은 두 번째 총리후보로 철기 이범석을 지명했다. 철기는 이승만의 정적인 한독당과 거리를 둔데다 미군정과 아주 가까웠다. 따라서 국회 인준은 비교적 낙관적이었다. 아니나 다를까. 8월 2일 철기의 총리 인준안 표결 결과는 찬성 110대 반대 84였다. 철기는 국무총리와 초대 국방장관을 겸임하면서 이승만 정권의 실세로 등장했다.

철기가 미군정이나 이승만과 돈독한 관계를 갖게 된 계기는 무엇일까? 충칭 시절 철기는 광복군과 미국 OSS와의 특수훈련을 계기로 미군과 친분을 쌓았다. 철기가 이때 미군과 맺은 인연을 국내까지 가져오면서 미군정과도 자연스럽게 연결되었다. 평소 권력지향적인 성격의 철기에게 최고 권력기관인 미군정은 매력적인 존재였을 것이다. 조소앙 선생의 비서를 지낸 신영묵申榮默(건국훈장 애국장)은 언젠가 족청을 두고 "전부 미국놈 앞잡이들이야. 나라가 제대로 되면 저것들 전부 처단받아야 마땅한 놈들"이라고 혹평한 적이 있다.

임시정부 초기에 교통총장을 지낸 우창 신석우申錫雨는 1924년 귀국하여 《조선일보》 사장을 지냈으며, 광복 후 중국대사를 지냈다. 이 신석우가 철기의 매형인데 상하이 시절 조완구, 이승만 등과 친하게 지냈다. 철기를 이승만에게 소개시켜준 사람이 바로 그의 매형 신석우가 아닐까 싶다. 해방공간에서 신석우는 보수 거물 중의 한 사람으로 이승만과 매우 가까웠다(사진 37-3: 신석우).

그러나 철기의 권력은 오래 가지 못했다. 이유는 철기의 세력 기반인 족청 때문이었다. 족청은 창단 두 해 만에 단원 130만이 넘는 한국 최대의 조직으로 급성장하였다. 당시 대표적인 청년단체로는 족청을 비롯해 이북 각도 출신 청년단체가 통합한 서북청년회(서청), 1947년 백산 지청천이 결성한 대동청년단 등이 있었다. 이승만은 정부 출범 두 달 뒤인 1948년 10월 대한청년단을 결성했다. 총재는 이승만, 단장은 신성모申性模가 맡았는데 이승만 정권의 전위대 역할을 하였다.

이승만은 대한청년단을 조직하면서 다른 청년단체는 해산되기를 원했다. 그런데 족청은 자진해산하지 않고 버텼다. 이에 분노한 이승만은 이듬해 2월 족청을 강제로 해산하고는 철기가 겸직했던 국방장관 자리에 자기 심복인 신성모를 앉혔다. 철기는 얼마 뒤에는 총리 자리도 내놓아야만 했다. 철기는 이승만 정권의 2인자가 돼 실권을 쥐려고 하였으나 끝내 뜻을 이루지 못했다. 이후 이승만의 지시로 이기붕 등과 함께 자유당을 창당했으며, 1952년에는 자유당 부당수로 부통령에 입후

보하기도 했다. 하지만 이승만의 견제로 실패의 길을 걷고 만다. 성재는 이승만의 독재에 항의해서 제 발로 걸어 나왔다면 철기는 이승만에게 토사구팽당한 셈이다. 5·16쿠데타 후 야당 지도자로 변신했지만, 그의 말년은 초라했다.

7. 백범을 잃다

**백범,
흉탄에 쓰러지다**　　　내가 보성중학을 졸업(39회)한 날은 1949년 6월 12일이다. 내가 이날을 아직도 정확히 기억하는 것은 이로부터 꼭 두 주 후에 백범이 쓰러졌기 때문이다.

앞에서 아버지와 백범은 중국에서 친형제처럼 지냈으며 나는 백범을 "아저씨!"라고 부르며 따랐다고 소개했다. 백범은 이따금씩 점심때가 되면 불쑥 우리 집에 들러 어머니에게 "후동 어머니! 밥 좀 차려주시겠소?"라고 말하곤 했다. 밥이 준비되는 동안에는 어린 나를 데리고 놀아주곤 했다. 백범은 사사롭게는 우리 가족에게 그런 분이다. 그러니 내 목숨이 붙어 있는 한 내 어찌 그날을 잊을 수 있을 것인가.

보성중학 졸업식을 며칠 앞두고 서원출徐元出 교장이 나를 불렀다. 졸업식 때 백범을 모시고 싶으니 날더러 힘(?)을 써달라는 것이었다. 일개 중학교 졸업식에 백범을 모신다는 것은 쉽지 않은 일이었다. 서 교장은 아버지와도 인사를 나눈 사이여서 우리 집안에 대해 잘 알고 있었다. 아버지를 통해 부탁을 드렸더니 백범이 흔쾌히 허락했다. 졸업식 날 백범이 식장에 오셔서 축사를 해주셨다. 백범은 축사 중에 "졸업생 중에 내 친자식과 같은 학생이 있다"고 말씀하셨는데 이는 나를 두고 하신 말씀이었다. 이날 귀빈 중에는 백범 외에도 보성중학 졸업생인 윤기섭, 김붕준, 엄항섭 선생 등도 참석해 자리를 빛내주었다. 내가 백범을 본 것은 이날이 마지막이었다.

1949년 6월 26일, 악몽의 그날. 나는 돈암동 전차 종점에 있었다. 하필 배탈이 나서 화장실이 급해 귀가를 서두르고 있었다. 그때 우연히 만난 보성중학 박 모 영어 선생이 내게 말했다.

"백범이 괴한이 쏜 총을 맞고 돌아가셨다네!"

갑자기 눈앞이 캄캄해지고 나도 모르게 눈물이 쏟아졌다. 얼른 집으로 가서 어머니를 모시고 경교장으로 향했다. 아버지는 한독당 당사에 나가고 집에 없었다.

서대문 경교장에 도착해보니 주변은 이미 인산인해였다. 경교장 문 앞에 이르기도 전에 길거리에서부터 경찰이 접근을 막았다. 인파를 비집고 겨우 문앞에 도착하자 백범 경호원 윤경빈 씨가 우리를 알아보고 들여보내주었다. 나는 어머니와 함께 2층으로 올라갔다. 백범이 얼굴을 붕대로 감은 채 마치 잠을 자듯이 누워 있었다. 일생을 조국 광복을 위해 헌신한 우리 민족의 지도자요, 내가 아저씨라고 부르며 따랐던 백범 김구 선생. 그 백범이 일본인도 아닌, 해방된 조국에서 동족의 총을 맞고 쓰러져 그렇게 누워 계셨다. 엄연한 현실 앞에서도 백범의 죽음을 쉬 인정하기 어려웠다. 나는 한동안 선생의 시신 앞에 꿇어 엎드려 한없이 눈물을 쏟았다(사진 38-1: 안두희의 흉탄에 쓰러진 백범 김구 선생).

백범 암살은 예고된 것이었다. 사전에 주변에서 여러 차례 경고가 있었다. 백범 자신도 알고 있었지만 설산 장덕수처럼 이를 가볍게 생각

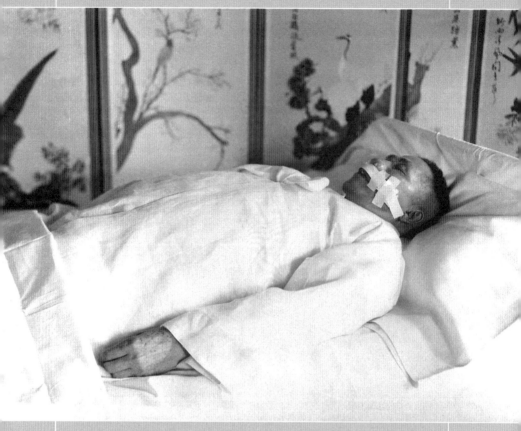

사진38-1_안두희의 흉탄에 쓰러진 백범.

사진38-2_백범 시해범 안두희.

한 점이 없지 않다. 한독당을 탈당해 사회당을 창당한 조소앙은 사건이 나기 며칠 전 이승만을 만난 후 백범을 찾아갔다. 그 자리에서 조소앙은 이승만이 "백범이 공산당과 내통한다면 나라를 걱정하는 젊은이들이 가만 두고만 보지는 않을 게야"라고 말했다며 "아무래도 그들이 무슨 일을 저지를 것 같으니 백범이 조심해야 할 거야"라고 경고했다. 그러나 백범은 "나는 조국을 위해 일본 사람들에게는 맞아 죽을 일을 했어도 내 동포가 나를 죽일 일은 하지 않았소!"라며 조소앙의 경고를 무시했다.

사건이 일어나기 바로 전날인 6월 25일 저녁 박동엽朴東燁 대광고 교감과 희산 김승학金承學(임정 학무부총장)이 경교장에 찾아와 모종의 '암살계획'을 전해주었다. 아주 구체적이었다. 두 사람은 백범에게 며칠 동안이라도 병원에 입원해 있을 것을 권했다. 하도 소문이 흉흉하였기 때문이었다. 그러나 백범은 이번에도 "내 전부터 유언流言(떠도는 말)을 한두 번 듣지 않았네. 내가 일본인이라면 몰라도 동족에게 해를 당할 일을 하지 않았네!"라며 이들의 경고를 가벼이 여겼다. 백범 입장에서야 그럴만도 했다. 동족에게 맞아죽을 일을 한 적도 없거니와 하도 그런 이야기를 자주 듣다보니 그때마다 매번 피신할 수도 없는 노릇이었다.

선우진 등 그 자리에 있었던 사람들의 증언을 종합해보면 1949년 6월 26일 오전 열한 시경, 안두희는 경교장 앞 자연장 다방에 도착했다. 현역 포병소위인 그는 육군 정복차림에 45구경 권총을 차고 있었다. 열한 시 반에 경교장 문앞에 도착한 그는 백파 김학규를 따라 몇 번 들러 얼굴을 익힌 터라 경호 순경의 제지 없이 무사통과했다. 경교장 1층 대기실에는 선우진 비서 등이 자리를 지키고 있었다. 안두희는 이들에게 인사를 건넨 후 "선생님께 안부를 여쭈러 왔다"고 말했다. 선우진 비서는 "지금 손님과 담소 중이니 조금만 기다리시오"라고 답하고는 의자를 권했다. 그때 백범은 2층에서 창암공민학교 여교사와 학교 운영 건으로 대화를 나누고 있었다. 교육을 중시하던 백범은 1949년 1월 27일 서울 중구 신당동에 백범학원을, 3월 14일에는 마포구 염리동에 창암공민학교를 세웠다.

잠시 뒤 박동엽 교감이 경교장으로 들어섰다. 그는 안두희를 보자 섬뜩한 생각이 들었지만 백파 김학규와 여러 번 출입한 군인이라는 설명에 안심했다. 박 교감은 그날 저녁에는 특별경계가 필요하다고 일러주려고 찾아온 것이었다. 잠시 후 또 다른 군인이 찾아왔다. 그는 백범과 동향인으로 임정 시절부터 백범과 잘 알고 지낸 육군 문산헌병대장 강홍모姜弘模 대위였다. 강 대위는 먼저 와 기다리고 있던 안두희의 양해를 얻어 2층으로 올라갔다. 잠시 뒤 강 대위가 2층에서 내려오자 선우진 비서가 안두희를 데리고 2층으로 올라갔다. 백범은 책상에서 붓글씨를 쓰고 있었다.

"선생님, 포병사령부 안두희 소위가 문안드리러 왔습니다."

"그래? 가까이 오라고 해"(사진 38-2: 백범 시해범 안두희).

안두희는 2층 복도에서 거수경례를 한 후 백범에게 다가갔다. 두 사람은 구면인데다 마침 점심 때여서 선우진 비서는 점심을 채근하려고 2층에서 내려왔다. 바로 그때였다.

"탕! 탕! 탕! 탕!"

경교장 2층 백범 집무실에서 네 발의 총성이 울렸다. 그중 한 발은 정면 유리창을 뚫고 나갔다. 밖에서 총소리를 들은 경호 순경 두 명이 황

급히 비서실로 달려왔다. 2층에서 난 총소리에 비서들이 급히 2층으로 향했다. 그때 안두희가 상기된 얼굴을 한 채 2층 계단을 내려왔다. 경호 순경이 카빈총을 겨누자 안두희는 손을 든 채 계단을 내려온 뒤 권총을 의자에 내던지면서 말했다.

"제가 주석 선생을 시해했소이다."

놀란 비서들은 급히 2층으로 올라갔다. 백범은 고개를 숙인 채 의자에 고꾸라져 있었는데 가슴에서 피가 솟구쳤다. 연락을 받고 인근 적십자병원에서 달려온 의사는 그 자리에서 사망선고를 내렸다. 급소를 맞아 과다출혈을 한 때문이었다. 오후 한 시가 막 지난 시간이었다. '민족의 스승' 백범은 그렇게 최후를 맞았다.

'무기징역' 안두희,
"할 일 다 했다"

백범이 백주에 현역장교 손에 죽임을 당한 것도 놀랍거니와 더 놀라운 것은 공소장 내용이었다. 공소장은 해괴한 논리를 들이대며 마치 피고인을 변호하는 듯했다. 백범이 반정부활동을 하고 공산주의자에게 동조하는 행동을 했기 때문에 안두희가 백범을 암살할 수밖에 없었다는 것이다. 놀라운 일은 또 있었다. 사건 발생 직후 마치 기다렸다는 듯이 헌병들이 경교장에 나타나 안두희를 헌병대로 끌고 갔다. 안두희가 민간인이 아니라 현역군인이라는 이유에서였다. 게다가 담당 검사가 아닌 검찰총장이 직접 구속영장을 신청하는 기이한 일도 벌어졌다. 안두희가 갇힌 곳은 감옥이 아니라 특무대 숙직실을 개조한 특별감방이었다. 하나부터 열까지 모두 수사의 기본을 벗어난 기이한 행태였다.

안두희 재판은 속전속결로 진행됐다. 첫 공판은 중앙고등군법회의 주관으로 8월 3일 오전 열 시 대법원 법정에서 열렸다. 재판장은 '정치 군인'의 상징인 원용덕元容德 준장, 배심판사는 강문봉姜文奉 대령 등 4인, 검찰관은 홍영기 소령이었다. 안두희는 태연한 표정에 수갑도 차지 않은 채 법정에 출두했다(사진 39-1: 8월 3일 열린 첫 공판에 출두하는 범인 안두희.《동아일보》1949. 8. 4).

첫 공판에서는 홍종만洪鍾萬의 증언에 관심이 집중됐다. 그는 서북청년단 출신으로 김학규가 한독당에 가입시킨 인물이다. 홍종만은 김학규가 안두희를 통해 포병대 내부에서 모종의 행동을 취하려 했다고 증언했다. 전형적인 물타기였다. 사건 직후 안두희를 취조했던 이진용李鎭溶 중위는 공판 첫날, 안두희는 어려서부터 백범을 존경하였으며 한독당에 입당한 후 여섯 차례 백범을 만났다고 했다.

2차 공판에서는 엉뚱한 일로 초점이 흐려졌다. 백범의 비서가 백범을 일러 '주석'이라고 부른 걸 두고 트집을 잡았다. 소가 웃을 일이다. 8월 5일 열린 3차 공판에서 안두희는 백범을 쏜 당시 상황을 소상히 증언했다. 그에 따르면 자신이 백범과 큰소리로 언쟁을 벌였다는 것이다. 그는 또 백범을 쏜 후 권총을 자신의 머리에 대고 자살하려고 하였으나 어디선가 "죽어서는 안 된다"고 하는 말이 들려와 자살을 포기했으며, 계급장을 그냥 붙이고 있으면 더 큰 반역이 될 것 같아 계급장을 뗐다고 했다. 이 내용은 안두희의 진술일 뿐 사실 여부는 알 수 없다.

이어 홍영기 검찰관의 피고인 안두희에 대한 신문이 있었다. 그 내용은 다음과 같다.

木曜日　東亞日報

被告 泰然沈默 一貫

殺害經緯等證人을審問

安斗熙첫公判!

사진39-1_안두희 첫 공판 보도.

사진39-2_홍영기 검찰관. 당시 소령이었다.

검찰관: 한독당이 공산당과 합작하였다고 하였는데 단서가 있는가?

피고: 확실한 증거는 없다. 그러나 김학규가 공산당을 찬양했고 김구 선생과 김학규는 일심동체라는 것을 믿어왔다.

검찰관: 김구 선생이 정부의 장애물이라고 언제부터 생각하였는가?

피고: 몇 번 면회 후에 앙심을 품었다.

검찰관: 아직도 김구 선생을 존경하는가?

피고: 인격적으로는 존경한다.

검찰관: 선생을 애국자라고 보는가, 반역자라고 보는가?

피고: 반역자라고 생각했다.

검찰관: (백범을) 살해한 직접적인 동기는?

피고: 국가의 장애물로 보았기 때문이다.

검찰관: 후회되는 점은 없는가?

피고: 인간적으로 선생을 죽였다는 것뿐이고 그 외는 일을 끝마친 심경이다.

검찰관: 또 누구를 죽이고 싶은 생각은 없나?

피고: 김구 선생의 원수인 나를 쏘고 싶다(이때 방청석에서 수군수군하는 소리가 들린다).

검찰관: 자기의 행동을 애국적 행동으로 보는가?

피고: (그렇게) 본다.

검찰관: 네 발까지 쏘고 자살을 중지한 직접적인 동기는?

피고: 그 당시 살기등등하여 완전히 죽여야 되겠다고 쏘았으며, 한독당의 음모와 비밀을 백일하에 폭로하기 위해서이다.

검찰관: 영웅적 심리에서 한 일이 아닌가?

피고: 아니다. 사형을 언도하기 바란다.

검찰관: 위대한 애국자를 살해한 살인범이라는 것을 아는가?

피고: 안다.

검찰관: 두 번 이런 일이 발생하여야 된다고 생각하는가?

피고: 그런 위대한 인물이 다시 있어서는 안 된다고 생각한다.

검찰관: 애독서는?

피고: 문학을 좋아하며 《백범일지》와 로露(러시아)문학인 고고리(고골리) 전집을 읽었다.

8월 6일 열린 4차 공판은 선고공판이었다. 고등군법회의 선고에 앞서 안두희는 아래와 같이 심경을 밝혔다.

간단히 말하면 내 마음은 평온하다. 정치적 고민을 (백범) 살해로써 해결하니 할 일을 다 했다고 느낀다. 정치적 의미를 떠나서 인간적으로 돌아갈 때 존경하던 인간 김구를 살해한 것은 수많은 국민과 백성의 비탄과 눈물에 비추어 백 번 죽어도 속죄는 되지 않을 것이다. 그러나 어떠한 정실도 참작하지 마시고 오직 극형 사형언도가 있기를 바랍니다.

안두희는 백범을 살해한 것을 두고 "할 일을 다 했다고 느낀다"고 말했다. 마치 자신이 윤봉길 의사나 이봉창 의사라도 되는 듯했다. 그는 사전에 판결 내용을 알고 있었는지 몰라도 자신에게 극형인 사형을 내려달라고 주문했다.

이어 홍영기 검찰관의 논고와 변호인의 변론이 두 시간가량 이어졌다. 홍 검찰관은 국방경비법 43조(군인의 정치관여 금지) 위반 및 살인 등 두 가지 죄목을 들어 피고 안두희를 엄중히 처단해줄 것을 재판부에 요구했다. 홍 검찰관의 논고 내용은 다음과 같다(사진 39-2: 홍영기 검찰관).

혼란한 시기에 군인이 계급장을 달고 정치 운운하면 군국주의가 되고 말 것이다. 군인이 정치에 관심을 가질 것은 정신무장할 정도의 정치적 문제로서 충분한 것이다. 살해 동기에 있어 한 점의 수긍할 점이 있는 것 같이 보이지만 우리 군인으로서 정치에 관심했다는 것은 용허容許 못할 일이다. 한독당이 대한민국을 부인한다고 시인할 수 없으며 공산당과 그 노선, 세계관으로 보아 도저히 합작할 수 없다고 보며 전술적으로 공산당과 합작했다는 것은 수긍할 수 없다고 생각하는 바이다. 피고는 주관적으로 살해를 전투행위라 해도 객관적으로는 용인할 수 없는 것이요, 이는 군기 유지상 범인이 자기행동을 합리화 시키려 해도 용납할 수 없다. 육군소위 안두희는 엄중히 처단되어야 할 것이다.

이어 변호인 김종만金鍾萬 소령의 변론이 이어졌다.

죄과 1에 대한 범죄 사실은 군기법 43조에 해당치 않는다. 43조에 대한 행동은 없었다. 그리고 죄과 2는 의사가 사람을 살리기 위하여 살을 베어내는 것과 같은 행동이라고 본다. 이것은 피고 안두희의 애국적인 동기에서 감행한 것이다. 한독당이 합법적인 정당이며 검찰관 논고와 같이 합법적 행동을 한 정당이라 하지만 수박은 겉이 푸르고 속은 붉은 것이오, 겉만 보고 모르는 것은 마치 '수박 겉핥기'라 아니할 수 없다. 한독당은 5·10선거를 반대했고 대한민국은 유엔이 승인해도 법통法統만 찾아왔던 것이다. 따라서 김구 씨는 반정부적 행동을 해왔다고 볼 수 있다. 통일을 갈망치 않는 백의민족이 어디 있겠는가. 그러나 김구 씨의 의사는 애국애족이었으나 그 실천에 있어 현실을 무시한 것이다. 이것은 국가로 보아 용인할 수 없는 것이며, 피고의 행동은 '대의 정세의 산물'이며 애국적인 산물이다. 이것은 또한 시대 경종警鐘의 난타다.

변호인의 변론은 그야말로 궤변이 아닐 수 없다. 백주에 현역군인이 민족의 지도자를 총으로 쏴 죽였는데 애국적 행동이라니. 설사 백범이 이승만 정권에 반대했다고 치자. 그렇다고 해서 백범을 총으로 쏴 죽여야 하는가? 범인 안두희, 변호인, 재판부 모두 이승만의 하수인에 불과했다. 이 내용을 보도한 《경향신문》에 따르면, 변호인 변론을 들은 안두희의 두 볼에 구슬 같은 눈물이 흘렀다고 한다. 변호인의 변론에 이어 검찰관의 반박 논고가 있었다.

이날 오후 재판부는 재판장과 세 명의 배심 심판관 등 네 명이 무기명 비밀투표를 했다. 그 결과 심판관 4분의 3의 합의로 (1) 군명에 의한 제대除隊, (2) 종신징역 등을 선고했다. 백범 시해범이 사형도 아닌 무기징역을 선고받은 것이다. 설산 장덕수 암살범이 사형을 선고받은 것과 대조를 보였다. 안두희는 판결이 내려진 후 한동안 자리에서 일어나지 않았다. 판결 결과를 놓고 법정 내에서 잠시 소란이 있었으나 그는 시선도 돌리지 않았다. 대신 그는 가벼운 미소를 띠며 취조관 이 중위와 악수를 나눴다. 사전에 모종의 밀약이라도 있었던 걸까?

백범 시해사건 후 안두희의 배후를 두고 다양한 주장이 제기됐다.

4·19혁명 후 고정훈高貞勳(《조선일보》논설위원·국회의원 역임)은 군에 있을 때 장은산張銀山(안두희 범행 당시 포병사령관)에게 들었다며 이 사건은 이승만의 심복인 임병직林炳稷(외무장관 역임)과 신성모가 꾸미고 장은산이 안두희를 교사한 사건이라고 폭로했다. 고정훈은 또 이승만도 관련돼 있다고 증언했다. 사건 당일 경교장을 찾아와 암살 가능성을 경고했던 대광고 박동엽 교감은《백범 김구 선생 참변 목격기》를 통해 세 차례의 암살 시도가 있었다고 주장했다. 이 같은 증언을 토대로 진상규명 노력이 시도되었으나 이듬해 5·16쿠데타가 일어나면서 유야무야되고 말았다.

2001년 국사편찬위원회가 미국 국립문서기록관리청에서 발굴한 '김구 암살 관련 배경 정보'(1949. 6. 29. 작성, 7.1 보고)에 따르면, 안두희는 극우 테러단체인 백의사 단원이며, 주한미군 방첩대 CIC의 정보원 Informer으로 활동하다 요원Agent이 됐다.

말하자면 백범 시해사건에 미국도 관련돼 있다는 이야기다. 실제로 안두희는 1992년 4월 13일 권중희權重熙와 대화 중에 미국의 관련성을 언급했다가 그 다음 날 번복한 바 있다.

'백범 김구 선생 살해진상규명위원회'가 1961년 4월에 펴낸《김구 선생 살해의 내막》에 따르면 암살 시도는 모두 세 차례있었다. 포병소위 오병순吳炳順, 한국상韓國相 등 아홉 명은 6월 23일 경교장 주변에서 1차 시도를 했으나 실패했다. 2차로 백범이 6월 25일 건국실천원양성소 11 기 개소식에 참석키 위해 충남 공주에 간다는 정보를 입수하고 서청 단원 홍종만 등 일당 열 명이 수원-오산 사이 병점 고갯길에서 기다렸다. 그런데 당일 공주경찰서장이 집회를 불허해 백범의 공주행이 좌절되면서 역시 실패했다. 집단행동이 모두 실패로 돌아가자 장은산은 결국 6월 26일 안두희를 단독으로 경교장에 들여보내 범행을 저질렀다.

그 무렵 이승만은 최대의 정치적 위기를 맞고 있었다. 제헌국회에서 반민법을 제정, 이를 근거로 반민특위가 1949년 1월부터 친일파들을 속속 잡아들이고 있었다. 검거 제1호는 화신和信 사장 박흥식朴興植이었다. 자신의 수족들이 하나둘씩 반민특위로 붙잡혀가자 이승만은 격노했다. 또 국회에서는 소장파를 중심으로 주한미군 철수와 평화통일을 들고 나왔다. 주한미군은 더 이상 남한에 주둔할 명분도 여력도 없었다. 소련군은 1948년 12월 이미 북한에서 철수한 상태였다. 결국 이승만 정권은 소장파 제거를 위해 이른바 '국회 프락치사건'(1949. 4)을 조작하였고, 친일경찰들을 앞세워 '반민특위 습격사건'(1949. 6. 6)을 일으켰다.

백범의 급서로 친일파 청산은 물 건너가고 이승만 정권의 브레이크 없는 독주시대가 열렸다. 백범의 장례는 국민들의 애도 속에 국민장 10일장으로 치러졌다. 명월관·국일관 등의 요정업자들은 애도의 표시로 6월 28일부터 사흘간 자진 휴업했다. 묘소는 삼의사와 임정 요인들의 유해가 안장된 효창원에 마련됐다. 1999년 4월 12일, 부인 최준례 여사와 합장됐으니 사후 50년 만에 두 분이 만나게 됐다. 김대중 전 대통령은 생전에 백범을 흠모했다. 그는 임기 말인 2002년 10월 백범 묘소 서편에 백범김구기념관을 건립했다.

8. 대학 입학과 한국전쟁

주위의 권유로
서울법대 진학

1949년 6월 보성중학을 졸업한 나는 석 달 뒤 9월에 서울대 법대에 진학했다. 요즘으로 치면 49학번인데 그때는 단기로 82학번(단기 4282년)이라고 했다. 보성중학을 졸업할 무렵 서원출 교장이 나에게 고려대 정치학과로 갈 것을 권했다. 현상윤 씨가 해방 후 보성전문 교장을 하다가 고려대학교로 승격함에 따라 초대 총장으로 부임했는데 자기가 잘 말해주겠다고 했다. 당시 고려대는 정치학과가 제일 들어가기 힘든 학과였다. 그러나 나는 서울대를 지원했다. 국립대여서 학비가 쌌기 때문이다.

비단 이 때문만은 아니었다. 상하이에서 같이 지낸 창강 김인한 아저씨 집의 숙동淑東 형의 권유도 있었다. 숙동 형은 나보다 한 살 위인데 그때 서울대 법대 1학년에 재학 중이었다. 여기에다 보성중학 시절 4인방 중 한 사람인 이기수가 자기도 서울법대를 갈 생각이라며 같이 가자고 권했다(사진 40-1, 40-2: 1949년 서울법대 1학년 시절, 대학 입학시절 친구들).

내가 서울법대 들어갈 때 보성중학 출신이 열 명이 좀 넘었다. 경기중학 출신은 열 대여섯 명 됐는데 경기는 우리보다 응시자 숫자가 많았다. 보성중학에서 서울법대 시험 봐서 떨어진 사람이 한두 명밖에 안 됐다. 당시 보성이 전국에서 서울대 입학률 1위로 경기를 눌렀다. 보성중학이 1위, 중앙중학이 2위, 두 사립학교가 공립학교를 완전히 눌렀다. 서울대 전체는 물론 법대에서도 성적이 제일 좋았다. 그 뒤로는 경기와 경복이 날렸지만 50년대까지만 해도 보성이 이들보다 앞섰다.

사진40-1_1949년 필자의
서울법대 1학년 시절 사진.

사진40-2_대학 입학 무렵 가장 친했던 보성 친구들과 함께. 왼쪽부터 정세영,
이기수, 강호진, 필자, 고희석이다.

평소 나는 역사와 지리, 정치를 좋아해서 처음엔 지리학과를 가볼까 생각했다. 그런데 문리대에는 지리학과가 없고 사범대에 지리교육과뿐이었다. 그런데 사범대는 별로 가고 싶지가 않았다. 또 정치는 관심이 있었지만 굳이 정치학과를 갈 생각은 없었다. 농과대학에 가고 싶은 생각도 있었는데 학교가 수원에 있었다. 다니기가 불편할 뿐더러 하숙을 하면 집에 부담이 될 것 같아 포기했다. 부모님은 이공계 쪽을 내심 기대했던 것 같다. 결국 숙동 형과 이기수의 권유로 법대를 지망했다. 당시 서울대에서 법대도 어려웠지만 문리대 정치학과가 경쟁률이 제일 높았다. 아마 10대 1인가 그랬던 것 같다.

최종적으로 법대를 지망한 것은 사법시험을 쳐서 판검사나 변호사를 해볼 생각이 있었기 때문이었다. 그런데 막상 법대를 가보니 생각보다 공부가 재미없었다. 일 년을 다녀보니까 교양과목은 A 아니면 B였다. 그런데 전공과목은 영 아니었다. 헌법은 그런대로 괜찮게 나왔다. B나 B플러스 정도 나왔던 것 같다. 그런데 민법과 형법, 특히 민법은 C인가 그랬다. 그때 '법대는 나한테 맞지 않구나' 생각했다. 그래서 전과轉科를 고민하게 됐는데 문리대 철학과를 생각해보기도 했다. 이듬해 한국전쟁이 터지면서 학교를 그만두게 됐다. 나중에 복학하지 않은 건 법학 공부에 재미를 느끼지 못한 이유도 있다.

서울법대 입학시험은 상당히 불안했다. 수학시험 때문이었다. 평소 수학을 아주 못하는 편은 아니었는데 입시준비를 전혀 안 했다. 막상 문제지를 받아보니까 전부 알까 말까 했다. 그래서 일찌감치 답안지를 대충 쓰고 나왔다. 그런데 면접시험 때 이하윤이라는 국어 선생이 "너 수학 답안지 백지로 냈냐?"고 묻기에 "백지나 별 다름 없을 겁니다"라고 말했다. 그런데 면접시험에서 고작 이 한 마디를 묻고는 나가라고 했다. 그래서 아무 말 없이 시험장을 나오는데 나를 부르더니 "내가 나가라는 게 떨어졌다고 나가라는 것은 아니야!"라고 말했다. 수학시험이 마음에 걸렸는데 다행히 최종 합격했다. 아무튼 그때 수학점수는 형편없었던 것이 분명하다. 나 말고 다른 학생들도 어려웠는지는 모르겠지만.

　서울법대 입학 당시 학장은 고병국高秉國 교수였다. 도쿄제국대 출신으로 재학 중 일본고등문관시험 사법·행정과에 모두 합격했다. 그러나 대학원에 진학해 민법학을 전공했고, 나중에 경희대 총장을 지냈다. 얼마 뒤 이선근李瑄根(전 문교부장관)으로 학장이 바뀌었다. 한국전쟁 무렵 그는 국방부 정훈국장으로 나갔다. 이선근은 주변 사람들을 정훈장교로 많이 천거해 주위에 정훈장교가 굉장히 많았다. 헌법은 한태연韓泰淵(전 국회의원) 교수가 가르쳤다. 나중에 유신헌법에 관계해 어용학자로 낙인이 찍힌 인물이다. 민법은 김기선金基善 교수가 강의했다. 그는 법문사라는 출판사를 차려 《민법총칙》 등을 출간해 제법 돈을 벌었다. 그 밖에 유기천劉基天(전 서울대 총장) 교수도 있었다. 그는 서울대 총장 시절 한일협정 반대시위가 격화되자 교내에서 권총을 휴대하고 다녀 말썽이 됐다.

　내 기억에 법대 교수들은 별로였다. 반면 교양학부 교수진은 다 좋았다. 당시 국어는 대표적 모더니즘 시인 김기림金起林(한국전쟁 때 납북), 철학은 손정현孫正鉉, 경제학은 최호진崔虎鎭, 그리고 장석만張錫萬 교수 등이 교양학부 소속으로 학생들을 가르쳤다.

**한국전쟁 발발
사흘 만에 서울 점령** | 1948년 4월 남북협상 때 한독당 대표의 일
원으로 평양에 다녀오신 아버지가 소감을
들려주신 적이 있다. 김일성에 대한 이야기는 별로 없었다. 팔로군 출
신의 무정武亭(조선의용군 총사령)과는 한때 상하이 청년단체에서 같이
합숙까지 한 사이인데, 무정 이야기도 전혀 없었다. 아마 무정은 만나
지 못했던 모양이다. 무정은 해방 후 1946년 북조선인민위원회 중앙위
원을 거쳐 한국전쟁 때는 인민군 제24군단장을 지냈다.

최용건崔庸健에 대해서 많은 이야기를 하셨다. 최용건은 1900년 평안
북도 태천 출신으로 아버지와 동갑이다. 1925년 윈난 육군강무당을 졸
업하고 황푸군관학교에서 교관으로 활동했다. 1930년대에는 동북항일
연군 제7군단장, 제2로군 총참모장 등으로 만주에서 항일운동 및 빨치
산투쟁에 참가했다. 해방 후 평남 자치준비위원회 중앙위원을 시작으
로 1946년 조선민주당 중앙위원장, 1948년 인민군 총사령관·민족보위
상·제1기 대의원 등을 거쳐 1950년 한국전쟁 당시 인민군 서울방위사
령관을 지냈다. 아버지는 상하이 시절에 최용건과 알았던 모양인데 최
용건이 상하이에 머문 기간은 짧았다고 했다. 최용건은 조선민주당 중
앙위원장 자격으로 남북협상에 참가했다.

남북협상 때 북측에서 인민군 사열식 같은 행사도 했던 모양이다. 그
때 평양에서 그걸 보고 오신 아버지는 북쪽은 이미 전쟁 준비가 돼 있
어 곧 전쟁이 일어날 것 같은 느낌이라고 하셨다. 특히 최용건이 이야
기한 것 등을 종합해볼 때 북쪽 군대는 훈련이 잘 돼 있어 미군이 개입
하지 않으면 남쪽은 상대가 되지 않을 것이라고 하셨다. 비전문가인 아
버지 눈에도 그렇게 느껴질 정도였다면 당시 북한의 군사력이 남한보

다 훨씬 우세했다는 이야기다.

나는 또 다른 측면에서 아버지와 비슷한 생각을 한 적이 있다. 국토가 두 동강이 났으니 전쟁에 대한 위험은 다들 어느 정도 느끼고 있었다. 그런데 당시 남북한 모두 한반도 전체가 다 우리 땅이라고 주장하였다. 북한은 제주도까지, 남한은 압록강~두만강까지 각자 자기들 영토라고 주장했다. 그런데도 남북 간 대화는 손톱만큼도 이뤄지지 않았다. 남쪽은 북진통일, 북쪽은 조국해방이라고 공공연히 떠들었다. 그러니 남북 간에 전쟁이 나는 것은 당연한 귀결이 아니겠는가.

해방 후 국방경비대에서 시가행진하는 걸 본 적이 있다. 제복을 입은 군인들이나 장갑차가 참 멋있어 보였다. 그때만 해도 북쪽이 전쟁을 일으켜도 남쪽이 진다는 생각은 하지 않았다. 당시 육군참모총장 채병덕蔡秉德 같은 사람은 "해주에서 아침 먹고 평양에 가서 점심 먹고 신의주 가서 저녁 먹는다"고 지껄였다.

한국전쟁 때 인민군이 파죽지세로 밀고 내려왔다는 것은 오랫동안 사전준비가 돼 있었다는 이야기다. 그렇다면 미군은 사전에 북한의 군사동향을 전혀 몰랐을까? 2016년 6월에 보도된 미 국무부 문서에 따르면 '미 극동군사령부가 1950년 3월 10일, 북한군이 6월경 남침할 것이라는 정보를 입수하고 상부에 보고했'는 내용을 담고 있다. 당시 미군은 북한군의 남침을 정확하게 예측했다는 얘기다. 결과적으로 대비가 부족했거나 아니면 방치했다는 이야기다.

당시 우리 집은 《국도신문國都新聞》이라는 조간신문을 구독했다. 명색이 조간이었지만, 정작 신문은 저녁에 배달됐다. 그런데 6월 28일에는 아침에 대문 앞에 신문이 와 있었다. 1면 통단으로 뽑은 제목이 "의

정부 탈환"이었다. 의정부 탈환? 언제 뺏겼나? 뺏겼다는 보도가 없었는데 탈환이라니. 그러면서도 의정부를 탈환했다니 '서울은 안심해도 좋겠구나'라고 생각했다.

그 무렵 우리는 도렴동에 살았다. 나는 슬슬 지금의 세종문화회관 앞쪽으로 나가보았는데 당시 그곳은 공터였다. 북쪽을 쳐다보았더니 중앙청 앞에 탱크 두 대가 서 있고 그 뒤로 인공기가 게양돼 있었다. 당시 좌익계 학생들이 밤에 태극기를 내리고 인공기를 게양하는 '인공기 사건'이 자주 발생하던 때였다. 나는 처음에는 또 학생들이 중앙청 마당에 인공기를 올린 줄로 알았다(사진 41: 6월 28일 서울 광화문 앞에 모습을 드러낸 소련제 인민군 탱크).

탱크가 있는 중앙청 앞으로 다가갔다. 마침 탱크병이 탱크에서 나와 시민들과 악수하고 있었는데 미군이 아니었다. 그때 국군은 탱크가 없었다. 자세히 보니 처음 보는 복장이었다. 놀랍게도 인민군이었다. 탱크 주변에 모인 사람들은 박수를 치거나 탱크 위에 올라가기도 했다. 야단법석이었다. 나는 곧장 집으로 돌아왔다. 돌아오는 길에 한 경찰관이 웃통을 벗더니 쓰레기통에 처넣고 바지만 입은 채 허둥지둥 도망치는 모습을 봤다. 서울이 인민군의 수중에 떨어진 걸 나만 모르는 게 아니었다.

6월 25일 새벽 삼팔선을 넘은 인민군은 28일 아침 서울을 완전히 장악했다. 어느새 세상이 바뀌어 있었다. 28일 새벽 두 시 이십팔 분 국군은 한강대교를 폭파했다. 서울을 빠져나가는 유일한 다리가 폭파되면서 백 만 서울시민은 발이 묶였다. 민간인은 물론이요, 미처 후퇴하지 못한 국군 병력도 함께 발이 묶였다. 인민군의 남하를 저지하기 위해

사진41_1950년 6월 28일 서울 중앙청 앞에 모습을 드러낸 소련제 인민군 탱크.

폭파했겠지만 폭파 시점을 놓고는 논란이 많다. 이승만은 한강대교 폭파 직전 다리를 건넜다. 서울시민들에게 서울은 안전하니 가만 있으라고 방송하고는 자신은 특별열차 편으로 서울을 빠져나갔다. 이 방송은 대전 충남지사 관사에서 녹음한 것이었다. 피란길에 오르려던 서울시민 중에는 이 방송을 듣고 도로 짐을 푼 이도 있었다. 이들은 9월 수복 때까지 꼬박 석 달을 인민군 치하에서 부역자 노릇을 해야 했다.

세상이 바뀐 것은 금세 실감할 수 있었다. 그때 우리가 기거하던 집은 화장품 가내공업을 하고 있던 김성술의 집이었다. 대문 옆에 있던 별채 2층 건물의 아래층은 화장품 공장이고 위층은 사무실이었다. 29일 2층 사무실에 여성동맹 도렴동 지부가 들어섰다. 서대문형무소에서 출소한 좌익 청년들이 붉은 완장을 두른 채 서울시내를 휘젓고 다녔다. 종로구 인민위원장은 홍상희洪祥熹라는 사람이었는데 벽초 홍명희의 사촌인지 육촌인지 동생이라고 들었다. 아버지와도 안면이 있는 사이라고 했다.

7월 초 집 주인 김성술이 광화문 파출소에 끌려가 조사를 받았다. 며칠 뒤 아버지가 홍상희를 찾아가 "반동으로 처벌을 해야 한다면 당신들 법대로 해야지 동네 민청 젊은 놈들이 와서 오라 가라 하는 것은 경우가 없지 않냐"고 따졌다. 그랬더니 홍상희가 "아마 모르고 그랬겠지. 그런 경우가 어디 있느냐?"며 앞으로 그런 일은 없을 거라고 약속했다한다. 그 후로는 무슨 지시가 내려왔는지 우리 집을 들여다보고 그러는 일이 일체 없었다.

아버지가 홍상희를 만난 지 얼마 되지 않은 7월 초순경이었다. 하루는 서울시 인민위원회 부위원장 한지성이 쌀 한 말, 찹쌀 한 되, 팥 한

되를 보내왔다. 그때는 양식이 제일 귀물貴物이었다. 당시 서울 재봉틀은 다 시골로 갔다고 할 정도로 모두들 재봉틀을 시골에 가져가서 쌀로 바꿔오던 때였다. 그런데 우리 가족은 어디 가서 양식을 구할 방도가 없었다. 그런 것을 바꿔올 데도 없고 해서 아주 곤란을 겪던 때였다. 한지성은 안공근의 차녀 금생의 남편으로, 광복군 인면(인도/미얀마) 지구 공작대 대장을 지냈다. 한지성은 충칭 시절부터 아버지와 잘 아는 사이였다. 덕분에 우리 가족은 한동안 쌀 걱정을 덜게 됐다.

의용군 강제입대, 꾀병으로 풀려나

파죽지세로 밀고 내려가던 인민군은 미군이 참전하면서 7월 중순부터 기세가 한풀 꺾였다. 이따금씩 미군 비행기가 서울에 출몰하였는데 원효로 쪽에 대규모 폭격이 있었다. 그곳에 석오 이동녕 선생의 따님이 살고 계셨다. 어머니가 그분 걱정을 많이 하시기에 내가 한 번 다니러 갔다.

당시 그 집은 목욕탕을 경영하고 있었다. 그런데 건물이 날아가고 없었다. 땅바닥에 '탕' 자만 남은 간판이 나뒹굴고 있었다. 안쪽으로 들어갔더니 목욕탕 자리에 벌거벗은 시체가 몇 구 있었다. 한국전쟁 때 본 시체는 그때가 처음이었다. 마침 그 집에서 일하던 종업원을 만났는데 피폭 후유증으로 정신이 얼얼한 듯했다. 폭격 후에 깨어보니 공터로 날아가 떨어져 있었는데 다행히 다친 곳은 없었다고 했다. 그에게 "이 집 식구들 어찌 됐느냐?"고 물으니 며칠 전에 경기도 광주인지 여주인지로 피란갔다고 했다. 석오 따님의 고모부가 산다고 했다. 다행히 그 집은 인명피해는 없었다. 원효로 일대는 주거 지역이어서 그 폭격으로 많

사진42_인민군 점령 아래 '의용군'으로 끌려가는 청년들. 필자도 의용군으로 끌려갔다가 탈출해 근 두 달 만에 집으로 돌아왔다.

은 사람들이 죽었다.

우리와 가까이 지내던 사람들은 대개 전쟁 발발 직후 피란을 갔다. 청운동에 살던 성재 이시영 선생 집안도 떠나고 서대문 영천의 민필호 선생 가족도 떠났다. 우리도 피란을 갈까 생각했다. 그런데 막상 생각 해보니 갈 곳이 없었다. 어머니 친정은 충남 예산인데 외가 식구들도 당시 거의 서울에 와 있었다. 할머니는 돈암동 고모 집에 계시고 우리 는 부모님과 나 셋이었다. 라디오로 미군 참전 소식을 듣긴 했지만 하 루아침에 전세가 바뀌지는 않았다. 쌀이나 생필품이 바닥나면서 생활 이 힘들어지기 시작했다. 게다가 나는 언제 어떻게 의용군에 끌려갈지 몰라 불안한 나날을 보냈다.

7월 중순 우리 집 인근 종교 예배당(현재 서울경찰청 앞 종교교회)에서 의용군 출전 궐기대회가 열렸다. 출전 분위기를 띄우기 위한 사전행사 였다. 우리 동네 청년 수십 명을 모아놓고 의용군에 지원하라고 했다. 그런데 아무도 지원을 안 하니 그냥 돌려보내줬다. 초창기에는 그랬지 만 나중에는 닥치는 대로 무조건 다 잡아갔다. 그사이 나는 두 차례나 잡혀갔다가 겨우 위기를 모면했다. 한번은 길에서 붙잡혀 여성동맹 사 무실로 끌려갔다가 학교에서 '조직' 일을 하고 있다고 둘러대고 겨우 풀려났다. 또 한 번은 민청 청년들에게 붙잡혀 동회로 끌려가는 도중에 사직공원 인근에서 미군 비행기가 나타났다. 한 군데 모여 있지 말고 멀찌감치 떨어져 숨으라고 하기에 그 길로 아주 숨어버렸다.

숙동 형의 소개로 알게 된 형의 동기생 오 씨라는 사람이 있었다. 그 는 재학 중에 좌익활동으로 제적당했는데 공산 치하에서 서울법대 조 직책을 맡고 있었다. 그는 혹시 길거리에 가다가 붙잡히면 자신의 이름과 전화번호를 대라고 하면서 연락처를 일러주었다. 첫 번째 붙잡혔을 때는 그의 이름을 대고 풀려났었다. 하지만 8월 초, 결국 의용군에 끌려가게 됐다.

하루는 그가 나를 찾아와 의용군에 같이 가자고 했다. 혼자 온 것도 아니고 두세 명이 같이 왔는데 어디 도망갈 데도 없고 꼼짝없이 법대까지 끌려갔다. 법대에 갔더니 진짜 열성분자들이 거기 다 모여 있었다. 그동안 다른 사람들을 다 보내고 마지막에 자기들이 가는 날 나를 데리고 가려는 거였다. 저녁 때 교수도 몇 명 나오고 해서 송별 다과회를 하면서 노래도 부르고 그랬다. 그런데 다른 사람은 다 가도 오 씨는 갈 수 없다고 했다. 알고보니 그는 결핵을 앓고 있었다. 결국 오 씨는 남아서 사무실을 지키기로 하고 나를 포함해 전부 일신초등학교에 집결했다(사진 42: 인민군이 서울을 점령한 가운데 '의용군'으로 끌려가는 장정들).

일신초등학교에 도착하니 몇 천 명이 모여 있었다. 여기서 뜻밖에 이종사촌 동생 조성철을 만났다. 성철은 나보다 세 살인가 밑인데 경기중학을 나와 서울대 문리대 의예과에 들어갔다. 법대와 의예과가 같이 있어서 학교에서 자주 만났다. 한국전쟁이 발발한 후 의예과에 자치위원회가 조직됐는데 성철이가 부위원장을, 위원장은 내 보성중학 동기생이 맡았다. 성철은 의예과 학생들을 의용군으로 다 보내고 마지막으로 온 듯했다. 이전에 성철이네 집에 놀러가서 더러 자고 오곤 했다. 성철이와 나는 바둑 친구였다. 성철이는 그때부터 좌익에 빠져 있었다. 사실 그 집안은 전부 그랬다. 이모는 안국동 부인회장, 이모부 조원형은 《조선인민보》 편집국장을 지냈다. 《조선인민보》는 일제 때 총독부 일어판 기관지인 《경성일보》 출신들이 해방 직후에 창간한 신문이었다.

당시 이모부는 사진기자로 근무했다. 이 신문은 창간 때부터 좌익성향의 인사들이 주도했는데 한국전쟁이 일어나자 공산당 선전지가 되었다. 이모 부부는 9·28수복 직전 서울을 떠났는데, 의정부에서 국군에게 붙잡혀 즉결처분됐다는 이야기를 들었다. 일신초등학교에서 성철을 만난 나는 의용군에서 빠져나가자고 그를 설득했다. 하지만 성철은 내 말을 듣지 않았고, 결국 나는 중간에 빠져나가지도 못하고 연천까지 가야 했다. 성철과 말씨름을 벌이다 거기까지 간 것이다. 연천에서 서로 헤어졌다. 이후 성철의 생사를 알지 못한다.

행군은 주로 밤 시간을 이용했다. '단장의 미아리고개'를 넘어 의정부~동두천~연천 등지를 거쳐 8월 10일경 강원도 철원에 도착했다. 중간에 탈출할 수 있는 기회가 아주 없지는 않았는데 어떻게 하다보니까 강원도 이천까지 끌려갔다. 거기서 8·15기념식을 맞았다. 점심식사 때 고기반찬도 나오고 특별간식으로 주먹밥도 한 덩어리 더 주었다. 행군 중에 알게 된 중동중학 학생 한 명과 함께 이날 탈주를 감행했다. 산기슭을 따라 내려가면 개성쯤으로 방향이 잡히지 않을까 생각했다. 그 산이 서남쪽으로 뻗어 있었다. 그런데 지리도 낯선데다 밤이어서 산에서 돌아다니다 결국 붙잡혔다. 이튿날 황해도 금천경찰서에서 조사를 받은 후 다시 의용군에 편입됐다.

금천에서 의용군에 다시 편입된 후 황해도 서흥으로 이동했다. 거기서는 날씨가 서늘해질 때까지 보름 정도 머물렀다. 내가 편입된 부대는 충청북도 진천 출신들이 대부분이었는데 함경도 출신의 서울 상대생 방 아무개와 말이 통했다. 하루는 둘이 의논을 했다. 탈주는 어렵고 꾀병을 부려보기로 했다. 당시 나는 몸이 마른 편이어서 결핵 환자 시늉을 냈

다. 결핵은 병원에 가서 검사를 해도 금세 나타나지 않았다. 결핵 판정
이 나면 무조건 돌려보냈다. 그런데 결핵 꾀병을 부리다가 이질에 걸렸
다. 이왕 병으로 빠지려면 이질 정도는 걸리는 게 좋겠다고 생각해 이질
환자들 격리병실에 가서 그들이 먹다 남긴 음식을 먹고 그랬는데 진짜
로 이질이 걸린 거였다. 비교적 가볍게 걸린 것이 다행이었다.

서흥에서 오백 리 길을 걸어 9월 초 해주에 도착했다. 거기서 우리를
인솔했던 인민군 장교를 만났는데 그가 하는 말이 다들 인민군에 편입
되어 떠났다는 것이었다. 당장 갈 곳이 없는 나는 황해도 군사보위후원
회로 보내졌다. 당시 지역마다 그런 조직이 있었다. 그때 나와 같이 간
다른 환자들 역시 대부분 꾀병이었다. 해주에서 치료 겸 요양을 한 후 9
월 15일 귀향증을 받아 귀가 길에 올랐다. 연백까지 와서 서울 상대생
방 아무개는 인천 집으로 가고 나는 서울로 왔다. 연백에서 보는 인천
하늘이 벌겋게 물들어 있었다. 서울 홍제동에 다다르자 김포, 인천 쪽
에서 비행기 폭격 소리와 포성도 들렸다. 미군의 인천상륙작전이었다.
9·28수복 소식은 옥인동 숙동 형 집에서 라디오로 들었다.

아버지 납북과 | 내가 서울 집에 도착한 것은 9월 19일경이
박종길의 호의 | 었다. 8월 초 의용군에 끌려간 지 근 오십
일 만이었다. 대문을 열고 들어서자 어머니는 나를 껴안고 한참 우셨
다. 의용군에 끌려간 뒤 근 두 달이 지나도록 외아들의 생사를 모르셨
으니 심경이 오죽하셨을까. 그런데 더 큰 일이 있었다. 내가 귀가하기
하루 전날 아버지가 집에 찾아온 청년들을 따라 나가신 후 소식이 없었

던 것이다. 아버지가 무슨 잘못을 하신 것은 없었지만 전쟁 중이니 장담할 수 없었다. 누군가 구석진 데로 끌고가 쥐도 새도 모르게 죽여도 모를 때였다. 어머니는 한편으로는 내가 무사귀환해서 기뻐하셨으나 한편으로는 아버지 신변을 걱정하셨다.

내가 아버지를 마지막으로 뵌 것은 의용군에 끌려간 직후였다. 아버지가 어떻게 아셨는지 찾아오셨다. 일신초등학교 정문에서 아버지를 만났다. 나는 당장은 빠져나갈 방도가 없으니 기회를 찾아 빠져나오겠다고 말씀드렸다. 그리고 헤어졌다. 그것이 아버지와의 마지막 만남이 되고 말았다.

조소앙 선생은 비서가 두 사람 있었다. 광복군 2지대 출신의 신영묵과 김흥곤金興坤이다. 아버지를 포함해 임정 어른들을 북으로 데리고 간 사람은 김흥곤이었다. 그는 삼선교 조소앙 선생 댁에서 회의가 있다며 한독당과 한국사회당 등 임시정부 인사들을 승용차로 모시고 갔다. 민족자주연맹 계열 인사들은 삼청동 김규식 선생 댁에 모였고, 근로인민당 소속의 중도좌파 계열 인사들은 무교동 성남호텔로 모였다. 이들은 각각 버스에 나눠 타고 북으로 떠났다. 각 개인별로 승용차로 모셔 갔다고 해서 이를 '모시기 작전'이라고 부른다.

이태호가 쓴《압록강변의 겨울》이라는 책에 따르면, 북한은 남침할 때부터 남에서 챙길 사람과 자료 따위에 대한 계획을 치밀하게 세웠다고 한다. 김규식, 조소앙, 조완구, 김붕준, 유동열, 최동오, 윤기섭, 엄항섭 등 임정 요인들과 민족자주연맹 소속의 안재홍, 박열, 백관수 등이 납북됐다. 이밖에 이광수,《조선일보》사장 방응모 등이 있었는데 이들은 납북 도중에 사망했다고 한다(사진 43-1:《압록강변의 겨울》표지).

사진43-1_《압록강변의 겨울》 표지.
남북 인사들의 납북과정을 사실적으로 기록했다.

사진43-2_충칭 투차오 시절 우리 집에서
함께 생활한 박종길. 아버지의 납북을
생각하면 잊을 수 없는 사람이다.

훗날 조소앙 선생의 동생 조시원 선생한테 들은 이야기다. 아버지도 삼선교 조소앙 선생 집에 모였다가 그날 저녁에 버스로 북으로 갔다고 한다. 조시원 선생 본인은 자기 형 집의 구조를 잘 알고, 그 동네 지리를 잘 알아 살짝 빠져나왔다고 한다. 아버지에게 슬쩍 권하려 했으나 많은 사람들 속에서 차마 하지 못했다는 이야기였다. 소해 장건상 선생이 화를 피한 데도 일화가 있다. 좌파 계열 인사들의 납북 책임자는 몽양의 사위였다. 전날 사전모임 때 그가 소해 선생에게 "선생님은 내일 나오지 마십시오"라고 슬쩍 언질을 줬다. 소해는 '이것들이 무슨 꿍꿍이속으로 나만 빼놓으려는 거냐'며 기분 나빠하면서도 이튿날 가지 않았다고 한다. 소해는 그렇게 해서 납북을 피할 수 있었다. 그것이 소해의 운명인지도 모르겠다.

아버지의 납북을 생각하면 이 사람을 잊을 수 없다. 충칭 투차오 시절 학병 출신으로 우리 집에서 붙어살다시피 한 박종길이다. 나중에 고향 경북 영양에서 국회의원도 여러 차례 했는데 우리 집안에 대해서 잘 알고 있어서 친하게 지냈다. 귀국해서는 작은 삼촌 집에 방을 하나 얻어 며칠 머물다 고향으로 내려갔다.

대구 10·1항쟁 후 어느 날 그가 가족을 데리고 우리 집으로 찾아왔다. 고향에 가 보니까 일제 때 일본 앞잡이 하던 사람들이 설치고 다니는데 사사건건 그들과 충돌을 했다고 한다. 그러던 중에 10·1항쟁이 터지니 자기를 빨갱이로 몰아서 가족들을 데리고 서울로 도망왔다고 했다. 서울에는 아는 데가 우리 집밖에 없으니까 우리 집으로 온 것이었다. 우리 집에 며칠 숨어 있다가 궁리 끝에 경찰의 체포를 피하려면 경찰에 들어가는 게 좋겠다고 했다. 결국 아버지가 해공에게 부탁하고 해공은 다시 수도경찰청장 장택상에게 부탁해 동대문경찰서에 들어갔다. 그런데 얼마 뒤에 경찰에 있는 것도 불안하다며 국방경비대에 들어갈 수 있겠느냐고 했다. 당시 경찰도 군인은 손을 대지 못했다. 아버지가 이번에는 국방경비대 총사령관 송호성 장군한테 부탁해 다시 국방경비대에 들어갔다.

한국전쟁 당시 박종길은 의정부 군부대에 있었다. 피란길에 지프차를 하나 구해 돈암동으로 우리를 찾아왔다고 한다. 우리가 돈암동 성신여고 밑, 성북경찰서 뒤쪽 고모 집에 산 적이 있었고, 박종길은 그 집을 기억했던 것이다. 우리 가족은 한국전쟁 전에 예닐곱 군데 이사를 다니다가 전쟁 무렵 광화문 도렴동으로 이사했다. 박종길이 돈암동 고모 집에 가 보니 고모는 삼선교에 있는 자기 사위 집에 가서 집에 없었다. 집에는 할머니가 혼자 계셨는데 할머니는 우리 집 주소를 알지 못했다. 광화문 어디께에 산다는 이야기를 들은 박종길은 차를 몰고 광화문에 와서 우리 가족을 찾았다고 한다. 하지만 찾지 못해 결국 그냥 떠났다고 했다. 그때 박종길을 만났더라면 우리 식구가 다 피란 가지는 못했을지라도 적어도 아버지와 나는 한강을 건넜을 것이다. 그랬다면 아버지가 납북을 피할 수 있었을 것이다. 생각해보면 참으로 안타까운 일이 아닐 수 없다(사진 43-2: 박종길).

아버지가 납북된 후 동네에서 이상한 소문이 돌았다. 북쪽 사람들이 아버지를 승용차로 모셔 갔으니 진짜 빨갱이라느니 빨갱이 중에서도 고위급이라느니 하는 식이었다. 이상한 눈으로 우리를 쳐다보는 동네 분위기가 부담스러웠다. 할 수 없이 10월 초 어머니를 모시고 돈암동 고모네 집으로 다시 이사했다. 그런데도 불안감이 가시지 않았다. 나는 태평로 국회의사당(현 서울시의회 청사)으로 해공을 찾아갔다. 나로서는 우리 가족을 지켜줄 든든한 '빽'이 하나 필요했다. 당시 해공은 재선 국회의장이었다.

비서실에 가서 그냥 내 이름 석 자를 써서 주고 해공을 뵙기를 청하였다. 잠시 후 비서가 나와서 "김의한 선생 자제냐?"고 물었다. 내가 "그렇다"고 하자 그 비서는 "오늘은 부득이한 일이 있어 만날 수 없으니 다음에 다시 찾아오라"고 했다. '다음'이라면 언제를 말하는가. 당시 내가 절박한 상황이어서 그랬는지 그 말이 굉장히 서운하고 불쾌했다. 그 후 내 결혼식 주례 부탁 때문에 다시 찾아간 적은 있지만 한동안 나는 해공과 인연을 끊었다.

한국전쟁 통에 풍비박산이 난 집안이 한둘일까마는 우리 집안도 마찬가지다. 아버지는 납북되었고, 작은삼촌 각한은 행방불명되었다. 중진 서양화가였던 각한 삼촌은 당시 한성여중 교사로 있었다. 각한 삼촌의 큰아들 세동世東은 9·28수복 후 미군부대에 근무했는데 그곳에서 만난 미군의 도움으로 미국으로 유학을 갔다. 그곳에서 대학교수를 하며 살다가 작고했다. 사촌형 택동澤東은 유명 여배우인 형수와 함께 월북했으며, 작은고모 영원永媛은 우여곡절 끝에 부부가 남북으로 갈리고 말았다.

미군 통역
시절

9·28수복 후 서울은 차차 평정을 되찾기 시작했다. 아버지가 납북된 후 졸지에 내가 가장이 되었다. 나는 학업보다 취업이 급선무였다. 어머니가 헌옷 행상

을 하시겠다고 두어 번 나가보시고는 못 하겠다 하셨다. 장사 같은 일에는 소질이 없는 분이다. 어떻게든 먹고 살아야겠기에 내가 일자리를 찾아보기로 했다. 보름 정도 남대문 시장에 나가서 뜨내기 장사를 했다. 미국 사람들 가운데 시장에 물건을 팔러 오는 사람들이 더러 있었다. 그들을 상대로 짧은 영어 몇 마디로 상인들과 연결시켜주고 구전을 몇 푼 받았다.

얼마 뒤 11월 초하루부터인가 한강 도하가 허용되기 시작했다. 그 전에는 한강을 건널 때 허가를 받아야만 했다. 당시 서울에도 미군부대가 더러 있었지만 취직하기가 어려웠다. 그런데 누가 부평이나 김포로 가면 미군부대에 취직이 가능할 것이라고 했다. 마포에서 배를 타고 여의도를 거쳐 영등포까지 걸었다. 초행이어서인지 굉장히 멀게 느껴졌다. 거기서 다시 김포까지 갔는데 일자리 얻기가 쉽지 않았다. 영등포 싸구려 여인숙에서 하룻밤을 자고 이튿날 기차로 부평에 갔다.

숙동 형과 형 친구, 그리고 나 셋이서 미군 제2병참사령부를 찾아갔다. 가장 영어 실력이 좋은 숙동 형이 대표로 말을 했는데 미군 대위가 "나머지 두 사람도 너만큼 영어를 잘 하느냐?"고 묻기에 형이 무조건 "그렇다"고 말해 바로 취직이 되었다. 1950년 11월의 일이다. 내가 배치된 부서는 도서실이었다. 책 빌리러 오는 사람들이 신청한 책을 찾아주는 일이 전부여서 영어를 잘 못해도 문제가 없었다. 나는 보초 서는 미군 병사와 대화하면서 영어회화를 익혔다. 부대 근처에서 하숙을 했다.

12월 초 어느 날, 형과 함께 출근하는데 청년단이 우리 앞길을 막아섰다. 그들은 우리에게 '후방요원증'이 있냐고 물었다. 이 증명서가 있으면 후방에서 맘 놓고 일할 수 있었다. 나와 형은 미군부대 증명서를 보여주었다. 그랬더니 이걸로는 안 된다며 거듭 후방요원증을 내놓으라고 했다. 그래서 결국 "없다"고 했더니 부대 정문 앞에서 우리를 끌고 청년단 사무실로 갔다. 이들은 바로 지난주에 후방요원증이 다 발급되었다는 것을 알고 있었다. 후방요원증이 없는 사람은 잡아가도 된다는 것을 다 알고 나온 것이었다.

청년단 사무실에 가서 보니 우리 부대 통역 예닐곱 명이 이미 잡혀와 있었다. 전부 대학생들이었는데 당시는 대학생도 징집 연기가 되지 않았다. 궁리 끝에 우리는 말을 맞추기로 했다. 즉 '우리도 지난주에 후방요원증이 나오게 되어 있었는데 사무 착오로 우리 사무실 사람들만 안 나왔다. 아마 오늘쯤 나와 있을 거다'라고. 여러 사람이 똑같은 말을 하니까 그들은 의심쩍어 하면서도 시민증을 맡기고 풀어주었다. 다들 사무실로 돌아왔는데 후방요원증이라는 게 나올 리 없었다. 결국 우리는 임의로 만든 문서를 갖고 가서 일단 위기를 모면했다. 그때 까딱했으면 나도 제2국민병(이른바 국민방위군)에 끌려가 개죽음을 당할 뻔했다.

중공군 개입 후 정부는 이들과 맞서 싸우려면 많은 병력이 필요할 것으로 판단하고 국민방위군을 만들었다. 국민방위군은 1950년 12월 21일 공포된 '국민방위군 설치법'에 의해 조직된 '제2국민병'을 말한다. 병력 응모를 시작하자 열일곱 살부터 마흔 살까지 장정들이 모여들어 순식간에 50만 명을 넘어섰다. 1951년 1·4후퇴 당시에는 전국 각지에서 부대 창설 작업을 하고 있던 국민방위군이 대구, 부산 등지로 남하하기 시작했다.

이 과정에서 사령부 고위간부들이 약 25억 원의 국고금과 물자를 부정 착복하였는데, 이것이 소위 1951년 봄 '국민방위군사건'이다. 이 사건으로 한겨울 추위에 얼어죽거나 굶어죽은 청춘이 무려 9만 명에 달했다. 중앙고등군법회의는 7월 19일 국민방위군사령부 김윤근金潤根 사령관 등 고위간부 5명에게 사형을 선고하였다. 국군 사상 최대의 국방 비리 범죄자인 이들은 8월 12일 대구교도소 인근 야산에서 총살되었다.

부평의 미군부대가 부산으로 후퇴하자 우리는 다시 새 일자리를 찾아 나섰다. 얼마 뒤 숙동 형과 함께 어느 학교 앞을 지나가는데 미군 2사단 9보병 연대라는 간판이 눈에 띄었다. 보병부대가 조금 꺼림칙하기는 했지만 산하에 HQ Company, Service Company, Medical Company, 즉 본부 중대와 서비스, 의무 등 세 중대가 있었다. 형과 나는 일단 부딪쳐 보기로 했다. 흑인 보초병에게 취직하러 왔다며 들어가게 해달라고 했더니 안 그래도 S-2(정보 담당)에서 사람 구한다는 얘기를 들었다며 그리로 안내해주었다.

S-2 사무실로 들어갔더니 새파란 중위 하나가 앉아 있었다. 그 친구 이름을 아직도 기억한다. 이름은 머피, 나중에 뉴욕에서 하원의원을 지냈다. 이야기를 하니 한 사람만 필요하다고 했다. 그러자 숙동 형은 어딘가 두 사람이 필요한 곳이 있을 터이니 다시 찾아보자며 나가자고 했다. 그때 의무중대 중대장이 우리 이야기를 듣더니 전에 자기 중대에도 통역이 있었다며 한 사람을 쓰겠다고 했다. 그래서 나는 의무중대 통역으로 취직되었다. 본부 중대에 배치된 형은 제대로 된 월급을 받았으나 나는 TO에 없는 자리여서 액수가 적었다. 대신 이곳은 근무하기에 참 편했다. 이곳에서 두어 달을 보냈다(사진 44: 미군 통역 시절. 오른쪽 끝이 필자).

그로부터 얼마 뒤 숙동 형에게 제2국민병 영장이 나왔다. 그러던 차

사진44_미군부대 통역 시절의 나. 오른쪽이 필자다.

에 인민군이 다시 내려오자 부대가 후퇴해야 했다. 내가 서울로 돌아가 겠다고 하자, 형은 자신은 영장 때문에 서울로 갈 수 없으니 함께 부산으로 가자고 했다. 그런데 그때 사실 숙동 형은 부산에 꼭 가야 할 사정이 있었다. 전쟁 전 숙대 다니는 여학생과 연애를 했는데 그 여학생은 가족을 따라 부산으로 피란을 갔다. 그런데 그 여학생이 임신했다며 형이 빨리 부산으로 내려오지 않으면 자살하겠다는 편지를 계속 부대로 보냈다. 전시에도 군사우편은 부산에서 서울까지 사흘이면 도착했다. 나도 숙동 형을 따라 부산으로 내려갔다. 내려가보니 그 여학생 식구들은 장면 총리 공관에 머물고 있었다. 장 총리 동생 장발張勃(전 서울대 미대학장)과 사돈 간이라고 했다.

부산 시절 나는 고종사촌 매부 유인호柳仁浩(전 국민은행 감사) 집에서 한동안 신세를 졌다. 마냥 놀고 있을 수가 없어서 취직자리를 구하러 돌아다녔으나 마땅한 데가 없었다. 그러다 우연히 신문에서 미군 통역을 모집한다는 광고를 보게 됐다. 부산 초량 근처 여학교에서 시험을 봤는데 운동장이 빽빽할 정도로 많은 사람이 모였다. 운동장에 앉아 치른 1차 필기시험에서 합격한 몇 십 명 안에 들었다. 다시 2차 시험을 보는데 시험관이 중국말 할 줄 아는 사람 있냐고 해서 손을 들었다. 나 말고도 몇 사람이 손을 들었고 최종적으로 스무 명 정도가 뽑혔다. 그때가 1951년 3, 4월경의 일이다.

부산에서 채용되어 대구를 거쳐 충북 제천으로 가서 미 10군단으로 배치됐다가 다시 원주로 가서 미 7사단 32연대에 배치되었다. 10군단 산하 PWI(Prisoner of War Interrogation)라는 포로 심문기구가 있었는데 그곳에 배치돼 포로 심문 통역을 맡았다. 거기서 일 년 정도 근무했는데 포로가 거의 없어서 일이 없었다. 두 달에 한 건 정도가 고작이었다. 게다가 타이완에서 온 통역이 하나 있었는데 중국말은 그가 거의 다 했다. 근무 여건은 최상이었다. 하루에 담배 한 갑씩 배급을 받았으며 세 끼 식사는 물론 초콜릿도 마음대로 먹을 수 있었다. 게다가 미군과의 차별 대우도 전혀 없었다. 당시 전선은 교착 상태여서 별 이슈도 없었다.

일 년 정도 머문 후 제대로 된 일자리를 구할 요량으로 서울로 올라왔다. 그런데 막상 일자리를 구하려 하니 여의치 않았다. 문득 원주 미7사단에서 통역할 때 알게 된 미군 방첩대CIC 소속의 미군 한 사람이 생각났다. 그는 나에게 나중에 서울로 오면 자기를 찾아오라고 했다. 자기가 한국 내 CIC의 총본부 격인 서울 308 CIC로 조만간 옮긴다고 했다. 그를 찾아갔고, 그의 도움으로 308 CIC에 새 일자리를 구했다.

출근 후 한 달 동안은 일을 주지 않았다. 알고보니 신원조회 기간이었다. 다행히 나는 통과되었다. 근 일 년 동안 신문 번역 업무를 담당하다가 이후 영등포에 있는 전쟁포로 이전센터PW Transit Center로 가서 조사 업무를 맡았다. 그때 한독당 중앙상무위원 출신 최익환崔益煥(건국훈장 애국장) 선생이 이북에 다녀온 뒤 조사를 받았다. 나는 최 선생을 통역하는 서울공대 출신 담당에게 특별히 부탁하여 식사 등 약간의 편의를 봐드렸다.

나중에 동양통신 초대 워싱턴 특파원을 지낸 최동현崔潼鉉 씨도 그때 나와 같이 근무했다. 그는 민간인들을 너무 심하게 다뤄 비난을 사기도 했다. 서울대 문리대 출신인 최 씨는 나와 같은 학번이었다. 그 밖에 합동통신 기자를 지낸 김용수金龍洙(《뉴욕타임스》 서울특파원 역임), 문일영文一英 등도 같이 근무했다. 문일영은 간도 광명중학 출신으로 정일권丁

一權(국무총리 역임), 강문봉 등과 친했다. 우리 말고 미국 유학생 출신으로 통역을 맡은 사람도 몇 있었다. 《찢겨진 산하》로 유명한 재일통일운동가 정경모鄭敬謨, 1960년 3·15부정선거 주도 혐의로 처형당한 최인규崔仁圭(내무장관 역임) 등이 그들이다.

미군 CIC 중에서 본부인 308 CIC에는 통역이 일고여덟 명 정도 됐다. 부대장이 중령이었고 대위, 중위 각 1명에 하사관이 여러 명 있었다. 이들은 전부 계급장을 달지 않고 다녔다. 현역 이외에 문관도 스무명 정도 있었다. 전체 한국인 근무자는 서른 명 정도였다. 사무실은 취산호텔에 있었다. 산하에 여러 군데 CIC를 두고 있었다. 한번은 강릉 CIC로 출장을 갔다가 강릉 공군비행장 대장으로 있던 백범 차남 김신을 만나기도 했다.

308 CIC는 통역에 대한 대우가 최상이었다. 당시 통역도 시험을 봐서 등급을 매겼는데 Interpreter 1·2·3급, Translator 1·2·3급, Investigator 1·2·3급 등이 있었다. 나는 채용될 때 최하급인 Investigator 1급으로 해준다고 했다. 그래서 안 하겠다고 했다가 다시 갔더니 Translator급으로 월급이 나왔다. 얼마 후에 CMS(Critical Military Specialist)라는 제도가 도입되었다. 월급 지급 기준이 달러인데 돈은 원화로 주었다. 당시 우리 부대에 통역이 십여 명 있었다. 1차로 세 명이 CMS에 추천되었는데 다행히 셋 다 합격했다. 세 사람 중에 내가 제일 신참인데 중국말 덕분인 것 같았다. 당시로서는 한국인 가운데 최상급 통역으로 채용된 셈이다. 월급도 서너 배 올랐다. 대우가 좋으니까 그만두기가 싫었다. 1952년 4월경에 취직해서 1954년 5월까지 근무한 것 같다.

이 자리를 빌려 고백하건대 나는 병역 의무를 이행하지 않았다. 마침

핑계도 있었다. 1951년 초 숙동 형을 따라 부산으로 내려갔다. 가서 보니 평소 학교에서 반공투사라고 깝죽대고 떠들던 자들, 한민당이나 일제 앞잡이 하던 집안의 자식들이 모두 부산에 모여 있었다. 나는 속으로 '반공은 군대에 지원해 나가야 반공이지, 부산에서 반공하는 거냐?'라고 생각했다. 그래서 내가 어떤 친구한테 "저 사람들도 군대 안 나가는데 내가 왜 가나, 나도 안 나간다"고 말한 적이 있다.

　물론 그 이유만으로 군대에 안 간 것은 아니다. 당시 나는 동포들끼리 총부리를 겨누고 싸워서는 안 된다는 신념을 갖고 있었다. 그것이 가장 큰 이유였다. 그때 나는 내 손가락을 자를지언정, 군대는 가지 않겠다고 결심했다. 그러나 나 대신에 누군가 그 자리를 채웠을 것을 생각하면 잘한 행동이라고만 할 수도 없겠다.

어머니의 '부역죄'　　1·4후퇴 후 서울은 마치 유령도시 같았다.
감옥살이와 수양딸　　한국전쟁 발발 직후와는 또 달랐다. 그때는
갑작스럽게 당한 일인데다 한강다리가 폭파되어 수많은 시민들이 졸지에 발이 묶였다. 그러나 1·4후퇴 때는 사람들이 전쟁 상황을 알고 있었기에 피란 갈 수 있는 사람은 전부 서울을 떠났다. 당시 나는 부평 미군부대 통역을 하느라 집을 비웠다. 돈암동 고모 집에는 어머니와 할머니, 그리고 석동 형이 맡기고 간 두 살짜리 조카 등 세 사람뿐이었다. 고모는 한국은행에 다니는 사위를 따라 부산으로 피란을 가고 없었다. 어머니는 피란을 갈 곳도 없거니와 갈 상황도 안 되었다. 가장은 어디론가 끌려간 후 생사도 알 수 없고, 외아들은 직장 때문에 집에 없었다.

나이 쉰 줄에 들어선 어머니의 심적 고통이 어떠했을지 짐작이 간다.

1·4후퇴 얼마 후 어머니는 돈암동 우리 집에서 이삼백 미터 떨어진 민세 안재홍 선생 댁을 찾았다. 민세는 아버지와 한독당 중앙위원회에 같이 있었고 어머니와 민세 부인도 가깝게 지냈다. 민세도 아버지와 함께 납북되었다. 어머니가 민세 집을 찾은 것은 혹시 아버지 소식이라도 들을 수 있을까 해서였다. 민세의 집은 당시로서는 고급저택이었는데 민세가 미 군정청 민정장관 시절 적산가옥을 불하받은 것이었다. 마당 안쪽에는 한옥이 있고 바깥쪽에는 2층 양옥 건물이 하나 있었는데 이북에서 내려온 사람들이 양옥 건물을 사용하였다.

아버지 등 일행을 북으로 '모셔간' 김흥곤이 바로 이 건물에 있는 정치보위부에서 일하고 있었다. 김흥곤은 한국전쟁 이전까지 조소앙 선생의 비서를 하고 있었는데 어머니도 잘 아는 사이였다. 김흥곤은 어머니를 보자 인사를 건네고는 아버지가 무사하다고 알려주었다. 그러나 그의 말을 곧이곧대로 믿을 수도, 믿지 않을 수도 없었다. 어머니가 민세 집을 나서려고 하자 김흥곤은 개성에서 사 왔노라며 인삼꾸러미 하나를 건넸다. 어머니는 그 후로도 아버지 소식을 듣기 위해 몇 차례 민세 집을 드나들었다. 김흥곤과는 민세 집에서 두어 차례 만난 것이 전부였다. 그런데 이것이 화근이 될 줄이야.

1951년 9월 중순경, 나는 미 7사단 32연대에서 통역으로 근무하고 있었다. 그 무렵 원주에 있던 부대는 휴식 차 양평으로 옮겨와 있었다. 하루는 3·1운동 당시 민족대표 33인의 한 분이던 김완규 선생의 손자 김몽한金夢漢이 양평 부대로 나를 찾아왔다. 내게는 아저씨뻘인데 그분도 아마 미군부대에 근무했던 것 같다. 외진 곳에 있는 부대로 날 찾아온 걸로 보건대 필시 무슨 큰 일이 난 것만 같았다. 아니나 다를까. 어머니가 부역죄로 경찰서에 잡혀갔다는 것이었다. 나는 바로 부대에 휴가를 내고 급히 서울로 올라왔다.

종로경찰서로 어머니를 찾아갔더니 어머니가 유치장에 갇혀 있었다. 담당 형사를 만났더니 첫 마디가 "아이구, 진작 오시지!" 하며 안타깝다는 듯이 말했다. 그는 "아무것도 아닌데 찾아오는 사람도 없고 해서 더 이상 미룰 수 없어 검찰에 송치했다"고 말했다. 생업 때문에 어머니를 곁에서 모시지 못한 것이 후회스러웠다.

이번에는 검찰로 달려갔다. 검찰도 비슷한 이야기를 했다. "아니, 왜 이제 왔냐? 진작 왔으면 기소 안 할 수도 있는데 이미 기소가 됐다"면서 "재판에 회부되었으니 좋은 변호사나 알아보라"고 말했다. 재판에 회부된 이상 달리 손을 쓸 수도 없었다. 변호사를 구하려고 생각해보니 아는 변호사가 한 사람도 없었다. 법원 앞을 서성이는데 '이병린 변호사 사무실'이라고 쓴 간판이 눈에 들어왔다. 나는 무턱대고 들어갔다. 변호사에게 자초지종을 이야기하고 변론을 부탁했더니 "그 정도면 풀려나올 수 있으니까 너무 걱정하지 말라"고 말했다. 그가 후일 민주화운동가이자 인권변호사의 대부로 불린 이병린李丙璘 변호사였다(사진 45-1: 이병린 변호사).

어머니가 경찰서에 끌려간 것은 그해 9월 초였다. 민세 집에서 북에서 내려온 김흥곤을 몇 차례 만난 것이 화근이었다. 게다가 그 집에 머물고 있던 김선근金善根이라는 여간첩을 만난 것도 문제가 됐다. 나중에 어머니에게 들으니 하루는 그 여자가 우리 집으로 어머니를 찾아왔단다. 그 여자는 어머니에게 "나는 미행을 당하고 있어서 곧 잡혀갈 것

사진45-1_이병린 변호사. 후일 민주화운동가이자 인권변호사의 대부로 불린 이 변호사가 어머니의 부역 혐의 재판에서 변론을 맡았다.

사진45-2_한국전쟁 중 서울 돈암동에서 노모를 모시고 고생하시던 시절의 어머니.

같다. 나는 죽더라도 공화국을 배반하지 않을 것이다"라는 말을 했다고 한다. 그 여자는 어머니를 자기 편으로 생각하고 세상이 다시 바뀌면 자신이 꿋꿋이 살았음을 전해달라고 그런 말을 한 것 같다. 실제 그 여자는 미행을 당하고 있었고, 그 여자가 우리 집을 나간 뒤 어머니는 곧장 경찰서에 붙잡혀갔다. 말하자면 '불고지죄'인데, 어머니로서는 미처 고지할 시간도 없었던 셈이다. 김선근은 그 후 사형당했다고 들었다.

어머니 재판은 말 그대로 엉터리였다. 함께 기소된 이십여 명의 피고들은 서로 관련도 없고 죄명이 달랐음에도 기소 근거는 단 하나였다. 1950년 6월 25일 대통령 긴급명령 제1호로 공포된 '비상사태하의 범죄처벌에 관한 특별조치령'이었다. 이에 근거하여 인민군 치하에서 동네 인민반장을 한 사람들을 전부 부역죄로 몰았다. 그들은 그 이전부터 동네 반장을 하던 사람이 대부분이었다. 검사는 1·4후퇴 때 후퇴하지 않은 것이 유죄라고 했다. 당시 어머니는 피란을 가고 싶어도 마땅히 갈 곳이 없는데다 노모와 두 살짜리 조카손녀를 데리고 있어서 옴짝달싹할 수 없었다. 사정이 이러함에도 후퇴하지 않은 것이 유죄라는 거였다. 검사는 피고들에게 징역 오 년에서 십 년을 구형하였고, 재판부는 구형량의 삼분의 이 정도에서 판결을 내렸다. 재판은 단심이었다. 어머니에게 징역 5년형이 구형되었으나 집행유예로 풀려났다. 이병린 변호사의 변론 덕분이었을 것이다. 이날 재판을 받은 사람 가운데 풀려난 사람은 어머니가 유일했다. 한국전쟁은 아버지를 빼앗아가고 어머니를 철창 속으로 몰아넣었다.

어머니는 대략 한 달 정도 감옥살이를 했다. 감옥에서 풀려난 후에도 '요시찰 인물'로 찍혀 예비검속을 당하곤 했다. 요시찰 명부에 이름이 올라가면 시민증 사진 옆에 '요要' 자를 찍었다. 그러면 어디 다니다 검문이라도 당하면 요시찰 인물이라는 게 금세 들통이 나게 된다. 당시 우리가 돈암동에 살았는데 성북서 관할이었다. 어머니 담당 형사가 우리와 친하게 지냈다. 그 사람이 '요' 자를 어머니 시민증 뒷면에다 찍어 줘서 그나마 다행이었다. 1952년 12월 2일 아이젠하워 미국 대통령이 당선자 신분으로 방한했다. 그때 요인 경호 차원에서 요시찰 인물들을 경찰서로 강제 구인하였는데 어머니도 이삼 일 성북경찰서에 계시다가 나온 적이 있다. 어머니의 이름은 1960년 4·19혁명 때까지 요시찰 명부에 올라 있었다.

9·28수복 후 서울은 도강파, 잔류파로 나뉘어 부역 여부를 놓고 논란이 뜨거웠다. 도강파는 서울에 남았던 사람들이 그동안 부역을 하지 않았나 조사하고 색출하는 등 별짓을 다했다. 내 눈에는 도망갔던 놈들이 돌아와서 설치는 꼴이 몹시 불쾌했다. 어떤 기록에 따르면, 당시 서울에 잔류했던 서울시민 백오 만 명 가운데 오륙 만 명이 부역 혐의로 체포되었다고 한다. 무기도 식량도 없던 상황에서 그들이 부역을 했다면 얼마나 했겠는가(사진 45-2: 인민군 치하 서울 돈암동에서 노모를 모시고 고생하던 시절의 어머니).

1952년 12월 24일 헌법위원회는 이 특별조치령에 대해 위헌 결정을 내렸다. 특별조치령 제9조 1항에서 관련자 재판을 '단심제'로 정해 항소를 하지 못하게 한 것은 위헌이라는 결정이었다. 결국 엉터리 법률과 엉터리 재판으로 인해 어머니가 억울한 옥살이를 했다는 이야기다. 제2공화국 출범 후 대대적인 사면조치로 감옥에 간힌 사람들이 풀려나고 전과 기록도 삭제되었다. 그러나 억울한 옥살이에 대한 응분의 보상은 이뤄지지 않았다. 분단과 전쟁의 비극은 어머니에게 씻을 수 없는 상처를 남겼다.

감옥에서 풀려나면서 어머니는 수양딸을 하나 데리고 오셨다. 여자 감방에 같이 갇혀 있던 중국인민해방군 간호장교 출신이라고 했다. 전투 중에 잡혔으면 포로수용소로 갈 텐데 후방에서 사복차림으로 잡혀 경찰서로 왔다고 했다. 그런데 다행히 괜찮은 검사를 만나 풀려나게 됐다. 검사가 자기 누이동생과 동갑인데다 미성년자라고 해서 풀어준 모양이었다. 그의 고향은 중국 옌볜延邊인데 중국 내전 때 참전했다가 부대 전체가 넘어오는 바람에 한국전쟁까지 오게 됐다고 했다.

검사가 풀어주려고 하다보니 누군가 신원을 보증할 사람이 필요했다. 하지만 낯선 타향에서 아는 사람이 있을 리 없었다. 결국 어머니가 "내가 책임질 테니 같이 나가게 해달라"고 해서 우리 집으로 데리고 왔다. 몇 해 동안 우리 집에서 같이 살았는데 우리 집에 있던 약으로 동네 사람들을 치료해주기도 했다. 내가 신문사에 들어갈 무렵 그녀는 8240 부대(이른바 켈로부대)를 통해 북파되었다.

03

언론계 시절

1954년 《조선일보》 입사로부터 시작된 나의 언론계 생활은
꼭 10년 만에 막을 내렸다. 당시 시대 상황에다
이런저런 사정으로 여러 신문사를 옮겨 다녔다

1. 조선일보

한국전쟁 삼 년 동안 나는 미군부대 통역을 하면서 후방에서 편히 지냈다. 마지막에 근무했던 308 CIC는 근무 여건도 좋고 월급도 많았다. 당시 미군부대에 근무하는 한국인 가운데 월급이 제일 많은 직종은 의사였는데 우리는 그들 수준의 월급을 받았다. 게다가 제2국민병 영장이 나오면 부대에서 다 해결해주었다. 그 시절에는 가히 천국이나 마찬가지였다. 그러나 그것만이 전부는 아니었다. 통역들 사이에서 '언제까지 미군부대 하우스보이 노릇이나 할 거냐?'는 자조의 목소리가 나오기 시작했다. '하우스보이house boy'란 미군부대 막사나 미국인 집에서 잡일을 도와주는 한국인 청소년들을 일컫는 말이다.

한국전쟁이 막 끝난 1950년대 중반까지만 해도 취직이 쉽지 않았다.

전후 복구도 덜 된데다 일자리 자체가 많지 않았다. 그러던 것이 1950년대 후반부터 서서히 사회가 안정되기 시작하면서 일자리가 생겨나기 시작했다. 당시 서울에서 가장 인기가 좋은 직장은 삼성물산이었다. 미군부대 통역보다 월급이 더 많았다. 영어를 좀 하면 삼성물산에 들어가 좋은 대우를 받았다. 내 친구 중에는 삼성물산에 들어가 몇 년 일하다가 효성 창립 때 상무로 간 사람도 있다.

당시만 해도 영어 잘 하는 사람이 귀했다. 미군부대에서 나의 주요 일과는 신문 번역이었다. 국내 신문에서 미군 관련 기사를 골라 영어로 번역했다. 처음에는 예닐곱 명이 하다가 나중에는 내가 도맡게 되었다. 나는 미군들이 뭘 원하는지를 잘 알고 있었기 때문에 그들의 입맛에 맞는 제목을 뽑았다. 어떤 것들은 살짝 비틀어 제목을 뽑기도 하고 내용도 일부 손을 봤다. 반면 미군들이 꼭 읽어봐야 할 기사라고 생각되는 것은 원문대로 가감 없이 번역했다(사진 46: 조선일보 입사 무렵 필자).

그러니 나의 하루 일과는 신문 보는 일로 시작해 신문 번역으로 끝이 났다. 그러던 어느 날 《조선일보》에서 기자를 뽑는다는 공고가 실렸다. 내가 처음부터 신문기자가 되려고 생각했던 것은 아니었다. 그런데 주변에서 나에게 신문기자가 제격이라고 권하는 사람이 많았다. 어릴 때부터 나는 시사나 국제 문제에 관심이 많았다. 곰곰이 생각해보니 신문기자가 되는 것도 좋겠다 싶었다. '하우스보이' 생활도 끝내고 내가 좋아하는 분야의 일을 해보고 싶은 생각도 들었다. 게다가 신문사에 입사하면 이리저리 옮겨 다니지 않고 집에서 출퇴근하며 어머니를 모실 수도 있어 좋을 것 같았다. 나는 조선일보사에 원서를 냈다. 그때가 1954년 봄이었다(사진 47-1: 서울 태평로 현 코리아나 호텔 자리에 있던 조선일보사 구사옥).

　1차 필기시험 과목은 국어, 상식, 논문, 외국어 등 네 과목이었다. 논문 주제는 언론 자유에 관한 것이었다. 네 과목 가운데 점수 비중이 제일 높았다. 외국어는 영어, 중국어, 불어, 독어 넷 중에서 택일이었다. 시험 감독자에게 넷 중에서 중국어를 선택하면 평가를 낮게 하느냐고 물어봤더니 차별은 없다고 했다. 나는 그래서 자신 있게 중국어를 선택했다. 각 과목마다 시험 시간은 한 시간이었다. 중국어는 예상보다 쉬웠다. 나는 답안지 작성을 일찍 끝내고 시험장을 빠져나왔다. 나오면서 보니 수험생 태반이 답안지를 반도 못 쓴 상태였다. 어떤 수험생은 영어를 보다가 어려우니까 도중에 중국어로 바꾸어 시험을 보기도 했다.

　며칠 뒤 1차 필기시험 결과가 발표됐다. 나는 무난하게 합격했다. 1차 합격자는 모두 열두 명. 그중 1등은 이주호李柱浩(동양통신 편집부국장 역임)였다. 그는 서울대 문리대 정치학과 출신으로 입사 후에 나와 친하게 지냈다. 1차 합격자 발표가 난 당일 오후에 면접시험이 있었다. 면접은 조선일보사 간부 면접과 외국어 면접으로 나뉘어 진행됐다. 외국어 면접은 사내에 마땅한 사람이 없어서 면접관을 밖에서 초빙했다고 했다. 《코리안 리퍼블릭*The Korean Republic*》의 고정훈 편집국장과 이 신문의 고문으로 있던 미국대사관 소속 미국인 청년 두 명 등 총 세 명이었다. 1953년 8월 창간한 영자신문 《코리안 리퍼블릭》은 지금의 프레스센터 자리에 있었다. 1965년《코리아 헤럴드》로 제호를 바꾸었다.

　고정훈은 독특한 이력의 소유자다. 평남 진남포 태생으로 일본 아오야마青山학원 영문학과를 졸업한 후 만주로 건너가 1945년 하얼빈 베이만北滿학원 노문과를 다녔다. 이런 연유로 그는 영어·러시아어·중국

사진47-1_서울 태평로 현 코리아나 호텔 자리에
있던 조선일보사 구사옥. 1969년에 찍은 사진이다.

사진47-2_필자가 《조선일보》 입사시험을 볼 때
고정훈 씨가 외국어시험 면접관이었다.
사진은 1984년 신정사회당 총재 시절의 고정훈 씨.

어·프랑스어 4개 국어에 능통했다. 유창한 영어 실력을 토대로 1947년 미소공동위원회에서 미국 측 통역으로 활동하였으며 육사 제7기 특별반을 졸업한 후 군에 들어갔다. 1949년 육군본부 정보국 차장을 거쳐 1950년 중령으로 예편한 뒤에는 언론인으로 변신하였다. 《코리안 리퍼블릭》편집국장, 《조선일보》논설위원 등을 거쳐 4·19혁명 후에는 혁신계 정치인으로 활동하였다. 5·16쿠데타 뒤에는 좌익으로 몰려 한때 수감 생활을 하였으며, 1981년 제11대 국회의원 선거 때 민사당民社黨 당수로 출마해 서울 강남에서 금배지를 달았다(사진 47-2: 1984년 신정 사회당 총재 시절의 고정훈 씨).

이날 외국어 면접에 고정훈 씨가 들어온 것은 나 때문이었을 것이다. 나는 외국어 중에서 중국어를 선택했는데 그가 중국어 면접도 맡기로 한 것이다. 먼저 고정훈 씨와 중국어로 대화를 하다가 내가 영어를 할 줄 안다는 것을 알고 미국인 고문 두 명이 대화에 합류하였다. 보통 십 분 정도면 면접이 끝났는데 우리는 삼십 분 넘게 대화했다. 면접이라기보다는 자유토론에 가까웠다. 곁에서 이 광경을 지켜보고 있던 홍박洪博(홍종인 주필의 애칭)은 연신 고개를 끄덕이면서 빙그레 웃었다. 나는 영어는 필기시험도 보지 않았는데 동기생 중에서 영어를 제일 잘한다고 공인되었다. 그 소문 때문에 내가 원하지 않았던 외신부로 발령이 났다.

1954년 6월 9일, 《조선일보》견습 1기로 정식 채용됐다. 이날을 특별히 기억하는 이유는 《한국일보》창간일과 같기 때문이다. 백상 장기영張基榮은 내가 입사하기 직전까지 《조선일보》사장으로 있었다. 그가 《한국일보》를 창간하면서 《조선일보》기자들을 빼가는 바람에 《조선일

보》에서 기자 공채를 하게 된 것이었다. 원래는 네 명을 뽑을 계획이었
는데 '빽'으로 들어온 네 명을 떼어버릴 수 없어 결국 여덟 명을 뽑았다
는 이야기를 나중에 들었다. 견습 기간 동안에는 정식 월급의 반만 나
왔다. 6개월 수습을 마치고 제대로 된 봉급을 받았다. 삼만사천 원이었
다. 이 금액은 308 CIC를 그만둘 때 받은 월급과 정확히 일치했다. 최
소한 월급은 현상유지를 한 셈이다.

**외신부서 시작해
판문점 출입도** 당시 국내에는 《조선일보》, 《동아일보》,
《경향신문》, 《서울신문》 등 4대 일간지가
주류였다. 상업지를 표방한 《한국일보》는 창간 초기여서 별 존재감이
없었다. 4대 일간지에 대한 평가는 사뭇 달랐다. 《동아일보》는 편파적
이라고 해서 인식이 좋지 않았으며, 《서울신문》은 여당지여서 역시 평
가가 별로였다. 반면 야당 성향의 조선과 경향이 비교적 인기가 많았
다. 《한국일보》는 중도 성향이었다.

발행 부수는 《조선일보》가 단연 1위였다. 당시 육칠만 부 정도가 나
간 것으로 기억한다. 동아와 경향은 사오만 부 정도였다. 《서울신문》도
부수는 적지 않았지만 정부 홍보지라고 해서 별로 쳐주지 않았다. 《조
선일보》와 《서울신문》은 조간이었고 경향과 동아는 석간이었다.

입사 당시 편집국장은 성인기成仁基(《한국일보》 부사장 역임), 주필은
홍종인洪鍾仁(《조선일보》 회장 역임)이었다. 편집국에는 정치부, 사회부,
경제부, 문화부, 외신부, 조사부 등 여섯 개 부서에 기자 수는 대략 오
십 명 정도 됐다. 입사할 때 친분이 있는 유건호柳建浩(《조선일보》 부사장

역임) 사회부장을 통해 외신부에는 배치되지 않도록 해달라고 부탁했다. 그러나 희망대로 되진 않았다. 면접에서 영어 실력이 우수한 걸로 소문이 나는 바람에 일찍부터 외신부로 내정이 돼 있었다. 내 면접을 맡았던 고정훈은 홍 주필에게 《조선일보》에서 안 쓰면 자기가 나를 데려다 쓰겠다고 했다. 《조선일보》에 영어 잘하는 사람이 들어왔다고 소문이 자자했던 모양이다.

당시 외신부에는 부장이 없었다. 나보다 넉 달 먼저 입사한 송건호宋建鎬(《동아일보》편집국장·《한겨레》 사장 역임)와 단 둘이 근무했다. 외신부에는 사람이 많이 필요하지 않았다. 그때만 해도 신문 지면이 타블로이드판 4면이어서 외신부 기자가 기사를 쓸 기회가 많지 않았다. 게다가 저녁 아홉 시 이전에는 통신사에서 기사가 공급되었다. 아홉 시 이후 간혹 들어오는 기사를 외신부에서 번역했다. 내가 입사할 당시에는 없었는데 얼마 뒤에 T·T(Tele-Type, 인쇄전송기)가 들어왔다. 가끔씩 유럽에서 중요한 국제회의가 있을 경우 밤에도 T·T로 뉴스가 들어왔다. 그러면 밤 늦게까지 남아서 중요한 내용을 번역해서 싣기도 했다. 그외 평소에는 하는 일이 별로 없었다. 외신부 시절에는 별다른 제약 없이 자유롭게 지냈다(사진 48-1: 《조선일보》 기자 시절. 왼쪽부터 박경목, 미8군 대변인(여), 필자).

부서를 옮긴 것은 미국 연수를 다녀온 뒤였다. 내가 자리를 비운 사이 이정석李貞錫(KBS 보도국장·한국방송개발원 이사장 역임) 기자가 내가 하던 외신부 일까지 맡게 되었다. 당시 이정석은 정치부에서 경무대(지금 청와대)와 외무부, 공보처를 출입했다. 그런데 이정석이 내 다음 차례로 미국 연수를 가면서 내가 이정석의 정치부 일까지 떠맡게 됐다.

다른 출입처는 자주 출입했는데 경무대는 일 년에 고작 한 번 정도였다. 당시 외무부나 공보처에서 나온 기사는 친미, 반공 일변도였다. 한번은 오재경吳在璟(전 문화공보부 장관·《동아일보》 사장 역임) 공보처장에게 대한민국은 반공을 국시國是로 삼고 있는데 국시가 영어로 뭐냐고 물어보았다. 제법 영어를 잘 한다고 소문난 오 처장이었으나 그도 대답을 하지 못했다.

한번은 경무대에서 이승만 대통령의 기자회견이 있다고 해서 갔다. 이승만과는 개인적으로 아는 사이지만 내가 누구라고 달리 소개는 하지 않았다. 1948년 이후로 이승만과는 인연을 접은 상태였다.

1948년 정월 초하룻날 아버지를 따라 경교장으로 백범 선생에게 세배를 갔다. 그런데 마침 백강 조경한 선생과 일파 엄항섭 선생이 와 있었다. 일파 선생은 아들 기동이와 함께였다. 세배를 마친 후 백강과 일파는 돈암장으로 이승만에게 세배를 간다고 했다. 아버지는 한 차에 다 타기 어려우니 너나 따라가라고 하셔서 나만 돈암장으로 향했다. 그때 이미 일파와 우남은 사이가 좋지 않았지만 정월 초하루여서 인사 차 들른 것이었다. 우남은 하필 그날 감기가 걸렸다고 했다. 일행이 방바닥에서 세배를 올리는데 우남은 침대에 앉은 채로 절을 받았다. 아무리 어른이지만 그건 예의가 아닌 것 같았다. 그날 이후 나는 우남을 내 머리 속에서 지웠었다.

경무대 기자회견을 마치고 이승만이 기자들과 기념촬영을 했다. 나는 마지못해 뒷줄에 서 있었는데 공보처 직원이 나를 끌어다가 이승만 가까이에 세우려고 애를 썼다. 남의 속도 모르고 하는 짓이었다. 나중에 공보처에서 대통령과 찍은 사진이라며 한 장씩 현상해서 보내왔다.

나는 그 사진을 받자마자 찢어서 쓰레기통에 버렸다. 경무대를 출입하면서 찍은 사진을 단 한 장도 보관하고 있지 않다. 그때는 다들 서로 이승만 옆에 가려고 애를 썼다. 지금도 그런 풍경은 크게 달라지진 않았겠지만 당시는 더 했다. 이승만과 함께 찍은 사진 하나 있으면 급할 때 '나 이런 사람이요!' 하며 내밀 수 있었다. 경찰이고 뭐고 할 것 없이 다 통하던 시절이었다.

당시 《조선일보》 국방부 출입기자는 방낙영方樂榮(《조선일보》 상임감사 역임)이었다. 그 무렵 국방부 출입기자들의 주요 취재처는 판문점이었다. 휴전회담은 끝났지만 휴전선에서 충돌이 잦아 이런저런 회담이 더러 열리곤 했다. 그런데 방낙영이 판문점 취재를 통 나가지 않는 것 같았다. 하루는 내가 그에게 "판문점 취재를 왜 나가지 않느냐?"고 물었더니 "영어도 모르고 해서 재미가 없어서 안 나간다"고 했다. 그러면 내가 대신 판문점 취재를 나가면 어떻겠냐고 했더니 그가 좋다고 했다. 유건호 사회부장을 찾아가 이런 이야기를 했더니 둘이 합의했으면 별 문제없다고 해서 그 다음부터 내가 판문점 취재를 맡게 됐다.

당시 판문점에서는 한국어를 비롯해 영어, 중국어 등 세 나라 말이 공용어였다. 그런데 국방부 출입기자 중에 영어를 하는 사람이 아무도 없었다. 나는 이 3개 국어를 전부 할 줄 알았다. 당시 회의장이 천막 안에 있었는데 더울 때는 천막을 열어놓고 회의를 했기에 밖에서 대화 내용을 들을 수 있었다. 대화 내용은 주로 한 쪽이 상대편이 정전협정을 위반했다며 비난하면 다른 한 쪽은 으레 이를 부인하는 것이 다반사였다. 그런데 영어에 중국어까지 섞여서 대화가 진행되니, 제대로 알아듣는 사람은 나밖에 없었다. 회담이 끝나고 나면 전부 나한테 몰려와 "방

사진48-1_《조선일보》기자 시절. 왼쪽부터 박경목, 미8군 대변인(여), 필자이다.

사진48-2_판문점회담의 한 장면. 당시 회담은 한국어, 중국어, 영어가 섞이면서 진행됐다. 나는 이 대화를 모두 알아들을 수 있었다.

금 무슨 얘기냐?'고 묻기 일쑤였다. 급기야 내가 판문점 기자단 간사 역할을 하게 됐다. 무슨 불만을 제기하거나 할 때는 늘 내가 나서서 이야기를 했다(사진 48-2: 판문점 회담의 한 장면).

판문점 취재기사는 현지에서 전화로 불렀다. 이튿날이면 《조선일보》 지면에 '판문점 김자동 특파원'이라고 제법 큼직하게 실리곤 했다. 그 때만 해도 기자 이름을 다 쓰지 않고 H기자 등으로 영문 이니셜을 썼는데 당시 말단기자인 내 이름이 신문에 많이 실렸다. 하지만 정작 나는 내 기사에 불만이 많았다. 어떤 때는 내가 전혀 하지도 않은 이야기가 실리는가 하면 또 어떤 때는 내가 자세히 전한 이야기를 전부 다 빼먹기도 했다.

판문점에 출입할 때 발굴기사를 하나 쓴 적이 있다. 비무장지대 내에 민간인 마을이 하나 있다는 사실을 알고 이를 단독으로 보도했다. 영어 실력 덕분에 판문점 취재는 즐거웠고 또 보람도 있었다. 두 해가량 판문점 출입을 했다.

유건호 사회부장과의 인연

《조선일보》 시절 가까이 지낸 사람들이 많지만 유건호 사회부장과의 인연은 특별하다. 그는 회사에서는 상급자였지만 사사롭게는 나와 사돈 간이다. 그의 동생 유인호柳仁浩(국민은행 감사 역임)는 내 고모의 딸 홍은표의 남편이었다. 나에게는 고종사촌 매부가 된다. 한국전쟁 당시 유인호는 한국은행 차장으로 근무하고 있었다. 또 그의 동생 유관호柳寬浩는 나와 서울법대 동기생이다. 결국 나는 이 삼형제와 두루 인연이 있었다. 그런데 유 부장과의 특별한 인연은 의용군 시절부터 시작됐다.

1950년 8월 초순, 내가 의용군에 끌려간 때였다. 철원에 도착한 날 아침밥을 주고는 점심밥을 주지 않았다. 식량창고가 폭격을 당했다고 했다. 그때 내 주머니에 사십 원이 있었다. 몇 끼 밥은 사먹을 수 있었다. 마침 옥수수 장수가 눈에 보였다. 저걸 사먹을까 하다가 '아껴야지' 하고 그냥 굶기로 했다. 그때 누군가 "이건호!" 하고 부르니까 어떤 사람이 벌떡 일어났는데 다시 "이건호!" 하니까 그 자리에 도로 주저앉았다. 자기 이름을 잘못 듣고 일어난 것 같았다. 그런데 이 사람 얼굴이 낯이 익었다. 유인호 결혼식 때 본 적이 있는 유인호의 형 유건호 씨 같았다. 그래서 내가 다가가서 "혹시 《조선일보》에 계십니까?"라고 물었더니 "그런데요?"라고 대답했다. 나를 몰라보는 게 분명했다. 그래서 "제가 인호 처남입니다"라고 말했더니 그제야 나를 알아보고 반가워했다. 우리는 옥수수를 두 개 사서 하나씩 나눠 먹었는데 옥수수가 세상에 그렇게 맛있을 수가 없었다. 허기도 진데다 강원도 찰옥수수였던 모양이다.

지금도 잊지 못하는 것은 당시 그의 준비성이다. 의용군에 끌려가면서 그처럼 준비를 철저하게 한 사람은 보지 못했다. 돈은 말할 것도 없고 미 군정청을 출입할 때 사용하던 영어 기자증, 국방부 출입기자증 같은 걸 혁대에 꿰매 보관하고 있었다. 신분증은 신발창에 꽂아 두고 있었다. 《조선일보》에서 단체로 의용군을 지원해서 갔는데 중간에 도망칠 것에 대비해 그렇게 준비를 한 것이었다.

유 부장은 외모도 준수한데다 키도 크고 나이도 있고 해서 중대장으로 발탁됐다. 중대장은 인솔자들과 중대원들 사이를 오가며 연락 업무

사진49_유건호. 그의 평생 이력은 '조선일보' 한 줄이었다.

를 담당했다. 나와 이래저래 친분이 있기에 하루는 도망칠 뜻이 있는지 그를 한번 떠봤다. 그랬더니 유 부장은 펄쩍 뛰면서 큰 일 난다고 한사코 말렸다. 결국 나 혼자서라도 도망치기로 마음먹었다. 8월 15일 나는 이천에서 의기투합한 중동중학 학생 하나와 함께 탈주를 감행했다. 지리를 몰라 밤새 헤매다 이튿날 붙잡혔는데 조사를 받은 후에 다시 의용군에 편입됐다. 그 일로 대열에서 이탈하면서 유 부장과 헤어지게 됐다.

나중에 집으로 돌아온 후에 인호가 우리 집에 와서 재미난 이야기를 들려주었다. 건호 형이 집에 돌아와서 말하기를 내가 총살당했다며 몹시 낙담하더라는 것이다. 얘기인즉슨 내가 도망친 후 중대 본부에 들렀다가 내 이름 밑에 '사형'이라고 빨간 글씨로 쓴 것을 봤다는 것이다. 그 표식은 행군 중에 도망치다 붙잡히면 죽는다는 것을 보여주기 위해 전시용으로 만든 것이었다. 그런데 유 부장은 그걸 진짜라고 믿었던 것이다. 유 부장은 평안북도 개천까지 따라 갔다가 미군 낙하산 부대가 낙하하는 것을 보고 '이젠 튀어야 되겠구나!' 해서 도망쳤다고 한다. 행군 도중에 언덕 아래로 굴러 떨어져 몸을 숨겼는데 뒤에서 총을 몇 방 쏘고는 말았다고 한다. 때문에 도주할 수 있었다고 한다. 이튿날 아군에게 발견되자 국방부 출입기자증을 보여주었고, 즉시 서울로 귀환할 수 있었다고 한다. 아무튼 유 부장과 나는 의용군에 같이 나갔던 인연이 있었다(사진 49: 유건호).

《조선일보》 입사시험을 치면서 그를 다시 만났다. 1차 필기시험 때 시험 감독자로 들어왔다는데 그때는 미처 알지 못했다. 1차 필기시험 발표가 난 그날 오후에 면접이 있었다. 2층 면접장 앞에서 다른 수험생들과 함께 앉아 대기하고 있는데 유 부장이 나를 불렀다. 필기시험 성적이 아주 좋으니 면접할 때 자신 있게만 대답하라는 거였다. 나중에 알고보니 내 필기시험 성적은 전체 2등이었다. 1등은 이주호였다. 필기 시험 성적이 좋은데다 외국어 면접도 잘 봤으니 필기와 면접점수를 합 하면 1등인 셈이었다.

이후 1958년 7월에 내가 조선일보사를 그만둘 때까지 사 년여 동안 그와 같이 근무했다. 그러나 부서가 달라 대화할 기회는 그리 많지 않았다. 사직한 이후에도 별다른 교류가 없었다. 유 부장은 이후 《조선일보》에서 편집국장, 상무, 전무, 부사장 등을 거쳐 한국신문편집인협회 회장과 전국재해대책협의회 회장 등을 지냈다. 당시만 해도 신문사를 옮기는 일이 빈번했는데 그는 《조선일보》에서 기자 생활을 마감한 '조선일보 맨'이었다. 언론 외길을 걸은 유건호 부장은 1998년 8월 2일 일흔 여섯의 나이에 타계했다. 나와는 특별한 인연이었다.

《뉴욕타임스》의
알타회담 비밀문서
│ 해방 후 한미관계는 반공을 앞세워 동맹관계를 지속해왔다. 미국을 제대로 알기 위해서는 미국에 대해 폭넓고 정확한 정보를 파악하는 일이 중요했다. 그런데 당시 외신을 통해 들어오는 미국 관련 정보는 지극히 제한적이었다. 나는 당시 미국의 대표적인 진보 잡지인 《먼스리 리뷰Monthly Review》와 《더 네이션The Nation》 두 종을 개인적으로 구독하였다. 직접 미국에 주문해서 우편으로 받아보았다. 이 잡지들은 미국의 외교 정책에 대해 다양하고도 비판적인 시각을 갖고 있었다. 따라서 다른 데서 볼 수 없는 내용들을 접할 수 있었음은 물론 미국에 대한 시각을 넓히는 데도 도움

이 됐다.

당시 신문사에서 외교 문제는 정치부 담당이었다. 외신부는 해외에서 들어오는 뉴스를 번역하는 게 주 업무였다. 그런데 당시 정치부에는 영어를 할 줄 아는 기자가 없었다. 비단 《조선일보》만이 아니었다. 그나마 《조선일보》에서는 동기생인 이정석이 영어를 제법 잘하는 축에 속했다. 다른 신문사의 경우도 정치부에 영어를 제대로 하는 사람이 별로 없었다.

1955년 3월 미국 《뉴욕타임스》가 얄타회담 비밀문서를 단독 보도했다. 나중에 들은 이야기지만 《뉴욕타임스》 보도가 나오자 워싱턴 주재 타사 기자들이 국무부에 가서 항의했다고 한다. 왜 《뉴욕타임스》에만 특종을 줬냐는 항의였다. 그러자 국무부가 다른 기자들에게도 문서 내용을 일부 공개했다. 그런데 이번에는 사전에 비밀문서 전문을 입수했던 《뉴욕타임스》가 장장 64쪽에 걸쳐 전문을 다 게재했다. 당시만 해도 워싱턴에 한국 언론사의 특파원이 없어 이런 일을 알 수 없었다. 설사 그런 정보를 알았다고 해도 미 국무부가 공식 발표할 때까지 기다리는 것이 한국 기자들의 안이한 습성이었다.

당시 나는 외신부 소속으로 한동안 정치부 일을 했다. 어느 날 통신을 통해 《뉴욕타임스》가 얄타회담 비밀문서 전문을 실었다는 소식을 접했다. 하지만 한국에서 《뉴욕타임스》를 구하기가 쉽지 않을 때였다. 나는 지금의 롯데호텔 건너편에 있던 미국대사관으로 달려갔다. 대사관도 더러 출입하던 때여서 아는 사람이 제법 있었다. 대사관 직원에게 얄타회담 비밀문서 전문이 실린 《뉴욕타임스》를 며칠만 빌려달라고 했더니 공보관이 여유가 있다며 한 부를 그냥 줬다. 나는 비밀문서가 실

사진50_얄타회담에 참석한 3거두.
왼쪽부터 영국의 처칠, 미국의 루스벨트, 소련의 스탈린.

린 64쪽을 며칠에 걸쳐 정독했다. 놀라웠다.

해방공간에서 가장 논란이 됐던 것이 신탁통치 문제였다. 일제로부터 해방된 한국인에게 신탁통치는 아주 치욕스러운 것이었다. 대다수 한국인들은 전후 사정을 제대로 살피지 않은 채 반탁에 나섰다. 그리고 신탁통치는 모스크바 3상회의에서 소련이 주장한 것이며, 미국은 즉시 한국을 독립시키자고 주장한 것으로 기존에 알려졌었다. 그런데 《뉴욕타임스》에 실린 얄타회담 비밀문서를 살펴본 결과 이는 사실과 달랐다. 회담 당시 소련의 스탈린은 한국에 대해 잘 알고 있었다. 스탈린은 아랫사람으로부터 제대로 된 정보를 보고받은 것 같다.

반면 미국의 루스벨트는 한국에 대해 제대로 파악하지 못하고 있었던 것 같다. 루스벨트 역시 약소국가들의 독립을 도와야 한다는 기본적인 인식은 갖고 있었으나 한국에 대해서는 부정적 선입견을 갖고 있었다. 그는 필리핀을 예로 들어 근 반세기 동안 자기들이 통치했는데도 불구하고 아직도 독립시킬 단계가 되지 못했다며 40년 가까이 일본 통치를 받아온 한국이 독립할 준비가 됐을 리 만무하다는 식이었다. 루스벨트는 한국이 오랜 역사를 지닌 독립국가라는 사실을 모르고 있었다 (사진 50: 얄타회담에 참석한 3거두. 왼쪽부터 영국의 처칠, 미국의 루스벨트, 소련의 스탈린).

얄타회담에서 루스벨트와 스탈린의 대화 내용을 보면 흥미로운 대목이 적지 않다. 스탈린은 루스벨트가 뭐라고 이야기하면 "아, 그거 틀렸소!" 이런 투의 말을 절대로 하지 않았다. 한국이 독립할 능력이 있다는 걸 분명히 인식하던 스탈린은 에둘러서 루스벨트를 설득하려 노력하였다. 루스벨트가 신탁통치 얘기를 꺼내자 스탈린은 "신탁통치를 하더라도 될 수 있는 대로 짧게 해도 될 거요"라는 식으로 말했다. 그러자 루스벨트는 "그래도 5년은 해야지요"라고 응수했다. '신탁통치 5년' 이야기는 전적으로 루스벨트 입에서 나온 말이다. 이에 대해 스탈린은 "5년까지 안 갈 수도 있고 더 짧을수록 좋지 않냐?"며 신탁통치 기간을 최소화하자고 주장했다. 신문 지면에는 두 사람이 대화하면서 낙서한 내용까지 담겨 있었다. 대체로 두 사람은 서로 부딪치지 않으면서 조곤조곤 대화를 이어갔다.

한국의 장래, 즉 독립 문제가 처음 거론된 것은 1943년 11월 카이로 회담에서였다. 미·영·중 3국 수뇌는 최종 합의한 선언문에서 "한국 국민의 노예 상태에 유념해 '적절한 절차를 거쳐in due course' 한국이 자유롭고 독립적으로 될 것을 결의한다"고 밝혔다. 이에 대해 임시정부 김구 주석은 담화를 통해 "나는 삼천만 동포를 대표하여 3국 영수에게 사의를 표하는 동시에 일본이 무조건 투항할 때까지 동맹국의 승리와 조국의 독립을 위해 최후까지 공동 분투할 것"이라는 입장을 밝혔다. 그러나 일본으로부터의 독립은 곧바로 '자주 독립국가 건설'로 이어지지 않았다. 1945년 12월 모스크바 3상회의에서 5년간 신탁통치안이 발표되었다. 그런데 문제의 신탁통치안이 처음 논의된 것은 모스크바 3상회의에 앞서 그해 2월에 열린 얄타회담에서였다.

얄타회담의 구체적인 내용은 한동안 알려지지 않았다. 핵심 내용이 비밀문서로 관리되었기 때문이다. 그런 가운데 앞서 소개했듯이 1945년 12월 27일자 《동아일보》가 모스크바 3상회의 결과를 소개하면서 '소련은 신탁통치, 미국은 즉시 독립 주장'이라고 실제와 정반대의 보도를 하였다. 더욱이 신탁통치안은 1943년경부터 미국이 구상한 것이었다. 그럼에도 우파 진영은《동아일보》보도를 근거로 반탁운동을 전개했다. 일반 민중들 역시 민족 자존심을 앞세워 반탁대열에 동참했다. 당시 찬탁은 곧 친소, 친공으로 받아들여졌다. 반탁운동 바람이 불면서 일제 부역세력은 아주 신바람이 난 듯했다. 민족주의자로 꾸밀 수 있는 절호의 기회였기 때문이다. 나 역시 1946년 1월초 좌익들이 모스크바 3상회의 결과를 지지한다는 성명을 냈을 때 '공산당은 역시 소련의 앞잡이구나'라고 생각했었다. 그러나 지금 생각해보면 그때의 신탁통치 안대로 되었으면 차라리 낫지 않았겠나 싶다.

《뉴욕타임스》의 비밀문서 보도는 역사적 의의가 큰 기사였다. 그러나 이 기사가 나간 후에 별다른 파장은 없었다. 이미 찬탁, 반탁에 대한 인식이 굳어버린 탓에 사실을 알려줘도 받아들일 자세가 돼 있지 않았던 것이다. 나는 며칠 후《뉴욕타임스》원본을 조사부에 건네주었다. 아직도《조선일보》조사부에 잘 보관되어 있는지 모르겠다.

송건호와 리영희

《조선일보》에서 일하던 시절 편집국 사람들과의 관계는 무난했다. 그런데 고위간부 두 명이 나에 대한 호오好惡가 극명하게 갈렸다. 당시 편집국 내에서 가장 보수적인 인사였던 성인기 편집국장은 나를 별로 좋아하지 않았다. 반면 홍종인 주필은 나를 좋아했다. 홍 주필이 나를 좋아한 가장 큰 이유는 내가 영어를 잘했기 때문이었다. 그런데 성 국장이 나를 좋지 않게 여긴 건 단지 홍 주필이 나를 좋아한다는 이유에서였다. 지금 생각해봐도 우습기 짝이 없는 일이다.

네 해 넘게 《조선일보》에 근무하면서 가까이 지낸 동료들이 여럿 있었다. 그중 동기생 이주호, 이정석 두 사람과 제일 가까이 지냈다. 그밖에 이문홍李文弘(상공부 차관보 역임), 조동오趙東午(《중앙일보》 논설위원 역임), 장병칠張炳七(《조선일보》 편집부국장 역임) 등과도 가까이 지냈다. 일과가 끝나면 늘 함께 몰려다니며 술을 마시곤 했다. 그때 우리가 자주 찾은 곳은 무교동 현 코오롱빌딩 자리에 있던 '무교탕반湯飯'이었다. 요즘처럼 신식 식탁이 아니라 마치 선술집처럼 드럼통 주위에 빙 둘러 앉아 밥도 먹고 술도 마시곤 했다. 거기에서 타사 기자들도 자주 만나곤 했다.

어울려 다니기는 주로 동기생들이지만 가장 가까이 지낸 사람은 청암 송건호였다. 청암은 나보다 넉 달 먼저 입사해 혼자 외신부에 근무하고 있었다. 내가 미국 연수 다녀온 6개월을 빼면 근 4년간 청암과 한 방에서 같이 지냈다. 학교 다닐 때는 몰랐는데 알고 보니 청암은 서울 법대 1년 선배였다. 나이는 나보다 두 살 위였던 청암은 《조선일보》에 입사하기 전에 대한통신이라는 곳에 근무한 적이 있다고 했다. 내가 입사하기 직전 《조선일보》 사장은 백상 장기영이었다. 장기영은 《한국일보》를 창간하면서 《조선일보》 기자들을 여럿 데리고 나갔는데 청암은 그때 따라가지 않았다(사진 51-1: 청암 송건호).

솔직히 말해 청암은 기자 타입은 아니었다. 내 생각만이 아니라 주변에서도 다들 그렇게 말했다. 평소 말도 함부로 하지 않고 매사에 조심스런 성격이었다. 물론 그렇다고 해서 시국 문제 등에 대해 자기 주관이 없는 사람은 아니었다. '국대안'도 나서서 반대하고 이승만의 단독 선거 때도 반대하는 학생들 편에서 싸웠다고 들었다. 청암이 졸업한 한성중학은 소위 '빨갱이 학교'로 소문난 학교였다. 그러나 청암은 좌익 단체 같은 데 가입해서 활동한 적은 없는 걸로 안다. 물론 우익단체 학생들과도 일정한 거리를 뒀다. 정파적으로 어느 한 쪽에 휘둘리기보다는 자기 나름의 주관을 가진 사람이었다.

편집국에 들어가면 오른쪽에 외신부 방이 따로 있었다. 청암과 이 방에서 시국 문제, 민족 문제, 국제 문제 같은 걸 토론했다. 이야기가 잘 통했다. 네 해를 한 방에서 마주 앉아 지내면서도 이런 문제로 다툰 적이 한 번도 없었다. 그래서 더욱 친하게 지내게 됐다. 청암은 술 마시고 노는 스타일과는 거리가 멀었다. 평소 속을 잘 드러내지 않았지만, 나와는 흉금을 트고 지냈다. 당시 편집국에서 청암이 진보적인 성향의 인물이라는 것을 아는 사람은 아무도 없었다. 그러나 나는 평소 대화를 통해 그가 편집국 내에서 가장 진보적이라는 걸 일찍부터 알았다. 늘 멜빵을 하고 다니던 청암의 모습이 지금도 눈에 선하다. 내겐 좋은 동지요, 선배였다.

투사 언론인 리영희李泳禧(《조선일보》 외신부장·한양대 교수 역임)와 같이 근무한 적은 없다. 내가 1958년 7월에 《조선일보》를 그만두었는데 그는 1964년 10월 《조선일보》 정치부에 입사했다. 다만 리영희는 1957년 합동통신 외신부 기자로 입사해 활동하고 있어서 그전부터 교류가 있었다. 평북 운산 출신의 리영희는 독특한 이력의 소유자다. 1950년 한국해양대를 졸업한 뒤 경북 안동중학에서 영어 교사를 했다. 한국전쟁이 발발하자 군에 입대하여 통역장교로 활동했다. 일곱 해 군 생활을 하고 군복을 벗는 것을 고심하던 중 합동통신에서 공채기자 모집공고가 났고, 여기에 합격해 언론계 생활을 시작했다.

사진51-1_청암 송건호와 함께.

사진51-2_미국 연수 시절 박경목씨와 함께.

사진51-3_리영희는 여러 차례 해직과 복직을
거듭하였으며, 반정부 활동으로 옥고를 치렀다.
그는 한 번도 세상과 타협하지 않은,
청암 송건호에 버금가는 지사 언론인이었다.

그 무렵 나는 미국 연수를 같이 갔던 합동통신 외신부장 박경목朴京穆(《서울신문》 부국장 역임)과 친하게 지냈다. 달리 친하게 지낸 게 아니라 그와 집(돈암동)도 가깝고 해서 장기를 두러 그의 집에 자주 갔었다. 그 때 합동통신 외신부 기자로 있던 리영희가 박경목 집에 놀러오면서 자연스럽게 친하게 지냈다. 아직도 기억나는 것은 리영희의 학구열이다. 우리가 장기를 두면 옆에서 구경을 할 법도 한데 리영희는 거들떠보지도 않고 준비해온 책을 꺼내 독서를 했다. 리영희는 기자이기보다는 오히려 학자에 가까운 사람이었다(사진 51-2: 박경목).

나중에 리영희도 풀브라이트 장학재단 초청으로 미국 연수를 다녀왔다. 열에 일고여덟은 미국 연수를 다녀오면 친미 성향의 기자로 변신하였다. 미국이 적지 않은 비용을 부담해 한국 기자들을 연수시키는 것은 사실은 그런 이유에서였다. 그런데 리영희는 달랐다. 미국 연수 이후에도 리영희는 여전히 본인의 평소 소신대로 기사를 썼다. 그게 마음에 들어서 나중에는 내가 일부러 리영희를 찾아가서 만나곤 했다(사진 51-3: 리영희).

리영희가 미국 갈 때 재미난 일화가 하나 있다. 여권 신청서에 '존경하는 인물 두 사람을 쓰라'는 항목이 있었다. 리영희는 백범 김구와 홍난파를 썼다고 한다. 김구가 공산주의자로 몰려 암살당하고 독립운동가들이 탄압받던 그 시절에 '존경하는 사람'에 이승만을 쓰지 않고 김구를 썼으니 여권이 나올 리가 없었다. 리영희는 관료체제의 속성을 훤히 알았지만 설사 여권을 받지 못할망정 그 자리에 이승만을 쓸 수는 없었다고 한다. 아니나 다를까 이 문제를 두고 담당 경찰관과 실랑이가 벌어졌다. 그 경찰관이 마지막에 "시국을 잘 아는 기자 양반이 왜 이렇게 고집을 부려요?" 하더니 자기가 알아서 처리하겠다고 하더라는 것이다. 여권이 나온 걸로 보아 그 경찰관이 리영희가 쓴 김구를 지우고 대신 이승만을 써넣었는지도 모르겠다.

리영희는 탁월한 외신기자였다. 다른 외신기자들처럼 해외뉴스를 번역해서 소개하는 정도가 아니었다. 개인적으로 공부를 하여 베트남전쟁, 중국 문제 등 국제 문제에 나름의 식견과 고급정보가 많았다. 후배 언론인 임재경任在慶《조선일보》정치부 차장·《한겨레》부사장 역임)은 그의 회고록《펜으로 길을 열다》(2015)에서 "《조선일보》김경환 편집국장이 정치부장에 남재희, 외신부장에 리영희를 앉힌 것은 변화를 바라지 않는 쪽에서 텃세 부리기에 꼭 알맞은 조건이었다"며 "김경환·남재희·리영희가 신문 만들 때가 해방 뒤《조선일보》의 가장 빛나는 시기였다고 믿어 의심치 않는다"고 회고했다.

한 인간으로서만 보자면 리영희는 별로 재미없는 사람이다. 평소 술, 담배나 잡기를 즐기지 않았다. 대신 책을 가까이했다. 그에게는 일종의 도덕적 결벽증 같은 게 있었다고 생각된다. 그런 자신을 두고 리영희는 문학평론가 임헌영과의 대담집《대화》(2005)에서 "시간을 아껴 독서에 열중하고, 허튼 친구들과의 사귐을 멀리하고, 목적 없이 방황하는 식의 인생을 혐오하고, 시간을 아껴서 주목한 지적 교양을 충족해나가는 데 전력을 다해야 한다는 생각으로 살아왔다"고 썼다. 아무튼 그는 깐깐한 사람이었다.

리영희는 1971년 신문사를 그만두고 한양대 교수로 옮겼다. 이후의 삶도 그리 순탄하지 않았다. 여러 차례 해직과 복직을 거듭하였으며, 반체제 활동으로 옥고를 치르기도 했다. 눈만 한번 찔끔 감으면 남들이 부러워하는 명예와 돈도 거머쥘 수 있었으나 그는 한 번도 세속과 타협하지 않았다. 청암 송건호에 버금가는 지사 언론인으로 꼽히는 이유다. 그가 교수 시절에 펴낸 《전환시대의 논리》(1974), 《우상과 이성》(1977), 《8억인과의 대화》(1977), 《중국백서》(1982), 《10억인의 나라》(1983), 《베트남전쟁》(1985) 등은 지금도 명저로 꼽힌다. 2010년 타계한 리영희는 광주 5·18묘역에 묻혔다.

은마차다방과
'이승만 암살모의'

요즘은 사람들을 만나서 이야기를 나눌 만한 장소가 많다. 그러나 1970년대만 하더라도 술집 말고는 오로지 다방뿐이었다. 친구들 모임이나 각종 만남은 물론이요, 심지어 다방을 사업장소로 쓰는 사람도 더러 있었다. 차 한 잔 시켜놓고는 다방 전화를 연락처로 삼아 사업상 손님을 만나기도 했다. 대학가 운동권의 아지트도 다방이었다. 1970년대 서울대 운동권의 상징인 장기표張琪杓(전국민족민주연합 사무처장 역임)는 어느 글에서 "1970년 말부터는 수많은 대학의 학생들과 교류했고, 그 일로 광화문 일대의 다방에서 살다시피 했다"고 쓴 바 있다. 종로 2가 화신和信 맞은 편 모퉁이에 있던 태을다방은 혁신계 원로들의 사랑방으로 유명했다.

옛 《조선일보》 사옥(현 코리아나호텔 건물) 지하에는 은마차식당이라고 있었다. 언제부터인가 은마차다방으로 간판이 바뀌었는데 《조선일보》 기자들이 자주 찾았다. 이곳을 찾는 사람들 중에는 일반 외부인도 많았는데 그들 중에 내가 잘 아는 이들도 있었다. 김중민金仲民(일명 고중민高仲民, 본명 김병호金炳豪)은 충칭 시절 우리 집에서 살다시피 한 사람이었으며, 김재호金載浩는 아버지와 친구였다. 또 나재하羅在夏 역시 우리 집에 자주 드나들었다. 모두 중국에서 임정과 인연을 맺었으며, 해방 후 한독당에 관여했던 사람들이다. 김중민은 한독당에 있다가 나중에 조소앙이 사회당을 만들어 나갈 때 같이 나갔다.

1944년 초 충칭 시절, 아버지는 김중민을 친구로 사귀게 됐다. 김중민은 국내에서 출발해 베이징과 상하이를 거쳐 중국 국민당 지하조직을 통해 충칭으로 왔다고 했다. 생김새가 준수하고 호감이 가는 인물이었다. 우리 집에도 자주 오면서 우리 가족들과 가까이 지냈다. 그런데 어머니는 왠지 김중민의 첫 인상에 꺼림칙한 구석이 있었던 것 같다. 하루는 어머니가 조심스럽게 이야기를 꺼냈다.

"아무리 봐도 그분 눈초리가 심상치 않아요. 꼭 집히는 것은 없지만 아무래도 일본 사람들과 무슨 줄이 닿아 있는 것 같으니 잘 살펴보세요".

어머니는 그 사람을 눈여겨보라고 한 이야기였다. 그런데 아버지는 그 말을 김중민에게 그대로 다 전했다. 그랬더니 그가 대답했다.

"면목 없습니다. 사실은 제가 한때 일본 사람들 밑에서 형사 노릇을 했습니다."

그는 솔직하게 자신의 과거를 시인하고 중국으로 건너오게 된 연유를 털어놨다. 그는 한때 종로경찰서 고등계 형사로 근무하면서 사상범을 다루었다고 한다. 그러던 중 사상범으로 걸려들어온 대학생 하나를 빼준 것이 문제가 돼 해임되었다. 하지만 그간 일제에 충성한 공로를 봐서 구속하지 않고 먹고 살도록 도와주기로 이야기가 됐다. 중국 가서 뭔가 살길을 찾아 보겠다고 하자 종로서에서 여권까지 만들어 줘서 베

이징에 오게 됐다. 베이징에 와서 만난 사람이 김재호인데 당시 김재호
는 중국 국민당 지하조직과 연결돼 있었다. 그는 김재호의 소개로 충칭
으로 와서 임시정부에 합류했다. 얼마 뒤 한독당에 가입했으며, 제일
가까이 지낸 사람이 바로 우리 아버지였다.

김중민은 평소 활동적인 사람이었다. 그런데 충칭 시절 그가 맡은 일
은 이렇다할 것이 없었다. 그는 답답함을 호소하면서 만약 국내로 보내
주면 임시정부의 지하조직을 만들어보겠다고 밝혔다. 마침내 그는 국
내로 잠입하라는 임정의 밀명을 받는다. 난징을 경유할 때였다. 그는
경성에서 유학 온 한국인 청년들을 만났다. 이들은 조선총독부와 난징
왕징웨이汪精衛 괴뢰정부 사이의 합의에 따라 난징대학에 유학 온 교환
학생들이었다.

유학생 중에 신영묵申榮默(건국훈장 애국장·조소앙 비서 역임), 송지영宋
志英(건국훈장 애국장·《조선일보》 편집국장·국회의원 역임), 조일문趙一文(건
국훈장 애국장·국회의원 역임) 등이 있었다. 김중민은 이들을 전부 포섭
하여 광복군에 편입시킬 계획을 세웠다.

1937년 《동아일보》 기자로 입사한 송지영은 1940년 8월 《동아일보》
가 폐간되자 중국으로 건너갔다. 《동아일보》 폐간 후 일본 관리들은 기
자들을 불러 "너 뭐 하고 싶냐?"고 물어 취직을 알선해주었다. 대다수
기자들은 당시 최고의 인기 직장이었던 경전京電(경성전기)을 희망했다.
그런데 송지영은 "중국문학을 공부한 사람이니까 중국으로 유학을 보
내달라"고 해서 난징대학으로 유학을 갔다. 송지영은 한문 실력이 대
단했다. 동아일보사에서 한시 백일장을 열었는데 당시 지방기자로 일
하던 송지영이 1등을 하면서 본사 문화부로 옮겨 근무하게 됐다.

송지영은 김중민과 의기투합하여 한국인 유학생 포섭 공작에 나섰다. 공작이 예상대로 진행되면 유학생 일고여덟 명을 광복군 3지대에 합류시킬 계획이었다. 그런데 도중에 문제가 터졌다. 포섭 공작이 마무리될 즈음 유학생 중 한 명이 일경에 이들을 밀고했다. 공작이 탄로 나면서 난징대학 학생들은 물론 화중華中 일대에 대대적인 검거 선풍이 불었다. 주동자 김중민과 관련 유학생 전원이 일경에 체포되었다. 그런데 당시 난징대학에 교환교수로 와 있던 한 일본인 교수의 도움으로 학생들은 전부 풀려났다. 그는 일경에게 "학생들이 뭐 그런 생각 가질 수 있는 거 아니냐. 너무 심하게 다루지 말라"고 설득했다.

그러나 두 사람만은 예외였다. 공작 책임자 김중민과 기자 출신 송지영이었다. 일경은 송지영을 두고 '기자까지 한 사람을 단순한 학생으로 볼 수 없다'며 풀어주지 않았다. 송지영은 1944년 6월 치안유지법 위반 혐의로 징역 2년을 선고받고 일본 나가사키 형무소로 이감되어 옥고를 치르다가 해방을 맞았다.

송지영이 복역 중일 때 나가사키에 원자폭탄이 떨어졌다. 나중에 그에게서 직접 들은 이야기다. 폭탄 투하 당일 그는 형무소에서 멀리 떨어진 곳으로 사역을 나갔다고 한다. 한참 작업하고 있는데 대낮에 하늘에서 번개가 치고 번쩍하더니 천둥 소리가 들렸다고 한다. 바로 그 시각에 나가사키 시내에 원폭이 떨어진 것이다. 만약 그날 멀리 사역을 나가지 않았더라면 그도 목숨을 잃었거나 피폭됐을 것이다. 송지영은 천운으로 목숨을 보전한 셈이다.

1955년 10월 14일 '이승만 대통령 암살미수사건'의 전모가 발표됐다. 당국의 발표에 따르면, 주모자는 김병호(김중민), 나재하, 김재호 3인을 비롯해 민영수, 김익중, 이범륜, 유성연, 김동혁, 김동훈 등 모두 아홉 명이었다. 당시 김병호는 사회당 조직부장, 김재호는 남의사藍衣社(중국 국민당 첩보기관) 출신으로 충칭 임정 계열이며, 나재하는 한독당 중앙 상임위원, 변호사 민영수閔泳壽는 사회당 법제정책위원장이었다. 이들은 모두 김구의 한독당이나 조소앙의 사회당 창당과정에 관여한 사람들이었다. 단독정부 수립을 반대해온 이들이 이승만 독재에 반감을 가진 것은 자연스러운 일이었다(사진 52-1: 이승만 대통령 암살모의사건 전모를 보도한《경향신문》기사(1955. 10. 15)).

당국 발표에 따르면, 이들은 갑오구락부 간부 김익중金翊重, 예비역 중령 김동혁金東赫, 6사단 일등중사 출신의 도망병 이범륜李範倫(일명 이영도李榮道), 육군중령 유성연劉成淵, 육군소령 김동훈金東勳 등을 포섭해 거사를 계획했다. 이들은 1955년 10월 3일 중앙청에서 열릴 예정인 개천절 기념식이나 그 이튿날 육군사관학교 졸업식장에서 이승만 대통령에게 수류탄을 던지려 했다는 것이다.

앞서 1952년 6월 25일, 피난지 부산에서 의열단원 출신 유시태柳時泰가 이승만을 저격하려 했으나 권총이 불발해 실패한 사건도 있었다. 이들은 유시태의 실패를 거울삼아 이번에는 수류탄을 투척키로 했다는 것이다. 또 이들은 거사가 성공할 경우 군부의 고급 지휘관들을 회유하여 무력으로 쿠데타를 일으켜 계엄령을 선포할 계획이었다는 것이었다.

김중민 등이 이승만 암살모의를 한 아지트가 바로 조선일보사 지하 은마차다방이었다. 나는 그곳에서 이들이 모임을 갖는 걸 더러 본 적이 있다. 그런데 그때는 그런 모임인 줄 전혀 알지 못했다.

지금 서울시장을 하는 박원순 변호사가 펴낸《야만시대의 기록 2》

元兇
暗殺兇計全貌

趙素昻의密指令

大規模의要人暗殺名單도發覺

사진52-1_이승만 암살모의사건 전모를
보도한《경향신문》기사.

사진52-2_사진 왼쪽부터 김중민(김병호), 백범, 박찬익. 중국에서 임시정부에
합류한 김중민은 난징의 한국인 유학생들을 광복군으로 합류시키는 공작을 진
행했다. 해방 후 이승만 암살모의사건에 연루되어 복역하다 옥사했다.

(2006)에 따르면, 김중민 등이 이승만 독재에 울분을 터뜨리던 어느 날 이들 앞에 '의열청년' 이종태가 나타났다. 이종태가 이승만을 소리 높여 성토하자 '노老 투사'들은 공감을 표하면서 그와 가까워지게 됐다. 이종태는 난국을 타개하기 위해서는 이승만을 제거하는 것밖에 달리 방도가 없다며 자신이 행동에 나설 테니 모든 일을 맡기라고 하여 다들 그리 하기로 했다.

그런데 거사 당일 수류탄을 들고 기념식장에 들어가겠다던 행동대원 이종태는 정작 피고 명단에 포함돼 있지 않았다. 그는 수사기관에 체포된 일도 없고 피의자 신문이나 법정에 증인으로 선 적도 없었다. 피의자들이 특무대장 김창룡金昌龍의 방에서 무릎을 꿇고 맞고 있을 때 사건 직전에 없어진 이종태가 군복을 입고 그 방에 들어왔다. 그때 비로소 그들은 자신들이 김창룡이 파놓은 함정에 빠진 것을 알게 되었다고 한다.

1955년 11월 1일 육군본부 중앙고등군법회의는 피고들에게 이적죄, 내란 목적에 의한 살인예비, 전시 도망, 무허가 무기 휴대, 폭발물 사용미수죄 등의 혐의로 유죄판결을 내렸다. 이범륜과 김동훈은 사형, 나머지 피고인은 대부분 징역 15년형을 선고받았다. 1960년 4·19혁명 후 피고인들은 대구형무소에서 전부 석방되었다(사진 52-2: 이승만 암살모의사건 피고인들의 재판 모습. 왼쪽이 김중민(김병호)).

그런데 단 한 사람은 옥문을 걸어 나오지 못했다. 바로 김중민이었다. 안타깝게도 그는 복역 중 대구형무소에서 옥사했다. 김중민은 평소 성품이 활달하고 매사에 적극적이었다. 자신이 해야 할 일이라고 판단하면 주저하지 않고 행동에 옮기던 행동파였다. 체포 당시 그의 나이가 마흔 네 살이었으니 채 오십을 넘기지 못하고 생을 마감한 셈이다. 안타까운 일이 아닐 수 없다.

《조선일보》 시절의 편린들

미국 연수

외신부에서 두 해를 근무했는데 미국 연수 기회가 주어졌다. 미 국무부 초청이었는데 지원자가 많다보니 시험을 봤다. 1기 때 문제안文濟安(원광대 교수 역임) 선배가 지원하자 회사에서 그를 추천했는데 시험에서 떨어지고 말았다. 그는 2기로 가기 위해 휴직을 하면서까지 영어 공부를 하면서 준비를 했다. 그런데 홍종인 주필이 "후배한테 양보하라"고 해서 포기할 수밖에 없었다.

그 대신 나와 정치부에 있던 이정석에게 기회가 주어져 둘이 시험을 봤다. 이전에는 시험에 떨어져 빈 자리가 생기면 한 회사에서 서너 명이 간 경우도 있었다. 그런데 우리가 갈 때부터 '1사 1인'으로 규정이 바뀌었다. 우리 회사에서는 이정석과 나, 둘 다 합격했다. 그러자 회사에서 이정석을 불러 "네가 두어 살 밑이니까 너는 다음에 가라"고 해서 최종적으로 내가 가게 됐다(사진 53: 미국연수단 사진).

연수를 간 곳은 저널리즘으로 유명한 콜롬비아시 미주리대학이었다. 거기서 한인유학생 장용張龍(한양대 교수 역임)을 만났다. 그는 한국인으로서 '언론학 박사 1호'였다. 그때 나와 같이 연수를 간 기자는 합동통신 박경목, 로이터통신 이시호李始豪, 《코리안 리퍼블릭》 이규현李揆現(《중앙일보》 편집국장·문공부장관 역임), 《코리아 타임스》 곽효석郭孝錫(코리아헤럴드 편집국장 역임), 《한국일보》 김종규金鍾圭(《한국일보》 사장·이란

사진53_미국연수단 사진. 왼쪽부터 박경목, 김종규, 필자, 이시호, 이규현이다.

대사 역임), 부산 지역 신문사의 김 아무개 등 모두 일곱 명이었다. 대개 논설위원이나 부장급이었고 평기자는 나 혼자였다.

연수 기간은 6개월이었는데 마지막 한 달은 자유여행이었다. 혼자 다닐 사람은 혼자 다니고 둘이나 셋이서 짝을 지어 다녀도 좋다고 했다. 전부 둘씩 짝을 지었는데 부산서 온 김 아무개만 혼자 외톨이가 되었다. 나는 합동통신의 박경목과 한 조가 되었다. 사우스다코타주에 있는 래피드시티 데일리저널에 파견돼 견습기자를 하고 있던 나는 박경목이 머물던 미주리주로 가서 그와 합류하였다. 우리는 유타주로 가서 사촌동생 세동世東을 만난 후 콜로라도주, 와이오밍주 등 미국 중서부 지역을 돌았다.

그때 인연으로 박경목과는 연수를 다녀와서도 친하게 지냈다. 마침 그의 집이 우리 집과 가까워 부부끼리도 자주 만나곤 했다. 박경목의 집에서 장기를 두다가 리영희를 알게 됐다는 이야기는 앞에서 쓴 바 있다.

관훈클럽 창립

중견 언론인들의 친목모임인 관훈클럽은 '언론계의 황제클럽'이라고도 불린다. 주요 정당의 대통령선거 후보나 빅 이슈의 주인공들을 불러 토론회를 여는 것으로 세인들에게 널리 알려져 있다.

관훈클럽은 1957년 1월 11일 창립됐다. 1955년 제1기로 미 국무부 초청연수를 다녀온 박권상朴權相(《동아일보》 편집국장·KBS 사장 역임), 조세형趙世衡(《한국일보》 편집국장·국회의원 역임), 최병우崔秉宇(《코리아 타임스》 편집국장 역임), 이시호 등이 앞장섰다.

1기는 모두 외신부 기자들이었다. 관훈클럽 초창기에는 외신기자들이 많이 가입했다. 일단 영어가 되고 미대사관과의 친분도 작용한 것으로 생각된다. 관훈클럽 창립 때 주한미국대사관에서 도움을 준 것으로 안다.

관훈클럽 회원 가입은 운영위원회에서 투표로 결정하였다. 만장일치로 통과되었다며 내게도 가입하라고 연락이 왔다. 그런데 나는 가입하지 않았다. 가입 권유를 받은 사람 중에서 가입하지 않은 사람은 나 말고는 없는 것으로 안다.

내가 관훈클럽에 가입하지 않은 것은 미국을 별로 좋지 않게 봤기 때문이었다. 당시에도 미국은 한국을 제 마음대로 쥐고 흔들었는데 분단 책임도 따지고 보면 미국에 있다. 나는 역대 한국 정권이 미국의 괴뢰 역할을 했다고 생각한다. 그래서인지 이후 미국을 여러 번 다녀왔지만 별로 호감이 가지 않았다. 나 스스로를 굳이 반미주의자라고 생각하지는 않지만 미국이 '제국'이라는 생각은 여전하다.

동양통신 겸직

《조선일보》에 근무하면서 한동안 동양통신 외신부 기자를 겸했다. 물론 떳떳한 일은 아니었다. 《조선일보》 경영진만 모르고 아는 사람은 다 알고 있었다. 겸직의 가장 큰 이유는 돈 때문이었다. 당시 나는 석동 형 가족 4명과 할머니, 어머니를 부양하고 있었다. 입사 이듬해인 1955년에는 결혼을 하여 식구가 더 늘었다. 《조선일보》 월급만으로는 생활이 되지 않았다. 통신사 외신부는 타 부서보다 월급을 배 가까이 더 주었다. 생활에 큰 도움이 되었지만 여전히 빠듯한 살림이었다(사진 54: 동양통신).

우연하게 그런 기회가 주어졌다. 미군 308 CIC에서 같이 통역 일을 하던 김용수가 그 무렵 동양통신 외신부 기자로 근무하고 있었다. 하루는 그를 만난 자리에서 내가 《조선일보》에서 시간도 많고 하니 어디 겸직할 곳을 한 군데 알아봐달라고 부탁했다. 그랬더니 그가 기다렸다는 듯이 동양통신을 소개했다. 알고보니 그가 곧 유피UP로 옮기게 돼 있어 동양통신에 사표를 냈다고 했다. 결국 동양통신에 자리가 하나 난 셈이다.

당시 통신사에서 영어에 능통한 외신부 기자를 구하는 것이 쉽지 않았다. 그래서 나는 그날로 동양통신에 촉탁으로 채용되었다. 《조선일보》는 조간이어서 주로 오후부터 일과가 시작되었다. 오전에는 동양통신에 가서 일하고 점심 먹고 《조선일보》로 넘어갔다. 동양통신에서는 오전반과 오후반으로 나누어 네 시간씩 교대근무를 했다. 나와 한 조가 된 사람이 번역 속도가 빨라서 오전반 두 명이 오후반 네 명 몫을 했다. 취직이 어려운 당시, 나는 직장을 두 개 가졌으니, 요즘말로 하면 '투잡'을 한 셈이다. 얼추 두 해가량 동양통신에서 겸직을 하다가 미국 연수를 떠나면서 그만두었다.

백상 장기영 사장의 공과 | 《한국일보》창업주 백상 장기영은 한때 《조선일보》사장을 지냈다. 백상은 원래 은행원 출신이었다. 1916년 서울에서 태어난 백상은 1934년 3월 선린상업학교를 졸업했다. 졸업 한 달 뒤 조선은행(한국은행 전신)에 들어가 해방 당시 청진 지점 예금주임 겸 대부주임으로 근무했다. 해방 후 고속 승진을 거듭해 서른 네 살 되던 1950년 12월 한국은행 부총재에 취임했

사진54_필자는《조선일보》에 근무하면서 한동안 동양 통신 외신부 기자를 겸했다.

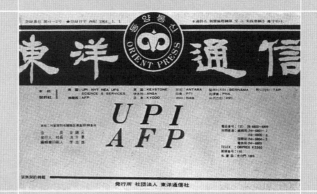

다. 1952년 3월 한은 부총재직을 사임한 백상은 한 달 뒤 제10대《조선일보》사장으로 취임했다. 조선은행 청진 지점 시절부터 쌓아온 인맥을 바탕으로 실업계에 투신할 것이라는 세인의 관측은 보기 좋게 빗나갔다. 백상은 이태 동안《조선일보》사장을 맡았다.

백상이《조선일보》사장으로 온 데는 몇 가지 사정이 있었다. 당시《조선일보》는 경영 상태가 최악이었다. 한국전쟁 중이라 경제도 어렵지만 방응모 전 사장이 납북돼 회사의 기둥이 사라진 것이 가장 큰 이유였다. 방응모를 대리해 경영을 맡은 손자 방일영方一榮(전《조선일보》회장)은 신문을 잘 몰랐다. 당시 편집국은 편집국장보다는 사회부장 유건호, 정치부장 남기영 등 부장들이 사실상 좌지우지하면서 이끌어가는 형편이었다. 이런 상황에서《조선일보》로서는 백상과 같은 구원투수가 필요했다. 한국은행 간부 출신이어서 재계, 금융계에 인맥이 두터운데다《조선일보》에 운영자금을 댈 만한 재력도 있었다.

2016년 백상 탄생 100주년을 맞아 그가 창간한《서울경제》에서 각종 기념행사와 함께 백상의 생애를 다룬 특별기획을 몇 차례 보도한 바 있다. 권홍우 논설위원이 쓴 5월 1일자 기사(〈백상 장기영 ……그 치열한 생애〉〈하〉 한국경제·언론 이끈 '미다스의 신화')에 따르면, 백상은 평소 신문에 관심이 많았다고 한다. 한 예로 해방 직후 일본으로 떠나는 조선은행 청진 지점의 일본인 동료들에게 "다음에는 신문기자가 되어 상하이에서 다시 만나자"라고 농담조로 말한 적이 있다고 한다. 또 평소 백상은 대외 기고활동도 활발했다고 한다(사진 55: 백상 장기영).

내가 듣기로 백상이 신문에 관심을 갖게 된 계기는 한국은행 조사부장 시절부터다. 이삼십 대 새파란 기자들이 총재나 부총재실 책상에 걸

사진55_백상 장기영.
《한국일보》 창업주인 백상은
한때 《조선일보》 사장을 지냈다.

터앉아 그들을 상대로 이러쿵저러쿵 따지는 걸 보고 백상은 신문기자의 파워를 실감했다고 한다. 그 이후 백상은 한국은행에서 언론 담당을 자원하여 기자들을 상대했다고 한다. 백상은 생전에 "나의 뼈는 금융인이요, 몸은 체육인이며, 피는 언론인이다. 그리고 정치인은 나의 얼굴이다"라고 밝힌 바 있다.

《한국일보》사장 시절 백상은 기자들로부터 '왕초', '장기자' 등으로 불렸는데 그리 나쁜 의미는 아니었다. 소위 '신문쟁이' 출신이 아니면서 그는 편집국도 직접 챙겼다. 매주 화요일 아침 아홉 시 전 사원을 불러모아 한 주간의 신문 제작 품평회를 열곤 했다.《한국일보》출신들은 이를 '화요회'라고 부른다.

1962년 11월 28일자《한국일보》는 1면 톱기사로 박정희 군사정권이 창당할 신당의 명칭이 '사회노동당'이라고 보도했다가 곤욕을 치렀다. 이튿날 백상과 홍유선 편집부국장, 김자환 정치부장, 취재기자 등 네 명이 구속됐다. 당시 편집국장은 발행인 백상이 겸하고 있었다. '편집과 경영의 분리' 같은 원칙은 그에게 통하지 않았다.

그는 신문 제작에 대단한 열정을 가진 사람이었다.《조선일보》사장으로 취임한 후 공무국에 내려가 문선文選 작업을 독려하는가 하면 가판街販을 직접 챙겼다. 재임 이태 만에《조선일보》를 발행 부수 육칠만 부의 업계 1위로 끌어올린 것은 백상의 공로라고 할 수 있다.

백상의《조선일보》사장 재임 기간은 그리 길지 않았다. 사임 일주일 전 백상은 당시 경영난에 허덕이던 영자지《코리아 타임스》를 김활란으로부터 인수하여 사장에 취임하였다. 이어 5월에는《태양신문》을 인수하였으며, 6월 9일 이를 개제改題하여《한국일보》를 창간했다.《조선일보》를 그만두기 전에 이미 새 신문 창간을 구상하고 있었다는 이야기다. 그의 《조선일보》 사장 퇴임은 '타의'라고 할 수 있다. 새 신문 창간 같은 사업구상도 있었겠지만 사내에서 기자들과의 갈등 때문에 더이상 있을 수도 없는 입장이었다. 갈등의 발단은 백상이 무리하게 편집국을 장악하려 한 데서 생겨났다고 할 수 있다.

나는 백상이 사장에서 물러나고 두 달 뒤에 입사했다. 선배들에게 들은 바에 의하면 백상은 마음에 들지 않는 사람은 탁탁 잘라버리는 스타일이라고 했다. 그 무렵 정치부장은 남기영이었다. 연희전문 문과를 졸업한 그는 1943년 총독부 기관지 《매일신보》에 입사해 근무하다가 해방 되던 해에 《조선일보》로 옮겼다. 그런데 백상이 이 남기영을 못마땅하게 여겨 사표를 쓰라고 했다. 남기영이 사장 대접을 잘 해주지 않는다는 거였다. 그랬더니 남기영의 반응이 걸작이었다. 그는 "어디서 굴러 들어와서 이래라 저래라 하는 거야? 난 방응모 사장이 발령 낸 사람이야. 내가 왜 너한테 사표를 내?" 하면서 정면으로 맞받아치고 나왔다고 한다. 당시 최 아무개 전무 역시 백상으로부터 사퇴 권고를 받고서 사표를 낼까말까 고심하다가 남기영이 치고나오는 걸 보고 눌러앉았다. 이런 일이 있은 후 사내에서 더 이상 영슇이 서지 않게 된 백상은 결국 《조선일보》를 떠나고 말았다.

올 때는 스카우트로 모셔왔으나 나갈 때는 제 발로 나갔다. 《조선일보》로서는 어려운 상황에 있던 회사를 안정궤도에 올려놓은 공로자를 푸대접한 것이 아니냐는 지적을 받을 만도 하다. 혹시 사주인 방 씨 집안에서 자칫하다가 백상에게 회사를 뺏기는 것 아니냐는 우려 때문에 남기영 같은 인물을 앞세워 쫓아냈다는 의혹을 가질 수도 있겠다. 그러나 내가 보기에는 백상의 독선적 행태와 의욕과잉이 빚은 결과이다. 남기영은 백상이 물러난 후 편집국 내 한직인 조사부장으로 근무하다가 1960년대 초《조선일보》를 떠났다.

장기영의
숨은 비화 두 가지 | **일개 주임에서 벼락출세한 연유**
앞에서 백상 장기영의 경력을 간단히 언급한 바 있다. 백상은 선린상업 졸업 후 조선은행에 입행했는데 백두진白斗鎭(국회의장 역임), 이상덕李相德(주택은행장 역임) 등이 그의 입행 동기들이다. 해방 당시 함경도 벽지 지점의 일개 주임이었던 그는 불과 3년 만에 본점 조사부장으로 승진했다. 파격적인 고속 승진이었다. 당시 백상의 나이 불과 32세였다.

이에 앞서 백상은 1947년 당시 박재욱朴在郁 조사부장 아래 조사부 차장으로 임명되었다. 임명권자는 미 군정청이었는데 당시 조선은행 총재는 로널드 스미스 미 해군소령이었다.

미군정 당시 조선은행의 한국인 최고 실력자는 해방 후 조선은행 이사로 있으면서 부총재 역할을 했던 구용서具鎔書(상공부장관 역임)였다. 그는 조선은행 오사카 지점 서구출장소 부지배인 출신으로 해방 후 미 군정청이 조선은행을 접수할 때 중추적 역할을 했다. 구용서는 1950년 6월에 설립된 한국은행의 초대 총재를 역임했다. 그는 자신의 재임 기간 중에 가장 보람된 일로 "벽지 지점의 주임이었던 장기영을 일약 조사부 차장으로 발탁하여 부장 업무를 맡겼던 정확한 판단력이었다"고 후에 밝히기도 했다.

구용서가 벽지 지점 주임 장기영을 일약 조사부 차장으로 발탁한 정확한 이유는 알려져 있지 않다. 백상은 평소 우수한 두뇌와 업무 능력이 뛰어난 사람이라는 평가를 받았다. 청진 지점에 근무할 때 행내行內 논문현상 모집에서 1등을 한 적이 있으며, 한국은행 본점 건물 신축 당시 목재 조달 업무를 원만하게 수행해 능력을 평가받기도 했다. 백상의 능력을 폄훼할 이유는 없지만 이 정도 사안으로 일개 주임이 하루 아침에 본점 핵심 간부로 승진하기는 쉽지 않은 일이다. 그의 고속 승진과 관련해 다른 비밀은 없는 걸까?

해방 직전 소련군이 북한에 들어오자 백상은 대부계 장부를 모두 들고 서둘러 남하했다. 이후 그는 서울 남대문로에 '조선은행 청진 지점 서울출장소' 간판을 내걸고 이북에서 내려온 함경도 거래선을 상대로 영업을 했다고 한다(사진 56: 조선은행 청진 지점 근무 시절의 장기영(앞줄 왼쪽에서 두 번째)).

백상의 고속 승진과 관련해 《조선일보》 입사 후에 들은 이야기가 있다. 해방 무렵 백상은 조선은행 청진 지점의 '예금주임 겸 대부주임'이었다. 사실상 '금고지기'나 마찬가지였다. 남하하면서 그는 금고에 있던 서류는 물론 돈도 모두 가지고 내려왔다고 한다. 그 돈 가운데 일부는 본인이 챙기고 나머지는 미 군정청 조선은행 총재에게 바쳤다고 한다. 미군정 입장에서 보면 백상의 행동은 치하할 만한 일이었다. 미국인 총재는 "조선 사람 중에 이렇게 정직한 사람이 또 어디 있겠냐?"며 그를 요직에 기용했다는 것이다. 그 자리가 바로 조선은행 조사부장이다. 내가 《조선일보》에 입사할 당시 언론계에 이런 소문이 파다했다. 다만 이런 내용이 기록으로 남아 있지는 않은 것 같다.

한은 부총재 시절 '군표 부정사건'

백상에 대해서는 숨은 비화가 하나 더 있다. 한국은행 부총재 시절의 소위 '군표軍票 부정사건'이다.

1948년 12월 1일 조선은행 조사부장에 취임한 백상은 이태 만인 1950년 12월 7일 한국은행 부총재에 임명되었다. 그의 나이 불과 34세 때였다. 그런데 이렇게 승승장구하던 백상이 1952년 3월 27일 돌연 부총재직에서 사임한다. 사임 이유도 분명하지 않았다. 당시 언론 보도에 따르면 백상은 사임에 앞서 한 달간 휴직을 했는데 이를 두고 구구한 억측이 떠돌았다. 1952년 2월 20일자 《동아일보》 기사는 다음과 같다 (사진 57: 《동아일보》 기사. 1952. 2. 20).

한국은행 김 총재는 17일 동행 부총재 장기영 씨에 대한 1개월간의 휴직을 발표하였다. 그런데 금번 장 부총재 휴직 원인에 관하여 금융계에 구구한 억측이 돌고 있는 바 특히 금번 휴직조치가 금융통화위원회의 의결을 얻은 것인지 아닌지에 관해서도 명백히 되어 있지 않으며 금융통화위원회를 통과하지 않았다면 한은 총재의 권한으로서 부총재를 휴직 처분할 수 있는가의 여부에 대하여 상당한 물의를 일으키고 있다 한다.

이후 《동아일보》의 후속 보도에 따르면 한국은행 총재로부터 한 달간의 휴직 통고를 받은 장 부총재는 휴직 만료일인 3월 13일에 개최된 금융통화위원회 결의로 27일까지 휴직을 연장하였다. 그러고는 위원회에서 진상 조사를 하여 27일까지 휴직 해제 여부에 대한 결정을 짓기로 했다.

사진56_앞줄 왼쪽에서 두 번째가 백상이다.
조선은행 청진 지점 근무 시절.

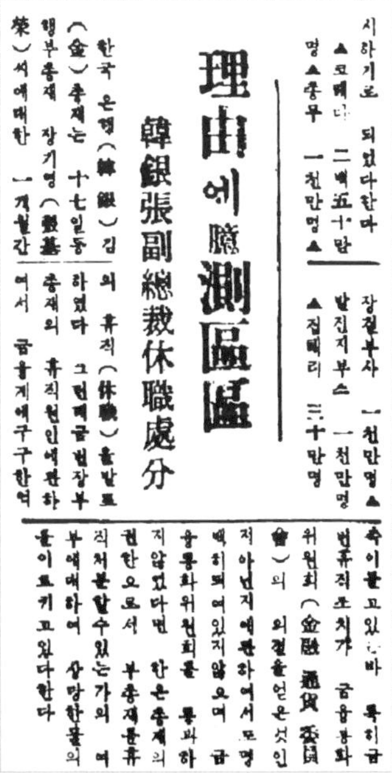

理由에 臆測區區

韓銀張副總裁休職處分

사진57_한국은행 부총재 장기영에 대한 휴직
처분을 보도한 《동아일보》 기사.

그런데 3월 27일 열린 금융통화위원회는 장 부총재의 사표를 당일 수리했다. 사표 수리 이유를 두고 '한은 내규'에 따른 것이라고만 밝힐 뿐 구체적인 내용은 공개하지 않았다. 장 부총재는 영업년도 말일인 3월 31일자로 사임할 의사를 밝혔지만 금융통화위원회는 이를 무시하고 27일자로 사표를 수리하였다. 무슨 연유인지 위원회는 겨우 나흘의 여유조차 주지 않았다.

백상이 갑작스레 한국은행 부총재직에서 물러나게 된 이유는 무엇일까? 당시 언론 보도를 비롯해 《한은 10년사》(1960), 《한은 30년사》(1980), 《한은 40년사》(1990), 그리고 장기영 일대기 등 그 어디에도 그 이유는 제시되지 않는다. 그런데 2016년 백상 탄생 100주년 관련 특집 기사는 그 의문을 풀 실마리 하나를 제공한다. 《서울경제》는 "한국은행에서 다른 사람의 잘못을 대신해 물러나며 은행원의 뜻을 꺾었다"(권홍우 논설위원, 2016. 4. 28), "외압에 의해 한국은행을 떠났다"(차현진 한국은행 인재개발원장, 2016. 4. 28)고 보도했다. 구체적인 내용은 밝히지 않은 채 백상이 '타의'에 의해 부총재직에서 물러났다고 썼다.

백상이 한국은행 부총재로 있던 시절은 한국전쟁 중이었다. 당시 한국전쟁에 참전한 미군들은 월급으로 달러 대신 MPC(Military Payment Certificate), 즉 군표軍票를 받았다. 이 군표를 달러로 환전했다. 그런데 이 군표를 환전하려면 미군부대에서 월급으로 받았다는 등의 합법적 취득증명서가 필수적이었다. 증명이 없으면 훔친 걸로 간주했다. 그런데 이른바 '양공주'가 미군에게 화대로 받은 군표는 합법적 취득증명서를 구할 수 없었다. 이런 군표가 암달러 시장으로 흘러나왔다.

이 군표는 일본에서도 유통할 수 있었다. 당시 일본에서 군표의 가치는 한국보다 컸다. 예를 들어 부산에서 3대 1, 즉 군표 세 장에 1달러라면, 일본에 가면 2대 1, 즉 군표 두 장에 1달러였다. 군표를 일본에서 달러로 환전하면 30퍼센트 정도 환차익이 생기는 셈이었다. 백상이 한국에서 수집한 군표를 일본으로 가져가 달러로 환전하려다 들통이 났다. 백상이 한국은행의 자금 운송을 빙자해 일본에서 군표 세탁을 시도했다는 이야기다.

당시 이 일을 맡은 사람은 백상의 심복으로 불린 홍유선洪惟善과 최병우였다. 이 일로 최병우는 일본 헌병에게 체포되었다고 들었는데 구체적인 날짜와 장소는 알지 못한다. 이 사건은 국내 언론에 전혀 보도되지 않았다. 백상이 한 부총재에서 갑작스레 물러난 것은 바로 이 때문이라고 한다. 당시 소문에는 백상이 한국은행에서 언론 담당을 하면서 기자들을 매수해 언론에 전혀 보도되지 않은 것이라고 했다. 《조선일보》 입사 후에 들은 이야기인데 이 역시 알 만한 사람은 다 알고 있었다.

경기상고를 졸업한 홍유선은 1943년 조선은행 입행 후 청진 지점에서 백상과 같이 근무하면서 인연을 맺었다. 최병우는 1950년 백상의 한국은행 도쿄 지점 개설로 인연이 닿았다. 두 사람은 평생 '백상 맨'으로 살았다. 백상이 한국은행 부총재에서 물러나자 이들도 같이 사직하였다. 또 백상이 《조선일보》 사장으로 갈 때 같이 《조선일보》에 입사했으며, 백상이 《조선일보》를 그만두고 나올 때 같이 나와 《한국일보》 창간에 참여했다. 홍유선은 《한국일보》 편집국장, 사장, 부회장을 거쳤으며, 최병우는 《한국일보》 편집부국장, 《코리아 타임스》 편집국장 등을 지냈다.

이들 두 사람과 유사한 경우가 나와 같이 미국 연수를 다녀온 김종규

사진58_뒷줄 화살표가 가리키는 사람이 최병우.
그는 진먼도 취재 도중 사고로 순직했다.

를 들 수 있다. 1949년 연희대학 상학과를 졸업한 김종규는 그해 조선은행에 입사하여 근무하다가 1952년 백상이 《조선일보》로 갈 때 같이 《조선일보》에 입사했다. 이후 백상을 따라 《한국일보》로 옮겨 외신부 차장, 편집부국장, 사장 등을 지냈다. 그 역시 '백상 맨'이었다.

진먼도 취재 중 순직한 최병우 | 최병우 이야기가 나왔으니 몇 자 더 보태야겠다. 최병우는 젠틀한 스타일에 외신기자로서 능력도 뛰어났다. 1924년 전남 목포 태생인 그는 호남은행 목포 지점장으로 있던 부친을 따라 소학교 4학년 때 서울로 이사를 왔다. 이후 경기중학을 마치고 일본으로 건너가 고치高知고등학교를 졸업하고 1944년 도호쿠東北제국대학 법문학부 법학과에 입학했다. 태평양전쟁 막바지인 1945년 6월 징병으로 끌려간 그는 두 달여 만에 일본이 패망하면서 고국으로 돌아왔다.

그는 귀국 후 뛰어난 영어 실력을 배경으로 미 군정청 외무처에 들어갔다. 1947년 외무처 도쿄 공관 섭외담당관으로 파견되었다가 주일대표부로 옮겨 근무했다. 그러다 1950년 6월 당시 한국은행 조사부장이던 백상의 한은 도쿄 지점 개설을 도운 것이 인연이 되어 한국은행으로 자리를 옮겼다. 백상이 한은 부총재에서 물러난 후 같이 그만두었고, 백상이 《조선일보》 사장으로 부임하자 그를 따라 《조선일보》 외신부장으로 입사했다. 1954년 백상이 《한국일보》를 창간하자 《한국일보》 초대 외신부장을 맡았다.

최병우는 외신기자로서는 드물게 현장 취재의 중요성을 강조했다.

그는 "한국전쟁 당시 외국인 기자 열일곱 명이 생명을 바쳤지만 한국인 기자는 단 한 사람도 다치지 않았다"는 말을 입버릇처럼 했다. 1958년 당시 그는 《한국일보》의 자매지인 《코리아 타임스》 편집국장으로 있었다. 편집국장이면 현장 취재에 나서지 않는 것이 언론계 관행이다. 그럼에도 그는 그해 7월 인도네시아 내란을 현지 취재하였다. 두 달 뒤인 9월, 중국대륙의 공산당과 국민당 정부가 타이완 해협을 사이에 두고 포격전을 벌였다. 마오쩌둥이 타이완을 수복하겠다며 8월 23일부터 타이완 해협의 진먼도金門島에 연일 포격을 해댔다. 한국전쟁이 끝난 지 얼마 되지 않은 시점이어서 한국인들의 관심이 매우 컸다.

최병우는 다시 타이완 현지 취재에 나섰다가 9월 11일 타이완 해협 진먼도로 가던 중 지프차 사고로 중상을 입었다. 부상당한 몸으로 26일 진먼도에 상륙하려다 해상에서 배가 전복되면서 익사하고 말았다. 한국 언론사상 종군 취재 중에 목숨을 잃은 기자는 최병우가 유일하다. 한국일보사에서는 그의 업적을 기념하기 위해 최병우기념도서관을 세웠다. 또 그가 창립에 깊이 관여한 관훈클럽에서는 1990년 '최병우 기념 국제보도상'을 제정해 매년 시상하고 있다. 평소 소신대로 현장 취재에 열정을 바친 최병우의 기자정신은 높이 살 만하다(사진 58: 진먼도 취재 도중 배 사고로 순직한 최병우(뒷줄 화살표가 가리키는 사람)).

최병우와 나는 작은 인연이 있다. 내가 《조선일보》에 입사하기 직전에 《조선일보》 외신부장을 그만두었으니 내겐 선배인 셈이다. 《조선일보》 입사 초기에 있었던 일이다. 당시 일본 교도통신에서 제공하던 외신뉴스는 영문으로 'Kyodo News Service'라고 불렀다. 미처 업무에 익숙하지 않던 나는 그냥 '교도 뉴스 서비스'라고 직역하여 실었다. 하루는

《한국일보》최병우 외신부장이 전화를 걸어왔다. 내가 번역한 '교도 뉴스 서비스'를 우리말로 '공동통신'으로 번역하는 게 맞다고 일러주었다. 마치 자사의 부하 대하듯이 말했지만 듣기 싫지 않았다. 언론계 후배 뻘인 나에게 조언을 해준 것이다.

진먼도 취재를 떠나기 며칠 전에 최병우에게서 한번 만나자는 연락이 왔다. 반도호텔 커피숍에서 그를 만났다. 그는 내게 단도직입적으로 "《한국일보》로 와서 근무할 생각이 없느냐?"고 물었다. 그 무렵 나는 《조선일보》를 사직하고 얼마 되지 않은 상태였다. 옮길 생각이 전혀 없는 것은 아니었으나 사양했다. 백상 장기영에 대해 과히 좋지 않게 생각했기 때문이다. 당시 《한국일보》 외신부에 김종규가 있었지만 영어 실력이 아주 뛰어난 것은 아니었다. 최병우는 영어 실력은 괜찮았으나 중국말을 하지 못했다. 외신부장인 그로서는 영어와 중국어에 능통한 내가 필요했을 것이다. 만약 그때 내가 《한국일보》로 옮겼다면 진먼도 취재는 당연히 내가 갔을 것이다.

2. 다시 언론계로

진보당 사건과
친구 조규택

1958년 여름 내가 조선일보사를 퇴직한 시기를 전후하여 국내 정치 상황은 숨 가쁘게 돌아갔다. 1956년 5월 15일에 실시된 제3대 정·부통령선거에서부터 그 조짐이 나타나기 시작됐다. 당시 대통령 후보로는 자유당의 이승만, 민주당의 신익희, 진보당의 조봉암이, 부통령 후보로는 자유당의 이기붕과 민주당의 장면이 경합을 벌였다. 선거 전부터 이승만은 관제 데모로 여론을 조작하였고, 선거과정에서는 온갖 불법선거를 자행하였다.

이런 와중에 선거를 불과 열흘 앞두고 민주당의 신익희 후보가 호남 유세차 열차로 이동하던 도중에 급서하면서 이승만은 당선이 확실시됐다. 투표 결과 이승만 504만 6,437표, 조봉암 216만 3,808표, 고 신익희 185만 표가 나왔다. 추모표가 이 정도로 나온 걸로 봐 만약 신익희가 사망하지 않았다면 당선됐을 가능성이 매우 높았다. 당초 이승만은 득표율 80퍼센트를 예상했으나 52퍼센트 선에 그쳤다. 부통령선거에서도 장면이 이기붕을 크게 앞질렀다. 이승만 독재에 분노한 민심이 이미 자유당을 떠난 것이 확인된 선거였다.

죽산 조봉암은 그해 11월 진보세력이 결집한 혁신정당 진보당進步黨을 창당했다. 비록 5·15선거에서 낙선했지만 네 해 전보다 무려 세 배 이상 득표하면서 죽산은 이승만의 강력한 경쟁자로 부상하였다. 대선 과정에서 진보당의 '평화통일론'은 파괴력이 대단했다. 다시는 동족 간에 피 흘리는 전쟁을 해서는 안 된다는 죽산의 호소는 민심을 파고들었다. 이에 위협을 느낀 이승만과 자유당이 죽산을 제거하기 위해 조작한 사건이 이른바 '진보당 사건'이다.

1958년 1월 검찰은 진보당 간부들을 간첩 혐의로 구속하였다. 사건 발생 직후 잠시 피신해 있던 죽산도 곧 출두했다. 죽산은 젊어서 공산당 활동을 열심히 했다. 그러나 박헌영과 결별한 이후 중도보수로 전향하였다. 5·10선거에 참여해 제헌국회의원에 당선된 죽산은 이승만 정부에서 초대 농림부장관과 국회부의장을 지내기도 했다. 이승만 자신이 중용한 죽산을 간첩 혐의로 본 것은 자가당착이다. 그러나 공안 당국이 조작된 증거를 들이대며 간첩으로 몰면 꼼짝없이 간첩이 되는 그런 시대였다.

그 무렵 간첩 양명산梁明山(본명 양이섭梁利涉)이 군 수사기관에 검거되었다. 이것이 죽산에게 불리하게 작용하였다. 죽산은 상하이 시절 알고 지냈던 양명산이 만나자고 해서 만났고 그로부터 얼마의 돈을 받은 사실도 시인했다. 물론 양명산이 간첩이라는 것은 몰랐다고 주장했다. 나중에 알려진 사실이지만 양명산은 육군 첩보부대HID의 대북 첩보공작원으로 북측과 접촉하며 남북교역을 해오던 인물이었다.

휴전 후인 1950년대 중반까지도 남북 사이에 밀수 형태의 비공식 교역이 있었다. 대개 인천에서 해주를 오갔다. 남쪽에서 물건을 싣고 가면 북쪽에서는 중국산 운동화 같은 것을 주었다. 양명산도 그런 사업을 했다. 당국은 죽산이 양명산과 접선하여 공작금을 받았고 북한의 지령에 따라 간첩행위를 했다고 발표했다. 1958년 6월 공판에서 검사는 죽산과 양명산에게 중형을 구형했다. 당시 나도 두어 차례 방청을 갔었다. 그때《조선일보》법원 출입기자 조동호趙東鎬를 더러 만나곤 했는데 그는 법원에서 유능한 기자라는 평을 듣고 있었다.

한편 검찰의 중형 구형에 대해 법원의 판단은 달랐다. 7월 2일 1심 선고공판에서 유병진柳秉震 판사는 죽산에게 불법무기 소지 등의 혐의로 징역 5년을, 양명산에게는 국가보안법 위반 혐의로 징역 5년을 각각 선고하였다. 나머지 진보당 간부 17명 전원에게는 무죄를 선고했다. 검찰이 죽산과 진보당에 씌운 간첩죄에 대해서는 전부 무죄가 선고됐다. 파란이 예상되는 판결이었다. 아니나 다를까. 판결 사흘 뒤인 7월 5일 '반공청년'이라는 괴한 3백 명이 법원에 난입했다. 이들은 "친공판사 유병진을 타도하자", "조봉암을 간첩죄로 처형하라" 등을 외치며 폭력시위를 벌였다. 1심 판결 후 이승만은 국무회의에서 "조봉암은 벌써 조치되었어야 할 인물"이라고 목소리를 높이며 판결 결과에 대해 격노했다고 한다.

이승만의 격노 때문인지 항소심과 상고심은 1심과는 분위기가 판이하게 달라졌다. 항소심에서 양명산은 1심과는 정반대로 혐의 사실을 부인했다. 그러나 재판부는 죽산과 양명산에게 사형을 선고하고 진보당 간부들에게도 실형을 선고했다. 1959년 2월 27일 대법원의 판결은 매우 특이했다. 진보당의 평화통일론은 합법이지만, 죽산은 이중첩자 양명산을 통해 간첩행위를 했다며 사형을, 진보당 간부들에게는 무죄를 선고했다. 죽산은 변호인을 통해 재심을 청구했으나 재판부는 이를 기각하였다. 재심 기각 이튿날인 7월 31일, 서대문형무소에서 죽산에 대한 사형이 집행되었다. 2011년 대법원 전원합의부는 이 사건 재심에서 죽산에 대해 무죄를 판결했다(사진 59: 진보당 사건으로 재판을 받고 있는 조봉암(앞줄 오른쪽 첫 번째)).

이승만은 자신의 집권가도에 걸림돌이 되는 정적은 철저하게 제거하였다. 이승만은 1948년 5·10선거에서 자신의 정적으로 떠오른 최능진崔能鎭(미군정 경무부 수사국장)을 군법회의 재판을 통해 제거하였다. 죽산을 간첩죄로 몰아 처형한 것도 같은 맥락이라고 할 수 있다. 죽산을 제거하려고 한 최고 주동자는 이승만이지만 그의 주변에서 죽산 제거를 지원한 야당 인사들이 몇 명 있었다고 본다. 유석 조병옥, 낭산 김준연金俊淵 같은 인물들이 아닌가 싶다. 제3대 대선에서 이승만이 이기긴했지만 죽산이 얻은 표는 이승만에게 위협적이었다. 조병옥 같은 사람

사진59_진보당 사건 재판 장면. 앞줄 오른쪽 두 번째가 죽산 조봉암이다.

들은 이승만은 얼마 안 가 죽겠지만 그다음으로 득세할 두려운 존재를 죽산으로 여겼을 것이다. 따라서 죽산의 제거가 단순히 자유당과 이승만의 작품이라고 나는 생각하지 않는다.

진보당에 관계한 사람 가운데 나와 가까운 사람이 있었다. 진보당 재정부 간사 조규택曺奎澤이다. 그는 죽산의 일가였다. 죽산이 이승만 정부에서 농림부장관에 임명되자 일가가 모여서 '우리 집안에 대감이 나왔다'고 기뻐했다고 한다. 언젠가 어머니가 조규택 집에서 하는 이야기를 듣고 오셔서 전해준 이야기다. 혼자 속으로 웃었던 기억이 난다. 조선시대도 아니고, 8·15해방 후에 '대감' 소리를 들으니 절로 웃음이 나왔다.

조규택은 황해도 출신인데 집안 본거지는 전남 여수라고 했다. 이리저리 따져 봐도 나와는 인연이 없는 사람이다. 그런 사람과 인연이 닿은 것은 임시정부 요인 가운데 군무부장을 지낸 청사 조성환 선생과의 인연 때문이다. 청사는 부인이 세 분이나 있었지만 슬하에 아들이 없었다. 결국 중국에 있을 때 두 번째 부인 앞으로 국내에서 양자를 하나 들였다. 그런데 그 양자도 아들은 없고 딸 하나를 두었다. 그 딸이 지금 미국에 사는 조은옥 여사다. 이 청사의 손녀는 가끔 우리 대한민국임시정부기념사업회 사무실에 놀러오곤 했다.

청사의 세 번째 부인은 중국에서 결혼한 젊은 중국 여성이었다. 1900년생, 어머니와 동갑이었다. 청사와의 나이 차가 스물다섯 살이었다. 중국에서는 남의 부인을 '타이타이太太'라고 부른다. 중국 시절 청사 선생 부인을 '차오曺 타이타이'라고 불렀다. 그런데 이분도 아이가 없었다. 귀국 후 1947년경 성재 이시영 선생이 중심이 돼 차오 타이타이 앞으로 양자를 하나 들이자는 얘기가 나왔다. 그래서 같은 창녕 조曺 씨

가문에서 물색하여 들인 양자가 바로 조규택이다.

해방 직후 조규택은 경성방송국에 취직했다. 한번은 어머니를 모시고 조규택이 근무하는 경성방송국(지금의 조선일보사 옆 오양수산 건물)으로 구경을 갔다가 여배우 최은희崔恩姬를 만난 적이 있다. 당시 최은희는 아마 스물한두 살 정도 됐을 것이다. 참으로 미인이라는 생각을 했다. 1958년 죽산이 진보당을 창당하면서 조규택에게 같이 일하자고 제안했다. 조규택은 십 년 넘게 다니던 방송국을 그만두고 진보당으로 옮겼다. 조규택은 내게 진보당에서 같이 일해보지 않겠느냐고 권유했다. 나는 "이승만을 상대로 무슨 놈의 합법 정당을 만드냐? 뒤엎어야지!"라고 말하면서 거절했다. 내가 《조선일보》를 사직하기 직전의 일이다. 나중에 조규택은 진보당 사건에 연루돼 곤욕을 치렀다. 만약 그때 조규택의 권유를 받아들였더라면 나도 무사하지 못했을 것이다.

돌이켜보면 나도 정치할 기회가 더러 있었다. 진보당 때도 그랬고, 나중에 박정희가 공화당을 만들 때도 기회가 있었다. 그러나 나는 두 번 모두 거절했다. 따지고 보면 나는 아주 오래전부터 정치에 관심을 갖고 있었다. 정치인이 돼보겠다는 생각을 아주 안 한 것도 아니었다. 죽산은 독립운동가 출신으로 농림부장관 때 토지개혁도 그만하면 잘하고 해서 나는 그런대로 좋게 생각하였다. 죽산과 안면은 없었지만 조규택을 통하면 진보당과 연을 맺을 수도 있었다. 그러나 정치는 나의 길이 아니라는 결론을 일찌감치 내렸다. 가장 큰 이유는 타협이 필요한 현실 정치에 나를 맞추기 어려울 것 같았기 때문이다.

조규택 말고도 진보당 간부 출신 가운데 아는 사람이 몇 명 있었다. 진보당 간사장을 지낸 윤길중尹吉重(국회부의장)도 그런 사람이다. 그는 한때 나의 바둑친구였다. 내가 서소문 입구 옛 대한일보 빌딩에 사무실을 냈을 때 자주 내 방에 와서 바둑을 두곤 했다. 급수로는 1급이었는데 센 바둑이어서 내가 늘 네다섯 점을 놓고 뒀다. 그 후로도 친하게 지냈다. 그런데 1980년대 들어 전두환 정권의 민주정의당에 들어가 당대표를 지내는 걸 보고 화가 나서 인연을 끊어버렸다.

'2·4파동'과
《경향신문》 폐간 사태 │ 진보당 사건이 발생한 1958년 5월 2일 제4대 민의원 선거가 실시됐다. 결과는 자유당 126석, 민주당 79석, 무소속 27석 등이었다. 이승만의 강력한 정적이었던 조봉암과 진보당이 선거에 참여하지 못했음에도 자유당 의석 수는 개헌 정족 수인 재적 의원 3분의 2에 미달하였다. 반면 민주당은 서울시내 열여섯 개 선거구 가운데 열다섯 개 선거구를 석권하는 등 대도시에서 야당 지지도가 매우 높게 나타났다.

민심 이반으로 불안해진 이승만 정권은 그 원인을 야당과 언론의 선동으로 돌렸다. 이승만 정권은 집권당에 불리한 국민여론을 억누를 방안을 모색했다. 궁리 끝에 나온 것이 공안몰이와 언론 탄압이었다. 역대 독재정권이 전가보도로 사용한 단골 메뉴다. 자유당은 1958년 12월 24일 보안법 적용대상과 이적행위 개념 확대를 골자로 하는 보안법 개정안을 통과시켰다. 두말할 것도 없이 여당 단독의 날치기 통과였다. 흔히 '2·4파동'이라고도 부른다.

언론 억압과 인권 침해를 골자로 하는 악법은 즉시 현실로 나타나기 시작했다. 이승만 정권은 1959년 4월 30일 밤 열 시 십오 분경 당시 야당지로 불린 《경향신문》에 대해 폐간 조치를 내렸다. 근거는 미군정 법령 88호. 경향신문사에 들이닥친 서울시경 형사대는 발행허가 취소통고서를 제시하고 즉시 윤전기를 정지시켰다. 그리고 신문사 소유 모든 차량의 운행을 금지하는 한편 즉석에서 사기社旗를 철거하였다. 당국이 밝힌 폐간 조치의 표면상 이유는 아래 다섯 가지였다.

① 59년 1월 11일자 사설 '정부와 여당의 지리멸렬상'에서 스코필드 박사와 이기붕 국회의장 간의 면담 사실을 날조, 허위보도한 사실
② 2월 4일자 단평 '여적餘滴'이 폭력을 선동한 사실
③ 2월 15일자 홍천 모 사단장의 휘발유 부정처분 기사가 허위인 사실
④ 4월 3일자에 보도된 간첩 하 모의 체포기사가 공범자의 도주를 도운 사실
⑤ 4월 15일자 이승만 대통령 회견기사 '보안법 개정도 반대'가 허위보도인 사실

그러나 실질적인 이유는 다른 데 있었다. 《경향신문》이 1956년 제3대 정·부통령선거를 비롯해 장면 부통령 저격사건, 보안법 파동 등을 보도하면서 노골적으로 정부를 비판한 것이 가장 큰 이유였다. 이승만 정권에게 선명 야당지 《경향신문》은 눈엣가시와도 같은 존재였다. 당시 《경향신문》은 《동아일보》와 함께 이승만 정권에 가장 비판적인 언론이었다. 게다가 《경향신문》이 가톨릭 재단 소속으로 민주당의 장면 부통령을 후원한 점도 곱게 보일 리가 없었다.
발단이 된 것은 1959년 2월 4일자 '여적'에 실린 무기명 칼럼이었다.

골자는 다수결의 원칙과 공명선거에 대한 단평으로 앞서 《경향신문》이 연재해온 미국 노트르담대학 허멘스 교수의 논문 〈다수의 폭정〉에 관한 것이었다. 문제가 된 것은 칼럼 말미의 이런 대목이었다. "'진정한 다수'라는 것이 선거로만 표시되는 것은 아니다. 선거가 진정한 다수 결정에 무능력할 때는 결론으로는 또 한 가지 폭력에 의한 진정한 다수 결정이란 것이 있을 수 있는 것이요, 그것을 가리켜 혁명이라고 할 것이다." 비록 원론적인 주장이긴 하지만 보기에 따라서는 뼈가 있는 내용이라고 할 수 있다(사진 60: 문제의 '여적' 칼럼 일부).

《경향신문》 폐간조치에 앞서 2월 4일 오후 두 시경 서울시경 형사 2명이 《경향신문》 편집국에 들이닥쳐 강영수姜永壽 편집국장을 연행했다. 경찰은 처음에는 연행 이유를 밝히지 않다가 강 국장을 여덟 시간에 걸쳐 신문한 후 "4일자 조간 단평란 '여적'에 실린 내용이 좋지 않다"고 실토했다. 그러나 강 국장은 경찰 신문에서 '여적'의 필자를 끝내 밝히지 않았다. 그런데 이틀 뒤인 2월 6일 당시 민주당 소속 민의원(국회의원)이자 경향신문 논설위원이던 주요한朱耀翰(시인)이 자신이 '여적'의 필자라고 공개하였다. 이후 주요한과 한창우韓昌愚 사장은 내란 선동 등의 혐의로 소환되었고, 검찰은 이 두 사람을 정식 기소하였다.

법정투쟁 끝에 《경향신문》은 6월 26일부터 재발행이 가능해졌다. 그러나 이승만 정권은 이번에는 정간 처분을 내렸다. 이로써 복간된 지불과 일곱 시간 만에 다시 신문 발행이 무기한 정지되었다. 결국 《경향신문》은 미군정법령 88호에 대해 위헌 신청을 냈다. 대법원 확정 판결 전에 4·19혁명이 일어났으며, 폐간된 지 근 1년 만인 1960년 4월 27일자 조간부터 다시 신문을 발행하게 되었다. 당시 "《경향신문》은 타살된

사진60_문제가 된 '여적' 칼럼. 당시 민의원이자《경향신문》논설위원이던 주요한 이 썼다.

것이 아니라 자살한 것"이라고 궤변을 늘어놓던 전성천숲聖天 공보실장은 4·19 후에 특별재판에 회부됐다. 《경향신문》 폐간 사태는 자유당 정권 최대의 언론 탄압사건이자 필화사건으로 꼽히고 있다.

4·19혁명과 언론계 복귀	그럭저럭 1959년이 저물고 1960년이 되자 연초부터 3·15대통령선거를 놓고 다시 정

국이 달아올랐다.

그 무렵 나는 종로구 사직동에 살고 있었다. 사업 문제로 사람도 만나고 친구들도 만날 겸해서 광화문엘 자주 나갔다. 거기 가면 자연스럽게 《조선일보》 기자들을 만나곤 했다. 《조선일보》를 나올 때 싸우고 나온 게 아니었으므로 그들과는 여전히 격의 없이 어울렸다. 《조선일보》 편집국에 올라가서 송지영 편집국장, 유건호 부국장 등과 인사를 나눈 적도 있다. 이들과는 이후로도 오랫동안 좋은 사이로 지냈다.

그때 기자들을 만나면 3·15부정선거 얘기를 자주 했다. 부정선거도 문제지만 마산에서 시작된 1, 2차 시위가 걷잡을 수 없이 번지고 있다고 했다.

1차 시위에 참가했다가 행방불명된 마산상고생 김주열숲朱烈의 시체가 실종 27일 만인 4월 11일 마산 중앙부두 앞바다에서 떠올랐다. 그의 오른쪽 눈에는 알루미늄제 최루탄이 박혀 있었다. 경찰은 김주열의 학생복 윗저고리 호주머니에 공산당 삐라를 집어넣어 주검에까지 '빨갱이' 딱지를 붙였다. 분개한 시민들이 마산시내로 쏟아져 나왔다. 국민적 분노가 들끓기 시작했고 2차 마산시위는 마침내 전국으로 확산되었다.

이 사건은 이승만 독재정권을 무너뜨린 4월혁명의 도화선이 되었다.

4월 18일 고려대생 3천여 명이 태평로 국회의사당 앞에서 연좌데모를 한 후 귀교하다 정치깡패들의 습격을 받았다. 깡패들이 휘두른 몽둥이에 한 명은 현장에서 죽고 수십 명은 피를 흘리며 쓰러졌다. 얼마 전에 타계한 박형규朴炯圭 목사는 이날 인근 궁정동에서 결혼식 주례를 보고 나오다 이 광경을 목격하였다. 훗날 그는 회고록에서 "들것에 실린 학생들이 피를 흘리는 모습을 보았을 때 나는 십자가에서 피 흘리는 예수의 모습을 보았다"고 회고했다. 그때까지만 해도 평범한 목사였던 그가 민주투사가 된 것은 바로 이 사건이 계기가 됐다.

'피의 화요일'로 불린 4월 19일에는 전국 각지에서 이승만 정권 타도 집회가 열렸다. 이날 오전 여덟 시 오십 분경 종로구 동숭동에 위치한 서울대 문리대에 격문이 나붙었다. 이를 시작으로 학생들이 교문을 나섰는데 고려대, 건국대, 성대, 동국대 학생들도 이에 합세했다. 이들의 목적지는 경무대(현 청와대)였다. 경찰들이 이들의 행진을 가만 둘 리 없었다. 곳곳에서 경찰은 몽둥이를 휘두르다 급기야 총을 쏘기 시작했다. 경무대 어귀에서 총을 맞고 사망한 사람은 21명, 부상자는 172명이었다. 시위대의 일부는 이승만 정권의 2인자로 불린 이기붕 국회의장 집으로 달려갔다. 놀란 이기붕은 6군단 사령부로 급히 피신해 화를 면했다.

오후 한 시경 중고교생들이 쏟아져 나와 시위대에 합류하면서 시위 군중은 10만 명을 넘었다. 두 시 반경에는 다시 20만 명으로 늘어났다. 이승만 정권은 오후 두 시 사십 분경 서울 일원에 경비계엄령을 선포했다. 이후 두 차례 더 추가 선포가 되면서 전국이 계엄하에 들어갔다. 서울은 물론 부산, 광주, 대구에서도 대규모 시위가 이어졌으며 사망자와 부상자가 속출했다. 이날 시위로 인해 서울에서 사망한 사람은 부상자 사망을 포함해 총 104명(경찰 3명 포함)에 달했다. '피의 화요일'은 그렇게 하루가 저물었다.

4월 20일 오후 다섯 시, 이승만은 담화를 발표했다. 그는 "어제 일어난 난동으로 본인과 정부 각료들은 심대한 충격을 받았다"라며 사태의 심각성을 제대로 인식하지 못했다. 21일 국무위원들과 자유당 당무위원들은 별다른 수습책을 제시하지 않은 채 일괄 사표를 냈다. 23일 이기붕은 사퇴 의사를, 이승만은 자유당 총재직을 사퇴하겠다고 밝혔다. 그러자 24일부터 다시 시위가 격화되었다. 25일 민주당은 이승만 하야 및 정·부통령 재선거 실시안을 국회에 긴급동의로 제출했다.

25일 오후 세 시 서울대 교수회관에 3백 명에 가까운 교수들이 모였다. 이들은 임시의장에 연세대 정석해鄭錫海 교수를 선출한 뒤 논의 끝에 시국선언문을 채택하였다. 시국선언문 초안은 고려대 이상은李相殷 교수가 맡았다. 이들은 연세대 임창순任昌淳 교수가 쓴 "학생의 피에 보답하라"라고 쓴 플래카드를 들고 오후 다섯 시 오십 분경 시위에 나섰다. 플래카드를 든 사람은 최연장자인 성대 변희용卞熙瑢 교수와 권오돈 교수였다. 두 사람 모두 백발이어서 맨 앞에 세웠다고 한다. 내가 듣기로는 성대 조윤제趙潤濟 박사가 교수데모에 굉장히 핵심적인 역할을 했다고 들었다. 정석해, 권오돈, 조윤제 교수 등은 모두 아버님의 친구들이었다(사진 61 : 4월 25일 교수단 데모).

종각을 지날 때 1만여 명이던 시위대는 국회의사당 앞에 도착했을 때는 4만~5만 명으로 불어났다. 처음 교수들이 나설 때는 한 2백 명 정

사진61_1960년 4월 25일 교수단 데모. '학생의 피에 보답하라'. 글씨는 성균관대 임창순 교수가 썼다.

도였다. 나중에 그분들한테 들은 얘긴데 처음 시위에 나서면서 벌벌 떨었다고 한다. 이승만 정권 내내 납작 엎드려 있던 교수들이니 그럴 만도 했다. '저놈들(경찰)이 어떻게 나올까' 하고 조바심을 갖고 행진을 계속하는데 원남동 로터리 쪽으로 나오자마자 학생들이 따라붙으면서 순식간에 시위대는 수천 명으로 늘어났다. 이때부터 시위대는 중앙차로를 점거한 채 행진을 시작했고 곧 경찰 저지선이 저절로 무너져버렸다.

오후 여섯 시 오십 분경 교수들이 해산할 즈음 중앙청 쪽에서 탱크가 출동했다. 그러자 한 학생이 웃옷을 벗은 채 탱크 포문 앞으로 걸어가 "쏠 테면 쏘라!"고 외쳤다. 시위대를 향했던 탱크는 이내 방향을 돌렸다. 그 시각 즈음 광화문 일대에 1개 대대로 추산되는 군대가 다섯 대의 탱크를 앞세우고 진격했다. 그러나 이들은 "군대는 우리 편이다"라고 외치는 군중들을 상대로 발포를 할 수는 없는 일이었다. 현장을 지휘하던 사단장과 연대장은 최루탄 발사 중지 명령을 내렸다. 이제 경찰도, 군도 더 이상 어찌 할 수 없는 상황이 돼버렸다. 남은 것은 오직 이승만의 항복 선언뿐이었다.

4월 26일 열 시 삼십 분, 라디오에서 중대 발표가 흘러나왔다. 이승만의 사임 성명이었다. 4월 19일이 '피의 화요일'이었다면 이날은 '승리의 화요일'로 기록되었다. 4월 28일 새벽 경무대 관사 36호실에서 이기붕과 그의 부인 박마리아, 그의 큰아들이자 이승만의 양자인 강석, 둘째 아들 강욱이 권총으로 동반자살했다. 28일 이승만은 경무대를 떠나 사저인 이화장으로 옮겼다. 5월 29일 오전, 이승만은 매카나기 주한미국대사가 주선한 비행기로 하와이 망명길에 올랐다. 이날 부정선거를 총지휘한 내무장관 최인규崔仁圭와 국무위원·자유당 간부들이 대거 구속되었다. 이승만 독재정권은 비로소 막을 내렸다.

4·19를 현장에서 지켜보면서 나는 다시 시국 현안 속으로 빠져들었다. 4월 18일 고대생 피습사건 때도 현장에 갔었고, 4월 26일 이승만이 하야하던 날도 경무대(청와대) 앞에까지 갔었다. 그때 외신기자들이 현장에서 취재했는데 영어를 구사하는 사람들이 없으니까 내가 그들에게 상황을 설명해주었다. 당시 외신기자들이 청와대 앞에 방을 하나 잡아서 묵었는데 거기까지 따라가서 얘기를 들려주기도 했다. 한때 《코리언 리퍼블릭》 편집국장을 하다가 1960년 구국청년당을 창당해 대표로 활동하고 있던 고정훈도 거기서 만난 기억이 있다.

4·19를 겪으면서 나는 심경이 복잡했다. 남들은 나라를 위해서 피도 흘리는데 나는 돈이나 벌어서 되겠는가. 사업한다고 세상을 나 몰라라 하고 있던 내 처지가 적잖이 부끄러웠다. 피를 흘려서 이 나라를 바로잡으려는 사람들이 있다는 걸 느끼면서부터 '이게 내 나라구나' 하는 생각을 하게 됐다. 나는 다시 언론계로 돌아가야겠다고 마음을 먹었다. 현 시국에서 내가 설 자리는 사업이 아니라 언론이라고 판단했다. 먼저 돈을 벌고 다시 기자를 할 것이 아니라 기자로서 사회를 바로잡은 다음에 돈을 벌기로 마음을 바꿔 먹었다. 4·19는 그렇게 다시 언론계로 나의 등을 떠밀었다.

싱겁게 막 내린 《새나라 신문》 | 《조선일보》 기자 생활은 4년 여(1954. 4~1958. 7) 만에 종지부를 찍었다. 서울법대 입학도 그랬지만 신문사 입사도 갈망해서 들어간 것은 아니었다. 미군

부대 통역을 벗어나고자 새 일자리로 찾은 것이 우연히 신문사였다. 줄곧 외신부에서 해외기사를 번역하는 일은 미군부대 통역과 별반 다르지 않았다. 생각했던 것만큼 신문사 생활은 신나지 않았다. 게다가 급여도 만족스럽지 못했다. 회사 몰래 동양통신 외신부 일을 겸직하고도 겨우 입에 풀칠을 할 정도였다. 당시 《조선일보》 논조 또한 내 마음에 들지 않았다. 결국 나는 사표를 썼다. 1958년 7월의 일이다.

《조선일보》 퇴사 후 얼마 되지 않아서 나절로 우승규禹昇圭한테서 연락이 왔다. 당시 우승규는 《동아일보》 편집국장으로 있었다. 그는 상하이 유학 시절 임시정부 일을 도우면서 《동아일보》 특파원 노릇을 했다. 할아버지 부음기사를 제일 먼저 국내에 타전한 사람도 그였다. 그런 인연으로 우리 집안과는 잘 알고 지냈다. 우승규는 나더러 《동아일보》에 와서 일해보지 않겠느냐고 했다. 신문사 일이 싫어서 그만둔 나였지만 그의 제안에 마음이 흔들렸다. 당시 《동아일보》는 《경향신문》과 함께 야당지로 좋은 평판을 얻고 있었다. 1951년 5월 국회에서 제2대 부통령으로 선출된 인촌 김성수金性洙가 이듬해 이승만의 부산 정치파동에 반발해 부통령을 사임하면서 《동아일보》는 야당지로 돌아섰다.

당시 《동아일보》에는 외신부가 없었다. 우승규는 외신부 신설과 함께 나를 특채로 뽑겠다고 했다. 여러 가지로 내 마음이 동하여 결국 가겠노라고 승낙을 했다. 마침 그때 무슨 일이 있어서 몇 달 후에 가면 어떻겠느냐고 역제안을 했다. 그런데 당시 《동아일보》의 고재욱高在旭(《동아일보》 회장 역임) 주필이 "대 《동아일보》에서 오라면 금방 올 것이지 지가 뭔데 빼느냐"는 식으로 얘기를 한다는 소리가 내 귀에 들렸다. 《동아일보》가 아무리 잘 나가도 그렇지 그런 소리를 들으니 갈 마음이

싹 가셨다. 그렇게 해서 《동아일보》행은 결국 무산되고 말았다.

신문사를 나온 후 나는 돈을 좀 벌어야겠다고 마음먹었다. 기자 시절에 홍콩을 두 번 다녀왔는데 뭔가 사업을 해볼 수 있겠다는 생각이 들었다. 한 번은 타이완엘 갔다가 홍콩으로, 또 한 번은 베트남엘 갔다가 홍콩을 들러서 왔다. 당시만 해도 여권을 갖고 있다는 건 대단한 특혜였다. 일반인들에게는 한 번 사용하면 반납해야 하는 단수여권을 발급했다. 그러나 신문기자들은 계속 사용할 수 있는 '복수여권'을 내주었다. 나는 외무부를 출입할 때 복수여권을 받아서 갖고 있었다. 당시 나는 정릉 미아리고개 근처에 조그마한 집 한 채를 갖고 있었는데 그게 내 재산의 전부였다. 일단 생활기반을 마련한 후에 다시 기자 생활을 해도 늦지 않겠다는 생각이 들었다.

그러나 홍콩에서의 사업 구상은 생각대로 잘 추진되지 않았다. 1959년 말 귀국한 나는 4·19를 목도하면서 언론계 복귀를 결심하였다. 피흘리며 싸우는 사람들이 있는데 혼자 돈이나 벌겠다고 숨어 있는 게 영 마음이 편치가 않았다. 그러던 중에 우연하게 다시 기회가 주어졌다.

보성중학 시절 친하게 지내던 이종배李鍾培라는 친구가 있었다. 어느 날 이종배가 자기 친구를 나한테 소개했는데 고려대 출신의 정의석鄭義錫이라고 했다. 당시 청소년 잡지로 유명한 학원사學園社에서 야심작으로 어린이 신문 창간을 추진하고 있었는데 정의석이 이 일을 맡고 있었다. 초대 편집국장으로 《태양신문》기자·《서울신문》편집부장을 역임한 권일하權一河(《대한일보》편집국장 역임)를 영입했다. 정의석은 그 밑에서 부국장을 맡았다. 취재부장으로는 당시 학원사에 근무하고 있던 이중李中(민주공화보 편집국장·《경남신문》사장 역임)이라는 사람을 내정한 상태였다. 그런데 권일하 편집국장이 사장을 찾아가 "취재부장은 제대로 신문기자를 해본 사람이 와서 하는 게 좋겠다"고 건의했다. 그래서 정의석이 나를 취재부장으로 추천했다(사진 62 : 《새나라 신문》 창간(동아일보 1960. 7. 7)).

이중은 경남 마산 출신으로 시를 쓰는 친구인데 대인관계도 좋았다. 내가 취재부장으로 가면서 결과적으로 그의 취재부장 자리를 뺏은 꼴이 돼버렸다. 웬만한 사람 같으면 기분 나빠 할 만도 한데 그는 조금도 내색하지 않았다. 내가 생각하기로는 일간지 경험이 없는데다 성품 또한 너그러워서 그랬던 것 같다. 비록 짧은 기간이지만 그는 성실하게 취재부 차장 업무를 수행했다. 나중에 내가 《민족일보》로 옮길 때 그를 데리고 간 것도 그런 이유에서였다.

《새나라 신문》은 국내 최초로 어린이용 일간지를 표방했다. 제작 방침은 어린이들에게 적합한 시사·과학·문화 등을 위주로 편집하며, 지국을 통한 가정 배달을 추진했다. 몇 달간 창간 준비 작업을 거쳐 1960년 9월 1일 창간호를 선보였다. 그러나 이 신문은 창간한 지 불과 3개월 만에 문을 닫고 말았다. 신문사를 해본 경험도 없는데다 몇 달 밑지니까 금세 문을 닫아버린 것이었다. 사실 나로서도 썩 내키는 일터는 아니었다. 평소 시사나 국제 문제에 관심이 많았던 나에게 어린이 신문은 별로 맞지 않았다. 나의 언론계 복귀 첫 시도는 싱겁게 끝나고 말았다.

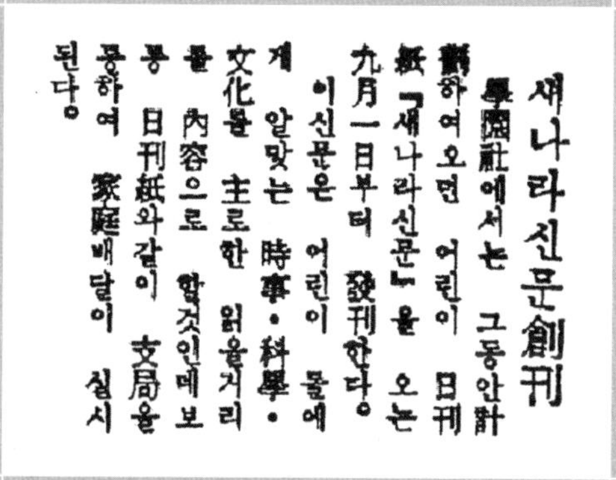

새나라신문創刊

學園社에서는 그동안 計
劃하여 오던 어린이 日刊
紙「새나라신문」을 오는
九月一日부터 發刊한다.
이신문은 어린이 몸에
게 알맞는 時事·科學·
文化를 主로한 읽을거리
를 內容으로 학것인데 보
통 日刊紙와 같이 支局을
통하여 家庭配達이 실시
공하여
된다.

사진62_《새나라 신문》창간 소식을 전하는
《동아일보》기사.

3. 민족일보

4·19혁명으로 이승만이 물러나자 허정許政 과도정부(1960. 4. 27~6. 14) 체제를 거쳐 6월 15일 제3차 개헌이 이루어졌다. 골자는 내각책임제였다. 형식상으로는 개헌이지만 헌법을 새로 만들다시피 할 정도로 많은 개정이 이루어졌다. △법률 유보조항을 삭제한 기본권 보장의 강화 △복수정당제 보장 △내각책임제 채택 △헌법재판소 설치 △대법원장·대법관 선거제 △중앙선거위원회의 헌법기관화 △경찰 중립규정 △지방자치단체장 선거제 채택 등이 그것이다. 이에 근거하여 7월 29일 제5대 국회의원 선거가 실시됐다. 민의원 233명, 참의원 58명을 동시에 뽑는 선거였다.

선거 판도는 이전과 크게 달랐다. 4·19혁명으로 자유당이 붕괴된 가운데 군소정당이 난립했다. 선거 결과는 민주당의 압승으로 나타났다. 민주당은 민의원 233석 중 175석을, 참의원 58석 중 31석을 장악했다. 나머지 의석은 민의원의 경우 무소속 46석, 사회대중당 4석, 자유당 2석, 한국사회당 1석 및 기타 군소정당 5석 등이었다. 참의원의 경우는 무소속 20석, 자유당 4석, 사회대중당 1석, 한국사회당 1석, 민족진보연맹 1석 등이었다. 무소속 당선자 중 상당수가 국회 개원과 동시에 민주당에 재입당하면서 민주당은 사실상 의회권력을 장악하였다. 8월 12일 민·참의원 합동회의에서 민주당 구파의 윤보선尹潽善을 대통령으로 선출하고, 이어 19일 국회에서 민주당 신파 장면이 국무총리 인준을 받았다. 8월 23일 장면 내각이 출범하면서 마침내 제2공화국시대가 활짝 열렸다.

4·19혁명은 혁신계 인사들에게는 오랜 가뭄 끝의 단비와도 같았다. '진보당 사건' 이후 자취를 감추었던 혁신세력들이 서서히 기지개를 켜기 시작했다. 이들은 혁신정당 재건에 나섰다. 구 진보당 간부와 민주혁신당(민혁당)의 일부가 사회대중당을 결성한 데 이어 민혁당 일부와 노동조합운동계가 한국사회당을, 원로급인 장건상張建相·김창숙金昌淑 등이 혁신동지총동맹을 잇따라 결성했다. 이들은 국회 진출을 목표로 7·29총선에 대비했다. 그러나 선거를 준비하기에는 워낙 시일이 촉박한데다 혁신계 내부의 사분오열로 결국 참패하고 말았다.

7·29총선으로 민주당은 탄탄한 집권기반을 다진 반면 혁신계가 거둔 성적표는 초라하기 짝이 없었다. 사회대중당, 한국사회당 등 혁신정당은 민·참의원 합해 겨우 너댓 석을 건지는 데 그쳤다. 경북 청송에서 사회대중당 후보로 출마한 30세의 청년 조용수趙鏞壽도 낙선의 고배를 마셨다.

혁신정당이 7·29총선에 참패한 데는 여러 요인이 있었다. 앞에서 언급한 대로 준비 부족과 내부 분열, 여기에다 자금과 선거를 치를 역량도 부족했다. 또 하나는 "우리가 나오면 지지해줄 거다"라며 국민의 지지를 지나치게 낙관하고 자만한 탓도 있었다. 그러나 가장 큰 이유는 '기울어진 운동장', 즉 친민주당 일변도의 언론 보도 때문이었다. 그런 상황에서 공정한 게임은 이뤄지기 어려운 법이다. 조용수를 비롯해 혁신계 내부에서 "진보언론이 하나 있어야 되겠다"는 얘기가 솔솔 흘러나오기 시작했다.

《민족일보》 창간 소식을 처음 접한 것은 1961년 1월 초로 기억된다. 당시 일정한 직업이 없던 나는 소해 장건상 선생이 위원장으로 있던 혁신동지총동맹(혁신동맹)의 관철동 사무실에 가끔 들르곤 했다. 소해 선생과는 충칭에서 잠깐 뵌 적이 있고 국내에 와서도 더러 인사를 드린 적이 있었다. 7·29총선 후 혁신계는 좌파 혁신계의 사회대중당, 중도 혁신계의 통일사회당, 우파 혁신계의 민족통일당, 셋으로 나뉘었다. 혁신동맹은 그중에서도 규모가 작고 존재감도 미미했다. 그러다보니 가끔 기자가 사무실로 찾아와도 변변히 대답하는 사람 하나도 없었다. 어떤 때는 내가 기자를 상대로 대답해주다보니 나를 혁신동맹 소속으로 여기는 사람들도 있었다. 한동안 거길 드나들면서 때론 성명서 같은 걸 써주기도 했다. 그러던 중 우연히 거기서 《민족일보》가 나온다는 이야기를 듣고 참여해야겠다고 마음먹었다.

4·19혁명 이후부터 신문 창간을 준비해온 조용수 사장은 1961년 2월 13일자로 《민족일보》 창간호를 선보였다. 블랭킷판 4면 단간제單刊制 일간신문이었다. 《민족일보》는 제호 좌측에 '민족의 진로를 가리키는 신문', '부정부패를 고발하는 신문', '근로대중의 권익을 옹호하는 신문', '양단兩斷된 조국의 비애를 호소하는 신문'이라는 슬로건을 내걸었다. 창간 준비 당시에는 《대중일보大衆日報》라는 이름으로 시작했다가 나중에 《민족일보》로 제호를 바꾸어 등록허가를 받았다(사진 63: 《민족일보》 창간호. 1961. 2. 13).

창간과정에 혁신계 인사들이 대거 참여하였다. 서상일徐相日(사회대중당 대표), 윤길중尹吉重(전 진보당 간사장), 김달호金達鎬(사회대중당 중앙집행위원장), 이동화李東華(통일사회당 위원장), 송지영宋志英(전 《조선일보》 편집국장), 이건호李建鎬(《민족일보》 논설위원) 등이 그들이다. 《민족일보》는 진보신문답게 남북협상, 중립화통일론, 민족자주통일 등 진보적 여론

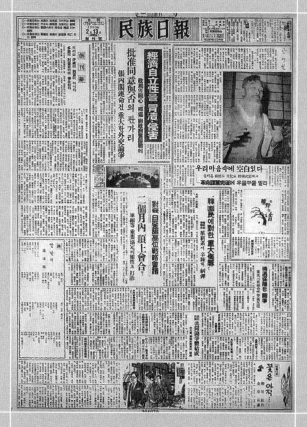

사진63_《민족일보》 창간호. 1961년 2월 13일 창간됐다.

을 선도하는 데 앞장섰다.

나는 창간 당시부터 참여하였는데 입사할 당시 《민족일보》 사옥은 광화문 네거리 현 오양수산 건물 뒤에 있었다. 원래는 희망사希望社라는 출판사가 사용하던 건물이었다. 나는 친구 조규택의 소개로 이종률李鍾律 초대 편집국장 겸 주필을 만났다. 회사 인근 아리수 다방에서 만났는데 첫 만남에서 이종률 국장과 나는 의기투합했다. 이 국장은 나더러 당장 와서 정치부장으로 일하라고 했다. 그러나 나는 이 국장의 제안을 사양했다. 새로 창간하는 신문의 대외 공신력 등을 감안할 때 아무래도 정치부장 경험이 있는 사람이 맡는 게 좋을 것 같았다.

이 국장은 편집국으로 나를 데리고 가서 부국장 두 사람에게 소개시켰다. 둘 가운데 편집담당 권일하權—河(《대한일보》 편집국장 역임) 부국장은 《새나라 신문》에서 잠시 같이 일했던 인연이 있어서 구면이었다. 취재담당 오소백吳蘇白 부국장은 그 당시에도 이미 유명한 기자였다. 《조선일보》 시절에 그와 인사를 나눈 적이 있는데 그는 나를 기억하지 못했다. 그래서 내가 조규택과 함께 만났던 얘기를 꺼냈더니 그제야 나를 기억해내고는 반가워했다. 두 사람은 이구동성으로 내게 정치부장으로 오라고 했다. 나는 이종률 국장에게 했던 얘기를 다시 반복했다. 그러고는 정 마땅한 사람이 없으면 그때는 내가 정치부장을 맡겠노라고 말했다.

며칠 뒤 《서울신문》 정치부장 출신의 김명구金明九(재무부 공보관·천안공업전문대 학장 역임)가 정치부장으로 왔다. 《서울신문》 편집부장 출신인 권일하가 김명구를 추천한 것 같았다(오소백도 《서울신문》 사회부장 출신이다). 김명구는 부장 티를 전혀 내지 않는 조용한 성격이었다. 그런데 그는 입사한 지 며칠 되지도 않았는데 같은 또래의 부국장들한테 쩔쩔매곤 했다. 그래서 정치부 평기자인 내가 부국장들한테 가서 따질 건 따지고 그랬다. 김명구 부장과는 나이도 비슷하고 해서 친구로 지냈다. 김명구는 5·16쿠데타 후에 중앙정보부로 자리를 옮겼는데 나중에 《정보의 정리와 활용》이라는 책을 펴냈다.

| 장면 정부의 탄압과 인쇄 중단 사태 | 《민족일보》는 창간되자마자 선풍적 인기를 얻었다. 이유는 간단했다. 그동안 기성신문 |

들이 잘 다루지 않던, 그러면서도 당시 4·19혁명 이후 봇물처럼 분출하던 민중들의 관심사를 비중 있게 다뤘기 때문이다. 주제와 분야를 가리지 않는 대담한 편집과 기획, 선명하고도 진보적인 색채, 현장 르포 등 역동적인 기사 등은 이승만 장기독재로 인해 지쳐 있고 답답해 하던 군중들로부터 갈채를 받기에 충분한 것이었다.

2월 13일자 창간호는 그 상징과도 같았다. '우리는 소수의 이익이 아니라 다수의 이익을 위해 봉사한다'는 제목의 창간사는 《민족일보》가 상업지가 아니라 정론지임을 표방한 것이다. 또 1면에 재야인사 함석헌咸錫憲 인터뷰(2호에서는 독립운동가 심산 김창숙, 3호에서는 일석 이희승 선생의 인터뷰를 실음)와 함께 반체제 시인 김수영金洙暎의 시 〈쌀 난리〉를 실었는데 독자들의 시선을 끌기에 충분했다.

2면(외신면)에서는 이건호 논설위원의 칼럼 〈기본인권의 제한〉을 8단 크기로 실었다. 3면(사회면)에서는 '피 식는 4월의 주인공들'이라는 제목으로 취업난을 겪고 있는 대학졸업자들의 실태를 비중 있게 다뤘으며, 4면(문화면)에서는 신일철申一澈 고려대 강사의 〈문화활동과 사상의 자유〉를 거의 반면에 걸쳐 실었다. 타 신문에서 보기 어려운 기획들이 었다.

《민족일보》는 창간한 지 얼마 되지 않아 국내 신문업계 판도를 흔들어 놓았다. 기성신문들의 절반 수준인 불과 3, 40명의 기자들로 제대로 된 판매망도 구축하기 전에 가판 판매율 1위(4만 부)를 기록하였다. 발행부수도 5만 부를 넘어섰다. 당시 최대 발행부수를 자랑하던 《동아일보》가 23만 부 정도(1961년 9월 공보부 자료 기준)였으니 그 기세를 짐작할 만하다. 이 정도면 《서울신문》 등 정부 기관지를 능가하는 수준이었다. 연일 비판의 대상이 돼온 장면 정부는 긴장하기 시작하였고 이내 정부 차원의 압력이 가해지기 시작했다.

창간 초기 《민족일보》는 윤전기를 보유하고 있지 않았다. 《민족일보》는 2월 10일 서울신문사와 인쇄계약을 정식으로 체결했다(사진 64: 민족일보사와 서울신문사 간에 체결된 인쇄계약서).

창간한 지 20여 일 뒤인 1961년 3월 2일, 갑자기 《서울신문》에서 인쇄를 못하겠다고 연락이 왔다. 보나마나 정부의 압력 때문이었다. 《서울신문》은 정부 기관지여서 정부가 시키는 대로 할 수밖에 없었다. 3월 3일 정헌주鄭憲柱 국무원 사무처장은 이와 관련해 "언론 자유를 논하는 문제와는 분명 차원이 다른 것"이라고 둘러댔다. 이날 장면 총리 또한 "(정부는) 언론 자유를 탄압할 의사는 추호도 없다"고 밝혔다. 두 사람의 얘기는 모두 빈말이었다. 신문사에 인쇄 중단 지시보다 더 큰 탄압이 어디 있겠는가. 정 처장은 《민족일보》 인쇄 중단 조치를 지시한 것과 관련해 "《서울신문》이 정부 관리하에 놓여 있기 때문에 극히 타당

사진64_민족일보사와 서울신문사 간에 체결된 신문인쇄 계약서.

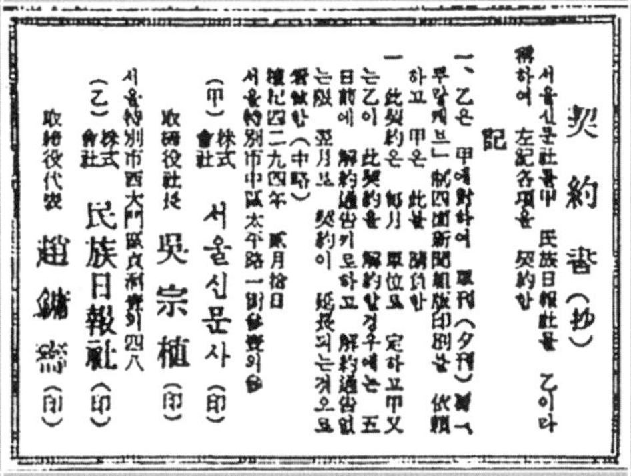

했다"며《민족일보》는 서울신문 공장 이외의 곳에서 얼마든지 인쇄할 수 있다"는 궤변을 늘어놓았다. 그는 또 갑자기 인쇄 중지를 통고한 것이 아니라 그간 무려 5차에 걸쳐 인쇄 중지 통고를 해왔었다고 실토했다(《동아일보》 1961. 3. 4).

정부의 갑작스런 인쇄 중단 조치로《민족일보》는 3월 3~5일 사흘간 신문을 발행하지 못했다.《민족일보》는 6일자 1면, 3면에서 그간의 경위를 소상히 밝혔다. 조용수 사장은 "분명한 언론 탄압이다. 계약 위반에 따른 손해배상을 민사소송으로 청구하겠다"고 대응방침을 밝혔다. 인쇄 계약을 체결한 당사자인 서울신문사의 오종식吳宗植 사장은 "정치적으로 해결할 문제"라며 난처한 입장임을 드러냈다. 인쇄 중단 지시를 한 장본인인 정헌주 처장은 "인쇄 계약이 정부의 사전 양해 없이 이루어졌다. 언론 창달과 정부 재산의 관리는 별개 문제"라고 밝혔다. 집권당인 민주당의 김대중金大中(전 대통령) 대변인은 "정부 관리하의 기업체이므로 어떤 지시를 내리든 그것은 정부의 재량이지만 공익기관인 신문이므로 오종식 사장에게 5일 전에 통고할 수 있도록 여유를 주었어야 옳았다"며 정부를 에둘러 비판했다(《경향신문》 1961. 3. 3).

다행히 인쇄 중단 사태는 오래가지 않았다. 급한 대로 인근 조선일보사에서 인쇄를 하여 6일자부터 다시 신문을 발행하였다.《민족일보》는 혹여 정부의 또 다른 압력이 있을까 우려한 나머지 6일자 신문이 나갈 때까지 인쇄 장소를 비밀에 부치는 해프닝을 빚기도 했다.

인쇄 중단 사태를 두고《경향신문》은 5일자 '시평'에서 "아무리 구차한 변명을 늘어놓더라도 정부의 저의를 졸렬하게 드러낸 것밖에는 되지 않으며 모처럼 되찾은 언론의 자유를 탄압하는 것이라는 비난을 면

할 수 없게 되었다"고 지적했다(서울신문사의 인쇄 중단 통고는 3월 20일에도 발생했다). 명색이 4·19혁명의 피의 대가로 집권한 민주당이 제 맘에 안 든다고 신문사에 인쇄 탄압을 가할 정도였으니 장면 정부의 품격을 알 만하다 하겠다.

파격적인 편집으로 지면 차별화 | 《민족일보》는 파격적인 주제의 기획기사와 현지 취재로 지면 차별화를 도모했다. 혁신계 인사들의 칼럼(기고)을 통해 진보적 주장을 펴는 한편 '광야曠野의 소리' 같은 고정란을 통해 독립운동가와 혁신계 인사들의 목소리를 대변했다. 사회면에서는 가난에 허덕이는 농민과 도시빈민들의 삶을 추슬렀으며, '가고파라 내 고향' 연재물을 통해 통일의 염원을 담아내기도 했다.

민주당 정부의 실정을 비판하는 것은 정치면의 단골메뉴 가운데 하나였다. 민주당에 대승을 안긴 7·29총선 때 민주당은 수많은 공약을 내놨다. 그런데 그 공약들 가운데 제대로 이행한 것은 손에 꼽을 정도였다. 그래서 나는 오소백 부국장과 상의하여 제대로 이행이 되지 않은 공약들을 골라 시리즈로 연재하였다. 제목은 '45도 공약'이라고 붙였는데 공약한 대로 바로 서지 않고 삐딱하게 섰다는 의미에서 그리 붙인 것이었다. 제목 이름은 오소백 부국장이 붙이고 연재는 주로 내가 맡아서 썼다.

외신면에서는 국제 문제에 대해 도발적인 기사들을 과감하게 다루었다. 당시로서는 금기에 가까운 진보적 통일론이나 쿠바의 카스트로 정권에 대해서도 긍정적인 관점에서 여러 차례 심층기사를 실은 적이 있다. 1961년 4월 13일 소련의 우주비행사 가가린이 세계 최초로 우주 유영에 성공하자 《민족일보》는 이를 호외號外로 발행했다. 대형 사건사고나 국내 정치현안도 아닌 외신, 그것도 소련에 관한 뉴스를 호외로 발행한다는 것은 당시로선 매우 파격적인 일이었다. 이 호외는 나중에 《민족일보》 사건 재판정에서도 논란이 됐던 것으로 들었다.

창간 당시 4개 면 중에 외신면이 한 면이었다. 따라서 상대적으로 국제뉴스 비중은 높은 편이었다고 할 수 있다. 그런데 당시 《민족일보》에는 외신부가 없었다. 나는 정치부에 소속돼 있으면서도 외신부 일을 겸하였다. 《조선일보》 시절 외무부도 출입하고 했으니까 자연스럽게 내게 일이 주어졌다. 나는 외신기사 번역보다는 국제 문제에 대해 논평이나 해설성 기사를 주로 썼다. 논설위원 중에 영어를 잘했던 고정훈도 더러 해설기사를 쓰곤 했는데 내 마음에는 별로 들지 않았다. 차라리 이건호李建鎬 논설위원의 글이 훨씬 더 좋았다. 고려대 법대 교수로 있던 그는 《민족일보》 비상임 논설위원으로 활동했다. 나중에 《민족일보》 사건 때 그는 징역 5년을 선고받았다.

창간한 지 한 달여가 지나 마산 3·15의거 1주년이 다가왔다. 어느 날 내가 사회부장을 겸하고 있던 오소백 부국장에게 "누군가 마산 현지 취재를 한 번 다녀와야 되지 않겠느냐?"고 지나가는 말로 한마디 던졌다. 그랬더니 오 부국장은 "그러면 네가 다녀와라!"고 했다. 그래서 "나는 정치부 소속인데 사회부에서 가야 하는 것 아니냐?"고 했더니 "그런 것 따지지 말고 관심 있는 사람이 가는 게 좋다"고 했다. 그렇게 해서 얼떨결에 내가 마산 취재를 떠맡게 됐다.

마산 현지 취재를 간다는 소문이 나자 조용수 사장이 나를 불렀다. 그는 내게 "오는 길에 청송엘 좀 들러서 오라"고 했다. 경북 청송은 조 사장이 국회의원 출마를 했던 곳이다. 어차피 대구를 들러서 오기로 한 일정이어서 별 부담은 없었다. 비단 조 사장의 부탁이 있어서만은 아니었다. 당시 전국적으로 식량 문제가 극심해 벽촌의 절량絕糧농가 실태를 현지 취재하는 것도 의미가 있겠다 싶었다. 나는 짐을 챙겨 마산으로 향했다.

마산 3·15의거
1주년 현지 취재

기념식 하루 전날인 14일 나는 마산에 도착했다. 숙소에 짐을 풀고 시내를 한 바퀴 둘러보았다. '민주의 성지' 마산시내는 분위기가 뒤숭숭했다. 집권한 지 채 반년도 안 돼 장면 정부가 데모 규제법, 반공특별법 등 소위 '2대 악법' 제정을 추진하였기 때문이다. 행사 당일 반정부 시위에 대비해 치안국장이 현장에서 진두지휘를 하였으며, 경남도경 소속 기동경찰 8백여 명이 시내 곳곳에서 삼엄한 경계를 폈다.

마침내 3월 15일이 밝았다. 오전 10시 마산고등학교 운동장에서 '마산 3·15의거' 1주년 기념식이 열렸다. 기념식에는 장면 총리를 비롯해 정부 요인과 의거단체 관계자, 부상자, 그리고 소복차림의 유가족 등 3만 5천여 명이 참석해 고 김주열 열사 등 12영령의 명복을 빌었다. 장 총리는 추도사를 통해 "대한민국의 부흥과 통일을 기어이 이루어 놓는 것이 영령에 대한 나의 충정이며 일념"이라고 말했다(사진 65: 마산 3·15 의거 1주년 현지 취재 기사. 1961. 3. 16).

행사가 끝나자 5천 명의 학생들은 마산학생총연맹 주최로 '마산학도 궐기대회'를 열었다. 이들은 민주당 정부의 부패와 혁명과업 실패를 공격하고 국민이 헐벗고 굶주리고 있는 데 대한 민주당의 책임을 추궁했다. 대회를 마친 후 학생들은 평화시위에 들어갔다. 이날 학생들이 거리에서 외친 구호는 당시의 민심을 대변한 것으로 일곱 개의 구호 내용은 다음과 같다.

① 이것저것 못믿겠다 영령은 통곡한다
② 이당 저당 싸움통에 국민만 기만된다
③ 정치인아 각성하라 3, 4월 사자 경고한다
④ 독재는 물러갔다 못살다니 이 어인고!
⑤ 경제자립은 내핍생활로부터
⑥ 석명치 못한 정치가는 의열의 모독이다
⑦ 민주당아 기억하라 야당 때의 설움과 국민에 대한 공약을

이날 폭력시위는 없어 적어도 겉으로는 평온해 보였다. 그러나 마산의 민심은 속으로 들끓고 있었다. 거리 곳곳에 반정부 삐라가 뿌려졌으며, 3·15청년동지회, 3·15기념사업회, 한얼동지회, 재향군인회 등 4개 단체는 마이크를 통해 '민생은 날이 갈수록 고달프다', '장 정권은 우리에게 밥을 달라'고 외쳤다. 기념식이 진행되던 그 시각에 희생자 유가족들은 시내에서 침묵시위를 벌여 시민들의 눈길을 끌었다. 그들은 대부분 나이 많은 할머니들이어서 보는 이들의 마음을 아프게 했다.

나는 16일자 신문의 사회면을 거의 도배하다시피 했다. 마산고 교정

사진65_1961년 3월 16일자《민족일보》의 마산 3·15의거 1주년 현지 취재 기사.

에서의 기념식 현장 스케치, 마산학도 궐기대회, 피학살자 유가족들의 시위, 마산시내 거리 표정 등 총 네 꼭지의 기사를 현장에서 송고했다. 매 기사마다 앞머리에 〈마산에서 본사 김자동 특파원〉이란 타이틀을 달고 관련 사진과 함께 실렸다. 멀리까지 출장을 온 보람을 느끼고도 남았다.

대구 '2대 악법' 반대투쟁 취재

4·19혁명으로 국민들의 기본권이 대폭 신장되었다. 언론·출판의 자유와 집회·결사의 자유도 마음껏 누리게 됐다. 이승만 독재정권이 무너지고 새로운 정부가 들어섰지만 시민들의 요구와 그로 인한 각종 집회는 끊이지 않았다. 장면 정권은 치안 확보를 이유로 국가보안법을 한층 강화한 반공임시특별법(반공법)과 데모 규제법 제정을 서둘렀다. 그러자 야당과 혁신정당, 대학가는 이를 '2대 악법'으로 규정하고 즉각 반발하고 나섰다. 언론 역시 한 목소리로 반대하면서 정국은 다시 소용돌이에 휘말리게 되었다.

두 법안은 실로 문제가 많았다. 사상 초유의 악법으로 불린 '반공법'은 평화통일을 주장하는 정당 혹은 단체의 결성을 간첩활동으로 간주하여 종신형에서 사형까지 처벌하도록 하였다. 특히 이 법은 공민권 박탈에 대한 저항이나 기아·빈곤을 타파하기 위한 움직임을 '반역죄'로 몰 수 있고, 그에 동조하는 사람까지 모두 '국가 안보를 위태롭게 하는 행위'라는 이유로 기소할 수 있도록 만들었다. 이현령비현령 식이어서 걸고넘어지면 걸리지 않을 사람이 없을 정도로 악용의 소지가 많았다.

민주정권이 제정했다고 보기 힘들 정도였다.

'데모 규제법'도 비슷했다. 불법집회나 무분별한 집회를 막는다는 미명하에 공공건물로부터 이십 미터 이내에서의 시위·집회는 물론 경찰의 허가·지도가 없는 일체의 데모를 금지한 것이 법안의 골자였다. 이법에 따르면, 외국인이 소유 또는 접수한 건물이나 저택에 서 있는 사람, 일몰 이후의 시위, 확성기를 설치하여 사람을 불러모으거나 확성기 사용을 방조하는 행위 등은 모두 법 위반으로 간주하였다. 이는 헌법에서 규정한 집회·결사의 자유를 정면으로 위반한 것이었다.

반대투쟁에 앞장선 세력은 원내에서는 신민당과 혁신정당들이었다. 이들은 1961년 2월 '2대 악법 반대 공동투쟁위원회'를 결성해 공동투쟁에 나섰다. 이들과는 별도로 대학가는 3월 16일 대대적인 집회를 앞두고 '2대 악법 반대 전국학생투쟁준비위원회'를 결성, 극한투쟁을 예고했다. 《민족일보》역시 반대 입장에 서서 연일 사설과 칼럼, 관련 집회 소식을 실었다. 3월 16일자에서는 2면 절반에 걸쳐 이동화 통일사회당 정치위원장의 '반공법反共法은 망민법亡民法이다'는 제하의 칼럼을 실었다.

마산 취재를 마친 나는 대구로 향했다. 당시 대구는 서울 못지않게 '2대 악법 반대투쟁'의 열기가 뜨거웠다. 대구는 혁신계의 본거지이자 경북대 학생운동권이 서울대에 버금가는 막강한 조직력과 파워를 자랑하고 있었다. 경북 지역 학생들은 3월 15일 결성된 '2대 악법 반대 공동투쟁위원회'를 통해 18일 대대적인 행사를 준비했다. 그러자 당국은 고의로 행사 장소 사용을 방해하였다. 달성공원은 발아기라는 이유로, 수성천변은 터무니없는 공사를 이유로, 그리고 대구역전 광장은 사전에 우익단체에게 사용허가를 내주었다는 이유로 장소 사용을 불허하였다. 공동투쟁위는 정부가 2대 악법을 철회하지 않을 경우 죽음으로 항거하겠다고 밝혔다. 나는 대구 지역 대학생들의 18일 투쟁 준비 상황은 18일자, 투쟁 결과는 23일자 대구발로 보도하였다.

절정은 3월 22일 오후 두 시 반부터 서울시청 앞에서 열린 성토대회였다. 이날 집회에는 총 39개 혁신·청년·사회·학생단체가 참여하였는데 참가자가 무려 3만여 명에 달했다. 이들은 집회를 마친 후 5개항의 결의문을 채택하였으며, 오후 6시가 넘어서는 종로, 을지로, 시청 앞에서 횃불을 들고 시위에 나섰다. 집회 현장에는 천여 명의 경찰이 최루탄을 준비한 채 만일의 사태에 대비하였으며, 사복경찰들은 카메라로 데모대를 채증하였다. 이날 시청광장에서 열린 2대 악법 성토 강연에서 고정훈 통일사회당 선전국장은 "악법 제정은 이적행위다"라고 목소리를 높였다. 그는 이튿날 오전 6시경 자택에서 잠옷 바람으로 연행되었다가 그 다음 날 풀려났다(사진 66: 3월 22일 서울서 열린 '2대 악법 반대' 성토대회).

'3·22투쟁'은 급기야 국회에서도 논란이 됐다. 3월 25일 개최된 민의원 본회의에서 민주당 소속 김준섭 의원은 "이번 성토대회 및 데모는 모 일간지를 경영하고 있는 자들이 주동이 되었다"고 주장했다. 여기서 '모 일간지'는 《민족일보》를 말한다. 김 의원은 앞서 《민족일보》가 일본의 정체불명의 모 단체로부터 막대한 자금을 받았다"는 말을 해 논란을 일으켰던 장본인이다.

대구 지역 대학생들의 '2대 악법 반대투쟁'은 줄기차게 이어졌다. 이들은 3월 24일에도 대구역전 광장에서 성토대회를 열었는데 참가자가 무려 3만여 명에 달했다. 이날 집회에는 대학생과 고교생 등 7명이 연

사진66_ 3월 22일 서울에서 열린 '2대 악법 반대 성토대회'에 관한 《민족일보》 보도.

사로 나와 '악법 반대'를 부르짖었다. 이 행사에 이어 오후 6시부터 같은 장소에서 '2대 악법'의 제정을 찬성하는 집회가 열렸다.

대학생들과 별도로 경북 지역 정당·사회단체들도 공동투쟁위원회를 결성해 4월 2일 대구역 광장에서 집회를 열었다. 이날 경찰은 시위대에게 무차별 폭력을 행사해 마치 4·19혁명 전야를 연상시킬 정도였는데 시위현장에서 49명이 연행되었다. 이들은 4월 7일에도 대구시내 수성천변에서 7천여 명이 모인 가운데 또다시 집회를 열었다. '대구 4·2투쟁'을 계기로 2대 악법 반대투쟁이 전국적으로 확산되자 장면 정권은 급기야 회기 내 국회 통과를 포기하기에 이르렀다.

나는 그해 3월 중순 이후부터 월말까지 근 보름여 동안 대구에 머물면서 2대 악법 반대투쟁의 현장을 낱낱이 기록했다. 그때를 생각하면 기억나는 사람이 있다. 7대 국회에서 처음 금배지를 단 박기출朴己出 전 의원이다. 한번은 그가 대구역전 광장에서 열린 집회에 참석해 '2대 악법 제정반대' 연설을 했는데 연설 솜씨가 놀라웠다. 그야말로 달변가요, 웅변가였다. 군중들의 호응도 대단했던 걸로 기억된다(전국에서 수많은 혁신계 인사와 대학생들이 피를 흘려가며 투쟁한 끝에 장면 정권하에서는 2대 악법 제정이 수포로 돌아갔다. 그러나 5·16군사쿠데타 후 군사정권은 군홧발로 밀어붙여 '반공법'을 제정하였다. 또 '데모 규제법'은 '집회와 시위에 관한 법률(집시법)'이란 명칭으로 1962년 12월에 제정된 이래 그간 13차례 개정하여 현재에 이르고 있다).

**보릿고개
'절량絶糧농가' 르포**

1961년 봄 무렵, 한국의 경제사정은 최악이었다. '베이비부머 세대'들이 막 태어나면서 인구는 급속히 팽창하였다. 반면 이를 감당할 만한 경제 역량이나 일자리는 별로 많지 않았다. 보건사회부가 집계한 바에 따르면, 그 무렵 무직자와 실업자 수가 587만 명에 달하는 것으로 나타났다. 당시 남한의 총인구는 2,260만 명으로 인구의 4분의 1이 놀고 있었다. 게다가 2, 3차 산업이 발달하기 전이어서 인구의 절반 이상이 농업에 종사하고 있었다. 농촌의 사정은 그야말로 최악이었다.

대구에서 2대 악법 반대투쟁 취재를 하는 도중에 나는 틈틈이 또 하나의 취재를 진행하였다. 요즘 젊은 세대에겐 용어조차 생소한 '절량絶糧농가' 르포였다. 그 무렵 식량난으로 고통을 겪고 있는 농촌의 참상이 더러더러 신문에 보도되곤 했다. 《민족일보》에서도 몇 차례나 다룬 적이 있었다. 그러나 솔직히 말해 나는 시골에 살아본 적이 없어서 그런 기사가 별로 실감이 나지 않았다. 그런 와중에 궁벽한 농촌의 식량사정 실태를 살펴볼 기회가 생겼다. 경남·북의 농촌 각 한 곳씩을 찾았는데 당시 《민족일보》에 보도된 실상을 간추리면 대략 다음과 같다.

제일 먼저 찾아간 곳은 경남 함안군 산인면. 면 전체 인구는 6,780명에 1,251세대이며, 공무원 등 약 25세대를 제외하면 전부 농민들이었다. 이 중 약 4백 세대는 땅이 아주 없거나 1단보段步(3백 평)도 되지 않는 땅을 갖고 있었다. 이들은 "평년에도 봄이 되면 양식이 떨어져 나무를 내다팔아 보리를 사서 시래기죽과 섞어 끼니를 때웠다"고 했다. 특히 전년에 심한 흉년으로 이들은 추수기가 바로 추궁기秋窮期가 되었다고 했다.

면사무소가 있는 동네에 들어서니 점심 때 연기 나는 집이 40여 호 중에서 단 한 집뿐이었다. 그래도 이 동네는 면내에서 나은 편이라고 하는데도 "두 끼 보리밥이라도 제대로 먹는 집은 채 열 집이 못된다"고 했다. 나머지 집들은 쑥떡과 쑥수제비, 때로는 칡뿌리와 소나무 껍질(송기)로 허기를 채웠다. 소나무 껍질을 채취하려면 소나무를 베어야만 하는데 형편이 하도 딱하다보니 근처에 지서가 있어도 도벌을 눈감아 주고 있다고 했다. 그야말로 초근목피草根木皮의 참상을 차마 눈뜨고 볼 수가 없었다(사진 67: 경남 함안 절량농가 르포기사. 1961. 3. 20).

두 번째로 찾아간 곳은 경북 청송. 2년 전 풍수해와 전년도 가뭄으로 경북 지방에서도 가장 식량사정이 좋지 않았다. 군내 11,751 농가 가운데 7,445호가 식량이 떨어졌으며, 긴급구호를 받아야 할 사람이 41,644명이라고 했다. 다시 말해 전체 3분의 2에 해당하는 농가가 풀뿌리나 마른 콩잎사귀 등으로 죽을 끓여먹으며 목숨을 이어가고 있었다.

청송 읍내에서 약 5리 정도 떨어진 부곡동은 속병에 좋은 약숫물로 유명해 여관이 4, 5개 정도 있고 여름철이면 유람객(관광객)도 많아 제법 살기가 좋다는 동네다. 그런데 이 동네 역시 3백여 호 가운데 양식이 남은 집은 10호 정도라고 했다. 사정이 이러니 너나없이 빚으로 외상 생활을 하고 있었다. 한 주민은 "한 보름만 더 있으면 송기(소나무 속 껍질을 가루 내서 먹는 것)라도 먹을 수 있게 되는 것이 우리 식구들의 희망"이라고 말했다('경북의 절량絶糧지대-上', 4월 4일자 게재).

이어 율곡부락이란 곳을 찾아가 보았다. 놀랍게도 이 부락에서 얼굴이 누렇게 부은 사람들을 곳곳에서 만났다. 두메산골 사람들이 산나물마저 떨어져 굶다 굶다가 결국 부황증浮黃症이 들었다고 했다. 부황증

사진67_ 필자가 쓴 경남 함안 절량농가 르포 기사.

이란 '오래 굶주려서 살가죽이 들떠서 붓고 누른 빛깔이 나는 병'을 말한다. 질병 때문이 아니라 먹질 못해서 병에 걸린 것이다. 마침 저녁을 짓고 있는 집이 보이기에 찾아가 부엌을 들여다봤더니 콩잎을 끓이고 있었다. 안주인은 "여기에 보리 몇 알을 넣어 죽을 끓여서 먹는데 그것도 계속해서 먹지 못해 굶는 날이 많다"고 했다. 봄에 보리가 나서 수확할 때까지는 참고 견뎌야 한다고 하니 그제야 나는 '보릿고개'라는 말이 실감이 났다('경북의 절량絕糧지대-中', 4월 5일자 게재).

끝으로 현동면을 찾았는데 이전에 들렀던 마을들과 대동소이했다. 양식 부족은 물론이요, 다들 빚이 있어서 더 고통스럽다고 했다. 게다가 시골마을이다 보니 날품팔이 할 곳도 마땅찮아 부수입조차 없다고 했다. 한 주민은 "춘궁春窮이 마치 강남 갔던 제비가 돌아오듯 매년 봄마다 꼭꼭 찾아온다"며 한숨을 쉬었다. 청송 지역 절량농가 실태 르포는 3회 연재(下편은 4월 7일자 게재)로 막을 내렸다.

요즘 사람들에게 초근목피, 보릿고개 같은 얘기는 상상조차 되지 않는 얘기로 들릴지도 모른다. 그러나 내가 현장에서 직접 눈으로 보고 들은 얘기니 한 치 거짓도 없는 엄연한 사실이다. 1960년대 초 우리 농촌의 실상은 바로 그러했다. 당시 농촌 벽지 사람들은 '산 목숨 입에 거미줄 치기' 직전 상황이었다고나 할까. 요즘도 간혹 점심 굶는 아이들이 있다는 보도가 나오긴 하지만 그때와 비교하면 천지개벽이란 말밖에는 달리 설명할 말이 없다.

이종률 편집국장과 오소백 부국장

《민족일보》에 근무한 기간은 그리 길지 않았다. 불과 두 달여 만에 나는 신문사를 그만두었다. 그러나 짧은 기간에도 불구하고 많은 사람들을 만났다. 특히 신문사 안팎의 혁신계 인사들과의 만남과 교류는 내게 특별한 경험이었다.

이종률 초대 편집국장은 진보적 민족주의자라고 할 수 있다. 그는 학계와 언론계, 혁신단체 등에서 두루 활동한 당대의 거물 지식인이었다. 일본 와세다대학 재학 시절 그는 조선유학생학우회 소속으로 신간회 도쿄지회 간사를 역임했다. 해방 후 귀국하여 부산대학교 교수를 지냈으며, 1950년대 후반 부산《국제신보》와《부산일보》에서 논설고문을, 대구《영남일보》논설위원·편집국장을 지냈다. 그 무렵 그는 부산에서 민족혁명론 학맥의 중심이 되었으며, 4·19를 계기로 진보적 청년들을 결집하여 민주민족청년동맹(민민청)을 창립하였다.

《민족일보》입사 당시부터 나는 그와 의기투합했다. 그러나 이 국장의 근무 기간이 짧아 깊이 교류할 기회는 갖지 못했다. 나중에 '민족일보 사건' 3차 공판 때 그는 "편집국장직을 하루 만에 그만둔 것은《민족일보》가 정치과다증에 걸려 생리적으로 맞지 않았기 때문이다"고 증언했다. 그러나 이는 사실과 다르다.《민족일보》3월 4일자 1면에 그가 편집국장에서 '의원依願 해임' 됐다는 발령사항이 실려 있다. 그의 해박한 지식과 진보적 식견, 그리고 다양한 언론계 경험 등을《민족일보》에서 활용하지 못한 것은 안타까운 일이다(사진 68-1: 이종률 선생 탄생 100주년 기념나무(부산 금정구 장전동 소재)).

《민족일보》내부에도 파벌이 있었다. 고정훈 논설위원이 통사당 계

사진68-1_이종률 선생 탄생 100주년 기념나무
(부산 금정구 장전동 소재).

사진68-2_'영원한 사회부장' 오소백.

열이라면 유병묵劉秉默 논설위원은 사회당 계열로 들어온 사람이었다. 논설위원의 경우 거의 다 혁신정당과 인연을 맺고 있었다. 그런데 사회당 사람들은 혁신당 사람들을 우파로 보고 통일사회당 사람들은 사회당 사람들을 급진적으로 보고 하는 식으로 계파 간에 갈등이 있었다. 이 같은 파벌과 갈등은 신문 제작에도 적잖이 영향을 끼쳤다. 고정훈과는 평소 가까이 지냈는데 나중에 사이가 벌어졌다. 그가 통사당에 유리한 기사를 자꾸 써달라고 해서 내가 싫은 소리를 몇 번 한 적이 있었기 때문이다. 이종률 국장이 일찍 회사를 그만둔 배경에는 이 같은 계파 갈등도 한몫했다고 본다. 이 국장은 조용수 사장과도 노선 차이가 컸던 것으로 안다.

이 국장은 《민족일보》 입사 전에 혁신계 인사들과 함께 민족자주통일중앙협의회(민자통)를 결성해 활동하였다. 여기에 진보적 청년단체인 민주민족청년동맹(민민청), 사회당을 비롯한 혁신 정계와 통일민주청년동맹준비위원회(통민청) 등이 합세했다. 민자통은 통일방안을 연구하기 위한 부설기구로 통일방안심의위원회를 두었는데 이종률은 위원으로서 남북협상 통일론을 주장했다. 5·16 후 이 같은 행적은 반反국가행위로 간주되었다. 그는 소위 '민자통 사건'과 《민족일보》 사건에 연루돼 군사정권의 혁명재판소에서 징역 10년형을 선고받고 복역 중 1965년 12월 25일 형 면제로 석방되었다.

'영원한 사회부장'으로 불리는 오소백 부국장은 진짜 신문쟁이, 참기자라고 할 수 있다. 그는 10여 개 신문사를 두루 섭렵했는데 8개 신문사에서 사회부장을 지냈다. 그와는 《조선일보》 시절부터 인사가 있었다. 하루는 유건호 사회부장이 《서울신문》 사회부장으로 있던 그를 데리고 외신부로 왔다. 유 부장은 "오소백 씨 알지?" 하면서 그를 내게 소개시켰다. 그 당시 오소백은 이미 언론계에서 유명한 기자여서 나도 그를 잘 알고 있었다. 특히 그는 백범에 대한 기사를 자주 쓰곤 해서 내가 그를 좋게 보던 터였다. 그때 인사를 나눈 후 서로 알고 지냈는데《민족일보》에 와서 다시 만나게 된 것이다(사진 68-2: 오소백(1998)).

나는 인간적으로도 그를 참 좋아했는데 우선 그는 깨끗하고 청렴한 기자였다. 마침 그 무렵 그가 정릉에 살고 있어서 부부끼리도 왕래가 있었다. 당시 나는 '오소백 정도 되면 제법 많이 챙겼겠지' 하는 생각을 했다. 그런데 그의 부인이 바느질품을 팔아서 생계를 꾸렸다. 심지어 우리 집 것도 해주었다고 집사람이 얘기한 적이 있다. 그것만 봐도 그 사람이 얼마나 깨끗하게 살았는지 알 수 있다. 술도 좋아하고 허우대도 좋은 사람이었으나 돈에 대해서는 치사하지 않았다.

무엇보다도 그는 기자로서 업주(신문사 사주)한테 매달려서 사는 사람이 아니었다. 누구처럼 사주의 심부름이나 하면서 신문기자를 한 사람이 아니라는 얘기다. 소위 성인기 하면《조선일보》사람이고 고재욱 같은 사람은《동아일보》사람이라고 할 수 있다. 말하자면 업주에게 충성하며 산 사람들이라고 할 수 있다. 반면 오소백은 기자로서 자신의 신조에 따라 신문사를 옮겨 다녔다. 그러다보니 그는 방랑 생활을 감수할 수밖에 없었던 것 같다. 생전에 그는 한 잡지와의 인터뷰에서 '자주 직장을 옮긴 배경이 뭐냐?'는 질문에 대해 "신문기자의 지조'를 지키기 위해 윗사람들이 기사를 못 쓰게 하거나 어떤 이유에서 취재를 방해할 때는 말없이 사표를 던졌다. 가난했으나 봉급이 적다고 사표를 낸 적은 한 번도 없었다"고 밝혔다. 특히 그는 출입처라는 굴레에 얽매이

지 않고 자유로운 위치에서 자유로운 글쓰기를 좋아했다. 합동통신사 사회부 기자 시절 반민특위 재판을 거의 빼놓지 않고 취재한 일은 유명하다. 그때의 일을 두고 그는 한 인터뷰에서 "(반민)재판부를 출입하면서 거리가 (회사와) 가깝기도 했지만 그때 내가 왜 열심히 다녔는가 하면 '이건 누군가 지켜봐야 한다'고 생각한 거죠. 그때 나는 통신사에 있었는데 대부분의 기자들이 '미스터 오吳한테 맡기면 되지 않느냐, 우린 술이나 먹으러 가자'는 식이었죠. 그때 대개 기자들이 그랬습니다"라고 밝힌 바 있다.

"기자는 영원히 야野적이어야 한다"고 설파한 오소백. 그는 오로지 자기 붓끝으로 평생을 산 사람이다.

《민족일보》 기자들 │ 이종률, 오소백 두 사람 외에 《민족일보》에서 여러 사람을 만났다. 안신규安新奎 감사는 평북 신의주 출신으로 해방 후 군납사업을 하던 분인데 진보당 계통 사람들을 많이 알고 있었다. 정규근鄭圭槿 상무는 진주중학과 연세대 출신으로 조용수 사장의 어릴 적 친구이며 같은 방에서 숙식한 동창생이라고 들었다. 정 상무는 재력이 있어서 조 사장이 《민족일보》를 창간할 때 자금을 제법 댄 것으로 알고 있다. 두 사람과는 특별한 교류는 없었다.

논설위원으로 있던 송지영宋志英·이상두李相斗·이건호李建鎬 등과는 비교적 가까이 지냈다. 송지영과는 김중민 선생을 통해서 일찍부터 알고 지낸 사이였다. 이들은 대개 비상임으로 활동했다. 이밖에도 앞에서 언급했던 고정훈과 유병묵을 비롯해 조윤제(홍익대 교수), 이동화李東華

사진69_이수병은 《민족일보》 공채기자 출신이다. 제2차 인혁당 사건에 연루되어 사형당했으나 2007년 재심에서 무죄선고를 받았다.

(성균관대 교수·사회대중당), 조동필趙東弼(고려대 교수), 김철金哲(통일사회당), 김병태金炳台(중앙대 교수), 박창근朴昌根 등이 필진으로 참여했다.

편집국 기자들 가운데 기억나는 사람들은 대략 다음과 같다. 우선 내가 추천을 해서 입사한 세 사람 가운데 이중李中(《경남신문》사장 역임)은 《새나라 신문》에 잠시 근무할 때 내 밑에서 취재부 차장을 했다. 조사부에 근무했던 정삼성丁三星(한국기업광고연구소장 역임) 역시《새나라 신문》출신으로 학원사에서 공채로 뽑은 사람이었다.

《서울신문》기자 출신의 전무배全武培(《민족일보》복간추진위원장 역임) 역시 내 추천으로 입사했다. 1959년 말 홍콩에서 귀국한 나는 소해 장건상 선생이 위원장으로 있던 혁신동지총동맹(혁신동맹) 사무실에 가끔 들르곤 했다. 하루는 당시 모 경제신문 국회 출입기자로 있던 전무배가 취재를 왔다. 당시 유엔에서 중국의 대표권 문제가 한창 논의 중이었는데 이에 대해 혁신동맹에서 딱 부러지게 답하는 사람이 없었다. 옆에서 듣고 있던 내가 "현재 중국 전체를 지배하고 있는 건 중국인민공화국(중공) 정부고 대만은 이제 섬나라인데 대표권이 중공으로 넘어가는 게 당연하지 않냐"는 식으로 말해줬다. 그런데 그땐 그런 정도의 얘기도 겁들을 냈던 모양이다. 나중에 전무배가 내게 말하길 "가슴이 뜨끔했다. 저러고도 괜찮을까?" 하고 걱정을 했다고 했다.

정치부에서 같이 근무했던 이재문李在汶(남민전 사건으로 복역 중 옥사)은《대구일보》기자 출신으로 사회당 계열의 추천으로 입사했다. 1964년 1차 인혁당 사건에 연루됐던 김영광金永光(통민청 중앙간사장)은 사회부 기자로 근무했다. 김영광 역시 사회당 계열로 입사했는데 이재문과는 단짝이었다.

《민족일보》에서 단 한 차례 기자공채를 했는데 그때 뽑힌 사람이 이수병李銖秉이다. 요즘 신문사 시험을 두고 '언론고시'라고 한다고 들었다. 일자리가 별로 없던 당시도 얼추 그랬다. 《민족일보》 공채 때 서울대 출신도 대거 응시했다. 그런데 유명 대학 출신들은 다 떨어지고 신흥대(경희대 전신) 출신의 이수병 혼자 합격했다. 학교를 떠나 입사 성적이 그가 1등이라고 했다. 이수병은 일어도 하고 영어도 제법 잘 했다. 신문사가 문을 닫은 후 청진동에 있는 한 건물 2층에서 일본어학원 강사를 했던 걸로 기억한다. 이수병은 1974년 제2차 인혁당 사건에 연루돼 이듬해 사형된 8명 가운데 한 사람이다. 아까운 인재가 빛을 보지 못하고 일찍 세상을 떠났다(사진 69: 이수병).

편집부 기자 중에 시사만평을 그렸던 백인수白寅洙(《동아일보》 편집위원 역임) 화백이 있었다. 민주당 정권이 '2·8한미경제협정'을 체결하자 굴욕외교라는 비판과 함께 야당과 대학가가 들끓었다. 2월 13일 17개 혁신계 정당·사회단체는 '2·8한미경제협정반대 공동투쟁위원회'를 결성하여 반대투쟁을 전개하였다. 이 협정은 끝내 국회의 비준을 받지 못했다. 그 무렵 내가 편집부로 백 화백을 찾아가 '2·8한미경제협정'을 비판하는 만평을 하나 그려달라고 부탁했다. 말하자면 창 밖에는 수많은 군중들의 반대 소리가 나오는데 미국 사람이 장면 총리의 머리를 두드리면서 "다 내가 있잖아, 걱정 마!" 하는 식의 내용의 그림을 하나 그려달라고 했다. 그런데 나중에 보니 전혀 엉뚱하게 그려서 매우 실망했던 적이 있다. 따지고 보면 만평은 내 소관도 아닌데 의욕이 넘쳐서 그랬던 것 같다. 백 화백은 이후 《동아일보》로 옮겨 오랫동안 '동아희평東亞戲評'을 연재하다가 2011년에 작고했다.

이수병과 함께 인혁당 사건에 연루돼 옥사한 장석구張錫求 역시 정치부에서 같이 근무했다(장석구 얘기는 뒤에서 다시 쓰기로 한다). 정치부 견습기자로 근무했던 손성조孫成祚는 재일교포 출신이었다. 5·16 후에 일본에서 온 사람이라면 무조건 잡아다 넣고 두들겨 패서 간첩으로 만들던 시절이 있었다. 하루는《민족일보》기자가 나를 찾아와서 "손성조를 좀 숨겨줄 수 없느냐"고 해서 청구동 우리 집(최덕신 집)에 두어 달 정도 숨겨준 적이 있다. 당시《민족일보》를 그만두고 집에서 쉬고 있던 때여서 그와 매일 바둑을 두며 소일했다. 얼마 뒤 그는 밀항선을 타고 일본으로 떠났다.

이종률 편집국장이 물러난 뒤 국장 자리는 한동안 공석이었다. 나는 3월 중순부터 마산—대구—청송 현지 취재를 마치고 3월 말에 귀사했다. 그런데 돌아와보니 편집국 분위기가 확 바뀌어 있었다. 우선 양수정梁秀庭이라는 사람이 3월 18일자로 발령을 받아 신임 편집국장으로 와 있었다. 내가 알기로 그는 진보 진영 인사는 아니었다. 그가 근무하던《자유신문》은 당시 어용지로 통했다. 나는 속으로 '뭐 저런 사람을 데려왔나' 싶었다. 한동안 나는 그와 거리를 두고 지냈다. 그러다가 나중에 그가 민족일보 사건으로 옥고를 치르고 나온 뒤 여럿이서 등산을 하면서 어울리게 됐다. 그런데 막상 얘기를 나눠 보니까 상당히 정의감도 있고 사람도 좋아 보였다. 신문사에 있을 때 편견을 가지고 대했던 것 같았다.

양수정 국장체제가 들어선 이후 지면이나 조직 내부에 대해 나는 큰 실망을 느꼈다. 결국 나는 5월 초순경《민족일보》에 사표를 냈다. 내 나름의 꿈과 기대를 갖고 들어간《민족일보》였지만 두 달여 만에 막을 내렸다. 그래서 다행인지 불행인지 몰라도 나는 '민족일보 사건'에 연루되지 않아 화를 면했다.

민족주의자   │ 조용수 사장의 근본 배경은 우파라고 할 수
조용수 사장   │ 있다. 학생 시절 우파 학생운동 진영에 가
담해 활동했으며, 집안도 보수 성향이었다. 세브란스 의전 출신의 숙부
조경규趙瓊奎는 자유당 원내총무와 국회부의장을 지냈으며, 외숙 하만
복河萬濮(반민특위 위원 역임)도 보수 계열의 국회의원을 지냈다. 조용수
가 정치에 관심을 가지게 된 것은 집안 배경 때문인 것으로 보인다.

　1950년 연세대 정경학부에 입학한 조용수는 한국전쟁이 일어나자 부
산으로 내려가 외숙 하만복의 비서로 근무했다. 1951년 9월 일본으로
건너가 메이지明治대학교 정경학부 2학년으로 편입한 그는 1953년 재일
본 한국학생동맹 문화위원으로 선출되었다. 졸업 후에는 재일한국거류
민단(민단) 중앙총본부 차장으로 활동하면서 민단 기관지《민주신문》과
교포신문인《국제타임스》논설위원을 지내기도 했다. 재일교포 북송에
반대하는 등 일본에서 활동할 당시 그는 우파 계열 인사로 분류됐다.

　그런 조용수가 혁신계와 손잡고《민주신문》을 창간하게 된 계기는 무
엇일까? 나는 대략 두 가지 정도를 꼽는다. 하나는 유태하 추방운동 건
이다. 당시 이승만의 심복 가운데 유태하柳泰夏라는 주일대표부 공사가
있었는데 지저분하기로 소문 나 있었다. 그는 공사 시절 재일동포를 상
대로 비자 장사 등 비리를 저지르다 재일교포들의 추방 대상이 됐다. 유
태하는 4·19혁명 직후 직위해제됐으나 본국의 소환에 불응하다가 5·16
후에 소환돼 구속됐다(사진 70: 조용수 사장의 민의원 출마 선거 포스터).

사진70_ 조용수의 민의원 선거
출마 포스터.

당시 유태하 추방운동에 앞장선 사람은 신민부에서 김좌진 장군을 도와 독립운동을 한 청뢰 이강훈李康勳(건국훈장 독립장·광복회장 역임) 선생이었다. 아나키스트 계열의 독립운동가인 청뢰는 백정기白貞基 의사와 함께 주중일본공사 아리요시有吉明를 암살하려다(소위 '육삼정 사건') 체포돼 일본 나가사키長崎 지방 재판소에서 징역 15년형을 선고받고 복역하였다. 해방 후 출옥한 청뢰는 일본에서 재일한국거류민단 부단장을 지냈다. 당시 민단 차장으로 활동하던 조용수는 청뢰를 도와 유태하 추방운동에 적극 가담했다.

또 하나는 죽산 조봉암 구명운동 건이다. '진보당 사건'은 이승만이 정적 조봉암을 제거하기 위해 조작한 사건이며, 조봉암을 처형한 것은 법을 빙자한 '사법살인'이나 마찬가지였다. 일본 내 좌파 진영은 물론이요, 민단 내 젊은 사람들을 중심으로 광범위하게 죽산 구명운동이 일어났는데 조용수가 그 주동역할을 하였다. 이 일로 조용수는 민단 총본부에서 도치키현栃木県 부단장으로 좌천되었다. 죽산 구명운동 과정에서 조용수는 진보 성향의 사람들과 자연스럽게 교류하게 되었다. 그러던 중에 4·19혁명이 일어나자 '이젠 조국에 들어가서 일 좀 해야겠다'는 생각을 갖고 귀국하였다.

기본적으로 조용수 사장은 민족주의자였다. 《민족일보》 창간호 때부터 연재하기 시작한 '광야의 소리'라는 고정란이 있었다. 창간호에서는 함석헌 선생을 다루었는데 이후로도 진보 진영 인사는 물론 신숙申肅, 김학규金學奎, 최근우崔謹愚, 김창숙金昌淑, 장건상張建相 등 항일투쟁가들을 집중적으로 다뤘다. 모르긴 해도 이 코너는 조 사장의 입김이 작용한 것으로 생각된다. 나중에 들은 얘기지만 조 사장은 혼자 어렵게 사는 원로들의 집을 일일이 찾아다녔다고 한다. 갈 때는 항상 정종 댓병에 쌀 한 가마니를 갖고 가서 인사를 드렸다고 들었다. 아마 이강훈 선생 밑에서 활동하면서 민족의식에도 눈을 뜨고 독립운동가들을 존경하게 된 것 같다. 진보적인 사상은 둘째치고라도 민족의식이 뚜렷한 분이었다고 생각된다.

5·16쿠데타와 《민족일보》 | 4·19혁명으로 탄생한 민주당 정권은 실망스럽기 짝이 없었다. 이승만 독재정권이 끝난 후 각계에서 분출된 의견을 수렴하기는커녕 반공법과 데모 규제법 등 소위 '2대 악법'으로 되레 민중들을 억압하려 들었다. 심각한 식량난과 실업 사태까지 겹쳐 민생은 도탄에 빠져 있었으나 그들은 신·구파간에 치열한 권력다툼을 벌였다. 게다가 미국과 '2·8한미경제협정'을 체결하여 굴욕외교라는 비난을 사는 등 나라 안팎으로 제대로 하는 것이 하나도 없었다. 사정이 이러다보니 집권 이후 하루도 시위가 그칠 날이 없었다. 그 시절의 혼란은 민주당 정권이 초래한 측면이 적지 않다.

그 무렵 정가 주변에서는 '5월 위기설'이 나돌기 시작했다. 사실은 나도 그런 예감을 하고서 주변 몇 사람에게 얘기를 한 적도 있다. 다른 나라의 예를 보더라도 정치가 안정되지 않은 나라에서 군인들이 혼란을 틈타 들고 일어난 예는 무수히 많다. 그러나 장면 정부는 미국을 든든한 '뒷배'로 뒀다고 여긴 탓인지 별로 긴장하지 않았다. 5·16 직전 쿠데타설이 곳곳에서 감지되었으나 제대로 챙기는 사람이 아무도 없었다. 5·16쿠데타 직후 윤보선 대통령이 "올 것이 왔다"고 한 말도 따지고 보면 그저 나온 말이 아닌 셈이다.

당시 나는 청구동 꼭대기에 있던 최덕신崔德新(외무장관 역임·1986년 월북) 집에 전세를 살고 있었다. 1956년 육군중장으로 예편한 최덕신이 일식집을 하나 불하받았는데 그는 그 옆에 양옥을 새로 하나 지어서 살았다. 최덕신의 모친과 친한 어머니께서 하루는 그의 집에 다니러 가셨다가 일식집이 비어 있다는 얘기를 듣고 오셨다. 당시 우리 가족은 돈암동 성신여대 밑에 있던 친구 집에 방 한 칸을 얻어서 살고 있었는데 내가 결혼을 한 후로는 식구가 늘어 생활하기에 불편했다. 그래서 나는 아내와 딸 둘을 데리고 최덕신 집으로 전세를 얻어서 들어갔다.

1961년 5월 16일, 그날은 화요일이었다. 그날 새벽에 자다가 영문을 알 수 없는 총소리를 들었다. 새벽이니까 조용한데다 청구동 언덕 위쪽이다 보니까 멀리서 나는 소리도 들을 수 있었다. 내 기억에는 꽤 여러 차례 총소리가 들렸던 것 같다. 그리고 얼마 후 전화벨이 울렸다.《새나라 신문》취재부장으로 있을 때 밑에 차장으로 데리고 있던 이중李中이었다. 그도 낯선 총소리를 듣고 놀라서 전화를 한 것 같았다. 내가 먼저 그에게 물었다.

"이게 무슨 총소리요?"

"김 부장이 걱정하던 게 일어난 거 아니오?"

그 무렵 그를 만났을 때 나는 군부의 쿠데타 가능성을 들려준 바 있다. 그래도 그때는 설마 하고 한 얘기였는데 그것이 현실로 나타나고만 것이다. 나는 박정희朴正熙란 인물의 존재를 그때 처음 알았다.

박정희 일파의 5·16군사쿠데타는 세 차례 시도 끝에 성공했다. 첫 번째 거사계획일은 1960년 5월 8일로 잡았으나 4·19가 나는 바람에 실행에 옮기지 못했다. 두 번째는 1961년 4월 19일이었다. 이날 4·19 혁명 1주년을 맞아 소요 사태가 발생할 경우 이를 진압하는 빌미로 거병하여 쿠데타를 결행할 계획이었다. 그러나 이날 별다른 시위가 없어서 이 역시 수포로 돌아가고 말았다. 당황한 이들은 5월 12일 긴급모임을 갖고 5월 15일을 세 번째 거사일로 잡았다. 그리고는 당시 육군참모총장 장도영張都暎을 포섭해 가담시키려 했다.

그러나 장도영이 "지금은 때가 아니다"며 미온적인 반응을 보이자 이들은 더 이상은 미룰 수 없다고 판단해 5월 16일 거사를 결행했다. 이날 새벽 3시, 당시 2군 부사령관으로 있던 박정희 소장이 이끄는 무장군인들은 한강다리를 건너 서울 도심으로 진입해 주요 관공서와 방송국을 장악하면서 무혈 쿠데타에 성공했다. 세상은 하루아침에 군인들의 세상으로 바뀌었다. 쿠데타 초기에 민주당 정권 수뇌부가 미군과 이한림李翰林 장군의 원주 주둔 야전군을 효과적으로 대응시켰더라면 쿠데타 세력을 진압할 수 있었을지도 모른다.

이날 오전 서울의 주요 일간지들은 호외를 통해 쿠데타 소식을 전했다. 《민족일보》는 5월 17일자부터 쿠데타 관련 내용을 다뤘다. 1면에서 통단으로 대문짝만하게 '육·해·공·해병이 쿠데타'라는 제목을 뽑았다. 쿠데타 발생 경위에 이어 '혁명공약' 6개항과 포고령 1·2·3호, 그리고 전국에 비상계엄 선포 등을 지면에 담았다. 또 윤보선尹潽善 대통령은 청와대에 건재한 반면 장면 총리는 행방불명이라고 전했다. 당시 반도호텔에 기거하고 있던 장 총리는 쿠데타 직후 피신하라는 연락을 받고 수도원에 몸을 숨겼다. 2면에는 쿠데타 소식을 접한 서울거리 표정과 부산, 대구 등의 소식을 전했다. 하단에 박스기사로 박정희 소장에 대한 인물소개 기사를 실었는데 그 전문은 다음과 같다(사진 71: 5월 17일자《민족일보》에 실린 박정희 관련 기사).

군사혁명군을 실질적으로 지도한 박정희 소장은 당년 45세로서 육군 장성급 중에서 청렴강직하다는 평이 높은 2성 장군이다. 경북 성주 출신인 박 장군은 대구사범을 나와 만주군관학교를 거쳐 일제 말에 일본육사를 졸업하여 전통적으로 군인 기질을 길러온 인물이다. 그는 해방 후 2기생으로 육군사관학교에 입교했으며 6·25동란 때는 육군본부 G3(작전) 차장으로서 오랫동안 군사작전 면에 참여해왔다. 그러나 일선 전투부대를 지휘한 것은 휴전 이후 5사단장을 역임했을 때이다. 비교적 키가 작고 매서운 얼굴의 주인공인 박 장군은 청빈하고 정직을 '모토'로 하는 군인으로 정평이 있어서 때로는 불우한 처지에도 놓여 있었다. 그는 4·19 직후 육군본부 작전참모부장에 기용되었으나 당시 육군참모총장 최경록崔慶祿 중장에 의하여 후방으로 전임되어 있었다. 박 장군은 슬하에 세 자녀를 거느렸다.

단기간에 쓴 기사 치고는 박정희에 대한 정보가 비교적 정확한 편이다. 그러나 쿠데타는 엄연한 불법행위임에도 그런 내용은 한 군데도 없었다. 평소《민족일보》가 견지해온 입장에서 본다면 납득하기 어려운 일이다. 18일자 1면에 실린 '혁명위원회에 부치는 기대와 충언' 제하의 사설은《민족일보》열성독자들에겐 매우 낯설고 실망스런 내용이었다. 쿠데타 세력에 대한 준엄한 경고나 비판은커녕 오히려 기대와 함께 이들에게 동조하는 듯한 입장에 섰다. 이는 양수정 편집국장 체제하에서

사진71_《민족일보》5월 17일자에 실린 박정희 관련 기사. 쿠데타에 대해 우호적인 입장을 보이는 것이 눈길을 끈다.

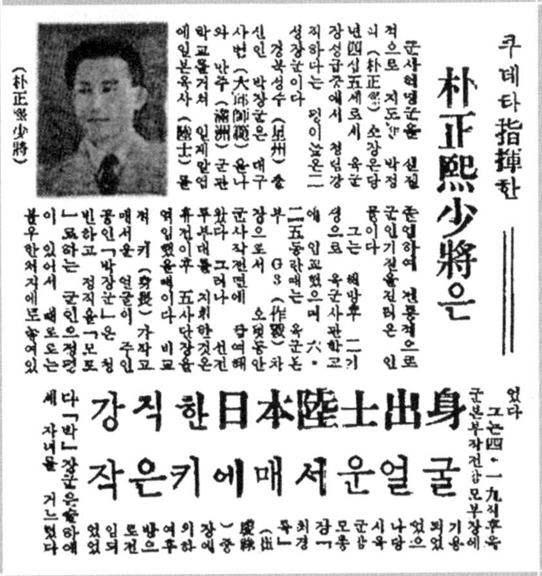

쿠데타 指揮한
朴正熙少將은

강직한 日本陸士出身
작은키에 매서운 얼굴

(朴正熙少將)

변화된 논조라고 할 수 있을 것이다. 사설의 몇 대목을 옮겨보면 다음과 같다.

우리들은 여기서 민생고와 유관한 민족통일을 수행하는 기초가 이 새로운 혁명세력에 의하여 튼튼히 마련될 것과 영예를 보전해야 할 우리들의 조국의 전도가 더욱 빛날 것임을 믿어 의심치 않는 바이다. ……지난해 '3, 4월 항쟁' 때 궐기했던 민족의 사자들은 오늘의 군사혁명위원회와 같이 혁명적 정권을 수립하고 국가 3권을 그 책임 하에 집행해야 할 것이었으나 ……끝으로 우방제국諸國에게 일언—言을 부치노니 이 군사혁명이 발생한 원인을 깊이 이해하고 진정한 우호를 베풀어 주기를 충심으로 희구하여 마지않는다. ……

5월 19일자에서는 쿠데타를 지지하는 육사 생도들의 서울시가 행진 사진과 관련 기사를 비중 있게 실었다. 또 18일 수도원에서 나와 모습을 드러낸 장면 총리가 내각 총사퇴를 결의한 내용과 케네디 미국 대통령이 쿠데타 세력을 지지할 것이라는 기사도 함께 실었다. 1면에 실린 '혁명의 과감한 수행을 위하여' 제하의 사설은 마치 정부 기관지 《서울신문》의 사설을 보는 듯했다. 권력을 비판하던 예봉은 온 데 간 데 없고 붓끝은 이미 무뎌져 있었다. 일설에는 조용수가 박정희를 진보 성향의 인사로 보고 쿠데타 세력에게 한껏 기대를 걸었다는 주장도 있다.

《민족일보》는 쿠데타 세력을 향해 온갖 찬사를 늘어놓았건만 5월 19일자로 막을 내리고 말았다. 2월 13일 창간호를 낸 지 92호 만에 결국 붓을 내려놔야만 했다. 장렬하게 붓을 꺾었다기보다는 쿠데타 세력의 군홧발에 무참히 꺾이고 만 것이다.

군사정권의 희생양 | 《민족일보》 창간 보름 전인 1961년 1월 29
'민족일보 사건' | 일 당시 민주당의 김준섭金俊燮 의원은 "내
달 2월 13일 창간한다는 신문이 조총련의 자금을 조달받아서 만든다더
라"며 난데없이 색깔론 공세를 폈다. 이튿날 1월 30일 열린 민의원 본
회의에서 김 의원은 이 문제를 다시 언급하였다. 통일사회당 소속 윤길
중 의원은 자신도 이 신문의 발기인 가운데 한 사람이라고 소개하고는
"조총련의 자금이 유입되거나 그들의 조종을 받는 신문이 아니다"라고
반박했다. 이 문제는 곧 정치 문제로 비화되었다. 1월 31일 비공개로
열린 내무위원회에서 신현돈申鉉燉 내무장관은 "경찰도 이 같은 정보를
입수하고 수사를 진행 중"이라고 말했다. 혁신계의 목소리를 대변한
《민족일보》는 창간 이전부터 정치권의 주목을 받기 시작했다.

창간자금을 두고 논란이 일자 조용수 사장은 2월 2일자 《한국일보》
광고란에 실은 '해명서'를 통해 "본지 운영자금 구성에 있어서 재일한
국인 교포들의 민족애에 불타는 깨끗한 성금들도 도움이 될 것이거니
와 미주, 구주, 기타 전체 해외동포들의 성금도 그 일부를 차지할 것을
믿어 의심치 않는다"며 "그것은 어디까지나 합법적인 방법으로 조달될
것임은 두말할 나위도 없다"고 강조했다. 그러나 이걸로 모든 것이 해
명되고 수습된 것은 아니었다. 5·16쿠데타 세력이 먹잇감으로 노려보
고 있었기 때문이다.

남로당 가입 전력으로 숙군 때 재판을 받은 박정희는 '레드 콤플렉

스'가 있었다. 군사정권이 반공을 국시國是로 표방한 것도 이 때문이었다. 5·16쿠데타 후 검거선풍이 불면서 5월 18일 조용수 사장을 비롯해 《민족일보》 간부 13명이 연행되었다. 조용수에게 적용된 죄목은 재일교포 간첩 이영근李榮根으로부터 조총련 자금을 지원받아 신문을 창간한 후 불법 통일론을 선동했다는 것이었다. 군사정권이 제정한 '특수범죄자 처벌에 관한 특별법' 제6조는 "정당·사회단체의 주요 간부로 국가보안법 제1조에 규정된 반국가단체의 이익이 된다는 정情을 알면서 선동·교사한 자는 사형, 무기 또는 10년 이상의 징역에 처한다"고 돼 있었다. 민간 신문사는 정당이나 사회단체에 해당되지 않음에도 무리하게 이 법을 적용한 것이었다.

공소장에 따르면, 조용수 사장은 조봉암의 비서를 지낸 재일교포 이영근이 조소수趙小壽를 통해 보낸 공작비 오천만 환圜을 받아 그중 2천4백만 환은 본인 선거자금(7·29총선 때 청송에서 출마)으로 쓰고 나머지는 혁신계 통합에 사용하였으며, 신문 창간 비용으로 3천8백10만 환을 지원받는 등 여러 차례에 거쳐 이영근으로부터 자금 지원을 받았다고 돼 있다. 이후 《민족일보》 창간 후에는 2대 악법 반대투쟁을 비롯해 남북협상과 경제·서신의 교류 및 남북학생회담 등을 적극 찬동하고 추진하라는 사설·논설·기사 등을 게재함으로써 북한의 활동을 고무·동조했다는 것이었다. 혁명검찰부는 1961년 7월 23일 조용수 등 12명을 정식 기소했다.

당국이 편집국 관계자들을 연행해가면서 별다른 기준도 없었던 것 같다. 예를 들면 실제 보도 책임자 격인 편집부국장 두 사람과 정치부장은 재판은커녕 붙잡혀가지도 않았다. 반면 부임한 지 얼마 되지 않은 양수정 편집국장은 여러 해 고초를 겪었으며, 전임 이종률 편집국장도 기소돼 재판을 받았다. 논설위원들의 경우 대부분 혁신계 정당들과 인연이 깊어 화를 피하기 어려웠다. 다만 유병묵 위원의 경우 일찍 숨는 바람에 역시 화를 면했다. 평기자들 중에서는 곤욕을 치른 사람이 없었다.

박 정권이 작심하고 시작한 사건인 만큼 이후 진행된 재판은 요식행위에 불과했다. 8월 12일 열린 구형공판에서 검찰관 오재옥吳在玉 중령은 조용수 사장, 안신규 감사, 송지영 한국전통韓國電通 사장, 선원 양실근梁實根(편지 전달자) 등에게 사형을 구형했다. 또 이상두 논설위원에게 징역 8년, 그 밖의 피고 8명에게 징역 5년을 각각 구형했다(사진 72-1: '민족일보 사건'으로 재판정에 들어서는 피고인들. 왼쪽부터 조용수 사장, 송지영 논설위원, 안신규 감사).

검찰관은 논고를 통하여 △ 민족일보사는 조용수 단독출자로 되어 있고 다른 중역은 아무런 출자도 하지 않은 명목상 회사이고 그 실질적 내용은 이북 괴뢰와 통하는 혁신계 인사들의 정치적 결합체이며 △ 피고들은 모두《민족일보》의 노선이 불법단체인 북한 괴뢰를 이롭게 한다는 데 대하여 '확정적' 또는 '미필적' 고의가 있었고 △ 개전의 정이 전혀 없으니 추호도 동정할 여지가 없다고 밝혔다(《동아일보》1961. 8. 13).

이어 8월 28일 열린 선고공판에서 혁명재판소 제2심판부(재판장 김홍규金弘圭)는 특별법 제6조를 적용해 조용수·송지영·안신규 등 3인에게 사형을 선고했다. 이상두 논설위원에게는 징역 15년, 양수정 편집국장·이건호 논설위원 등 2명에게는 구형보다 많은 징역 10년을, 정규근 상무와 양실근에게는 징역 5년을 선고하였다. 이날 심판부는 "《민족일보》는 특별법 6조에 규정된 정당·사회단체에 해당되지 않으며 관할권이 없다"

사진72-1_'민족일보 사건'으로 재판정에 들어서는 피고인들. 왼쪽부터 조용수 사장, 송지영 논설위원, 안신규 감사.

사진72-2_조용수 사장 48주기 추모식 모습.

는 변호인단의 주장을 받아들이지 않았다. 다만 이종률 전 편집국장 등 5명에게는 "특별법 6조에 규정된 정당·사회단체의 주요 간부가 아니며, 상부의 지시에 의해 복종했을 뿐"이라며 무죄를 선고했다.

조용수 사장 등에 대한 유죄판결 배경은 《민족일보》 창간자금과 지면의 논조 때문이었다. 정확한 액수는 알 수 없지만 《민족일보》 창간과정에 일본으로부터 돈이 들어온 것은 분명한 사실이다. 재판과정에서 조용수 사장도 이 점은 시인했다. 논설위원 고정훈은 8월 4일 열린 5차 공판에 증인으로 출석해 "민족일보사 자금은 조소수 씨가 재일경제인 연합회로부터 받아서 나오는 것으로 알았다"고 증언했다. 다만 안신규 감사는 "《민족일보》 자금은 국내 혁신계 인사들로부터 지국 설치 보증금으로 받았다. 부산지국에서만 근 1천만 환을 받았다"고 밝혔다.

혁신계 대변지 역할을 한 《민족일보》가 진보적 통일론을 편 것은 당연한 일이다. 그렇다고 해서 발행인을 사형시킬 사안은 절대 아니었다. 박정희 일파는 자신들의 집권가도에 걸림돌이 될 진보언론의 싹을 자르는 동시에 조용수를 희생양으로 삼아 반공 이미지를 강화하려 했다고 봐야 한다. 대법원 판결 이후 국내외 각계의 진정과 호소로 송지영과 안신규는 대법원에서 무기징역으로 감형되었다. 그러나 조용수는 12월 21일 서대문형무소에서 사형이 집행되었다. 이듬해 1962년 1월 국제기자협회는 조용수 사장에게 '국제기자상'을 추서했다.

박 정권이 조용수 사장을 간첩 혐의로 몰아 처형시킨 것은 이후 일어난 일들을 보면 잘못된 일임을 알 수 있다. 대법원에서 무기징역으로 감형된 송지영은 국제사면위원회의 사면 후원자로 결정돼 1969년에 출감했다. 이후 그는 민정당 국회의원, 문예진흥원장, KBS 이사장, 광복회장 등을 지냈다. 또 조용수에게 '공작금'을 건넨 '간첩' 이영근은 수시로 서울을 드나들었으며, 자신이 일본에서 발행하던《통일조선신문》(후에《통일일보》로 개제) 서울지사를 두기도 했다. 1991년 이영근이 사망하자 대한민국 정부는 그에게 국민훈장 무궁화장을 추서했다. 한국 정부 스스로 조용수의 '억울한 죽음'을 인정한 셈이다.

조용수 사장에게 사형판결이 내려진 지 한 달가량 뒤인 1961년 9월 26일자로 주한미대사관에서 국무부에 '민족일보 재판'이란 보고서를 냈다. 미국대사관 측은 보고서에서 "《민족일보》가 통일·반제反帝 등을 주장한 것은 사실이지만 그 구성원들이 (친북) 노선을 고의적으로 따랐는지는 확인되지 않았다"고 밝혔다. 미대사관은 또 "이 사건으로 군사정권이 전직 좌파 또는 개혁세력을 어떻게 다룰 것인지를 판단하긴 아직 이르다. 그러나 (여기서) 일관성의 결여를 설명하기란 이미 어려워졌다"고 밝혀 이 사건이 군사정권의 진보세력에 대한 대응의 일환으로 이뤄졌다고 판단했다(《한겨레》 2005. 4. 22.).

조용수 사장의 묘는 남한산성에 있는데 그 땅은 통일운동가 동주 박진목朴進穆의 소유라고 들었다. 조용수와 이영근은 생전에 특별한 관계였던 걸로 알려져 있다. 민단 시절 이영근은 비주류에 속해 있었는데 한때 일본에서 반독재세력의 리더로 통했다. 그 무렵부터 조용수가 이영근을 흠모하고 따르기 시작한 것으로 보인다. 1960년대 나는 일본에 가서 손성조의 소개로 이영근을 몇 차례 만난 적이 있다. 그는 우리 아버지를 잘 안다고 했다. 그럴 수도 있을 것이다. 그는 모르는 사람이 없을 정도로 발이 넓었다. 그는 처음에는 이승만을 반대하고 박정희에 대해서도 비판적이었으나, 나중에 박정희와 결탁하였다. 《민족일보》

정치부 기자로 있다가 5·16쿠데타 후 한동안 우리 집에 숨어 있던 손성조가 과거 이영근 밑에 있었다(사진 72-2: 조용수 사장 48주기 추모제에서 유가족들이 절을 하고 있다(사진-통일뉴스)).

'7·4공동성명'이 발표되고 얼마 후에 손성조가 서울에서 우리 집으로 전화를 걸어왔다. 이미 그때는 손성조가 중앙정보부와 밀착해 한국과 일본을 왔다 갔다 하면서 돈을 잘 번다는 얘기가 들릴 때였다. 나는 전화로 간단하게 인사만 나누고 따로 만나자는 얘기는 하지 않았다. 그러다가 얼마 뒤에 조용수 사장 묘소엘 갔다가 손성조를 다시 만났다. 그에 따르면, 7·4공동선언'은 이영근이 알선했다고 했다. 이영근이 중간에서 다리를 놓았다는 얘긴데 손성조의 말이 거짓말 같지는 않았다. 노태우 정부는 '재일교포에게 반공의식을 고취시킨 공로를 기려' 그에게 훈장을 추서했다.

2006년 진실화해위원회는 '민족일보 사건은 감금·고문에 의한 조작'으로 결정했다. 2008년 1월 16일 서울중앙지법 형사합의22부는 재심에서 조용수 사장에게 무죄를 선고했다. 재판부는 "처벌 근거였던 특별법은 법 제정 이전의 행위를 처벌하는 소급입법일 뿐 아니라 처벌대상이 한정돼 있고, 법이 지나치게 막연해 내용상 위헌"이라고 밝혔다. 재판부는 또 "고 조용수 사장이 정당·사회단체 간부라는 증거도 없고 《민족일보》가 사회단체도 아닌 이상 범죄의 증명이 없어 무죄"라고 밝혔다. 불과 서른한 살에 꺾인 조용수의 꿈은 사후 47년 만에야 명예를 회복했다.

1997년 '민족일보 사건 진상규명위원회'를 구성해 내가 위원장을 맡았다. 위원회는 각종 성명·진정서를 내고 학술대회 등을 통해 민족일보 사건의 진상규명과 명예회복을 위해 노력했다. 법원의 무죄판결로 소기의 성과를 거둔 셈인데 미력이나마 보탠 것을 보람으로 생각하고 있다.

4. 마지막 언론인 시절

공화당 선전부장으로
갈 뻔한 사연

1961년 5월 초 《민족일보》를 사직한 후 다시 룸펜 생활이 시작되었다. 한껏 기대를 품고 갔던 《민족일보》에서 실망하고 나온 후 한동안 나는 의욕상실 상태에 있었다. 그럴 때면 나는 외신기자 시절부터 가까이 지낸 친구 서인석徐仁錫(《뉴욕타임스》 특파원·국회의원·국무총리 비서실장 역임)의 사무실에 가서 바둑을 두며 시간을 보내곤 했다. 당시 서인석은 시청 뒤 원창빌딩에 사무실이 있었는데 미국 주간지 《타임·라이프》 한국특파원으로 있던 조규천曺圭天과 한 방을 쓰고 있었다. 조규천과는 《조선일보》에서 중앙청·외무부 출입할 때부터 서로 안면이 있던 사이여서 다들 친구로 지냈다.

그날도 셋이서 바둑을 두고 있었다. 그런데 아래층에서 사람이 와서 서인석과 조규천 두 사람을 보자고 해서 둘이 내려갔다 왔다. 아래층에는 쿠데타 세력의 2인자격인 김종필金鍾泌(JP)의 사무실이 있었다. 중앙정보부가 바로 거기서 만들어졌다고 했다. 당시 그 방에서 공화당 사전조직 작업을 비밀리에 추진하고 있었는데 서인석은 이미 한 발을 들여놓은 상태였다. 서인석은 내게도 같이 일하자고 제안했으나 나는 거절했다. 가장 큰 이유는 박정희가 조용수, 최백근崔百根(사회당 조직부장) 같은 사람을 사형시킨 것을 도저히 용납할 수가 없어서였다. 자기들이 권력을 잡기 위해 탄압한 것까지는 몰라도 죄 없는 사람을 죽인 것은 절대로 묵과할 수 없었다.

그로부터 한 10년 정도가 지나 우연히 술자리에서 서인석과 어울리게 됐다. 나는 그에게 넌지시 옛일을 물어보았다.

"그때 내가 공화당에 간다고 했으면 뭔 자리를 줄려고 했는데?"

"선전부장!"

JP 측에서 자기한테 선전부장을 맡아달라고 했는데 서인석은 그 자리에 나를 추천하려고 했다는 것이었다. 공화당 사전조직 단계에서부터 참여해 선전부장을 맡았다면 공화당 공천을 받는 것은 따놓은 당상이었다. 예나 지금이나 집권당은 당黨·정政이 한 몸이니 문화공보부(현 문화관광부) 장관 한두 번은 그저 하는 자리였다. 그러나 나는 두말 않고 사양하였다. 내 신념상 도저히 받아들일 수가 없었던 것이다(사진 73: 서인석의 국무총리 비서실장 발령기사《경향신문》1970. 12. 21)).

박정희 일파는 쿠데타 당일 발표한 '혁명공약' 제6항에서 사태가 수습되면 원대복귀하겠다고 밝혔다. 그러나 이 약속은 지켜지지 않았다. 박정희는 1963년 5대 대통령선거 때 군복을 벗고 출마하였다. 소속은 민주공화당이었다. 이 공화당을 만들기 위해 사전에 정지작업을 한 것이 소위 '공화당 사전조직'이었다. 이는 자신들이 밝힌 '혁명공약'을 정면으로 부정하는 것으로 쿠데타 주동세력 내부에서도 논란이 됐다. 사전조직 작업을 하는 과정에서 거액의 정치자금이 필요하였다. 이때 발생한 것이 '증권파동' 등 소위 '4대 의혹' 사건인데 이는 국회에서도 한동안 말썽이 됐었다.

6관구 참모장(대령)으로 5·16쿠데타 당시 핵심적인 역할을 한 김재춘 金在春(중앙정보부장 역임)은 "공화당 요원들의 사전교육은 1962년 1월부터 시작됐으며 최초의 교육 장소는 서울 낙원동의 춘천장이었다"고 밝힌 바 있다. 춘천장은 '증권파동'의 주범 윤응상尹應相이 낸 2백만 원을 보증금으로 마련한 교육 장소이며, 사전교육 당시 한 기수의 인원은 30명에서 50명 내외였다고 한다. 김재춘은 또 이 춘천장에서 14개 기수가 교육을 받았으며, 그 뒤 기수들은 마포구의 마포장에서 교육받았고, 그 뒤에는 중앙정보부의 정보학교가 교육 장소로 사용됐다고 했다.

공화당 사전조직 건으로 말썽이 되자 JP는 1963년 2월 25일 '자의반 타의반'으로 외유를 떠났다. 그 일주일 전인 2월 18일 박정희 대통령 권한대행은 '조건부 민정 불참'을 골자로 한 '시국 수습에 관한 9개 방안'(2·18선언)을 발표했다. 이로부터 며칠 뒤인 2월 28일 박임항朴林恒·윤태일尹泰日·이주일李周一·김동하金東河 등 쿠데타 주동자들은 박정희를 만나 모임을 갖고 제1차 원대복귀 성명을 발표했다. 이른바 '2·27선언'이다. 주체세력 가운데 대다수는 원대복귀 약속을 지켜야 한다는 신념을 갖고 있었다. 박정희가 이때 원대복귀 약속을 지켰다면 이후 세상은 또 어떻게 달라졌을지 모른다. 당시 박정희는 몇 차례에 걸쳐 민정 불참선언을 번복해 '번의翻意 대통령'이란 별명을 얻었다.

이때 원대복귀를 극력 반대하고 나선 사람은 JP였다. 그는 "등기문서는 처음부터 내 이름으로 해야지 제3자 이름으로 했다가 나중에 다시 내 이름으로 하기는 어렵다"며 박정희에게 계속 눌러 앉을 것을 권했다고 한다. 초대 공화당 조직부장을 지낸 강성원康誠元(국회의원·성원유

사진73_1970년 12월 23일자 《경향신문》 기사. 서인석의 국무총리 비서실장 발령을 알리고 있다.

사진74_1963년 1월 7일, 박정희 최고회의 의장이 육군준장으로 전역한 김종필에게 훈장을 수여하고 있다.

업 회장)은 "군정 기간 중 집권 타성에 젖어 이미 권력의 단맛을 본데다 박정희 주변에 직업정치인 등 집권 구축세력이 강하게 형성된 탓"이라고 증언한 바 있다(사진 74: 박정희 국가재건최고회의 의장으로부터 훈장을 받고 있는 김종필 중앙정보부장(1963. 1. 7)).

JP는 정·관계는 물론 언론계 인사들도 속속 공화당에 가입시켜 세력을 확장해나갔다. 서인석을 필두로 《조선일보》에서는 논설위원 윤주영, 외신부 손희식孫禧植(국립중앙도서관장 역임) 등이 공화당에 합류하였다. 박정희가 집권한 지 불과 5, 6년 사이에 동아·조선의 정치부 기자 가운데 거의 대다수가 군사정권의 협력자로 변신했다. 《조선일보》 정치부는 권력으로 가는 지름길로 통했다. 이를 두고 리영희는 대담집 《대화》에서 "박정희시대의 언론과 권력관계를 두고 말하면 차라리 신문사주와 신문인이 권력에 몸을 팔았다고 생각한다. '강간'을 당했다기보다는 '화간和姦'을 한 것"이라고 꼬집은 바 있다. 매우 적확한 지적이라고 생각된다.

당시 언론인 중에 중앙정보부로 간 사람도 하나 있었다. 《서울신문》 정치부장 출신으로 《민족일보》에서도 정치부장을 지낸 김명구金明九가 그 사람이다. 당시 중앙정보부에서 혁신계 인사들을 잡아가는데 마치 핀셋으로 쏙쏙 뽑아가듯이 정확했다. 잡아다가 형刑을 매기는 걸 보면 알 수 있었다. 그때 다들 김명구를 의심했다. 그가 《민족일보》 정치부장을 지냈기 때문에 이쪽 사정을 제법 잘 알고 있었다. 그런데 나중에 김명구를 만나 얘기를 들어보니 자신은 '예그린 악단' 창단 이외에는 관여하지 않았다고 했다. 그때 북한에서 문화예술 활동이 상당히 활발하니까 중앙정보부에서 이를 흉내 내서 만든 것인데 국민체조, 심지어 댄스까지 보급하였다. 당시 중앙정보부가 하도 악명이 높으니까 '사람만 때려잡는 게 아니라 이런 문화사업도 한다'는 식으로 보여주려고 했던 모양이다.

승승장구 윤주영, 쫓겨난 방낙영

내가 사양한 그 자리는 엉뚱한(?) 사람이 대신 차지하였다. 윤주영尹冑榮이었다. 고려대 정치학과를 졸업한 윤주영은 미국 유학을 다녀온 후 중앙대 교수를 하다가 1961년에 《조선일보》 논설위원으로 들어갔다. 그리고는 얼마 뒤에 편집국장이 되었다. 졸지에 편집국장이 된 윤주영이 어느 날 견습(수습)이 막 떨어진 기자들에게 술을 샀다. 그런데 술좌석에서 막내기자가 윤주영에게 술을 권하면서 말했다.

"윤 견습! 한잔 받으십시오!"

윤주영이 편집국장 견습을 하는 것을 두고 빗댄 말이었다. 당시만 해도 평기자들은 편집국장과 감히 대작을 하지 못하던 시절이었다. 아무리 농담이라고 쳐도 말단기자의 말은 지나친 것이었다. 당시 윤주영의 기분이 어땠을지 짐작이 간다. 당시 《조선일보》 편집국장을 하려면 성인기나 유건호처럼 《조선일보》에서 잔뼈가 굵었거나 아니면 적어도 송지영, 최석채崔錫采(《경향신문》 회장·MBC 사장 역임) 정도 되는 언론계 거물이어야 했다. 그런데 윤주영이 편집국장으로 부임하자 《조선일보》 기자들조차도 "윤주영이가 누구냐?" 하는 식이었다. 그의 '뒷배'는 언론계의 마당발인 서인석과 박정희 정권의 2인자로 불린 JP였다(사진 75: 윤주영).

윤주영은 《조선일보》 편집국장을 하면서 경력을 쌓았다. 그러고는

사진75_《조선일보》 편집국장 출신으로 공
화당 선전부장이 된 윤주영. 공화당 선전부
장 자리는 필자가 제안 받았던 자리였다.

이내 공화당에 입당해 선전부장, 대변인, 총재 비서실장, 사무차장, 제14대 무임소장관 등을 지냈다. 이후 칠레·에콰도르·콜롬비아 대사를 거친 후 다시 내직으로 들어와 대통령 공보수석 비서관 겸 대변인(장관급), 제3대 문화공보부장관, 9대 국회의원(유정회) 등을 잇달아 지냈다. 1971년 6월 신범식申範植 후임으로 문공부장관에 취임한 그는 한 인터뷰에서 한국 언론의 당면과제에 대해 다음과 같이 말했다. 그의 언론관의 일단을 엿볼 수 있다.

개발도상국가에 있어서의 언론의 사명은 단순한 뉴스의 전달자에 그치는 것이 아니라 민족의 계도자啓導者가 되어야 합니다. 이런 사명을 우리 언론이 다할 수 있도록 최선을 다하겠습니다(《동아일보》 1971. 6. 5).

서인석과 내가 당구를 칠 때 윤주영은 옆에서 점수를 세곤 했다. 그를 폄하하거나 비난하려는 것이 아니라 당시엔 그랬다는 얘기다. 그는 JP를 등에 업고 장관, 대사, 국회의원 등을 지내면서 출세가도를 달렸다. 정계에서 물러난 후에는 《조선일보》 상담역, 이사, 고문, 방일영문화재단 이사장 등을 역임했다. 은퇴 후에는 사진 촬영에 취미를 두고 있다는 얘기를 신문에서 본 적이 있다.

쿠데타 세력이 집권하면서 윤주영처럼 승승장구한 사람도 있는 반면 멀쩡하게 있던 자리에서 쫓겨난 사람도 있었다. 《조선일보》 시절 판문점 취재 때 잠시 언급했던 방낙영方樂榮이 바로 그런 사람이다. 방낙영은 방일영과 육촌 간이어서 사내에서 '빽'이 든든했다. 1947년에 《조선일보》에 입사했으니 기자 경력도 많은데다 나이도 나보다 서너 살 위였다. 선배들 중에서도 유독 그는 우리들에게 '야야!' 하며 반말을 했다. 원래 스타일이 그런 사람이라고 여겨서인지는 몰라도 별로 기분 나쁘게 들리진 않았다.

방낙영은 국방부 출입기자를 오래 했다. 그러다보니 장군들과 자연히 가깝게 지내게 됐다. 더러 술자리에서 친한 장군들에게도 '야야!' 하는 버릇이 있었다고 한다. 5·16 직후에 박정희가 참모들과 술자리를 가졌는데 우연히 그 자리에 방낙영도 참석하였다. 술이 취한 방낙영이 무슨 일로 마음이 상했던지 박정희를 향해 "야! 박정희 너 지금 뭐하는 거야?" 하고 소리를 질렀다고 한다. 당시 박정희는 예전의 육군소장 박정희가 아니라 대한민국의 최고 권력자였다.

나중에 방낙영한테 직접 들은 얘긴데 박정희가 방일영에게 "(방낙영에게) 다른 자리 하나 줘 보지!"라고 말했다는 것이다. 그로부터 얼마 뒤 방낙영은 '부패기자'로 지목돼 편집국에서 쫓겨났다. 편집국에서 4년여 같이 지내 봐서 잘 알지만 그는 부패할 사람이 아니었다. 후배들 데리고 술집에 가면 술값은 늘 그가 내곤 했다. 그가 편집국에서 쫓겨난 것은 '괘씸죄' 때문이었다. 그가 쫓겨날 당시 《조선일보》 편집국장은 윤주영이었다. 그 후 방낙영은 관리파트인 자재부장, 총무국 부국장, 사업국장 등을 거쳐 상임감사를 끝으로 《조선일보》를 떠났다.

**언론계 생활
10년을 마감하다** | 《민족일보》 퇴사 후 나는 우연한 기회에 일본 무또Mutoh에서 만든 제도기 판매 일을 하게 됐다. 전국을 다니면서 물건을 팔았는데 한번 외판을 나가면 1, 2

주씩 집을 비우곤 했다. 집에 전화도 없는데다 요즘처럼 핸드폰도 없던 시절이어서 연락도 잘 되지 않았다. 당시 울산이 한창 개발될 때여서 울산에 며칠 들렀다가 집으로 돌아왔더니 《대한일보》에 발령이 났다고 했다. 알고보니 오소백 부국장이 내 허락도 없이 낸 것이었다.

음악가로도 유명한 김연준金連俊(한양대 총장 역임)은 함경북도 명천 부상富商의 아들로 나중에 학원재벌이 되었다. 어떠한 계기에서인지는 몰라도 김연준이 신문에 관심을 가졌던 모양이다. 그는 《평화신문》을 인수하여 1961년 2월 1일자로 《대한일보》로 제호를 바꾸어 재창간했다. 사장 및 발행인에 김연준, 편집국장에 강영수姜永壽가 취임하였는데, 사옥은 서울시청 앞 서소문로 입구 모퉁이에 있었다. 《민족일보》에서 같이 근무했던 오소백이 《대한일보》 부국장으로 가게 됐는데 얼마 후 조사부에 자리가 하나 났던 모양이다. 당시만 해도 취직하기가 어렵다보니 어디에 자리가 하나 났다고 하면 사방에서 부탁이 들어오고 난리법석이었다. 오소백이 그 자리에 나를 앉힐 요량으로 내 허락도 없이 사전발령을 내버린 것이었다. 나로선 참으로 고마운 일이었다. 결국 나는 《대한일보》에서 1년 정도 근무했다(《대한일보》는 1973년 5월 2일 김연준 사장이 업무상 횡령 및 알선 뇌물공여 혐의로 구속되면서 그해 5월 16일자로 폐간되었다. 수재의연금 중 일부를 사원 봉급이나 회사 운영비로 유용했으며, 또 윤필용尹必鏞 당시 수경사령관에게 뇌물을 주었다고 했다. 그러나 그해 10월 열린 선고공판에서 그는 혐의 두 가지 모두 무죄선고를 받았다).

《대한일보》를 그만두면서 다시는 기자 생활은 하지 않겠다고 마음먹었다. 그러나 그게 내 마음대로 되지 않았다. 미국 콜롬비아에 있는 미주리대학으로 연수를 갔을 때 거기서 한인 유학생 장용張龍(한양대 교수 역임)을 만났다는 얘기를 앞에서 쓴 바 있다. 그는 1967년 한국인 최초로 언론학 박사학위를 받았다. 1963년 어느 날 장용이 날 찾아와《일요신문》창간을 준비하고 있노라며 도와달라고 했다. 나는 더 이상은 언론계에 몸담을 생각이 없다는 뜻을 밝혔다. 그러나 그는 "동창인 너 하나 믿고 시작했다"며 막무가내였다. 그의 간곡한 요청에 할 수 없이 수락할 수밖에 없었다(사진 76: 장용).

발령을 앞두고 사무실에 나가보니 직원은 20명 정도 되는데 정치부, 사회부, 무슨 부 해서 부장만 댓 명이었다. 나는 부서를 다 통합해서 취재부 하나로 만들라고 하고 취재부장을 맡았다. 장용은 편집국장을 맡았다. 그런데 신문이 나오고 나서 얼마 정도 지난 후부터 사장과 충돌이 생기기 시작했다. 나중에 듣기로 사장은 중앙정보부 제2국장을 지낸 석정선石正善의 부친이었는데 공화당에서 돈을 댔다고 했다. 그러니 박정희 군사정권 비판 같은 것은 보도할 수가 없었다. 게다가 이런저런 부당한 요구도 적지 않았다. 결국 입사한 지 한 달여 만에 사표를 내고 말았다. 내가 나올 때 장용도 함께 그만두었다. 그는 이후 한양대학교로 가서 신문방송학과를 만들었다. 리영희를 한양대 교수로 영입한 것은 장용의 작품으로 알고 있다.

그 무렵 나는 서인석의 소개로 외국 통신사의 통신원 노릇을 하고 있었다. 당시 세계적으로 유명한 미국의 맥그로 힐McGraw-Hill이라는 출판사가 있었다. 이 출판사에서는 무역, 화학, 건축 등 40여 개 분야 전문잡지를 내고 있었는데 이를 커버하는 통신사를 '맥그로 힐 월드 뉴스'라고 했다. 서인석이 UP 특파원을 할 때 사귄 헤드버그Hedberg라는 사람이 도쿄지사장으로 있었는데 그의 추천으로 통신원으로 기고활동

사진76_ 필자가 미국 콜롬비아 미주리대학에 연수 갔을 때 만났던 장용. 필자는 그의 강권으로 《일요신문》 취재부장을 맡았지만, 한 달여 만에 그만뒀다.

을 하였다. 5·16 후 한국에서도 서서히 경제 관련 뉴스가 생겨나기 시작했다. 기사 한 건 당 원고료로 100불 정도를 받았는데 당시 내 생활에는 큰 보탬이 됐다. 맥그로 힐의 통신원 생활은 대략 2년 정도 한 것 같다. 1964년경부터 사업 차 베트남을 오가기 시작하면서 이 일도 그만두었다.

1954년《조선일보》입사로부터 시작된 나의 언론계 생활은 꼭 10년 만에 막을 내렸다. 당시 시대 상황에다 이런저런 사정으로 여러 신문사를 옮겨 다녔다. 10년 세월, 길다면 길고 짧다면 짧다고도 할 수 있겠지만 내 인생에서는 가장 치열하게 산 시기가 아니었나 싶다. 기자 시절을 돌이켜 볼 때 나 스스로에게 부끄러운 행동을 한 적은 없는 것 같다. 그것만으로도 다행스럽고 감사한 일이 아닐 수 없다.

04

사업·사회활동 시절(1965~현재)

2018년 국무총리령으로 '국립대한민국임시정부기념관 건립위원회'가 구성됐다.
이제 대한민국 임시정부 기념관은 정부의 주도와 책임 아래 건립하게 되었다.
뜻 깊은 일이 아닐 수 없다.

1. 사업가의 길

한국공업 무역부장

언론사 생활 10년을 그만두고 나오니 딱히 할 일이 없었다. 절친 서인석은 마당발에다 권력과도 잘 통했다. 그런 친구를 통하면 일자리 하나 구하는 것은 식은 죽 먹기였다. 그러나 나는 정치에 관심이 없는데다 쿠데타 세력 밑에 가서 밥 벌어 먹는 일은 싫었다. 그래서 몇 가지 사업을 시도해보았으나 생각만큼 쉽지 않았다. 한동안 일정한 수입이 없다보니 생활의 어려움이 컸다.

《동아일보》 편집국장을 지낸 소오 설의식薛義植이란 분이 있다. 1936년 8월 '일장기 말소사건' 때 편집국장을 맡고 있다가 이 사건으로 결국 자리에서 물러났다. 광복 후 《동아일보》가 복간되자 주필과 부사장을 지냈으며, 1947년 순간旬刊 《새한민보》를 창간하기도 했다. 소오의 부친 설태희薛泰熙는 슬하에 5남매를 두었다. 장남 설원식薛元植은 만주에서 농장을 경영했는데 장수같이 씩씩한 외모를 가졌다고 한다. 둘째가 설의식, 셋째는 1930년대의 시인이자 영문학자로 활동한 설정식薛貞植, 그리고 넷째가 설도식薛道植이었다. 형제들이 모두 인물이었다.

막내 설도식은 독특한 이력의 소유자였다. 일제 말기에 가수로 데뷔해 음반을 발표하는 등 가요계에서도 활동하였다. 1936년 11월 빅타레코드사 전속가수로 입사해 〈애상의 가을〉이라는 데뷔곡으로 가요계에 얼굴을 내밀었다. 1938년 10월 마지막 곡 〈헐어진 쪽배〉를 발표하기까지 그는 두 해가량 빅타레코드사 전속으로 활동했다. 설도식이 남긴 노래 열여덟 곡 가운데 〈애상의 가을〉, 〈달려라 호로마차〉, 〈헐어진 쪽배〉 등 세 곡은 인기가 있어서 두 번이나 재판을 찍었다고 한다.

일본 호세이法政대학 법과 출신 설도식은 해방 후 관직이나 법조계가 아닌 사업가로 출발했다. 범한무역 사장을 지낸 그는 특히 철강업에 관심이 지대했다. 일제 때 일본인이 세운 동양전선東洋電線이 해방 후 삼화제철로 이름이 바뀌어 상공부 직영업체로 운영되다가 한국전쟁 후 민간에게 불하되었다. 1958년 5월 설도식이 이 삼화제철을 6억9천만 환에 불하받아 '한국공업'으로 상호를 바꾸었다.

설도식 사장의 아들 설희철薛熙澈이 나와 친구였다. 하루는 설희철이 한국공업에서 무역부를 신설하는데 와서 일해보지 않겠냐고 했다. 외국과 무역을 하려면 영어하는 사람이 필요한 법이다. 나는 설희철의 추천으로 한국공업에 무역부장으로 들어갔다. 당시 한국공업 공장은 인천에 있었다(사진 77: 설도식).

한국공업은 우리나라 최초로 철강재를 외국에 수출했다. 당시만 해

사진77_일제 말기에 가수로 데뷔해 음반을 발표하기도 했던 설도 식. 한국공업 사장이었던 그의 아들 설희철이 필자의 친구였다. 이런 인연으로 필자는 한국공업에서 무역부장으로 근무했다.

도 국내 수출산업이 본격화되기 이전이어서 한국공업은 선구적인 기업으로 꼽혔다. 용광로에서 철물이 나오면 1차로 인고트Ingot(주괴鑄塊)를 만들고 이걸 2차로 가공해서 철봉이나 철선용으로 만든 것을 빌레트Billet라고 불렀다. 당시 한국공업의 수출상대국은 필리핀이었다. 그런데 필리핀 수입업자들의 질이 좋지 않았다. 인고트나 빌레트는 아주 정교하게 가공한 물건이 아니기 때문에 클레임을 걸 만한 게 별로 없었다. 그런데 필리핀 수입업자들은 우리 물건에 자주 클레임을 걸었다.

실태 확인 차 필리핀으로 출장을 갔다. 가서 보니 우리 물건과 벨기에산 빌레트, 일본산 인고트 등과 비교를 해놓았다. 다분히 의도가 보였다. 두 나라 제품은 좋은 걸로 고른 반면 우리 물건은 하필 형편없는 것을 골라서 비교를 해놨으니 차이가 날 수밖에 없었다. 그들이 클레임을 건 이유는 따로 있었다. 외국에서 클레임이 들어오면 정부에서 빨리 해결하라고 해당 업체에 압력을 가하였다. 그렇게 되면 업체는 할 수 없이 손해배상을 하는 방식으로 처리할 수 밖에 없었다. 수입 단가를 낮추기 위해 그런 짓을 한 것이다.

필리핀 출장을 갈 때 같이 간 사람은 보성중학 동창 한희영韓羲泳의 사촌동생 한학영韓鶴泳이었다. 한학영은 나보다 먼저 한국공업에 입사했다. 학영의 집안과 설도식 사장은 같은 함경남도 단천端川 출신으로 서로 왕래가 있었다. 게다가 학영의 당숙이 이승만 정권 때 총무처장을 지낸 한동석韓東錫이어서 행세깨나 한 집안이었다. 학영이 설도식 사장 아들 설희철과 친구였고 내가 학영이와 친하다보니 설희철과도 저절로 친구가 됐다.

당시 한국공업의 직원은 70~80명 정도 됐다. 매출은 나쁘지 않았지만 회사 경영 상태는 별로 좋지 않았다. 처음 불하받을 때부터 빚으로 출발한 회사였다. 당시 상업은행장이 설도식 사장의 친구여서 거액을 대출받아 회사를 세웠다고 했다. 1968년 9월 부도 이후 이듬해 7월 부실기업 정리 때 공매처분되었다.

필리핀 클레임 문제를 해결한 후 나는 회사를 그만두었다. 두 해 정도 다닌 데다 내 사업을 해보고 싶었다. 마침 그 무렵 베트남 경기가 조금씩 살아나기 시작했다. 필리핀에 출장을 갔다가 베트남에 들렀었다. 사이공(현 호치민시) 가는 직행이 없어서 홍콩을 거쳐 베트남으로 들어갔다. 만난 사람들이 처음에는 베트남 사람들인 줄 알았는데 가만히 보니 전부 화교들이었다. 사업하는 사람들은 모두 중국 사람들이었다. 당시 한국공업에서 베트남을 개척한 박 아무개라는 사람이 있었는데 믿을 수가 없었다. 그 사람 말로는 베트남에 가면 푸젠성福建省 사람들이 많아 베이징 말이 통하지 않는다고 했다. 그런데 막상 가서 보니 다들 베이징 말을 잘했다. 내게 거짓말을 한 게 미안했는지 얼마 뒤 그는 사표를 내고 화신和信으로 가버렸다. 말이 잘 통하니까 나는 중국 사람들과 금세 친해졌다.

그때만 해도 베트남은 철근을 생산할 능력이 없어 전부 수입했다. 당시 미국은 개발도상국의 경제 개발을 위해 다양한 지원을 했다. 미국의 대외원조 방식이 처음에는 원조 형태였다가 나중에 차관借款으로 바뀌었는데 장기융자의 하나가 바로 AID(Act for International Development) 차관이었다. 그런데 AID 차관은 구매 지역에 제한이 있었다. 일본 같은 나라는 구매대상국에서 제외됐다. AID 차관은 후진국을 위해 지원하는 것이므로 제품 대금이 선진국으로 흘러들어가서는 안 된다는 게 미국의 입장이었다. 다행히 한국은 구매가능 국가에 해당됐다. 당시 한국이 독점으로 수출할 수 있는 품목 가운데 하나가 철강제품이었다. 여덟 개 업체가 베트남에 철강을 팔기 위해 입찰에 뛰어들었는데 나만큼 경쟁력 있는 사람이 없었다. 나는 그때 베트남의 화교 사업가들과 이미 친구로 지내고 있었다.

베트남에서 한김상사 설립

나는 베트남에서 회사를 하나 설립하였다. 군납업자 출신으로 베트남에서 활동하던 한제세韓濟世라는 사람과 동업을 했다. 회사명은 그와 나의 성을 따서 '한김韓金상사'라고 지었다. 한 씨는 군납업자들 사이에서 영어회화를 가장 잘 한다고 소문난 사람이었다. 당시 베트남 조달청은 민간소비재 부문과 공공용품 부문으로 업무가 나뉘어 있었다. 한국에서 철강 수출을 하려면 공공용품 수입 부문에 서류를 제출해야 했다.

한번은 한국인 업자들이 사이공 시내 호텔에 모여서 포커를 치며 놀았다. 한제세는 포커를 안 하기에 옆에서 며칠 뒤 조달청에 제출할 서류를 준비하고 있었다. 포커를 치면서 슬쩍 보니 한제세가 문서 작성을 하며 쩔쩔매고 있었다. 영어회화는 잘 하는데 레터 작성은 수준이 영 아닌 것 같았다. 포커판이 다 끝나도록 마무리를 못하기에 내가 몇 자 쓱쓱 써서 줬더니 그 자리에서 바로 나와 동업하자고 덤벼들었다. 그때 내가 가진 돈이래야 고작 2백 달러 정도였다. 돈이 없어서 못하겠다고 했더니 돈 걱정은 하지 말라고 했다. 그 역시 수중에 돈은 없었지만 돈을 융통하는 재주가 있었다.

베트남 화교 중에서 제일 부자인 타빈Ta Bin이라는 사람이 교통은행 빌딩 안에 사무실을 갖고 있었다. 그가 호의를 베풀어 나는 그의 사무실 절반을 사용할 수 있게 됐다. 한 씨는 덴마크 대사관에 근무하던 여직원 하나를 데려왔다. 제법 그럴싸하게 사무실도 꾸미고 여직원도 뽑았다. 1966년에 회사를 설립하고 본격적으로 사업을 시작했다. 덴마크에서 돼지고기를 수입하여 첫번 한 번에 6만 불을 벌었다. 그러나 점차 사업도 쉽지 않았고 무엇보다 전쟁이 확대되었다.

내가 처음 베트남에서 사업을 시작할 때는 한국군 파병 전이었다. 베트남 전쟁은 초기에는 내전이자 국지전이었다. 그러다 미국이 개입하고 한국도 파병하면서 전쟁의 규모가 커졌다. 처음에 한국은 의무중대를 파병하였는데 나중에는 전투병을 파병하기 시작했다. 전투병까지 파병하게 되니 나는 더 이상 베트남에 살고 싶지 않았다. 한편 베트남은 구정 때면 골치가 아플 정도로 폭죽을 터뜨렸다. 그 폭죽 소리가 듣기 싫어서 1968년 구정 때는 홍콩으로 피란을 갔을 정도였다.

그런데 그때, 공교롭게도 이른바 '뗏 공세'가 시작됐다. 베트남 말 '뗏'은 '구정'이라는 뜻이다. 1968년 1월 30일 새벽, 베트콩은 베트남 국군이 명절을 맞아 방심한 틈을 타 남베트남 전역에 대대적인 공세를 폈다. 베트콩의 전면 공세는 충격이었다. 주베트남 미국대사관까지 습격당하고 대사관이 점령당했다는 루머까지 떠돌자 미군은 패닉 상태에 빠졌다. 뗏 공세는 베트남 전쟁에서 미국이 패전하는 결정적 계기가 되었다. 그런데 뗏 공세 이후 베트남 입국이 어렵게 되었으며, 내가 잘 아는 한국인 한 명이 목숨을 잃기까지 했다. 나는 베트남 입국을 포기하고 싱가포르로 향했다.

베트남에서 사업하면서 나는 싱가포르에 거점을 하나 만들었다. 책임자는 한국공업에서 같이 근무했던 한학영이었다. 학영은 처음에는 화신 홍콩주재원으로 있었다. 뗏 공세 때 홍콩에 가서 만나보니 상황이 아주 딱했다. 평소 이 친구가 노름을 좋아했는데 마카오로 출장을 갔다가 도박장에서 돈을 모두 날려버렸다고 했다. 비행기 표 살 돈이 없어서 귀국도 못하고 발만 동동 구르고 있었다. 마침 내가 베트남에서 번 돈이 조금 있었다. 나는 학영에게 베트남은 들어갈 수 없으니 싱가포르에 가서 자리를 잡으라고 했다. 나도 곧 뒤따라 갈 예정이었다. 그런데 사정이 여의치 못해 한국으로 들어오고 말았다. 결국 나는 회사 간판만 들고 서울로 돌아왔다. 서울로 와서 '한김&컴퍼니'라는 오퍼상을 차렸는데 그 역시 사업이 별 신통치 않았다. 1973년까지 회사는 명목상 유지되었을 뿐, 사실상 폐업 상태였다. 그 후 학영은 다른 곳과 연이 닿아 겨우 생활을 이어갔다. 아내와 아이들은 여권 사진까지 찍었으나 내 싱가포르 이주계획도 뜻대로 되지 않았다(사진 78: 아내와 아이들의 여권사진).

귀국 후 이런저런 일을 하다가 1976년 2월부터 고려합섬(현 고합) 무역부장으로 일하게 됐다. 고려합섬은 독립운동가 산운 장도빈張道斌 선생의 넷째 아들 장치혁張致赫이 1966년에 설립한 회사로 한때 나이론 이불의 대명사인 '해피론'을 생산한 업체였다. 장치혁과는 대한공론사大韓公論社 시절부터 아는 사이였다. 대한공론사는 영자지《코리안 리퍼블릭》을 발간한 공보처 산하기관이었는데 당시 장치혁이 대한공론사 홍콩주재원으로 있었다. 그는 그때부터 보따리장사를 시작으로 사업을 시작했다. 그런 인연으로 고려합섬에서 두 해가량 일했다(사진 79: 장치혁).

고려합섬에서 나온 후 다시 오퍼상을 차렸다. 당시 내 정도 영어 실

사진78_아내와 아이들의 여권 사진. 당시 미성년자의 여권 사진은 보호자와 함께 찍어야 했다.

사진79_고합의 장치혁 회장. 장 회장은 공보처 산하기관 대한공론사 홍콩 주재원이었다.

력이면 제법 갈 곳도 있었다. 삼성에 들어갈 기회도 있었지만 별로 생각이 없었다. 그런 데 가서 월급 받느니 비록 작은 규모라도 내가 한번 해보겠다는 생각이 컸다. 좀 더 솔직하게 얘기해서 오퍼상을 한 이유는 우선 영어를 할 수 있다는 것이 그 하나였고, 다른 하나는 업주에게 충성하듯 일하는 것이 체질적으로 맞지 않아서였다. 나는 태생적으로 자유로운 삶을 추구해온 편이다. 그러다 보니 직장에 몸이 매이는 것을 별로 선호하지 않았다.

오퍼상 회사 이름은 '베델상사'였다. 사업은 이탈리아 방직기계 중개업이었다. 사무실은 시청 앞 대한일보 빌딩에 있었다. 베델상사라는 이름은 독실한 기독교 신자인 동업자 임 아무개가 이 이름을 쓰고 싶다고 해서 그렇게 정했다. 오퍼상은 사무실, 전화 한 대 그리고 영어만 할 줄 알면 됐다. 당시 이탈리아 방직기계 제작사의 한국 담당 직원은 한국에 와서 동업자 임 아무개 씨와 같이 물건을 팔러 다니곤 했다. 그런데 그 와중에 둘이 친해졌는지 나중에는 나를 배제하고 방직기계를 한국 공장에 팔았다. 결국 임 씨와 갈라설 수밖에 없었다. 동업자로부터 배신을 당하기는 처음이었다. 오퍼상을 끝으로 사업이든 월급쟁이든 직장생활은 막을 내렸다.

사업 이야기를 한 김에 한 마디 덧붙여두고 싶은 게 있다. 홍콩을 몇 차례 드나들면서 사업에 관심을 가진 후 이런저런 사업을 해보았다. 그러나 돈 버는 일은 내게 맞지 않은 옷과 같았다. 몇 차례 사업을 벌인 것도 생계수단이었을 뿐 큰 사업가로 성장하고픈 생각도 없었다. 대인관계는 문제가 없었으나 돈벌이보다는 세상일에 관심이 더 많았다. 내 인생에 이제 다시 사업을 할 기회는 없겠지만 별로 하고 싶지도 않다.

사업가 체질은 따로 있는 것 같다.

동창생 이기수   서울법대 입학 동기생 중에 출세한 인물을
경남지사의 날벼락   꼽자면 전남지사와 체신·농림부장관을 지

닌 김보현金甫炫, 국회의원·보사부장관·서울시장을 지낸 이해원李海元,
서울부시장·경남지사를 지낸 이기수李基洙, 그리고 대검 검사·수원지
검장을 지낸 문상익文相翊 등을 들 수 있다. 이들 가운데 이기수와는 아
주 친하게 지냈다. 그는 보성중학 동창으로 나를 서울법대로 끌고간 장
본인 가운데 하나이기도 하다.

　1966년 9월 10일 서울 태평로 신문회관 3층에서 서울법대 82동창회
가 열렸다. 우리 동기생들이 입학한 해가 단기로 4282년(서기 1949)이
라고 해서 '82회'로 불렀다. 이날 모임은 김보현 전남지사, 이기수 서
울 제1부시장의 취임을 축하하는 자리였다. 이기수는 채 이태도 안 돼
1968년 5월 21일 경남지사에 임명됐다. 같은 날 농림부장관으로 영전
한 이계순李啓純 전임 경남지사의 후임이었다. 내무관료 출신에게 도백
道伯은 대단히 영광스러운 자리라고 할 수 있다.

　요즘은 그런 경우가 드물지만 1960, 70년대 박정희 대통령 시절에는
농어촌 시찰이 잦았다. 당시 새마을사업이다 뭐다 해서 농촌이 변모하는
과정이다보니 대통령이 현지 시찰을 통해 지시하고 챙길 게 많았던 모양
이다. 이기수가 경남지사로 부임한 이듬해 5월 8일 박정희가 경상남도
진양과 울산으로 시찰을 나갔다. 높은 사람이 시찰을 나오면 아랫사람이
사전에 현장을 둘러보고 챙기는 것이 공직 사회의 오랜 관행이었다.

대통령 시찰을 하루 앞둔 5월 7일 이기수 경남지사는 진양군 일반성 면의 농업용수 개발 상황을 둘러봤다. 사건은 그 후에 발생했다. 경남 도 지역계획과장과 진양군수는 이 지사가 돌아간 후 도로변의 보기 안 좋은 초가집 13채에 새로 담장을 치고 슬레이트 지붕을 얹어주겠다고 주민들에게 약속했다. 그러자 일반성면 면장은 차라리 문제의 집들을 보상해주고 철거하는 게 좋겠다고 건의했다. 면장은 이 13채 가운데 2 채를 이미 자기 책임하에 헐어버린 후였다. 면장은 나머지 11채도 8일 오전까지 모두 헐어버렸다. 초가 철거는 이기수 지사와는 상관없는 일 로 전적으로 면장이 주도한 일이었다. 여기에 또 하나의 사건이 터졌 다. 8일 박정희의 울산공업단지 시찰 때 울산~부산 간의 교통이 오전 열시 반부터 오후 두시 반까지 네 시간 동안 전면 통제됐다. 이 때문에 이 구간을 왕래하는 차량들이 큰 불편을 겪었다. 당시 대통령 경호책임 을 맡던 울산경찰서의 과잉충성 때문이었다.

모 신문에서 이 두 사건을 묶어 보도하자 다른 신문들도 앞다퉈 이를 보도했다. 신문으로서는 공직자들의 대통령에 대한 과잉충성을 당연히 비판할 만했다. 언론 보도를 보고받은 박정희는 10일 두 사건에 대해 철저히 조사하라고 청와대 민정특별반에 지시했다(사진 80-1: 이기수 경 남지사 해임 관련 보도《동아일보》 1969. 5. 12)).

대통령의 지시가 있은 지 이틀 뒤인 5월 12일자로 이기수 경남지사 가 전격 해임되었다. 이 지사는 이날 오후 기자회견을 자청해 "농가 강 제 철거사건에 모든 책임을 지겠다"고 전제하고 "농민들이 생명처럼 아끼는 생활 근거지를 헐어버린 도백이란 인상을 씻을 수 없게 되어 도 민들에게 미안하다"고 말했다. 그런데 이 지사는 초가 철거를 지시한 적이 없었다. 8일 현장 시찰 때 초가가 헐려 없어진 것을 보고 오히려 진양군수에게 "집이 없어졌어!" 하며 의아해 했다고 한다. 집이 헐린 농민들은 처음에는 "높은 사람이면 다냐?"는 식으로 분통을 터뜨렸다. 그런데 당시 1채당 만 원 정도 되는 집값의 두세 배 되는 보상금을 받고서는 표정관리를 할 정도였다고 한다.

그럼에도 불구하고 내무부는 초가집 강제 철거사건에 대해 모든 책임을 이기수 도지사에게 지워 그를 해임하였다. 철거와 직간접적으로 관련된 진양군수, 일반성면 면장 등 다른 관련 공무원들의 책임은 불문에 부치기로 했다고 발표했다. 또 대통령 시찰 때 울산~부산 간 교통차단사건에 대해서도 울산경찰서 보안과장을 직위해제하고 사건을 매듭지었다. 언론 보도로 세상에 알려진데다 대통령의 엄명 때문에 누군가 희생양이 필요했던 것이다. 사태를 조기에 수습하고자 했던 공무원들의 편의주의도 한몫했으리라 생각한다.

도지사나 군수도 아닌 일개 면장이 주민들의 사유재산인 집을, 그것도 무려 13채를 무더기로 헐어낼 권한은 없다. 누군가 높은 사람의 지시가 있었음이 분명하다. 나중에 이기수에게서 직접 들은 이야기다. 그때 문제의 초가 철거를 지시한 사람은 당시 농림부장관 조시형趙始衡이라고 했다. 육사 4기생인 조 씨는 군 출신으로 5·16쿠데타 후 최고회의 내무위원장, 무임소장관, 제6대 국회의원, 청와대 수석정무비서관 등을 역임했다. 이만하면 박정희 정권의 실세라고 할 만하다. 그는 박정희의 시찰에 앞서 "대통령이 시찰 오는데 초가집을 보여줄 수 없다"며 모두 헐라고 지시했다고 한다(사진 80-2: 조시형 농림부장관).

조시형의 과잉충성 때문에 죄 없는 이기수가 대낮에 날벼락을 맞고

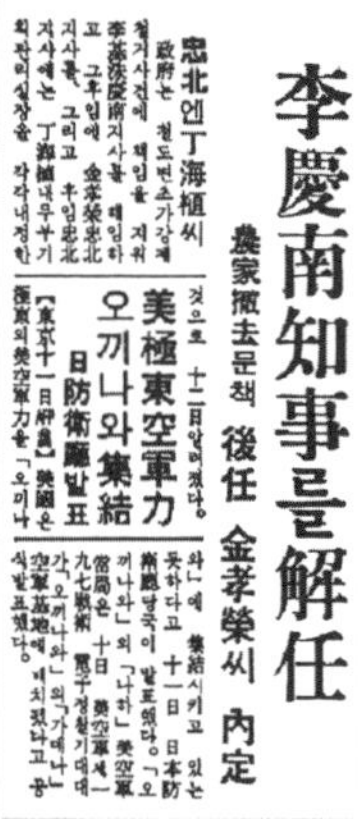

李慶南知事를解任

農家撤去문책 後任 金孝榮씨 內定

忠北엔丁海稙씨

美極東空軍力
오끼나와集結
日防衛廳발표
[東京十一日合同] 美空軍一
...

사진80-1_1969년 5월 12일자 《동아일보》 기사. 이기수 경남지사 해임을 보도하고 있다.

사진80-2_조시형 농림부장관. 이기수의 해임을 불러왔던 '초가 철거사건'은 당시 실세였던 조시형 농림부장관의 지시에 따른 것이었다.

사진81_ 일월서각 대표 김승균. 이 출판사가 출간한 《한국전쟁의 기원》등의 책들이 필자의 번역을 거쳤다.

쫓겨났다. 권력 실세 앞에서는 도지사도 파리 목숨이나 마찬가지였다. 그 일 때문인지 몰라도 이기수는 동기생들 중에서 일찍 세상을 떠났다. 그 친구를 생각하면 늘 안타까운 마음이 든다.

2. 독재 시절

전두환 소설책 번역 후 유치장 신세 《민족일보》에 근무할 때 혁신계 사람들과 더러 만남을 가졌다. 1974년 소위 2차 인혁당 사건 재판에서 무기징역을 선고받은 이성재李星載를 통해 민통련(민족통일연맹) 소속 대학생들도 몇 사람 알게 됐다.

이승만 하야 후 대학가의 통일운동은 혁신세력의 지지를 받으면서 전국적으로 확대되기 시작했다. 그해 11월 1일 발기대회를 가진 서울대 민통련을 시작으로 전국 대학가에 민통련 조직이 결성되었다. 성균관대 민통련 위원장 김승균金承均, 서울대의 심재택沈在澤(《동아일보》 기자·4월혁명회 공동의장 역임) 등이 그들이다. 둘 다 우리 집에 자주 드나들었다. 심재택은 서울법대 후배로 국회의원 심재권의 형이다. 김승균은 나중에 《사상계》 편집장을 하면서 1970년 5월호에 김지하의 담시譚詩 '오적五賊'을 실어 곤욕을 치렀다.

1980년대 초 내가 무직자 생활을 하고 있었을 때였다. 당시 일월서각이라는 출판사에서 사회과학 분야의 번역서를 많이 펴냈는데 사장이 김승균이라고 했다. 1960년대 당시 만났던 그 김승균 같았다. 하루는 이성재를 만나 지금도 김승균과 만나냐고 물었더니 가끔 만난다고 했다. 그래서 일월서각에서 번역거리나 좀 얻었으면 좋겠다고, 출판사 위치를 알려달라고 했더니 바로 알려주었다. 내가 바로 찾아가보겠다고 했더니 이성재는 그럴 필요가 없다며, 며칠 뒤 장준하 선생 묘소에 다들 성묘를 가는데 김승균도 거기 온다는 것이었다. 성묘일 당일, 대절버스가 기다리는 독립문 앞에 갔더니 과연 김승균이 있었다. 성묘를 마치고 오는 길에 김승균에게 번역거리를 좀 달라고 했다. 그랬더니 김승균이 "오늘 당장 사무실로 들르세요" 해서 그길로 출판사로 따라갔다 (사진 81: 김승균).

제일 먼저 건네받은 책은 《서클The Circle》이라는 미국소설이었다. 별로 마음에 들지 않았다. 작가는 〈허슬러〉라는 영화의 대본을 쓴 스티브 샤건이라는 미국인이었다. 앞부분을 좀 번역하다 보니까 '아, 이거 문제가 되겠구나!' 하는 생각이 들었다. 당시는 전두환 신군부 권력의 서슬이 시퍼렇던 시절이었다. 그런데 소설 내용이 '10·26사건'과 전두환을 다룬 것이었다. 주인공이 '춘Chun 장군'인데 전두환의 전全(Chun)에서 따온 것이었다. 조금 신경이 쓰이긴 했지만 일단 번역을 마쳤다. 그리고 얼마 뒤에 《π=10.26 회귀》라는 제목으로 책이 출간됐다. 나중에 이 책은 《죽인 자는 죽는다》라는 제목으로 재출간되기도 했다.

아니나 다를까 예상했던 문제가 터졌다. 1984년 12월경, 팔이 아파 주사를 맞으며 통원치료를 하고 있을 때였다. 그날도 막 병원에 가려던 참인데 일월서각에서 전화가 걸려왔다.

"지금 사무실 압수수색을 하고 있는데 곧 선생님 댁으로 들이닥칠 겁니다. 속히 피하십시오."

병원에 가려고 막 집을 나서던 나는 피신은커녕 그 자리에 도로 앉았다.

'뭣 땜에 날 잡아가는지 따질 건 따져야 되겠다.'

잠시 뒤 낯선 사람 몇이 우르르 집으로 들이닥쳤다. 그들 중 한 사람은 다짜고짜 내 눈을 가렸다. 나머지 사람들은 집에 있는 책을 잔뜩 내다 싣고는 나를 태워 어디론가 차를 몰았다. 제법 시간이 흐른 뒤에 차에서 내려보니 남산이었다. 나는 속으로 '중앙정보부구나!' 했다. 나중에 알고보니 거기는 당시 안기부라고 불리던 정보부가 아니라 치안국 대공분실이었다. 지하실에 나를 가두고 조사를 하는데 별로 물어볼 것이 없으니 인적 사항만 확인하였다. 그리고는 다시 어디론가 나를 데려갔다. 나중에 알고보니 옥인동 시경분실이었다.

시경분실은 처음부터 험한 분위기였다. 조사관 한 사람이 테이블을 사이에 두고 마주 앉아 조사를 했다. 옆에 덩치 큰 사내 둘이 떡 버티고 서서 협박하는 분위기를 연출했다. 조금 지나 한 사내가 조사실로 들어와 조사관에게 쪽지를 건넸다. 아마 내 신원조회서 같았다. 그런데 그 후로는 말도 부드럽고 전혀 험하게 다루지 않았다. 같이 조사를 받았던 김승균 사장이 나중에 말했다.

"이번에 선생님 덕을 많이 봤습니다."

"무슨 덕을 봤다는 얘긴가?"

"젊은 사람들은 여기 들어오면 우선 두들겨 패놓고 보는데 이번에는 그런 게 전혀 없었습니다."

시경분실에서 며칠 갇혀 있다가 우리는 즉결심판에 회부됐다. 나와 일월서각 편집장은 즉결심판에서 '유언비어 유포죄'로 10일 구류처분을 받았다. 김승균 대표는 15일 구류처분을 받았다. 마포경찰서 유치장에 갇혀 있으면서 우리 세 사람은 정식재판을 신청했다. 그때 김승균의 소개로 지금 서울시장을 하고 있는 박원순 변호사가 변론을 했다. 2심에서 무죄판결을 받자 검찰은 상고했다. 그러나 3심은 열리지도 않았고 그 법이 위헌판정을 받는 바람에 재판은 결국 흐지부지 되고 말았다.

김승균과 나는 마포서 유치장에 갇혀 있으면서 특별대우를 받았다. 그때가 겨울이었는데 스토브가 없어서 아침에 일어나면 추웠다. 담당 형사가 우리 두 사람은 아침 세수를 더운 물로 하도록 배려해주었다. 다른 사람들이 불만을 제기할 것 같으니까 그 형사는 "나이 든 분들이어서 특별히 더운 물로 세수하게 해주는 거다"라고 변명까지 했다.

그 형사가 우리 두 사람을 특별대우를 한 데는 나름의 이유가 있었다. 면회 오는 사람들 중에 유명 인사가 적지 않은데다 면회객 수도 무척 많았다. 불과 열흘 정도 유치장 생활을 했는데 백여 명이 면회를 왔다. 나를 보러 온 사람도 있었지만 김승균 면회객이 더 많았다. 송건호, 리영희도 그때 면회를 왔다. 리영희는 우리더러 "오, 자네들도 작은 별 하나 달았네" 그랬다. 자기는 그때 이미 여러 차례 감방을 갔다 왔으니까 '큰 별'을 달았다는 그런 이야기 같았다. 마포서 유치장 생활은 내 생애 처음이자 마지막 감옥살이였다.

《한국전쟁의 기원》 | 두 번째 번역거리로 받은 책이 시카고대 석
번역 | 좌교수 브루스 커밍스가 쓴《한국전쟁의
기원*The origins of the Korean War*》이었다. 책을 받아서 내용을 대략 훑어보니 '내 손으로 꼭 번역해야겠다'는 생각이 들었다. 한국전쟁이라면

나와도 무관하지 않다. 전쟁 중에 아버지는 납북되었고, 어머니는 부역 죄로 감옥살이를 했다. 나 역시 전쟁 세 해 동안 생계를 위해 미군부대에서 통역을 하며 종살이 아닌 종살이를 했다. 다니던 대학도 중단해야 했으며, 친척들도 남북으로 흩어지거나 더러는 목숨을 잃기도 했다. 모든 전쟁이 다 그렇겠지만 한국전쟁은 세계사의 그 어떤 전쟁보다도 참혹하고 피해도 컸다.

책을 번역하면서 적잖이 공부가 되었다. 기존의 한국전쟁 연구는 남침설과 북침설이 맞섰다. 말하자면 기존 주류 사학계는 한국전쟁의 기원에 대해 외인론外因論을 강조했다. 커밍스 역시 한국전쟁의 원인을 강대국의 이념 대립 가운데 미국과 소련의 책임이 크다고 봤다. 그러나 그러면서도 우리 민족 내부의 사회적·역사적 모순을 또 다른 원인으로 지적했다. 그는 미국 정부의 방대한 미공개 자료를 토대로 이같이 주장해 1980년대 국내 소장학자들의 한국현대사 연구에 새로운 방향을 제시하였다. 그 뒤 새로운 자료들이 공개되면서 일부 비판이 제기되기도 했지만 이 책은 한국전쟁에 대한 기존의 인식을 뒤흔들어 놓았다. 내가 봐도 전혀 새로운 시각이었다.

1986년 10월에 출간된 이 책은 곧바로 운동권 학생들의 필독서로 꼽혔다. 그러나 당국이 이 책을 금서로 지정하면서 공개적으로 구입할 수가 없었다. 당시는 이른바 '불온서적'이 홍수처럼 쏟아져 나올 때였다. 전두환 정권은 언론 통제를 위한 '보도지침'에 이어 출판물에 대해서도 대대적인 검열과 탄압에 나섰다. 당시 일월서각에서 펴낸 책들은 대부분 금서에 속했다. 초판으로 천 권을 찍을 경우 팔백 권은 책방에 뿌리고 나머지 이백 권은 출판사 사무실에 쌓아두었다. 그러면 며칠 뒤에 경찰서에서 나와 그 이백 권을 압수해갔다. 경찰에게 '압수조치'를 취했다는 명분을 주기 위해 일부러 놔둔 먹잇감이었다. 당시 사회과학 출판사들이 대개 그랬다.

하루는 누군가 《한국전쟁의 기원》이 서점에 없다고 해서 서점에 나가 보았다. 가서 보니까 실제로 책이 없었다. 모두 감춰놓았기 때문이었다. 《민족일보》에서 같이 기자로 일한 전무배가 그때 서울 신촌에서 서점을 했다. 전무배한테 가서 "내 책 어디 있냐?"고 물었더니 사람 없을 때 선반 위에 감춰둔 걸 꺼내주었다. 다 그렇게 판다고 했다.

《한국전쟁의 기원》을 번역한 후 더러 인사를 받기도 했다. 당시 나는 명함도 없는데다 '김자동'이라고 소개하면 알아보는 사람도 별로 없었다. 그런데 누가 나를 소개할 때 《한국전쟁의 기원》을 번역하신 분이라고 소개하면 "아, 그러시냐?" 하면서 깍듯이 인사를 하곤 했다. 졸지에 나는 이 책으로 명사 대접을 받았다.

언젠가 《경향신문》에서 실시한 '지식인이 꼽은 한국 사회에 영향을 준 해외저술' 조사에서 《한국전쟁의 기원》이 《자본론》에 이어 두 번째로 꼽혔다. 브루스 커밍스는 2007년 제1회 후광 김대중 학술상을 받기도 했다. 나는 번역자로서 큰 보람을 느꼈다(사진 82: 필자가 번역한 책들).

이후로도 일월서각에서 번역서 몇 권을 더 냈다. 레닌의 부인 크루프스카야가 펴낸 《레닌의 회상》, '마오이스트 소설가'로 불리는 한쑤인 Han Suyin이 쓴 《모택동전기》(전 4권), 러시아 10월혁명을 소재로 한 미하일 숄로호프의 장편소설 《고요한 돈강》 등을 번역했다.

내가 번역한 책 중에서 가장 많이 팔린 것이 커밍스의 《한국전쟁의 기원》이다. 요즘도 더러 팔린다고 들었다. 《모택동전기》는 과도하게

사진82_ 필자가 번역한 책들.

마오쩌둥만 다 잘했다는 식으로 써서 조금 거슬렸다. 크루프스카야의 《레닌의 회상》은 짤막한 책이지만 양심적으로 써서 참 좋았다. 그 시절 두세 해는 번역을 하면서 용돈을 벌어 썼다.

혁신계 인사들과의 인연 | 앞에서 이성재 이야기를 한 김에 혁신, 진보 진영 인사들과의 교류담도 몇 자 기록해 두고 싶다. 보수에 대립하는 개념으로 요즘은 흔히 '진보'라는 말을 쓰지만 1960~70년대에는 '혁신'이라고 했다. 언론인 남재희南載熙(국회의원·노동부장관 역임)는 어느 글에서 자신이 활동할 당시 기자들이 혁신革新을 우스갯말로 '가죽신'이라고 부르기도 했다고 썼다. 혁신은 요즘의 진보와 비슷한 개념이지만 그렇다고 완전히 똑같은 의미는 아니다.

혁신계 인사들을 처음 만난 것은 친구 조규택을 통해서였다(사진 83-1: 조규택 외 다수). 당시 진보당에 관계한 그는 혁신 우파 계열의 고정훈, 조규희曺圭熙, 윤길중, 이동화 등을 내게 소개시켜줬다. 혁신 중도파인 장건상 선생은 충칭 시절부터 알고 지내온 분이다. 민자통(민주자주통일중앙협의회)의 대표격인 이종률은 《민족일보》에서 잠시 같이 일했다. 민자통으로 통합되기 이전에 혁신계는 중통련(중립화통일연맹), 민민청, 통민청, 한민청 등 다양한 소그룹으로 활동하고 있었다. 나는 이들과 크고 작은 인연을 쌓았다.

민주당 장면 정권 시절 '2대 악법 반대투쟁' 취재 차 대구에 갔다가 안경근安敬根·안민생安民生 두 분을 만났다. 《민족일보》에서 같이 일한 장석구가 소개했다. 당시 민자통 위원장 안경근 선생은 대구 민자통 사무실에서 만났다. 안 선생은 내가 어려서부터 알았고 아버지와도 친한 사이였다. 내가 찾아가서 인사를 드렸더니 한참을 보시더니 "어, 너 아무개 아들이구나" 하시며 반가워하셨다. 안중근 의사 집안에서 반독재 투쟁을 한 분은 안경근·안민생 두 분뿐이다.

2차 인혁당 사건에 연루돼 희생된 서도원徐道源·하재완河在完 씨도 아마 그때 대구에서 처음 만난 것 같다. 2차 인혁당 사건으로 사형된 여덟 명 가운데 이수병은 《민족일보》에서 같이 근무했다. 통민청 출신의 우홍선과도 친하게 지냈다. 경락연구회 사무실에 침 맞고 지압 받으러 다닐 때 우홍선과 더러 같이 갔었다. 《민족일보》 기자로 있던 김영광과 이재문도 통민청 출신이었다. 이재문도 한창 쫓겨 다닐 때 우리 집에 와서 며칠 숨어 지냈다. 장석구 집에서 오랫동안 피신해 있던 이성재도 우리 집에서 몇 번 자고 간 일이 있다.

민자통 출신으로 2차 인혁당 사건에 연루돼 무기징역을 선고받은 전창일全昌日도 잘 알고 지냈다. 당시 새문안길 고려빌딩에 그의 사무실이 있었다. 친구 서인석이 처음 국회의원 할 때 사무실이 고려빌딩에 있어 자주 들렀는데 그때 전창일이 자기 사무실도 거기 있다고 했다.

처음 전창일을 만났을 때 나는 '저 사람이 무슨 혁신계인가' 하는 생각을 했다. 당시 혁신정당 대표들이 모일 때 그는 삼민당三民黨 대표로 나왔다. 삼민당은 문용채文容彩라는 사람이 당수로 있었는데 1인 정당이었다. 나중에 전창일에게 문용채와의 관계을 물었더니 "혁신정당에 아는 사람도 없는데다 문용채가 혼자 정당 한다고 해서 도와주게 됐다"고 했다. 문용채는 한독당에도 잠깐 몸담았었는데 나중에 김규식 박사 밑에서도 일한 것으로 기억한다(사진 83-2: 전창일).

이 대목에서 특별히 기록해두고 싶은 사람이 하나 있다. 《민족일보》에서 함께 근무했던 장석구다. 나는 장석구와 인연이 깊다(사진 83-3: 장석구). 하루는 한학영이 내게 대구에 좋은 친구가 있는데 서울 오면 소개시켜주겠다고 했다. 그게 장석구였다. 단국대를 졸업한 장석구는 《한국일보》 대구지사, 《대구일보》 등에서 근무하다가 《민족일보》에 들어왔다. 이후 혁신계 인사들과 교류하면서 한일회담 반대투쟁, 3선개헌 반대투쟁 등에 가담했다. 그의 부친이 국내 최고의 나전칠기 장인이었다. 그는 1970년경 가업을 이어받아 서울 성동구 인창동에서 남북공예사라는 나전칠기 공장을 운영했다. 나는 장석구의 나전칠기 사업에 돈을 빌려주기도 했으며, 나중에 전기공사 사업을 할 때는 한전 박영준 사장을 통해 일거리를 따도록 돕기도 했다. 장석구는 2차 인혁당 사건에 연루돼 도피 중이던 이성재를 숨겨줬다가 옥고를 치르던 중 옥사했다. 이성재가 도피 중일 때 나도 남대문경찰서에 끌려가 조사를 받았다. 유명 여배우 한은진韓銀珍의 남편이자 민자통 선전위원장이었던 이재춘李載春이 "이성재와 김자동이 친하다"고 말한 때문이었다. 당시 나는 조계사 앞에서 조그만 사무실을 내고 오퍼상을 하고 있었다. 남대문경찰서 형사들이 사무실로 들이닥쳐 나와 상무를 끌고 갔다(사진 83-4: 이성재).

경찰서에 가 보니 나에 대한 사전조사는 이미 끝나 있었다. 신문기자 출신이고 집안 배경이 어떻고 등등을 다 알고 있었다. 조사관은 내게 "이성재와 만나서 뭘 했냐?"고 집중적으로 물었다. 나는 바둑 두며 놀았다고 대답했다. 사실이 그랬다. 가끔 이성재가 내 사무실에 놀러오면 바둑 두고 노는 게 고작이었다. 그랬더니 더 이상은 거칠게 대하지 않

사진83-1_좌로부터 정태영, 이동화, 김병휘, 김기철, 신창균, 조규희, 조규택, 권대복(뒤), 윤길중, 박준길(뒤), 김달호, 안경득(뒤), 박기출, 최희규(뒤), 조봉암 등.

사진83-2_전창일.

사진83-3_《민족일보》 기자 출신 장석구. 그는 도피 중이던 이성재를 숨겨준 죄로 옥고를 치르던 중 옥사 했다.

사진83-4_필자와 친했던 이성재는 2차 인혁당 사건 으로 무기징역을 선고받았다. 재심에서 무죄를 인정 받았으나 2016년 별세했다.

았다. 내가 조사를 받던 그 방은 '이성재를 잡기 위한 방' 같았다. 벽에 조직도 같은 것을 그려서 붙여놓고 있었다. 거기에는 이성재의 친구관계 등이 자세하게 그려져 있었다. 다행히 나는 그날 두어 시간 조사를 받은 후 풀려났다.

장석구가 검거된 것은 2차 인혁당 사건으로 수배 중이던 이성재를 숨겨준 일 때문이었다. 1974년 6월 22일 밤 이성재가 그의 집으로 찾아와 하룻밤 재워달라고 부탁했다. 장석구는 이성재를 집에서 재워주고 이튿날 남북공예사 사무실에 은신시켰다. 그런데 이성재가 사촌 여동생에게 맡겨둔 돈을 찾아다 달라고 부탁했다. 이성재는 우리집에 숨어 있을 때 나에게도 같은 부탁을 하였으나 나는 위험하니 찾지 말라고 했었다. 결국 장석구는 이를 찾으러 갔다가 잠복해 있던 기관원에게 붙잡혔다. 그는 긴급조치 4호 위반으로 징역 5년을 선고받았다. 그런데 중앙정보부 조사과정에서 심한 고문을 당했다. 서울구치소 복역 중이던 10월 14일 밤 갑자기 뇌출혈로 쓰러졌고, 인근 적십자병원으로 옮겼으나 그날 밤 숨졌다.

남북공예사에 숨어 있던 이성재는 2차 인혁당 사건 1심 판결 엿새 뒤인 7월 11일에 뒤늦게 검거됐다. 따라서 이성재의 재판은 다른 인혁당 관련 피고들과 달리 별도의 군사재판으로 진행됐다. 이성재는 8월 11일 1심 재판에서 무기징역, 10월 11일 항소심에서도 무기징역을 선고받았다. 이성재를 포함해 인혁당 관련 피고들은 사형 일곱 명, 무기징역 아홉 명, 징역 20년·자격정지 15년 여섯 명 등 모두 스물 두 명이 유죄판결을 받았다.

2001년 의문사위원회는 장석구 사건에 대해 직권조사 결정을 내렸다.

조사과정에서 장석구의 신분장에 당연히 첨부돼 있어야 할 병력표病歷表와 건강진단부가 누락돼 있어 누군가 고의로 이를 은폐, 폐기했다는 의혹이 제기됐다. 의문사위는 "장석구의 인신 구속은 공권력에 의해서 자행된 위법한 행위"이며 그의 죽음은 "위법한 공권력의 직·간접적인 행위로 사망했다고 인정된다"고 밝혔다. 장석구의 죽음에 대한 의문사위의 이 같은 결정은 2차 인혁당 사건을 재조사하는 단초가 되었다.

'미스터 야당'과 '노상예배'의 추억

한국 사회에서 이른바 '재야在野'로 불리는 비판세력이 등장한 것은 박정희 정권 출범 이후라고 할 수 있다. 1964년 3월 야당과 사회단체 대표 등이 주축이 돼 결성한 '대일 굴욕외교 반대 범국민투쟁위원회'를 그 시발로 보는 견해도 있다. 초창기 재야의 운동조직은 비상설이었다. 그러던 것이 1971년 3월 이병린 변호사, 언론인 천관우千寬宇(《동아일보》 편집국장·민주회복국민회의 공동대표 역임) 등이 결성한 민주수호국민협의회(민수협)부터 상설조직이 되기 시작했다. 민수협은 나중에 일월서각 출판사를 운영한 김승균의 머리에서 나왔다고 한다.

1960년대 이후 재야인사들과도 더러 교류했다. 계훈제桂勳梯, 함석헌, 천관우, 장준하 등이 그들이다. 안동 출신으로 사회대중당에서 활동했던 김충섭金忠燮(민추협 부의장 역임)이 계훈제를 내게 소개해줬다. 천관우는 《조선일보》에서 같이 근무한 적이 있다. 그 무렵 함석헌 선생이 돈암동에 살았는데 그 집에 놀러간 적이 있다. 이병린 변호사는 6·25 때 부역죄로 구속된 어머니의 변론을 부탁드리면서부터 알게 됐다. 경동교회 강원룡姜元龍 목사와도 교류가 있었다.

돌아가신 박형규 목사는 1980년대 중반 전두환 정권 시절 제일교회에서 쫓겨났다. 박 목사는 그를 따르는 교인들과 함께 중부경찰서 앞에서 '노상예배'를 드렸다. 나는 기독교 신자는 아니지만 머릿수 하나 채워준다는 생각으로 더러 예배에 참석하곤 했다. 날이 추우면 추우니까 사람들이 안 나올지도 몰라서 가고, 비가 오면 비가 오니 사람들이 안 나올지도 몰라서 나갔다. 그런데 나중에 보니 나와 같은 생각으로 노상예배에 참석하는 이들이 더러 있었다. 이따금 야당 지도자 김대중과 김영삼도 얼굴을 드러냈다. 노상예배가 끝나면 인근 중국집으로 가서 짜장면으로 허기를 달랬다(사진 84-1: 박형규 목사와 신도들이 서울 중부경찰서 앞에서 노상예배를 하고 있다).

김대중, 김영삼 두 사람 가운데 DJ와 약간 교류가 있었다. 언젠가 어머니 자서전을 증정했는데, 나중에 다시 그를 만났을 때 내 어릴 적 이름인 '후동' 이야기를 하는 걸 보고 책을 많이 읽는 사람이라는 걸 알게 됐다. 90년대 말 민족화합운동연합 상임공동의장을 하면서 DJ의 처남 두 사람과 같이 활동한 적이 있다. DJ의 사돈인 윤경빈 전 광복회장과는 충칭 시절부터 가깝게 지냈다. 나는 DJ의 민주화투쟁과 대통령이 된 후 과거사 청산을 위해 법과 제도를 만든 것을 높이 평가하고 있다.

1960년대의 가장 억울한 정치 희생자로 조용수와 수암 최백근을 든다면 1970년대에는 인혁당 사건 희생자 여덟 명을 들 수 있다. 그들 중에는 개인적으로 친분이 있거나 교류가 있었던 사람들이 적지 않다. 서도원·하재완·이수병·우홍선 등이 그들이다. 몇 분의 유족들과는 근래까지도 연락이 닿았다. 2007년 재심에서 무죄선고를 받아 명예를 회복한 것이 그나마 다행스런 일이다.

당시 외국인 신부 신분으로 인혁당 사건을 외국에 알리고 유족들과 함께 구명운동을 벌인 시노트 신부(2014년 작고)와도 교류가 있었다. 시노트 신부의 숙소가 면목동에 있었는데 한두 번 그곳에 갔던 적이 있다. 시노트 신부는 1975년 추방당했다가 2003년 한국에서 살기 위해 다시 왔다. 몇 년 전 시노트 신부를 찾아 뵈었을 때 내게 직접 그린 작은 그림을 주었다.

70년대 중반 동아투위(동아자유언론수호투쟁위원회)의 자유언론투쟁도 잊을 수 없다. 동아투위 멤버 중에서 평소 친하게 지낸 사람으로 심재택, 정동익鄭東益(민주쟁취국민운동본부 공동대표 역임), 이부영李富榮(국회의원 역임) 등이 있다. 나는 그들의 농성장에도 여러 번 갔었다. 《조선일보》 외신부에서 같이 근무했던 송건호가 당시 《동아일보》 편집국장을 맡고 있었는데 사주 측에서 기자들을 강제 해직시키자 그는 이에 책임을 지고 사직했다.

대학 다닐 때 내 별명이 '미스터 야당'이었다. 보성·서울법대 동창생인 정준우鄭峻宇가 붙여준 별명이었다. 당시만 해도 이승만 욕을 함부로 못하던 시절인데 나는 수시로 이승만을 욕하고, 자유당을 욕하고 그랬다. 《조선일보》 다니던 시절에도 그랬다. 《조선일보》 맞은편 국제빌딩 골목에 상록수다방이라고 있었다. 기자들은 무교탕반에서 점심식사를 마치고 이곳에 모여 잡담을 하곤 했다. 이 이야기 저 이야기 끝에 내가 이승만을 성토하기 시작하면 다들 "이제 들어가야지" 하며 하나둘씩 자리에서 일어나 사라졌다.

지난날을 돌이켜보면 나는 독재정권하에서 민주화투쟁을 적극적으로 하지는 않았다. 최루탄을 맞으며 거리투쟁에 나선 적도 거의 없고, 반독재투쟁을 하다가 감옥살이를 한 적도 없었다. 어찌 보면 허공에 주먹질한 것이 전부일지도 모른다. 박정희 시절 친구들과 만나면 첫 잔 건배사는 늘 "오카모토 뒈져라!"였다. 박정희의 창씨명은 '다카기 마사오高木正雄'인가 본데 그때 우리는 다들 박정희를 '오카모토'라고 불렀다.

이승만–박정희시대를 살아오면서 나 역시 대다수 민중들처럼 분노하고 또 고통스럽게 살았다. 그럼에도 투사로 나선 적은 없다. 지식인의 한 사람으로서 용기가 부족했다고 비판한다면 그건 내가 감수해야 할 몫이다. 그렇지만 최소한 나는 불의한 권력과 타협하거나 그들에게 빌붙어 권력의 단 꿀을 빤 적은 없다. 내 나름으로는 의롭게 살려고 노력해왔다고 생각한다.

이 대목에서 문득 2차 인혁당 사건 희생자 중 한 사람인 우홍선이 내게 한 말이 생각난다. 시점은 기억나지 않지만 하루는 그가 내게 이렇게 말했다(사진 84-2: '인혁당 사건' 희생자 우홍선과 그의 가족들).

당신은 여권도 가지고 있고 지금 우리 주변에서 당신같이 완전히 어디고 찍히지 않은 사람은 하나도 없다. 그러니까 당신은 조심해야 한다.

당시 진보 진영에서 여권을 가지고 해외로 나다닐 수 있는 사람은 나밖에 없었다. 우홍선의 이야기는 만약 다 잡혀가면 누군가 해외에 나가야 할 필요가 생길지 모르니 여권이 있는 나는 절대로 노출되어서는 안 된다는 말이었다. 그렇다고 내가 무슨 비밀요원 노릇을 했다는 것은 전혀 아니다. 실제로 그런 일은 발생하지도 않았다. 그러나 만약 그런 일

사진84-1_박형규 목사와
제일교회 신도들이 서울
중부경찰서 앞에서
노상예배를 드리고 있다.

사진84-2_2차 인혁당 사건
희생자 우홍선과 가족.

이 일어났다면 적어도 '내 몫'을 회피하지는 않았을 것이다. 이 땅의 민주화를 위해 목숨을 바친 영령들에게 머리 숙여 감사할 따름이다.

3. 가족 이야기

어머니 일대기
《장강일기》

어머니께서 별세하신 지 어느덧 사반세기가 지났다. 나를 잉태하여 육신을 주신 분이지만 사실은 나의 모든 것을 주신 분이다. 이국 땅에서 나를 낳아 정성으로 키워주셨고, 어떻게 살아야 하는지를 몸소 보여주셨다. 임시정부의 살림을 맡아 안주인 노릇을 하셨으며, 대인관계에서도 너그럽고 자애로운 성품의 소유자였다. 한국전쟁 와중에 차마 말로 다할 수 없는 억울한 일을 당하셨으나 누구를 원망하거나 남 탓으로 돌리는 법도 없었다. 돌이켜보면 우리 어머니의 아들로 태어난 것이 너무도 자랑스럽고 감사하다(사진 85-1 : 1929년 상하이 시절 어머니와 필자).

어머니는 1900년 8월 3일 서울에서 외조부 정주영鄭周永과 외조모 이인화 사이에서 이남사녀 중 셋째 딸로 태어났다. 어머니는 자라면서 식구들 사랑을 독차지하였는데 총명하고 부지런할 뿐더러 남과 다툴 줄 모르는 원만한 성격 때문이었다. 충칭 시절 임정 식구들 간에 크고 작은 다툼이나 갈등이 더러 생겨났다. 그때마다 어머니는 중재를 서거나 화해를 이끌어내시곤 했다. 그래서 임정 식구들의 부인이나 딸들 중에 어머니를 '형님'이라 부르며 따르는 이가 많았다.

어머니의 어릴 적 이름이자 호적에 오른 이름은 정묘희鄭妙喜였다.

사진85-1_1929년 상하이 시절 어머니와 필자. 필자가 갓 돌이 지난 때였다.

사진85-2_상하이 시절의 아버지와 어머니.

1919년 상하이 망명 이후부터는 수당修堂이라는 호와 함께 정화靖和라는 이름을 쓰셨는데 나중에는 '정정화'가 어머니의 본명이 돼버렸다. '수당'은 어머니께서 스스로 지은 자호自號였다. '몸과 마음을 닦는다'는 뜻으로 어머니의 평생 삶의 지표였다.

수원유수水原留守(정2품)를 지낸 외조부는 완고하고 보수적인 분이었다. 여자는 한문을 배워서는 못쓴다고 여겨 딸에게는 한문을 가르치지 않았다. 어머니는 두 살 위 오라버니와 함께 몰래 서당을 다니며 한문을 배웠다고 한다. 어머니의 학업은 주변의 도움으로 겨우《소학》을 뗀 게 전부였다. 그러나 중국 시절에도 성재 이시영 선생에게 틈틈이 한문을 배우는 등 어머니는 공부를 게을리 하지 않았다. 어머니는 스스로 노력하여 '신여성' 못지않은 지식과 교양을 쌓았다.

어머니는 열한 살 때 동갑내기인 아버지와 결혼했다. 하지만 외동아들인 내가 태어난 것은 그로부터 열여덟 해가 지난 1928년 상하이에서였다. 1920년대 초반, 임시정부는 내부 분열과 자금난 등으로 몹시 어려운 처지였다. 국내 연결통로였던 연통제와 교통국도 이미 와해되어 국내와의 연계는 사실상 끝나다시피 한 상황이었다. 유일한 수단은 '믿을 만한 밀사'뿐이었다. 바로 그때 어머니가 밀사로 나섰다. 작은 키에 가냘픈 체구의 어머니가 그 막중한 임무를 자청했다. 어머니는 모두 여섯 차례에 걸쳐 국내에 들어와 독립자금을 모금해 돌아갔다. 때로는 목숨을 걸어야 하는 일이었다. 1922년 6월 세 번째로 밀입국하기 위해 압록강 철교를 건너 잠입하려다 체포돼 종로경찰서에서 조사를 받기도 했다. 마지막 여섯 번째 밀입국 때인 1930년 7월에는 세 살 난 나를 데리고 국내에 다녀가기도 했다(사진 85-2: 상하이 시절의 아버지와 어머니).

1938년 가을 무렵부터 어머니는 임정의 안살림을 맡게 되었다. 그때 아버지는 임정 국무원 비서였다. 당시 임정 국무위원이자 국무원 비서장이었던 동암 차리석 선생과 함께 두 분이 국무원 살림을 도맡았다. 그 시절에는 물자가 귀했다. 1940년대 초반까지만 해도 나는 구두를 신어본 적이 없다. 그때 내가 신었던 것은 헝겊신이었다. 바닥에 첩첩이 헝겊 조각을 대고 촘촘하게 누벼 기름을 먹인 헝겊신은 손이 많이 갔다. 공사다망한 와중에도 어머니는 꼬박꼬박 손수 헝겊신을 만들어주셨다. 내 친구들은 대부분 짚신을 신고 다녔지만 나는 늘 어머니가 만들어준 헝겊신을 신고 다녔다. 그때는 그게 얼마나 자랑거리였는지 모른다.

　　해방 이듬해 5월 우리 세 식구는 난민선을 타고 고국으로 돌아왔다. 중국으로 망명한 지 어언 27년 만이었다. 해방된 조국은 신탁통치 문제를 놓고 갈등을 벌인 끝에 국토 분단과 뒤이은 전쟁으로 다시 쑥대밭이 되고 말았다. 미처 피난을 가지 못한 채 서울에 머물던 와중에 아버지는 다른 임정 요인들과 함께 납북되었고, 어머니는 부역죄라는 누명을 쓰고 철창에 갇혔다. 반평생을 조국을 위해 살아온 어머니에게 조국은 너무도 가혹했다. 출옥 직후 어머니가 쓴 〈옥중소감〉이라는 시를 볼 때마다 한없이 죄스러울 뿐이다. 시 전문은 다음과 같다.

아직껏 고생 남아 옥에 갇힌 몸 되니	餘苦未盡入獄中
늙은 몸 쇠약하여 목숨 겨우 붙었구나	老軀衰弱句息存
혁명 위해 살아온 반평생 길인데	半生所事爲革命
오늘날 이 굴욕이 과연 그 보답인가	今日受辱果是報
국토는 두 쪽 나고 사상은 갈렸으니	國土兩斷思想分

사진86-1_1980년대
후반 무렵 필자의
어머니 정정화 여사.

사진86-2_《장강일기》표지.

옥과 돌이 서로 섞여 제가 옳다 나서는구나 　　　　玉石交叉各自是

철창과 마룻바닥 햇빛 한 점 없는데 　　　　　　鐵窓地板無日光

음산한 공기 스며들어 악취를 뿜는구나 　　　　陰氣襲入惡臭生

하루 두 끼가 한 줌의 보리며 　　　　　　　一日兩餐一掬麥

일어서고 앉음이 호령 한 마디에 달렸네 　　　起居動作依號令

깊은 밤 찬 바람에 마루에 누웠는데 　　　　夜深寒氣臥板上

가을이 늦었어도 걸친 건 모시옷뿐 　　　　菊秋之節尙麻衣

간수들의 소행이 우습기만 하나니 　　　　獄吏所行亦可笑

입 벌리면 사람에게 욕이나 퍼붓네 　　　　開口言所辱人家

손들어 하는 짓은 채찍질이 고작이니 　　　擧手所作加鞭撻

나하고 전 삼생에 무슨 원한이 있단 말인가 　與我無有三生怨

　상하이 시절부터 우리 집안과 가까이 지낸 언론인 우승규는 어머니를 '한국의 잔다르크'라고 신문에 소개한 적이 있다. 이를 두고 어머니는 과분한 찬사라며 늘 쑥스러워했다. 중국 시절부터 매사 소리 소문 없이 궂은일을 도맡아 처리하시면서도 내색하거나 남들 앞에 나서지 않는 분이었다. 평소 어머니는 주변 사람들의 칭찬에 대해 "임시정부에서 내게 할 일을 주었고, 내가 맡은 일을 했을 뿐"이라며 "나를 알고 지내는 주위 사람들이 나를 치켜세우는 것은 오로지 나의 그런 재주 없음을 사주는 까닭에서일 것"이라며 겸손해 하셨다(사진 86-1: 필자의 어머니).

　어머니는 손주들에게는 자애로운 할머니요, 훌륭한 역사 선생님이셨다. 어머니가 돌아가실 때까지 한 방을 썼던 둘째 선현이는 요즘도 할머니 얘기를 자주 한다. 몇 년 전 선현이가 어느 인터뷰에서 "할머니 생각을 하면 너무 그립기 때문에 항상 눈물이 난다. 지금도 늘 꿈에서 할머니를 만나길 바라면서 잠자리에 든다"고 할머니를 회상한 것을 봤다. 어머니는 틈이 날 때마다 임시정부에서 몸소 겪으신 일들을 마치 옛날 이야기처럼 손주들에게 들려주시곤 했다.

1980년대 중반 어떤 잡지사 기자가 어머니를 인터뷰한 적이 있다. 어머니는 "내가 한 일이 별 것 있냐?"며 사양했지만 구면인 그 기자의 간청을 뿌리치지 못해 몇 차례 인터뷰에 응했다. 그 내용이 1987년 3월 미완이라는 출판사에서 《녹두꽃》이라는 제목으로 출간되었다. 이 책은 임시정부의 이면사, 임정 요인들의 생활상 등을 솔직하게 기록했다는 점에서 주목을 끌었다. 평소 곧은 성격의 소유자였던 어머님은 '사실 그대로 보이고 싶은 마음'에서 좌고우면하지 않고 임정 안팎의 얘기를 진솔하게 털어놓았다(사진 86-2: 《장강일기》 표지).

《녹두꽃》은 얼마 뒤 절판되었고 출판사도 문을 닫았다. 그럼에도 《녹두꽃》을 찾는 사람이 끊이지 않아 안타까운 마음이었다. 그러던 차에 평소 민족 문제에 관심이 많은 학민사의 김학민金學珉 사장이 새롭게 책을 내보고 싶다고 했다. 기쁘고 반가운 마음에 나는 흔쾌히 수락했다. 김 사장은 책을 내는 과정에서 몇 가지 오류를 수정하고 다듬어 1998년 8월 《장강일기》라는 제목으로 재출간했다. 2011년 8월 현재 4쇄를 찍었으니 독자들의 반응이 적지 않았다. 이 책을 토대로 '아! 정정화', '치마', '장강일기', '달의 목소리' 등 어머니의 일생을 소재로 한 연극이 무대에 올려졌다. 자식으로서 기쁘고 감사한 일이 아닐 수 없다.

독립유공자 서훈은 1962년부터 본격적으로 실시되었다. 어머니는 이로부터 20년이 더 지난 1982년 대통령표창을 받았다. 1990년 상훈법이 개정되면서 건국훈장 애족장(5등급)으로 자동 승격되었다. 아버지도 이 해에 뒤늦게 건국훈장 독립장(3등급)을 추서받았다. 어머니는 1986년 백내장 수술을 받은 후 한쪽 눈을 실명하셨다. 하지만 돌아가실 때까지 책을 손에서 놓지 않으셨다. 어머니는 1991년 아흔한 살에 운명하셨다. 어머니의 유해는 대전 국립묘지 애국지사 묘역에 안장됐다.

아버지 묘소를 찾아서 | 대한민국임시정부기념사업회가 창립된 참여정부 시절, 사업회는 방북 성묘를 첫 사업으로 정했다. 2006년 6·25 당시 납북되신 애국지사 후손들을 모아 성묘단을 꾸리고 방북을 진행했다. MBC 통일방송협력단의 도움이 컸다.

우리 가족을 비롯해 임시정부 인사 유족 28명이 평양을 방문했다. 일행은 평양 신미리 애국열사릉과 용궁동 소재 재북인사 묘역을 찾아 선대의 묘역을 참배했다.

아버지는 재북인사 묘역에 모셔져 있었다(사진 87: 재북인사 묘역에 있는 아버지 묘소). 아버지는 좀 늦은 나이에 중동중학에 입학하셨다. 2학년때 3·1운동이 일어나고 할아버지가 총재였던 비밀결사 대동단에 가입했다. 할아버지의 비서 역할을 했다. 중국에 가서도 초기에는 나창헌 등 대동단 관계자들과 함께했다고 들었다.

1928년 6월 상하이에 있던 중국 본부 한인청년동맹의 지부조직에 참여하여 재정위원으로 활동했다. 이때에 한국전쟁 시기 평양방위사령

사진87_평양 용궁동 재북인사 묘역에 있는 아버지 묘소. 필자와 가족들은 눈물로 아버지 묘소에 절을 올렸다. 필자는 대전 현충원 어머니 묘에서 퍼온 흙을 아버지 묘소에 뿌려드렸다. 두 분은 이렇게 해후하셨다. (아래) 왼쪽부터 둘째 선현, 넷째 미현, 필자, 아내 김숙정, 셋째 준현, 맏사위 곽태원이다.

관을 했던 무정과 같이 합숙을 하기도 했는데, 무정은 나중에 슬그머니 사라졌다고 한다. 중국 공산당에 가입해 활동을 시작했기 때문이었다.

1932년 5월 윤봉길의거로 더욱 거세진 일제의 탄압을 피해 임시정부가 항저우로 이전하면서 백범 등과 함께 자싱으로 피신하여 임정활동을 이어나갔다. 임정 선전위원회 선전위원이었던 아버지는 항저우와 자싱을 오가며 연락업무를 맡았다. 1934년 1월 백범, 안공근, 이동녕 등과 함께 애국단의 일원이 되었고, 낙양군관학교 안의 한인훈련반과 의열단 계열 군관학교에도 관여했다.

1939년 10월에 임정 비서처 비서와 선전위원회 선전위원으로 활동하였으며 특히 충칭 방송국을 통해 국내 한인들에게 선전활동을 전개했다. 나중에 1940년 5월 조선혁명당, 한국국민당, 한국독립당 3당이 통합하여 신당인 한국독립당을 창립할 당시 감찰위원과 상무위원 겸 조직부 주임으로 활동했다. 또한 임시정부 및 임시의정원이 충칭으로 이전한 후 1940년 9월 중국 국민당 정부가 광복군을 승인하자 광복군 총사령부 주계에 선임되었다(사진 88-1: 광복군총사령부 주계에 임명되면서 받은 임명장).

1943년 8월 광복군 조직훈련과장을 맡았고, 이때부터 나는 아버지 업무를 도와드리기 시작했다. 1945년 6월에는 정훈처 선전과장으로 임명되었다. 아버지가 정훈처 선전과장으로 일하실 때가 내가 아버지 일을 제일 열심히 도운 시기였다. 아버지는 해방 후 한국전쟁 때 납북되셨다. 내가 의용군에 끌려갔다 9월 19일에 돌아왔으나 아버지는 9월 18일에 납북되셔서 아버지가 가시는 모습을 뵙지 못했다. 그 일이 아버지와의 영원한 이별이 될 줄을 몰랐다. '그때 조금만 더 빨리 걸었더라면······' 나는 두고 두고 그런 후회를 하곤 했다. 지금도 그렇게 헤어져 다시는 못 만나고 홀로 말년을 쓸쓸히 마감하신 아버지를 생각하면 착잡한 심정은 말로 표현하기 어렵다. 나중에 들은 얘기로는 버스로 평양까지 갈 계획이었는데 버스가 폭격을 당해서 그 먼길을 걸어서 가셨다고 했다.

아버지는 1964년 10월 9일 동대원 구역 자택에서 별세하신 걸로 알려져 있고 재북인사 묘역에 묘소가 있다. 한국전쟁으로 헤어진 지 56년, 우리 가족은 눈물로 아버지 묘소에 절을 올렸다. 나는 대전 현충원 어머니 묘에서 퍼온 흙을 아버지 묘소에 뿌려드렸다. 두 분은 이렇게 56년 만에 해후하셨다.

**정세영 회장과의
특별한 인연** | 앞에서 보성중학 시절에 친하게 지낸 4인방 얘기를 쓴 바 있다. 정세영, 이기수, 고희석, 나 이렇게 넷이었다. 문과반이었던 우리 네 사람은 3년 내내 같이 다녔다. 이기수와 나는 서울법대에 진학했고, 정세영과 고희석은 고대를 다녔다. 넷 중에서는 정세영이 늘 중심이었다. 다른 동기생들과도 친하게 지냈지만 정세영과는 특별히 친했다(사진 88-2: 정세영).

1958년 《조선일보》를 그만둔 뒤로 내 생활이 고르지 않았다. 신문사 몇 군데를 전전했으나 어디 한 군데 정착하지 못했다. 또 어렵게 시작한 사업도 내 뜻대로 잘 되지 않았다. 그러다보니 우리 가족은 자주 이사를 다녀야 했다. 그 무렵 서울 청량리 성바오로병원 근처에서 한동안 살았다. 큰 길가에서 골목 하나 들어간 한옥이었다. 하루는 세영이가

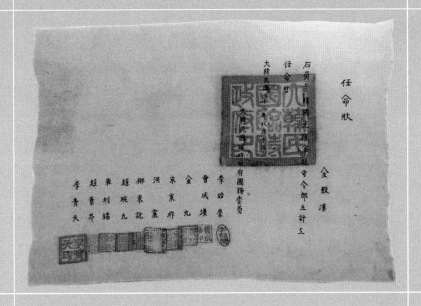

사진88-1_아버지가 1940년 광복군총사령부 주계에 임명되면서 받은 임명장. 대한민국 임시정부 관인뿐만 아니라 당시 국무위원들의 개인 도장까지 찍혀있다.

사진88-2_현대자동차 정세영 회장은 필자의 친한 친구였다. 2005년 폐렴으로 먼저 세상을 떴다.

신붓감을 데리고 우리 집으로 왔다. 나에게 보여주려고 한 게 아니라 어머니에게 선을 보이려고 데리고 온 것이었다. 친구도 아닌 친구 어머니에게 자기 신붓감을 선보이는 경우는 흔치 않은 일이다.

어머님은 젊어서부터 책을 가까이 하셨다. 내가 보성중학에 다닐 때 학교 근처 혜화동에서 살았다. 집안에 일이 없으면 어머님은 전기세를 아끼기 위해 창가에 앉아 책을 보시곤 했다. 한자로만 된 책이었다. 어머니는 한시를 지으실 정도로 한자에 대한 소양이 있었다. 그 모습이 길가에서 보였다. 다른 친구들은 어머니의 그런 모습을 보고 대수롭지 않게 여겼다. 그런데 세영은 달랐다. 하루는 세영이 내게 말했다.

"네 어머니가 책 보시는 모습이 참 부럽다."

세영이 말로는 자기 어머니는 책과는 거리가 먼 분이라고 했다. 그래서인지 몰라도 세영은 평소 우리 어머니를 존경하고 따랐다. 당시 세영은 필동 네거리에 살았는데 혼자 자주 우리 집에 놀러오곤 했다. 자기 신붓감을 어머니에게 선보이려고 데리고 온 것도 다 그런 연유에서였을 것이다.

《조선일보》 기자 시절에도 세영과 자주 만났다. 친구들끼리 어울리면 밥과 술은 늘 세영이 샀다. 형 정주영이 사업을 크게 하다보니 여유도 있었겠지만 세영은 원래 인심이 후하고 관대한 친구였다. 그렇게 자주 밥을 사면서도 단 한 번도 군소리를 하거나 티를 낸 적이 없었다.

1957년 내가 미주리대학에서 6개월간 연수할 때 마침 세영도 미국에 유학 중이었다. 그때 세영은 마이애미대학교 정치외교학과 석사과정에 다니고 있었다. 1953년 고려대 졸업 후 컬럼비아대학 대학원으로 유학 갔는데 당시만 해도 한국인 컬럼비아대 유학생이 드물었다. 세영의 말이 입학원서에 "코리아 유니버시티(고려대)도 한국에서 유명한 대학이다"라고 썼더니 학교에서 받아주더라고 했다. 이 이야기를 나누며 같이 웃었던 기억이 있다. 미국에서도 우리는 자주 만나 술을 마시며 우의를 다졌다.

주지하는 대로 세영이 큰형님은 현대그룹을 창업한 정주영鄭周永 회장이다. 한라그룹 창업주 정인영鄭仁永 회장, 성우그룹 창업주 정순영鄭順永 회장도 다 세영이 형님들이다. 밑으로 남동생이 둘 있다. 그중 정신영은 같은 언론계에 있어서 나를 형님이라 부르며 따랐다. 각별한 후배였는데 안타깝게도 독일에서 갑자기 사고로 유명을 달리하였다.

1957년 현대건설에 입사한 세영은 1967년 현대자동차 초대 사장으로 취임했다. 1974년 대한민국 최초의 고유모델 승용차 '포니pony'를 개발해 주목받았고, 1976년 에콰도르를 시작으로 해외시장에 포니를 수출하면서 '포니 정'이라는 별명을 얻었다. 2005년 폐렴으로 먼저 세상을 떠나기 전 해 가을에 백두산 여행을 함께 다녀왔다. 그것이 일생 동안 가장 가까운 친구였던 세영과의 마지막 여행이 되었다. 세영이의 아들 정몽규鄭夢圭(HDC 회장)가 그해 11월 '포니 정 재단'을 세웠다.

광복회   광복회(회장 박유철)는 여러 독립운동 관련단체 가운데 유일한 공법인公法人이자 맏형으로 불린다. 독립유공자협회, 독립유공자유족회, 광복군동지회 등과 그 밖의 많은 독립운동 관련단체들은 전부 임의단체들이다. 광복회는 그간 정부로부터 지원금을 받아왔으며, 번듯한 건물도 가지고 있다. 그렇다면

이에 걸맞은 이름값을 해야 마땅하나 그렇지 못했다는 게 내 생각이다.

국가보훈처에 따르면, 2017년 12월 독립유공 서훈자는 1만 4,830명이다(2018. 3. 2. 50명 더 포상하였다). 생존 서훈자들과 서훈자 유족 가운데 연금수령자들을 회원으로 하여 1965년 2월 27일 사단법인 광복회가 창립되었다. 그리고 1973년 '원호대상자 단체 설립에 관한 법률' 개정으로 공법인이 되었다. 광복회 홈페이지에 따르면, 광복회 회원 수는 2014년 1월 1일 기준으로 6,931명이다.

초대 광복회장에는 3·1운동 당시 민족대표 33인 중 한 사람인 이갑성李甲成이 선임되었다. 광복군 출신이 역대 광복회장 중 대다수를 차지한다. 조시원(3대), 안춘생(4대), 박시창朴始昌(5대), 김홍일(6·7대), 김승곤(12대), 윤경빈(14대), 장철張鐵(15대), 김우전(16대), 김국주金國柱(17대) 등이 그들이다. 개인적으로는 다 아는 분들이다. 이들 가운데 안춘생, 박시창, 김홍일, 김국주 등은 한국군에 들어가 장성으로 예편했다. 초창기에 군 출신이 광복회장을 많이 맡은 것은 박정희 군사정권의 영향 때문인 듯하다.

광복회는 정부로부터 재정 지원을 받아왔다. 그러다보니 정부 정책에 대해 쓴 소리를 하지 못해 어용단체라는 소리를 들어왔다. 1965년에 체결된 한일협정은 야당과 대학가에서 굴욕외교라며 대대적인 반대투쟁을 벌였다. 그때 광복회는 반대투쟁에 동참하기는커녕 한일협정 지지 성명서를 냈다.

2008년 미국산 수입 쇠고기 파동으로 전 국민이 촛불집회를 열 때도 마찬가지였다. 광복회는 그해 5월 23일 성명을 통해 "국론을 분열시키고, 선동·획책하는 세력은 광복회원이 앞장서서 국가 장래를 위해 용서

하지 않을 것"이라고 밝혔다. 평소 광복회는 친일 청산 문제에 대해서도 미온적인 태도를 보여왔다. 그러면서도 정치적으로 민감한 사안에서는 권력에 부화뇌동하여 선열들을 욕보인다는 비난을 사기도 했다.

물론 정부 정책에 전혀 반대가 없었던 것은 아니다. 2008년 12월 29일 임시정부의 정통성 논란을 촉발시킨 문화관광부의 홍보 책자 내용에 항의하는 뜻으로 건국훈장을 반납키로 결의한 적이 있다. 또 박근혜 정권 인사들이 잇따라 '건국절' 주장을 펴자 이에 항의하는 성명을 내기도 했다.

광복회가 대표적인 독립운동 기념단체로서 제대로 된 대접을 받으려면 회장 직선제 등 내부 민주화를 통해 거듭나야 한다. 아울러 역사의식이 투철하고 강단이 있는 인사가 광복회를 이끌어야 한다.

1982년 어머니가 대통령표창을 받은 후 내게도 광복회 회원 자격이 생겼다. 그러나 나는 광복회를 박정희가 만든 어용단체로 여겼기 때문에 별 관심도 없었다. 그래서 근처에도 가지 않았다. 그러다가 충청 시절부터 가깝게 지낸 김승곤 씨나 윤경빈 씨가 광복회장이 되고나서부터 겨우 몇 번 왕래가 있었을 뿐이다. 지금도 광복회는 내게 '가까이 하기엔 너무 먼' 단체처럼 느껴진다. 광복회가 제대로 자리매김한 단체로 거듭나기를 기대한다.

독립유공자
포상제도

국가 차원의 독립유공자 포상은 1949년에 처음 시작됐다. 1949년 4월 27일 대통령령으로 '건국공로훈장령'이 공포되면서 건국훈장이 제정되었다. 그해 8

월 15일에 중앙청에서 거행된 광복 4주년 기념식에서 이승만 대통령과 이시영 부통령에게 건국훈장 대한민국장(1등급)이 수여되었다. 당시 독립운동가들 주변에 나돈 우스개 얘기가 있다. 이승만이 제 손으로 제 목에 훈장을 걸면서 혼자 받기가 민망해 이시영을 덤으로 끼워넣었다는 것이다.

독립유공자에 대한 본격적인 포상은 박정희 정권 들어서면서 시작됐다. 정부는 1962년 3·1절을 맞아 의병장 최익현崔益鉉을 비롯해 김구·안중근·윤봉길·이봉창·김창숙·조만식·안창호·신익희 등 대표적 독립운동가 18명에게 대한민국장을 수여했다. 김성수 등 58명에게는 대통령장(2등급)을, 김규식 등 128명에게는 국민장(3등급)을 각각 추서 또는 수여하였다. 이듬해 1963년 광복절에는 독립유공자 774명에게 건국훈장 또는 대통령표창을 수여했다.

당시 각종 훈장은 전부 5등급이었으나 유독 건국훈장만은 3등급이었다. 이는 독립운동가에 대한 차별대우라고 볼 수밖에 없었다. 1990년 상훈법 개정에 따라 건국훈장도 5등급으로 확대되었다. 이에 따라 기존의 건국포장은 애국장(4등급), 대통령표창은 애족장(5등급)으로 자동 승격되었다. 어머니도 이때 1982년에 받은 대통령표창을 애족장으로 다시 받았다.

독립유공자 서훈 문제를 이야기하자면 할 말이 참 많다. 자고로 논공행상이란 공적 사실이 적확하고 심사가 공정해야 한다. 그러나 그동안 독립유공자 심사나 서훈은 그렇지 못한 경우가 많은 것 같다. 일일이 다 열거할 수 없기에 몇 가지 사례만 들어보기로 한다.

석오 이동녕 선생은 임시정부의 최고 어른으로 김구 주석이 깍듯이 선배 대접을 한 분이다. 단적으로 석오는 임시정부 주석과 임시의정원 의장을 각각 세 차례나 역임했다. 1896년 독립협회에 가담해 민권·구국운동을 시작한 이래 1940년 3월 13일 중국 치장에서 서거하기까지 40여 년을 한 점 오점 없이 조국 광복을 위해 헌신하셨다. 그런 석오에게 정부는 1962년 건국훈장 대통령장(2등급)을 추서했다. 다른 것은 다 제쳐두고라도 동갑내기인 성재 이시영조차 형님 대접을 한 석오가 성재보다 훈격이 낮다는 것은 도저히 납득할 수 없다.

건국훈장 1등급인 대한민국장은 백범 김구, 도산 안창호, 안중근·윤봉길 의사, 의병장 유인석 등 항일독립투쟁의 상징과도 같은 분들이 받았다. 대한민국장 서훈자는 모두 30명이다. 이 가운데는 낯선 이름이 하나 들어 있다. 미주 방면에서 활동한 공로로 1976년에 건국훈장 대한민국장을 받은 임병직林炳稷이 그 사람이다.

공적 내용을 보면 임병직은 미국에서 이승만을 도와 외교활동을 벌인 것이 거의 전부다. 임병직의 공로를 폄하하거나 가볍게 여겨서가 아니다. 그는 항일투쟁을 벌이다가 목숨을 잃었거나 독립운동단체의 지도자급 인물로서 중요한 임무를 수행한 사람이 아니다. 냉정히 말하면 임병직은 이승만의 수하 가운데 한 사람이다. 그런 그가 건국훈장 대한민국장을 받은 것은 다른 서훈자들과 비교해볼 때 형평에 맞지 않는다. 노블리스 오블리제의 상징인 우당 이회영 선생이 건국훈장 독립장(3등급)을 받은 것이 단적인 예이다(사진 89-1: 우당 이회영 선생). 해방 전의 항일투쟁 공적보다 해방 후 이승만 정부에서의 활동을 더 주목한 것으로 보인다(사진 89-2: 임병직).

한 가지 사례를 더 들자. 안동 임청각의 주인 석주 이상용 선생이다.

사진89-1_우당 이회영 선생.

사진89-2_이승만 비서 출신 임병직. 일반인에게 이름도 낯선 그에게 1976년 1등급인 건국훈장 대한민국장이 추서되었다.

사진89-3_석주 이상용 선생.

가산을 정리해 독립운동에 헌신한 또 하나의 노블리스 오블리제 표상이 되는 분이다. 1등급 서훈자 심산 김창숙의 스승이며 대한민국임시정부 국무령이었던 이상룡 선생은 3등급이다. 심산이 낯을 들 수 없는 일이다(사진 89-3: 석주 이상용 선생).

형평에 맞지 않거나 기준에 미달하는 경우는 물론이요, 동명이인에 대한 포상, 완벽한 가짜 독립유공자, 독립운동을 하였으나 후에 변절한 자 등 기존의 독립유공 포상은 문제가 많았다.

조심스럽지만 내 집안 이야기를 안 할 수가 없다.

할아버지 동농은 관련자 80여 명이 서훈을 받은 조선민족대동단의 총재였으며, 임시정부와 북로군정서의 고문을 지내신 분이다. 상하이에서 치러진 할아버지의 장례는 대한민국임시정부 요인들이 대거 참석한 '임시정부장'이었다. 그런 할아버지에 대한 서훈은 아직 시행되지 않고 있다. 타국에서 순국하신 지 100년이 지나도록 할아버지의 유해는 고국으로 돌아오지 못하고 있다. 참으로 죄송스럽고 안타까운 일이다.

어머니의 경우도 그렇다. 어머니가 건국훈장 애족장(5등급)을 받은 것도 나는 불만이 많다. 1944년, 심지어 1945년 해방 직전에 광복군에 합류한 사람들도 4등급, 5등급을 받았다. 그런데 이십여 년을 임시정부와 함께 온갖 간난고초를 겪으신 어머니의 5등급 서훈은 납득하기 어렵다. 어머니의 서훈증을 버리고 싶을 지경이었다.

독립유공자 서훈을 둘러싼 제반 문제를 해소하려면 서훈자 전원을 대상으로 전면적인 재심사가 이뤄져야 한다. 이를 통해 가짜나 변절자를 솎아내고 형평에 맞는 포상으로 조정돼야 한다. 현행 심사기준도 재검토해야 하며 한 번 정해진 기준은 엄격하게 적용해야 할 것이다.

대한민국임시정부 | 항일독립운동의 거목들을 기리는 기념관들
기념사업회 창립 | 이 있다. 대표적으로 도산 안창호, 매헌 윤
봉길, 백범 김구, 심산 김창숙, 우당 이회영 선생 등의 기념관이 그것이
다. 모두 충분히 기념하고 현창할 만한 분들이다. 그중에는 국가에서
건립한 것도 있고 후손들이 건립한 것도 있다.

이 기념관들 가운데는 운영을 둘러싸고 잡음이 일어 사회 문제가 된
곳도 더러 있다. 공적 시설인 기념관을 후손들이 개인 소유물처럼 여기
고 전횡을 휘두르다 보면 말썽이 생기기도 한다. 그런데 기념관과 달리
후손들 중심으로 운영하는 선열기념사업회는 이야기가 좀 다르다.

2002년경 집안 가족모임에서 할아버지 동농 김가진기념사업회를 꾸
리자는 이야기가 나왔다. 현대자동차 납품사업이 궤도에 안착해 재정
적으로 안정을 찾은 때였다. 자손들이 먹고살 만하면 선대 기념사업회
를 꾸리는 일이 흔하다. 며칠 생각한 끝에 나는 조선민족대동단(대동단)
총재를 지낸 할아버지만 기념할 게 아니라 대동단 전체를 기념하는 기
념사업회를 만드는 게 좋겠다고 했다. 2002년에 설립된 조선민족대동
단기념사업회는 그렇게 해서 탄생했다.

그 뒤 임시정부 요인 후손들을 중심으로 특정인물 차원이 아닌, 임시
정부 전체를 기리는 기념사업회를 만들면 좋겠다는 생각이 들었다. 솔
직히 말해 임시정부에서 활동한 독립운동가 후손 가운데 자기 이름 석
자 알리고 밥술깨나 먹는 사람은 손에 꼽는다. 제 식구 하나 건사하기

어려운 형편에 선대 기념사업회는 엄두도 내지 못한다. 그게 그들의 잘못은 아닐 것이다. 제대로 배우지 못하고 선대로부터 물려받은 게 없는 것이 그들의 형편이었다. 오죽하면 독립운동을 하면 3대가 망한다는 이야기가 나왔겠는가. 그래서 내가 주도해 2004년 9월에 '대한민국임시정부기념사업회'를 창립하여 현재까지 회장을 맡고 있다.

단체만 만든다고 해서 능사가 아니다. 무엇을 할 것인지 사업 방향과 목표가 있어야 한다. 기본으로 임시정부 선열들에 대한 현창사업과 임시정부의 의미를 제대로 알리는 일을 최우선 목표로 삼았다. 기성세대보다는 젊은 세대들을 대상으로 하기로 했다. 2005년부터 한 해에 한 번 중국, 러시아, 일본 등 지역을 대상으로 항일독립운동 유적지 답사를 진행했다(사진 90-1: 독립정신답사단에 참여한 필자). '독립정신 답사'라는 이름으로 진행된 답사는 2017년 여름까지 모두 13차례 진행됐다. 답사단 대부분은 대학생이나 대학원생들로 구성되었다. 한 답사에 평균 50~60명의 학생들이 참가했으니 지금까지 독립정신 답사단을 거쳐간 학생 수가 7백여 명에 달한다(사진 90-2: 2005년 여름 답사단이 '유주임시정부 항일투쟁활동 진열관' 앞에서 구호를 외치는 모습).

독립운동 유적지 답사에 이어 기관지로 월간 〈독립정신〉을 발행했다. 역사 문제, 민족 문제 등을 진지하게 고민할 매체가 필요하다고 생각했다. 편집기획이나 제작은 별도의 편집위원회에서 전권을 갖고 꾸려가고 있다. 전문연구자나 청소년 등 다양한 계층이 필자로 참여하고 있다. 아직 부족한 것도 많지만 장차 독립운동 기념단체들 사이의 대표 매체로 키워나갈 생각이다.

〈100년 편지〉는 독특한 아이디어 상품이라고 할 수 있다. 대한민국

사진90-1_ 2005년 독립정신답사단에 참여한 필자.

사진90-2_ 2005년 여름 독립정신답사단이 '류저우 임시정부 항일투쟁활동 진열관' 앞에서 독립군가를 부르는 모습.

임시정부 수립 백 년이 되는 2019년까지 쓰는 편지 형식 칼럼이다. 편지를 받는 대상은 필자가 자유롭게 정한다. 안중근 의사에게 쓸 수도 있고, 영화 〈밀정〉에 등장하는 황옥黃鈺 경부에게 쓸 수도 있다. 2010년 4월 13일부터 매주 한 통씩 메일로 발송하고 있는데 현재 수신자가 3,500명 정도 된다. 〈100년 편지〉 수신자가 전 국민이 되는 그날을 기대하고 있다.

대한민국임시정부기념사업회에서 처음부터 제일 중요하게 추진한 사업이 '대한민국 임시정부기념관' 건립 사업이다. 목표는 임정 수립 백 년이 되는 2019년에 건립하는 것이다. 2019년은 우리 민족사에서 대단히 뜻 깊은 해이다. 일제의 강점에 항거해 전 민족이 궐기한 3·1운동 백주년이 되는 해이자 뒤이어 수립된 대한민국 임시정부 백 년이 되는 해이다. 임금이 아닌 백성이 나라의 주인이 된 민주공화정 백 년이 되는 해이기에, 대한민국 백 년이 되는 해이다. 뉴욕의 자유의 여신상은 미국 독립 백주년을 기념하며, 파리 에펠탑은 프랑스 혁명 백주년을 기념한다. 그렇다면 우리는 어떠한가. 대한민국 백 년을 기리는 기념물이나 기념관이 있어야 하는 것이 아닌가.

대한민국임시정부기념사업회는 창립 이래 임시정부기념관 건립을 지속적으로 추진했다. 2006년 서영훈 전 대한적십자사 총재를 기념관 건립추진위원장으로 선임하고 사업을 진행했지만 여의치 않았다. 우여곡절을 겪으며 거의 10년의 세월을 그냥 보내야 했다. 2015년부터 박원순 시장과 수차례 부지에 대한 논의를 했다 서울시의 의미 있는 장소들이 거론되었다. 점점 부지가 가시화되면서 건립추진위원회를 발족하였다. 우당 이회영 선생의 손자이자 본회 부회장인 이종찬 전 국정원장이 기념관 건립추진위원장을 맡아 동분서주했다. 결실이 있었다. 2016년 박원순 서울시장은 서대문 형무소 옆 서대문 구의회 청사를 임시정부기념관 부지로 제공하기로 결정하였다. 2017년 3·1절에는 문재인 당시 대통령 후보가 서대문 구의회청사를 방문해 임시정부기념관을 건립하겠다고 약속했다. 2018년 국무총리령으로 '국립대한민국임시정부기념관 건립위원회'가 구성됐다. 이제 대한민국임시정부기념관은 정부의 주도와 책임 아래 건립하게 되었다. 뜻 깊은 일이 아닐 수 없다(사진 91: 서대문구의회 대한민국임시정부기념관 부지).

백 년 전 우리 선조들은 열악한 상황에서 독립을 선언하고 나라를 되찾기 위해 투쟁했다. 그렇다면 지금 우리는 후손들에게 무엇을 남겨야 할 것인가. 그런 생각을 하면 두렵기조차 하다. 이 시대 우리는 우리에게 주어진 일을 해야 한다. 내가 생각하기에 그중 하나가 대한민국임시정부기념관 건립이다.

단순히 기념관 건물 하나를 짓자는 그런 이야기가 아니다. 언제부터인가 우리 사회 일각에서 1948년 8월 15일을 '건국절'로 정해야 한다는 주장이 나왔다. 대꾸할 가치조차 없는 주장이다. 헌법 전문은 대한민국이 대한민국임시정부의 법통을 잇는다고 밝히고 있다. 그들이 '건국 대통령'이라고 주장하는 이승만조차 대한민국의 기원을 1919년 대한민국임시정부 수립에서 찾았다.

건국절은 허무맹랑한 소리요, 억지 주장이다. 이럴 때일수록 대한민국임시정부의 역사와 의미를 제대로 알려 왜곡된 민족사를 바로잡고 올바른 역사교육의 시대를 열어가야 한다. 대한민국임시정부기념관은 3·1운동과 대한민국임시정부의 역사를 제대로 보여주고 다음 세대에

사진91_대한민국임시정부기념관 부지(옛 서대문구의회).

게 100년의 시대정신을 바로 세우게 하는 교육의 장이 되어야 한다. 또한 건축물 그 자체로 대한민국 100년을 상징할 수 잇는 기념비가 되어야 한다. 다음 세대에게 대한민국임시정부기념관을 내 눈으로 보는 것, 그 시설 앞에서 선열들을 기억하며 눈물 흘리는 것, 그것이 죽기 전 나의 마지막 소원이다.

회고록
《임시정부의 품 안에서》 　건국절 논란은 2008년 2월 출범한 이명박 정부부터 시작됐다. 그 무렵 《한겨레》에서 창간 20돌 기념 기획으로 '길을 찾아서'라는 장기연재를 시작했다. 진보 진영 명사들의 삶을 통해 우리 현대사를 되새겨보는 기획연재였다. 《한겨레》에서 연재 여섯 번째 집필자로 나를 섭외해왔다. 앞선 집필자 대부분이 '투사'들이어서 투쟁 경력이 별로 없는 나로서는 조금 망설여졌다. 생각 끝에 나는 '항일투쟁' 이야기를 중심으로 쓰기로 마음먹고 제안을 받아들였다. 임시정부 어른들의 투쟁사와 그 품에서 자라난 나의 이야기이기에 '임정의 품 안에서'라는 부제를 달기로 했다.

2010년 1월 4일부터 4월 30일까지 모두 83회에 걸쳐 〈임정의 품안에서〉라는 부제의 글을 연재했다(사진 92-2: 《한겨레》〈길을 찾아서〉 중 필자 소개). 그때만 해도 지금보다 기억력도, 건강도 좋았다. 내가 직접 원고를 썼다. 한때는 나도 글쓰기가 직업이었던 때가 있었다. 1964년 꼭 10년간의 언론계 생활을 정리하고 펜을 놓았으니 40여 년 만에 신문에 글을 쓰게 된 셈이다. 한동안 하지 않던 일을 하려니 뜻대로 잘 되지도 않고 심신이 힘들었다. 게다가 필요한 자료를 구하기도 어려웠고 옛날 이

사진92-1_《임시정부의 품 안에서》 표지

사진92-2_《한겨레》 기획연재 〈길을 찾아서〉의 여섯 번째 집필자로 〈임정의 품안에서〉라는 부제의 글을 연재했다.

한겨레 　　　　　　　　　　　　　　　　　　　　　　　　사 람

길을 찾아서

연재 시작하는 김자동 대한민국임시정부 기념사업회장

'임정은 나의 고향'…항일역사 낱낱이 증언할터

임정 품안서 나고자란 마지막 산증인
민족일보 조용수사건 진상규명위 활동
"역사교육 점점 소홀…기록할 의무느껴"

"내 나이 팔순을 지나 지난날을 되돌아보니 세상을 헛되게 살았다는 생각이 든다."

《한겨레》가 2008년 창간 20돌 기념 기획으로 연재를 시작한 원로들의 회고록 '길을 찾아서'의 여섯째 화자인 김자동(82·사진) 선생은 뜻밖에도 연재를 시작하는 감회를 이렇게 털어놓았다. "그동안 독자로서 '길을 찾아서'를 즐겨 읽었지만 막상 그 주인공이 되고 보니 의욕만큼 할 이야기가 없을것 같아 걱정이 앞선다"는 뜻이다.

하지만 공식 직함인 '대한민국임시정부 기념사업회장'과 '임정의 품 안에서'란 회고록 제목에서 짐작하듯, 그는 1919년 3·1운동의 독립 열망을 안고 중국 상하이에서 창설된 '임정'과 삶의 궤적을 같이하며 근현대사의 주요 장면을 체험한 '마지막 산증인'이다. 새해는 일제 강점 100년이기도 해 그의 증언은 한층 의미가 깊다.

그는 28년 가을 임정 본부가 있던 상하이시 프랑스 조계 안의 한인촌에서 태어났다. 대한민국 선포 10년 만에 임정 요인들의 집안에서 첫 후손 출생(?)이었던 만큼 그는 제목 그대로 '백범 선생의 품에 안겨 놀며' 자랐다. 당시 이미 저고한 할아버지 동농 김가진 선생은 대한제국 시절 김홍집 내각의 '홍범 14조'를 작성한 개화파 관료이자 3·1운동 직후 비밀결사 조선독립대동단을 조직한 총재로서 일제의 감시를 받자 일흔넷의 고령으로 상하이로 망명해 임정의 고문을 지냈다. 아버지 성엄 김의한은 임정의 실무요원이자 김구 선생의 비서로 일했고, 어머니 수당 정정화는 임정 요인들의 식사 뒷바라지에서부터 독립운동 자금 모금까지 헌신하여 '임정의 잔다르크'로까지 불렸다.

조선 후기 세도가로 꼽힌 안동김씨 집안의 독립운동 헌신은 '노블레스 오블리주의 모범'으로 칭송받아왔다(《한겨레》 2009년 8월14일자 참조)

46년 5월 부모와 함께 피란민 귀국선을 타고 서울로 환국할 때까지 그는 임정 청사를 따라 상하이—항저우—전장—창사—광저우—류저우—치장—충칭 등지를 떠돌며 청소년기를 보냈다. "남의 나라에서 나라 없는 인간으로 태어나 의지할 곳도 없는 떠돌이 피난살이가 고달프지 않을 리 없었지만 국내에서 겪어야 했을 일제의 식민압제에 비하면 정신

적으로는 오히려 덜 위축된 소년기를 보냈던 셈이 아닐까. 물론 결코 편한 시간도 아니었지만"

또래의 식민세대들에게는 자연스러운 '일본말'을 할 줄 모를 정도로 '똑이연'한 환경에서 자랐기에 그동안 줄곧 기록으로 남길 것을 권유받았지만 그때까지 손사래를 쳤던 그가 이제 어렵사리 붓을 든 이유는 분명하다. "국사 과목마저 없어질 지경으로 역사교육이 날로 소홀해지고 심지어 왜곡되고 있어 임정을 비롯한 선열들의 항일투쟁사와 민족의식을 보고 듣는 대표님이 남겨줄 의무를 느끼기 때문이다." 그는 특히 이명박 정부가 2008년 5월 '대한민국 건국 60년 기념사업회'를 출범시킴으로써 '3·1운동과 임정의 법통을 부인'하고 대한민국의 역사를 30년이나 지워버리는 우를 범했다고 개탄했다.

김 회장은 《한겨레》와도 각별한 인연이 있다. 한겨레신문사 초대 사장과 회장을 지낸 청암 송건호 선생과는 6·25전쟁 직후 서울대 등장이자 54년 《조선일보》 외신부 기자로 함께 일한 '30년 지기'였다. 88년 창간 주주로 참여에 한때 《한겨레》 자국을 맡아 운영하기도 했다.

61년간 3개월 만에 박정희 쿠데타 군부에 의해 폐간당한 진보적 일간지 《민족일보》 기자로 일했던 그는 조용수 사장 처형의 진실을 밝히기 위한 '민족일보사건 진상규명위원회' 위원장을 맡기도 했다. 이후 사업을 하던 그는 2004년 9월 임정기념사업회를 창립했다. 1990년대 초 오스트레일리아로게 웨스트 프랙은행 노조위원장으로 200일 넘는 파업을 이끌었던 문제딸 김선현이·오포 대표씨가 사업체를 이어받아 기념사업회 활동을 뒷받침하고 있다.

그는 "올시작약 100돌의 해의 뭐느게나마 '본연의 업'에 매진할 수 있어 다행스럽고 감사하다"고 말했다.

1948년12월부터 연재될 그의 회고담 '영리작업은 조부의 일대기 《동농 김가진전》(2009년)과 모친의 자서전 《장강일기》(한제 녹두꽃·1998년)을 출판한 학민사의 김학민 대표가 함께 한다.

글 김경애 기자 ccandori@hani.co.kr
사진 김경호 기자 jjlee@hani.co.kr

야기를 들려줄 사람도 거의 다 죽고 없어서 난감한 때가 한두 번이 아니었다.

그럼에도 연재 기간 내내 흥분할 수밖에 없었다. 유년 시절 추억에서부터 우리 집안 내력, 할아버지와 부모님의 항일투쟁 이야기, 그리고 석오 이동녕, 백범 김구, 성재 이시영 선생 등 항일독립운동사에서 별과 같이 빛나는 분들의 이야기를 내 손으로 다룬다는 것이 꿈만 같았다. 어떤 것은 내 눈과 귀로 직접 보고 들은 이야기이며, 어떤 것은 한 다리 건너 들은 이야기였다. 특히 안중근 집안과의 교류담은 다른 곳에서는 찾아볼 수 없는 내용이어서 기록하며 큰 보람을 느꼈다. 내 역량이 부족해서 의미 있는 이야기를 다 찾아내 기록하지 못한 것이 아쉬울 따름이다.

당초 계획은 20세기 초부터 1950년 12월 말까지 쓸 참이었다. 《한겨레》 연재는 단순히 나 개인의 일대기를 기록하는 차원에서 시작한 것이 아니었다. 중국에서 겪은 일과 해방공간, 한국전쟁 발발기의 시대상 등을 증언하는 차원에서 시작한 것이었다. 이제 그 시대를 증언할 만한 사람은 그리 많지 않다. 《한겨레》 연재는 처음 내가 계획했던 대로 진행되지 못했다. 특히 1946년 귀국 후의 일들을 제대로 다루지 못하고 끝을 맺었다. 결국 이 부분은 나중에 단행본으로 묶어 내면서 보충해야만 했다.

《한겨레》 연재를 마치면서 한 가지 아쉬운 생각이 들었다. 내가 그 시대의 주인공이 아니라 목격자에 불과했다는 점에서였다. 그럴 수밖에 없었다. 1946년 5월 귀국 당시 나는 만 18세 청년이었다. 한국전쟁 발발 당시에는 서울법대 2학년 학생이었다. 미군부대 통역으로 취직하면서 나는 처음으로 세상 속으로 던져졌다. 이후 십 년간의 기자 생활과 몇 차례 개인 사업을 하면서 비로소 '나의 삶'이 시작되었고, 내 삶의 주체가 되었다(사진 92-1 : 《임시정부 품 안에서》표지).

《한겨레》에 연재한 내용과 일부 보충한 것을 묶어 2012년 말 《상하이 일기》(두꺼비 펴냄)를 출간했다. 막상 책을 내놓고보니 부족한 점이 많았다. 그래서 다시 일부 내용을 수정하고 보완하여 푸른역사 출판사에서 《임시정부의 품 안에서》라는 이름으로 재출간했다. 책을 내고 나서 별로 한 것도 없이 세월만 축낸 늙은이의 푸념으로 들릴까 두렵기도 했다. 그러나 내가 본디 헛말은 못하는 성미니 책을 낸 것이 나 스스로에게도 부끄럽지 않았다.

아내 김숙정 │ 1955년 9월 나는 지금의 아내 김숙정金淑貞과 결혼했다. 아내는 나보다 다섯 살 아래이다. 우리 부부 사이에 진현眞顯, 선현善顯, 준현俊顯(남), 미현美顯 등 삼녀일남을 두었다.

앞에서 《조선일보》 재직 시절 동양통신에 겸직했다는 이야기를 했었다. 하루는 동양통신사에서 외신 번역을 하고 있는데 어머니가 사무실로 불쑥 들어왔다. 그러고는 대뜸 "좋은 처자를 한 사람 봐뒀다. 지금 만나기로 했으니까 가보자!"고 하셨다. 여러 사람이 있는 자리에서 그리 말씀하시니 나는 일단 "알았습니다"라고 대답했다.

어머니를 따라 간 곳은 충무로 6가 근처 육촌 형의 집이었다. 알고보니 육촌 형수가 중매를 섰다. 어머니가 그 형수에게 좋은 처자가 있으면 소개해달라고 부탁하셨던 모양이다. 방에 들어서자 어떤 처자가 우리를 기다리고 있었다. 수인사를 나누고 조금 지나자 둘이 이야기 나누라고 자리들을 비켜주었다. 그런데 낯선 처녀총각이 초면에 할 이야기가 무엇이 있겠는가. 다음 날 다시 만나기로 하고 그날은 일찍 헤어졌다. 처자가 키도 늘씬하고 첫 인상이 좋았다.

이튿날 형수네 집 근처 다방에서 단둘이 만났다. 자세히 보니까 예쁘고 이야기도 조곤조곤 잘 했다. 고향이 전북 김제인데 김제여고를 졸업하고 서울 삼촌댁에 머물고 있다고 했다. 무엇보다 어머니가 좋다고 하시니 결혼을 늦출 이유가 없었다. 결혼식은 조계사 맞은편 종로예식장에서 치렀다(사진 93: 결혼 기념사진. 1955. 9).

앞서 말한 대로 해공 신익희 선생이 주례를 섰다. 중국 시절 해공은 아버지와 절친한 사이였다. 귀국 후 해공이 이승만 쪽으로 붙으면서 거리가 생겼지만 어머니가 해공을 주례로 모셔야 한다고 해서 그대로 따랐다. 당시 해공은 '주례 전문가'라고 할 정도로 주례를 많이 섰다. 하도 주례를 서달라는 사람이 많으니 언젠가 해공은 앞으로 주례를 일절 서지 않겠다고 선언했다. 그런데 내 주례 부탁은 흔쾌히 들어주었다.

신혼살림은 정릉에 차렸다. 당시 보사부에서 후생주택이라는 이름으로 집 수백 채를 지었는데 그 가운데 하나를 신청해서 받았다. 열다섯 평인가 그랬는데 한쪽 귀퉁이를 증축해서 석동 형과 같이 살았다. 50년대 말 그 집을 형에게 주고 우리는 청구동 꼭대기 최덕신의 집으로 전세살이를 들어갔다. 거기서 5·16쿠데타 당일 새벽 여러 발의 총소리를 들었다. 《민족일보》 다닐 때도 거기서 살았다.

이런저런 이유로 나는 직장 생활이 순탄치 못했다. 게다가 나는 돈벌이에 별로 관심이 없는 문제 가장이었다. 그러다보니 집안 형편이 어려

사진93_필자의 결혼 기념사진. 1955년 9월이다.

울 때가 많았다. 다행히 아내는 돈 문제로는 별로 불평을 하지 않았다. 어쩌면 나의 무능함 때문에 아예 포기를 했는지도 모른다. 내가 룸펜으로 빈둥거리던 시절 아내가 생계를 꾸린 적도 있다. 아이들이 한창 학교에 다닐 때이니 아마 70년대 중반으로 생각된다. 하루는 외출하고 돌아온 아내가 쭈뼛쭈뼛 조심스럽게 말을 꺼냈다.

"어디 일자리가 하나 생겼는데요."

면세점에서 일하는 친구가 일자리가 하나 났다고 하는데 자기가 일하면 어떻겠느냐는 것이었다. 아내가 내 앞에서 쭈뼛거린 것은 면세점이 일본인을 주로 상대하는 업체였기 때문이었다. 당시 일본 사람들이 한국을 많이 찾았다. 일본인 관광객 붐을 타고 서울시내에 면세점이 생겨나기 시작했는데 그들을 상대하자면 일본어를 할 수 있어야 했다. 아내는 초등학교 5학년 때까지 일본말을 배워 웬만한 대화가 가능했다.

아내가 근무한 면세점은 인사동 입구 '웅전雄全면세점'이었다. 투자자는 인사동에서 골동품 장사를 하던 김원웅金元雄이라는 사람과 《민국일보》 사장을 지낸 김원전金元全(4대 국회의원·동원탄좌개발 사장 역임)이라는 사람이었다. 상호 '웅전'은 두 사람 이름의 끝 자 하나씩을 따서 만든 것이었다. 두 사람 모두 전북 군산 출신이었다. 서울시내의 미니면세점으로는 1974년에 개설된 남문면세점에 이어 두 번째로 웅전면세점이 문을 열었다.

아내는 근 10년간 웅전면세점에서 판매 일을 했다. 이런 이야기를 책에 쓴다니까 아내는 "그런 얘기를 뭐 하러 쓰느냐?"며 손사래를 치지만 내 생각은 다르다. 그때 내 나이가 이미 오십대에 들어서 직장을 찾기도 마땅치 않았다. 만약 그때 아내가 직장에 나가서 돈을 벌지 않았다면 아이들 학교를 다 마치지 못했을 수도 있다. 그때는 아내가 사실상 우리 집의 가장이었다. 무능한 가장을 만나 고생한 아내에게 다시 한 번 고맙다는 말을 전하고 싶다.

4남매 이야기 | 결혼 이듬해 1956년 10월 정릉 집에서 첫째 진현이가 태어났다. 내가 외동아들인데다 당시로선 결혼이 늦어 어머니도 무척이나 기다리던 손주였다. 진현이는 영리하고 공부도 잘 했다. 의과대학에 진학해 의사가 되고 싶어했다. 의대 시험을 쳤는데 아쉽게 떨어지자 간호대를 나와 간호사가 되었다. 첫 직장 생활은 한남동에 있던 고려병원에서 시작했다. 얼마 뒤 노조를 만들다가 쫓겨난 후 의료보험조합연합회(건강보험심사평가원의 전신)로 직장을 옮겼다(사진 94: 4남매 사진).

그런데 거기서 또 노조를 만들다가 말썽이 생겼다. 하루는 진현이 직장에서 나를 좀 보자고 연락이 왔다. 알고보니 가족을 설득해서 노조 만드는 것을 막아볼 요량이었다. 나 말고도 다른 가족도 서너 명이 왔었다. 내가 회사 상무라는 사람과 한판 붙었다. 이 사람이 아주 건방진 태도로 노조 결성을 극구 비난하는 발언을 해댔다. 그래서 내가 "노조 하는 게 뭐가 잘못됐느냐?"고 반박하자 그 자는 더 목소리를 높였다. 다른 가족들도 다 내 편을 들고 나섰다. 궁지에 몰린 상무라는 자는 아랫사람을 부르더니 "뭐 이런 사람들을 불렀냐?"며 엉뚱한 사람에게 화풀이를 했다. 이 일로 나중에 마포경찰서에도 불려갔다. 내가 진현이 직장의 노조 만드는 걸 뒤에서 사주했다는 것이었다. 기가 찰 노릇이었다.

진현이는 노동운동을 하다가 현재의 남편을 만났다. 맏사위 곽태원은 현대해상화재 노조위원장 출신이다. 현대해상화재 노조는 국내 보험회사 최초의 노조라고 한다. 맏사위는 나중에 전국사무금융노련 위원장도 지냈다. 두 사람은 장명국 씨가 운영하던 석탑노동문제연구소에서 만나 인연을 쌓았다고 들었다. 나는 진현이가 노동운동을 할 때나 사위와 결혼하겠다고 할 때나 모두 진현의 판단을 존중했다. 모두 신중하게 판단했을 거라고 믿었기 때문이다. 자신의 삶은 스스로 책임지고 꾸려야 하는 것이다. 맏사위는 2016년 4·13총선 때 서울에서 출마했다가 고배를 마셨다

둘째 선현이는 1959년 사직동 셋집에서 태어났다. 과학교사가 되는 것이 꿈이었지만 졸업하던 해에는 자리가 없어 임용시험이 없었다. 형편상 일반 직장에 취업해야 했다. 직장 내 비교적 남녀평등이 보장된 미국계 모간은행에 들어갔다. 당시엔 다들 부러워하던 직장이었던 외국은행에 다니면서도 선현이는 임용고시 공부를 계속했다. 그러나 자리가 나지 않아 교사의 꿈은 끝내 이루지 못했다. 모간은행에서 네 해 반 정도 근무한 후 그 은행이 철수하자 호주계 웨스트팩 은행으로 자리를 옮겼다.

1987년 6월 항쟁을 계기로 한국 사회에 민주화 바람이 불었다. 웨스트팩 은행에서도 노조가 만들어졌고 선현이는 부위원장이 되어 노조활동을 주도했다. 1989년부터는 노조위원장으로 활동했다. 이때 우리 집에는 노조위원장이 셋이나 있었다.

노조에 대한 거부감은 한국이나 선진국이나 큰 차이가 없는 모양이다. 선현이가 다니던 웨스트팩 은행도 노조 파괴 공작에 들어갔다. 노

사진94_1968년 아이들 사진이다. 오른쪽부터 진현, 선현, 앞이 미현, 그리고 준현이다.

조는 당연히 맞설 수밖에 없었고 1990년 말부터 파업을 벌였으나 국내 지점에서는 문제가 해결되지 않았다. 결국 선현이는 조합 간부 한 명과 호주로 날아갔다. 두 사람은 웨스트팩 본사 앞 길거리에서 영상 사십도가 넘는 날씨를 견디며 단식 농성을 벌였다. 그때 호주 교민들이 도움을 많이 주었으며, 의사였던 교민 한 분은 매일 농성장에 와서 선현이의 건강 상태를 체크해주었다고 한다.

단식 7일째 되던 날 선현이의 혈압 상태가 심각하다는 연락이 왔다. 원래 저혈압이 있던 아이여서 나는 급히 호주로 전화해 단식을 중단하라고 했다. 선현이의 단식 농성은 호주 국영방송에서 연일 헤드라인 뉴스로 보도되었고, 선현이 건강 상태가 심각하다는 소식을 접한 본사는 "요구조건 100퍼센트 수용, 무조건 단식 끝내라"고 해서 그날로 단식을 풀 수 있었다. 그러나 그걸로 끝이 아니었다. 회사는 선현이가 귀국하자 바로 합의를 번복했고 그 후 파업은 이백 일을 넘기고 마무리 되었다. 그로부터 한 해 반 뒤에 은행이 철수하면서 선현이의 노동운동은 막을 내렸다.

1998년 2월 친구 세영이의 권유로 현대자동차 납품업체인 '재이스'를 설립하였다. 세영이도 자동차 회장을 그만두게 되었고 IMF사태 시기의 회사 경영은 쉽지 않았다. 상황은 계속 악화되었다. 때마침 선현이 94년부터 해오던 중국 사업을 정리하던 중이었다. 당시 선현은 IT 기업 등 여러 곳에서 좋은 자리를 제안받고 있었으나 당장 위기에 처한 경주 공장을 정상화 시키는 것이 급선무였다. 99년 초부터 경주로 내려가 사장으로서 경영을 시작하였다. 이전에 하던 사업을 정리하여 회수한 자금을 모두 경주공장 자본금으로 투입하였다. 기아와 현대 합병으로 1

차 협력사에서 탈락할 위기도 겪었지만 잘 해결하였다. 여러 어려움에도 불구하고 사세를 키워나갔다. 그 후 재이스는 2008년 6월에 '오토 OTO'로 회사명을 바꾸었고 지금도 둘째 선현이가 잘 경영하고 있다.

1962년에 태어난 셋째 준현이는 내가 하는 사업을 돕다가 지금은 철강유통사업을 하고 있다. 1965년생인 넷째 미현이는 전업주부로 살고 있다. 자식들 넷 모두 저마다의 자리에서 잘 살아주고 있다. 감사할 따름이다.

맺음말

대한민국 임시정부가 꿈꾼 나라,
오래된 미래

이제 내 나이 아흔 하나다. 내 인생은
남의 나라 길 위에서 시작되었다. 아버
지와 어머니가 계신 곳, 아버지와 어머
니가 하는 일이 곧 내가 태어나고 살아
가는 정체성이 되었다. 독립을 갈망하
는 마음으로 묵묵하게 자기 일을 성실
하게 해내신 두 분의 삶은 내 삶의 지표
가 되었다. 그렇게 살아온 삶에 후회는
없다.

상하이에서, 만주 벌판에서, 연해주
에서, 지구촌 곳곳에서 우리 아버지와

어머니들은 독립된 내 조국을 염원하며 죽음을 불사하고 싸웠다. 안중근, 이봉창, 윤봉길, 김산……이 헤아릴 수 없이 많은 선열 앞에서 나는 과연 그분들이 바라는 조국을 만들기 위해 얼마나 노력했는가, 이것만이 나의 부끄러움으로 남는다.

아버지는 납북되어 북에서 돌아가셨고, 평양 재북인사 묘소에 묻혔다. 할아버지는 아직도 고국으로 돌아오지 못한 채 상하이 송경령능원 한 모퉁이에 묻혀 있다. 어머니는 대전 현충원에 묻혀 있다. 대를 이어 독립운동을 했던 집안이 분단 조국에서 마주한 슬픈 현실이다.

어머니가 팔십팔 세가 되던 해, 미수연을 해드렸을 때의 일이다. 그때 사회를 보던 곽태영 씨가 어머니께 그 연세에 소원이 있느냐고, 있다면 말씀해보시라고 했다. 그때 어머니는 "그저, 통일이 됐으면……"이라고 말씀하셨다. 몇 년 전 내가 팔십팔 세 되던 해에 자식들이 미수연을 열어줬다. 그때 사회를 보던 맏사위가 내게 똑같은 질문을 했다. 나도 "그저, 통일이 좀 됐으면……"이라고 대답했다.

대한민국임시정부가 꿈꾼 나라는 결코 분단된 나라가 아니었다. 내가 지금까지 교류하는 사람들 중에는 통일운동에 열심인 사람들이 많다. 광복과 함께 분단이 시작되었다. 분단이 있는 한, 우리의 광복은 아직 미완성이다. 백범과 우사가 추진했던 남북협상도 이 분단을 막고 진정한 광복을 이루려는 노력이었다. 독립운동의 올바른 계승은 통일운동이라고 나는 생각한다. 임시정부는 충칭에 도착한 이후 해방된 나라의 국정 지침으로 건국강령을 발표했다. 의료비 면제, 학비 면제, 최저임금제, 노동자 대표의 경영관리 참여권, 실업보험, 사형제 폐지, 이익이 나면 노동자들에게 똑같이 이익을 나누는 이익균점제, 몰수한 재산은 빈

공, 빈농과 일체 무산자의 이익을 위한 국영의 생산기관에 넘길 것 등이 그 내용이었다. 오늘날 복지국가의 원형에 가깝다.

건국강령은 새롭게 건설할 나라에 대한 장대한 전망이었다. 그러나 세월이 흘러 이제는 그 정신이 희미해지는 듯하다. 우리는 때만 되면 애국선열들을 이야기하지만 정작 그들이 꿈꾸었던 나라에 대해서는 이야기하지 않는다. 통일된 나라, 복지의 나라가 그분들이 목숨을 던지며 꿈꾸었던 우리의 '오래된 미래'라고 생각한다. 내가 딛고 있는 이 땅이 우리 아버지와 어머니가 꿈꾸었던 나라가 되는 것을 내가 보지 못할지 모르겠다. 그러나 우리 아이들이 있고, 그 아이들의 아이가 있고 자자손손 아이들은 태어날 것이다. 그 아이들이 내 아버지와 어머니가 꿈꾸었던 오래된 미래를 포기하지 않는다면, 꿈은 현실이 될 것이다. 우리가 딛고 있는 이 땅이 그런 나라가 될 것이다. 나는 그렇게 믿는다.

영원한 임시정부 소년 – 김자동 회고록

⊙ 2018년 10월 17일 초판 1쇄 발행
⊙ 2019년 12월 6일 초판 3쇄 발행
⊙ 글쓴이   김자동
⊙ 펴낸이   박혜숙
⊙ 디자인   이보용
⊙ 펴낸곳   도서출판 푸른역사
　　우) 03044 서울시 종로구 자하문로8길 13
　　전화: 02)720-8921(편집부) 02)720-8920(영업부)
　　팩스: 02)720-9887
　　전자우편: 2013history@naver.com
　　등록: 1997년 2월 14일 제13-483호

ISBN 979-11-5612-123-7 03900

· 잘못 만들어진 책은 교환해드립니다.